本书为国家社科基金青年项目“农村能人队伍建设问题研究——基于浙江的实证研究”（编号：09CZZ024）研究成果，并得到了浙江省首批“之江青年社科学者”行动计划资助（编号：ZJQN2011G061）

地方治理创新研究丛书

超越精英治理：农村能人队伍建设问题研究

基于浙江的实证分析

顾金喜◎著

图书在版编目(CIP)数据

超越精英治理：农村能人队伍建设问题研究：基于浙江的实证分析／顾金喜著．—北京：中国社会科学出版社，2015.12

ISBN 978-7-5161-7379-4

Ⅰ.①超…　Ⅱ.①顾…　Ⅲ.①农村—地方政府—行政管理—人才培养—研究—浙江省　Ⅳ.①D625.55

中国版本图书馆 CIP 数据核字(2015)第 313152 号

出 版 人　赵剑英
责任编辑　冯春凤
责任校对　张爱华
责任印制　张雪娇

出　　版　中国社会科学出版社
社　　址　北京鼓楼西大街甲 158 号
邮　　编　100720
网　　址　http：//www.csspw.cn
发 行 部　010-84083685
门 市 部　010-84029450
经　　销　新华书店及其他书店

印　　刷　北京君升印刷有限公司
装　　订　廊坊市广阳区广增装订厂
版　　次　2015 年 12 月第 1 版
印　　次　2015 年 12 月第 1 次印刷

开　　本　710×1000　1/16
印　　张　20
插　　页　2
字　　数　328 千字
定　　价　75.00 元

目 录

导论

一　研究缘起

作为一个传统农业国家，我国农村区域面积广阔，农村人口始终占绝全国人口总数的大多数。随着我国城镇化建设的推进，农民市民化已取得了很大的成效，国家统计局最新的统计数据显示，2014 年年底我国城镇人口占比已达 54.77%。[①] 然而，城乡二元格局并未根本改变，城乡发展不协调、不平衡、不可持续问题依然突出，农业、农村、农民即所谓的“三农”问题解决起来仍然困难重重。“三农”问题始终是国家发展的核心问题，“正确认识和处理农民问题，始终是决定党的事业胜利发展的一个根本问题”[②]，“三农”问题也始终是党各项工作的重中之重，事关党执政兴国之根本大局。解决“三农”问题既需要党和政府加大对农村的政策倾斜力度，加大公共财政投入，也需要挖掘农村、农业和农民发展的内生增量。在农村“空心化”的社会大背景下，强化农村人力资本投资，建设一支引领农村发展的领头羊队伍就显得尤为重要。本课题的研究主要缘于以下几点考虑。

（一）先富能人参政与治村已成为社会关注的热点

随着经济社会的变迁和村民自治制度的深入推广，农村社会涌现出了一批批先富精英，他们在村民自治体制中承担着重要角色，是推动新农村

---

① 国家统计局：《2014 年国民经济与社会发展统计公报》，国家统计局网站，2015 - 02 - 26，详见 http：//www.stats.gov.cn/tjsj/zxfb/201502/t20150226_ 685799.html。

② 中共中央文献研究室：《十六大以来重要文献选编》（上），中央文献出版社，2005 年，第 113 页。

建设的领头羊，也是建设社会主义和谐社会的主要推动者之一。特别是近些年随着经济、政治、社会的迅速发展，在广袤的中华大地上能人参政与“能人治村”现象非常普遍，2003年山西省河津市一个人均收入仅几百元的穷山村花194万元选出了个天价村主任，经《人民日报》报道之后曾轰动一时；曾经贫苦无依的农民企业家裴春亮被推选为村主任后回报乡邻，致力于裴寨新村建设，2008年个人砸资3000万元建成160多套连体别墅，每户一套送给村民，让村民们都安居乐业①；2008年，身拥5.8亿多元个人资产的韩城知名企业家、渭南市政协委员王文选则垫资1300余万元竞选村主任，向每位村民派发2万元，尽管引发贿选的质疑，却仍然顺利当选村主任②；……这些先富群体的政治参与和治村行为都引起了社会极大的关注，并使得农村先富群体参政和“能人治村”现象成为社会关注的一个焦点问题。而近些年来的研究亦表明，在我国广大农村地区“能人治村”并非个别现象，即便在中、西部地区也已经具有一定的普遍性。

近十年时间里，先富能人参与村级竞选并当选的比例不断创新高。从浙江省第八届、第九届村民委员会换届选举情况来看，浙江省台州市的路桥、玉环、椒江、温岭四地当选的村委会主任中经商办企业的先富能人占比分别达到了82.6%、75.4%、73.9%、60.1%，该市占比最低的天台、仙居、临海也分别达到了39.8%、31.0%、30.7%。村委会其他成员中先富能人占比最高的路桥达到了83%，其次是椒江的75.2%、玉环的71.4%、温岭的51.1%③，从数据中可看出，台州市当选的村干部中先富能人的占比达到了一个新的历史高点，有些乡镇当选的村主任甚至全部是经济能人。但这一现象并非浙江省所独有，冯耀明的调研表明，从山西资源型地区富人当政的比例来看，75个村委会主任中较为富裕的有60个，占到调研总数的80%④。不过，尽管“能人治村”现象日益普遍，“能人治村”也确实为农民脱贫致富创造了良好的条件，甚至从冯耀明的调研来看，村民对富裕村委会主任的支持程度比例高达80%，但是众人对这一现象仍然褒贬不一。在此情况下，我们不禁要问：先富群体参与农村政治

① 孙旭阳：《村官3000万为村民建别墅　跪求人到被跪求》，《新京报》，2008-12-28。

② 薛振宇：《韩城企业家垫资1300万元竞选村主任始末》，《华商报》，2008-12-19。

③ 根据台州市民政局提供的第八、九届村委会换届选举报表整理、计算。

④ 冯耀明：《资源型地区“富人当政”：农村发展的双刃剑》，《理论探索》2008年第1期。

的动力何在？这一现象给农村的社会、经济带来了什么影响？其中的问题又是什么？如何通过适当的制度安排，使之趋利避害发挥积极正面的作用？这些问题引起了社会各界尤其是学术界的极大兴趣。

随着学界对农村问题研究的不断深入，使得这批先富精英逐渐成为基层治理研究中一个独特的研究对象和研究热点。有研究者甚至指出，“可以预见，乡村精英治理模式在今后相当长时间内在中国农村是有生命力的。这种治理模式注定会成为转型期中国乡村社会一道独特的风景”①。从功能划分来看，作为农村能人的先富精英具有促进乡村经济社会不断发展的正功能，也可通过捐资或竞选等方式兴办农村公益事业，增加公共产品供给的有效性，从而可有效地弥补体制内公共产品供给不足的问题；借助乡土权威的影响力，积极开展社区整合，发挥防范群体冲突；等等。一个突出的农村能人可以改变一个村庄甚至是一方乡土社会的发展与老百姓的生活，因此在城乡二元分化特别是我国城乡收入差距扩大的趋势总体上并未根本扭转、“三农”问题、东西部差距日益突出和外部投入增长有限的情况下，通过乡土社会或熟人社会的亲缘、地缘、血缘关系寻求农村社会发展的内生增量无疑就显得尤为重要，农村能人的地位和作用无疑更加凸显，特别是农村空心化、农业现代化、农村社会的稳定和谐等问题都需要在经济发展、利益关系协调、社会矛盾调处方面和在人民群众中拥有较高威信的能人发挥积极作用。因此，农村能人队伍建设对农村的发展、农民增收、农村社区治理的有效性和农村社会的稳定和谐无疑具有特别重大的战略意义。以农村能人队伍的规范化建设带动农村发展、提升农村社区治理绩效、促进农村社会的稳定和谐是本项目研究的核心关注所在。

（二）农村能人队伍建设事关全面小康社会建设大局

尽管“三农”问题成因纷繁复杂，既有由历史原因形成的城乡二元体制的因素，也有公共产品和公共服务供给体系不均衡的原因，当然更有当前大量农村劳动力向城市转移而导致农村空心化和农村、农业发展人力资源匮乏的原因。这是多元因素系统综合作用的结果，但最终必须归结到

---

① 赵爱庆、孙建军、赵佳维：《超越乡村精英治理模式的政治抉择》，《中共浙江省委党校学报》2008 年第 1 期。

人的因素上来，因为在人类所拥有的一切资源中，人力资源是第一宝贵的资源，也是唯一能够可持续地创造价值的主体。对农村、农业发展和农民增收而言，人的因素特别是个体的智力和技能要素无疑也是第一位的、最重要的。然而，根据国家统计局的最新统计数据显示，2012 年全国流动人口为2.36 亿[①]，其中以农村人口为主。这么庞大的农村人口外流，往往又以青壮年为主，其导致的直接结果就是农业、农村发展缺乏基本的劳动力和农村的空心化。刘彦随等结合山东典型村庄调研和系统的理论分析指出：农村空心化本质上是在城乡转型发展进程中，由于农村人口非农化引起"人走屋空"，以及宅基地普遍"建新不拆旧"，新建住宅逐渐向外围扩展，导致村庄用地规模扩大、闲置废弃加剧的一种"外扩内空"的不良演化过程。既包括农村土地空心化、人口空心化，也包括农村产业空心化和基础设施空心化，本质上是农村地域经济社会功能的整体退化。[②]也因此更加凸显农村能人队伍建设的必要性、必然性和紧迫性；通过政策体系的完善，促使优秀农民工回乡创业也是解决农村空心化的重要途径，更事关全面小康社会建设大局。

改革开放 30 多年来，我国经济社会发展成效非常显著，迅速从一个传统型社会向现代型社会转型。但在时空压缩的发展历程中我国经济社会发展中诸如城乡失衡、区域失衡、行业失衡、群体失衡等不协调、不平衡、不可持续问题非常突出。当前我国农村农业发展、农民增收始终面临着多重束缚，农村农业的发展和农民增收的步伐始终跟不上城市的发展速度，以致城乡差距基本呈快速拉大趋势。1978 年城乡居民人均收入差距为 182.4 元，收入比为 2.37∶1；1983 年最低时曾经达到了 1.7∶1。但非常遗憾的是，从那之后城乡居民人均收入差距基本呈扩大趋势，2009 年达到历史最高点 3.36∶1，城乡居民人均收入差距则扩大到 12022 元；2010 年收入比略有缩小，为 3.23∶1，差距则扩大到 13200 元；2011 年收入比为 3.13∶1，差距为 14833 元；2012 年收入比为 3.1∶1，差距增加到 16648 元；2014 年收入比进一步缩小到 2.96∶1，但差距却持续扩大到

---

① 中华人民共和国国家统计局：《中华人民共和国 2012 年国民经济和社会发展统计公报》，国家统计局网站：http://www.stats.gov.cn/tjgb/ndtjgb/qgndtjgb/t20120222_402786440.htm，2013－02－22。

② 刘彦随、刘玉：《中国农村空心化问题研究的进展与展望》，《地理研究》2010 年第 1 期。

18952 元（详见图 1）。①

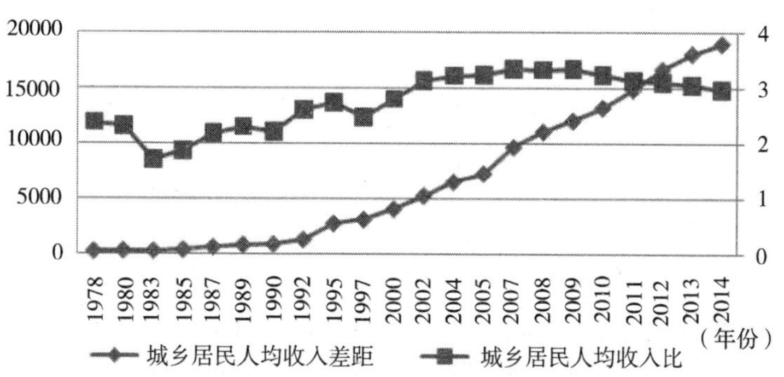

图 1 1978 年以来我国城乡差距情况

从图 1 可以清晰看到，城乡居民人均收入差距自 1983 年之后基本呈快速扩大趋势，2009—2014 年城乡居民人均收入比虽然呈缩小趋势，但收入差距的绝对值却仍在持续扩大，而且差距本身已经远远超过农民人均纯收入。

这种收入分配与社会结构的不平等以及贫富分化、两极分化现象都与我国社会主义国家的定位格格不入，与社会主义本质明显不符，而且也与执政党立党为公、执政为民的宗旨相悖。毛泽东曾经指出，要巩固工农联盟，我们就得领导农民走社会主义道路，使农民群众共同富裕起来，穷的要富裕，所有农民都要富裕。邓小平则非常明确指出，“社会主义的本质是解放生产力，发展生产力，消灭剥削，消除两极分化，最终达到共同富裕”。而且他反复强调，“共同富裕是社会主义制度不能动摇的原则”②，“我们允许一些地区、一些人先富起来，是为了最终达到共同富裕，所以要防止两极分化。这就叫社会主义”。③“社会主义与资本主义不同的特点就是共同富裕，不搞两极分化。”④

有鉴于上述认识，邓小平早在 20 世纪 70 年代末 80 年代初在规划我国经济社会发展蓝图时就提出了“小康社会”的战略构想，并成为党执政兴国的重要战略目标。在 20 世纪末基本实现“小康”的情况下，中共

① 主要根据国家统计局发布的历年《国民经济与社会发展统计公报》中的数据绘制。

② 《邓小平年谱（1975—1997）》（下），中央文献出版社，2004 年，第 1253 页。

③ 《邓小平文选》第 3 卷，人民出版社，1993 年，第 195 页。

④ 同上书，第 123 页。

十六大报告明确提出了“全面建设小康社会”的战略构想，十七大报告则对此提出了新的要求[①]，即提高发展协调性，努力实现经济又好又快发展。其中又特别提出社会主义新农村建设要取得重大进展，基本建立覆盖城乡居民的社会保障体系，基本形成合理有序的收入分配格局，基本消除绝对贫困现象。特别需要指出的是，中央提出的“全面小康社会”应是生产发展、生活富裕的，但这种发展和富裕不是少数人、少数地区的特权，“全面”即意味着统筹协调，也意味着我们的发展应努力达到城乡统筹、协调发展，实现共同富裕。共同富裕既意味着全体国民，不论年龄、性别、种族、区域，都有富裕的权利和机会，从起点和过程上保证全体国民的共同发展，也意味着发展的成果由全民公平共享，最终消灭贫穷、消除两极分化，在结果上实现共同富裕。因此，“全面小康社会”建设的战略构成上必然包含社会主义新农村建设，即在城乡统筹、协调发展的基础上，要加快农村、农业的发展，千方百计增加农民收入，使农村社区“生产发展、生活富裕、乡风文明、村容整洁、管理民主”。但问题的关键是，社会主义新农村建设究竟靠什么？应该以什么为抓手？毫无疑问，通过公共政策的权威性输出对社会资源、价值的权威性分配使之向农村、农业倾斜是非常重要的制度保障，促进农村社区公共利益的最大化，这是新农村建设重要的外部动力。不过，任何发展归根结底都必须依靠人、为了人、实现人的全面自由的发展。恩格斯在《共产主义原理》一书中亦有类似的表述，他指出应当“把生产发展到能够满足所有人需要的规模”，“使所有人共同享受大家创造出来的福利”，“使社会全体成员的才能得到全面的发展”[②]。同理，无论是新农村建设还是全面小康社会建设都必须依靠人、为了人、实现人的全面自由的发展。而对当前中国的农村来说，最关键的则是建设一支具有突出能力的精英队伍，既能够提升农业与农产品核心竞争力、带领广大农民致富，也能够创新理念、改变农村陋习、引领农村社会发展潮流和治理转型，以此为抓手实现农村社会的发展、繁荣和稳定。

---

① 胡锦涛：《高举中国特色社会主义伟大旗帜　为夺取全面建设小康社会新胜利而奋斗——在中国共产党第十七次全国代表大会上的报告》，新华网，2007－10－15。

② 《马克思恩格斯全集》第1卷，人民出版社，1995年，第243页。

（三）农村能人队伍建设有助于农村社会和谐稳定

由于人们在利益关系上的分化以及由此产生的矛盾将是一种普遍、持久的现象，也是现实社会中存在的最具有普遍性的矛盾[①]，在一定条件下必然会引发利益冲突甚至社会冲突。因此，诚如亨廷顿所指出的，“现代性孕育稳定，现代化的过程却滋生着动乱”，“一个高度传统化的社会和一个已经实现了现代化的社会，其社会运行是稳定而有序的，而一个处在社会急剧变动、社会体制转轨的现代化之中的社会，往往充满着各种社会冲突和动荡”。[②] 当前我国正处于急剧的社会转型期，因而现代化对传统社会的结构所导致的新旧价值观念冲突、发展失衡、体制磨合、两极分化、文化冲突碰撞等矛盾凸显，形成所谓的社会断裂与社会溃败现象。[③] 城乡二元体制下，农村农民本身遭受了比较严重的社会排挤，而且农民大量的土地被违规无序征用，政府以极其低廉的价格从农民手里征用土地，转手拍卖即获取高额差价，事实上形成对农民利益的进一步剥夺，导致农民的心理失衡，这也是农民大量上访和农村群体性事件多发高发的根本原因。农村能人由于其突出的能力，率先走上富裕道路，往往在农村社会具有较高的社会威望，除了自己可以捐资捐物兴办村庄公益事业之外，还可以凭借自己累积的社会资本为村庄争取到更好的资源和发展机会。因此他们可以凭借自己所拥有的声望强化村庄公共决策的执行能力，可以有效对付“钉了户”，可以避免少数人在集体建设事业中漫天要价或搭便车[④]，并强力推进农村土地征用。而且，农村能人由于其较高的威望还可以在农村社会矛盾纠纷中发挥重要的调节功能，对农村社会的和谐稳定也有积极的促进作用。

（四）农村能人队伍建设问题的研究有助于基层治理研究范式的完善

近些年关于底层社会及其抗争的研究成果不断涌现，伴随着大量的外

---

① 余逊达：《利益和谐是社会和谐的核心》，《浙江社会科学》2005 年第 3 期。

② 塞缪尔·P. 亨廷顿：《变化社会中的政治秩序》，上海世纪出版集团，2008 年，第 31 页。

③ 孙立平：《最大的威胁，不是社会动荡而是社会溃败》，红网，2009－02－28。

④ 贺雪峰：《富人治村与“双带工程”——以浙江 F 市农村调查为例》，《天津市委党校学报》2011 年第 3 期。

文文献被翻译成中文，产生了很大的影响力，逐渐成为学界关注的焦点，也成为底层社会或农村社会研究的一个重要范式。国内学界在西方学者的影响下，运用抗争性政治的理论范式和逻辑分析框架对当前我国基层社会矛盾纠纷和群体性事件进行了研究。

纵观研究，代表性的分析框架或观点主要围绕工人的“以理维权”、农民的“以法抗争”等展开。于建嵘的观点是，只有通过对当前充满悖论与矛盾的社会冲突性事件及其“底层人物”的意愿和行为的凝视，我们才可能清晰地看到隐藏在社会转型这一宏大话语背后的种种微妙因素，才能洞察和理解当代中国的“社会隐秘”。由此，他提出了当代工人“以理维权”和农民“以法抗争”这两个解释性框架，并认为中国社会底层群体维权抗争的基本目标不仅表现为对具体利益的抗争，而且开始从资源性权益抗争向政治性权利抗争方向发展。[①] 董海军深化了“依法抗争”的内涵，认为“以法抗争”与“依法抗争”之间的关键差别是群体行动的政治性的高低。根据他的观点，非政治化仍然是中国当前农民维权抗争基本特征，“以法抗争”等理解模式存在简单的政治化倾向。[②] 王洪伟则认为“以身抗争”与“以法抗争”是当代中国底层社会抗争的两种社会学逻辑，他把“根据政策抗争”、“依法抗争”、“以法抗争”、“以理抗争”及“以关系网络抗争”等都纳入他的“以法抗争”模型，并根据近年来农民工跳楼讨薪涨薪、自焚性抵制强制拆迁或强制征地、个人权益受损者手刃直接利益相关者或非利益相关者等诸多群体性或恶性事件总结出所谓的“以身抗争”模型，一种特殊的抗争模式，意指抗争者以个人“身体”的破坏、自戕乃至毁灭为“武器”，为自身遭受侵蚀的权益向不公正的强势行政、强势资本进行有效抗争的手段或策略。[③] 但是在研究基层政治或发展过程中，无论是底层社会与抗争性政治还是策略性均衡等分析框架说到底只是当前农村社会发展的一部分而不是全部，作为学者在具体的研究过程中既不能“一叶障目不见泰山”，也不能照搬西方社会的理论

① 于建嵘：《底层社会的权利逻辑》，《双周刊》2008 年第 5 期。

② 董海军：《作为武器的弱者身份：农民维权抗争的底层政治》，《社会》2008 年第 4 期。

③ 王洪伟：《“以身抗争”与“以法抗争”：当代中国底层社会抗争的两种社会学逻辑》，《2010 年中国社会学年会——“社会稳定与危机预警预控管理系统研究”论坛论文集》，2010 年，第 98 页。

分析框架。而且关于社会运动或抗争性活动本身即是个发展的过程，其研究的解释框架也在不断地发展，要完整地把握当前中国底层社会和抗争性政治显然也必须不断拓展学科背景以及研究方法、研究范式。实际上，“底层民众的维权抗争影响着社会的发展和民主的进程，是真正意义上的政治”①。任何把底层社会或抗争活动与政治或现有体制割裂的研究肯定是不科学也不可取，当前学术界一直以“利益之争”评价当代中国底层民众的抗争诉求，“实际上大大淡化了当前中国底层社会的抗争诉求本质”②。由此提出的一个问题是：究竟应该怎么样从政治或者民主政治发展的视角正确认识或分析底层社会包括乡村社会的政治抗争问题。

我们必须看到硬币的另一面，基层治理研究既要关注底层抗争现象或所谓的抗争性政治视角，也要关注农村更好发展的路径，即所谓的创造性政治视角。事实上改革开放30多年来中国基层民主在农民自生自发的创新推动下也取得了历史性的进步。以浙江为例，浙江涌现了大量的基层治理创新案例，渐成星火燎原之势。这些创新实践很多与乡村社会有着密切的关联，如武义的“村民监督委员会”被写入2010年修订通过的《中华人民共和国村民委员会组织法》，成为法律规范，并直接重塑了乡村社会的组织体系、权力结构与管理体制；而温岭的“民主恳谈”与参与式预算则以一种公共平台的公开协商不断推进并完善着基层民主治理机制，实现了公民政治参与的有序化，产生了巨大的社会影响。基层治理创新使基层民主不断发展，两者相得益彰，逐步形成了一整套行之有效的民主实现方式，使民主选举、民主决策、民主管理和民主监督真正发挥了其应有的作用。而地方政府的适时推进使之上升为地方性法规甚至国家法律，农民的首创所产生的社会影响由此可见一斑。而且，从基层治理创新的视角来看，当前基层社会积极探索各种形式的民主协商方式，与时俱进地借助网络信息技术，不断拓展民主参与和政务公开的渠道，对提升基层治理绩效、实现基层民主政治的发展，即政治的制度化、科学化、规范化皆有重大的意义。

① 于建嵘：《精英主义束缚底层政治》，《人民论坛》2010年7月（下）。

② 王洪伟：《底层抗争的潜在危机》，《人民论坛》2010年7月（下）。

因此，诚如徐勇教授所指出的，“中国的实践产生中国经验，对中国农村的研究必然要求我们突破原有的分析模式”①。虽然农民在中国的现代化过程中，在城乡二元体制格局下他们更多是作为社会被改造者而存在，但在实际发展过程中正是农民凭借自身所掌握的非常稀有的资源积极改变自己的生活和命运，以其一系列的自主创新行为，不断突破旧有体制和政策的障碍，创造出新的替代性体制模式，从而表现出伟大的历史首创精神，改变了自己的命运也改变了中国的命运。因此，“在当代是农民改变了中国”而不是其他，而农民的这一创新行为模式是对“压迫—反抗”的农民政治行为经典模式的超越，也是“底层社会与抗争性政治”的分析框架难以解释的②。而且要理解“中国奇迹”，必须理解中国农民；要理解农民，必须理解农民理性，也必须跳出传统与现代二元对立的思维定式，高度重视社会变革中的民性、民情及民意。③因此，徐勇针对上述分析提出了“基层社会和创造性政治”的理论主张，根据他的观点，“创造性政治”主要强调基层社会的创造性，特别是原始创造力；它更多是上层与下层的互构性政治，强调历史推动的“合力”。相比于“底层社会和抗争性政治”，“基层社会与创造性政治”的分析框架包容性更强，也更能解释农民改变中国并超越农民政治行为经典模式这一事实，更重要的是它还创造了一种可替代的新体制的雏形或萌芽形式。

尽管目前国内对于“创造性政治”的研究并不深入，但“创造性政治”的提出还是对当前底层社会包括基层社会的研究范式提出了其独特的批判和重构，这就是研究范式的转换。如前所述，范式既是一种公认的研究模型或模式，也是共同体共有的、建立在某种公认的并成为传统的重大科学成就基础上的信念和理论分析框架。如果说范式本身就是社会科学研究的一种重要的概念和理论规范的话，那么毫无疑问“范式转换”也是一种重要的研究信念和理论规范的转换，诚如张国庆教授所指出的，

---

① 徐勇：《农民改变中国：基层社会与创造性政治——对农民政治行为经典模式的超越》，《学术月刊》2009 年第 5 期。

② 同上。

③ 徐勇：《农民理性的扩张：“中国奇迹”的创造主体分析——对既有理论的挑战及新的分析进路的提出》，《中国社会科学》2010 年第 1 期。

“范式转换”成为人们讨论改革、发展、进步一类问题的经常性的研究工具。①

因此，从国内现有的研究来看，单纯的以西方的所谓维权范式来研究中国的底层社会包括乡村社会问题显然存在很大的片面性，而且仅从底层社会或抗争的立场出发也是有所偏颇的，毫无疑问忽略了与此相对应的国家视角、发展和创新的视角，也与改革开放30多年来中国农民伟大的首创和农村社会的巨大发展严重不符。也正是因为如此，在针对当前农村社会进行研究的时候，既要关注因为社会转型、社会结构变迁、政治机遇结构变化和政治体制改革相对滞后所诱发的社会矛盾冲突现象，运用“底层社会和抗争性政治”的范式研究底层抗争现象或所谓的抗争性政治，探讨社会矛盾纠纷化解的现实路径，为实现农村社会的和谐稳定贡献学者的智慧；也要关注社会转型视野下农村社会系统、全面、科学发展的动力机制和内生增量，特别是以农村先富群体为代表的乡村精英在农村、农业发展和农民增收过程中的创新举措所产生的巨大社会效应，以及相应的政策支持体系对乡村精英强有力的吸纳。这必然要求学界运用“基层社会和创造性政治”的范式从基层治理、精英治理、政府治理创新等视野研究农村更好发展、全面发展、科学发展的路径，为农村社会创新发展提供智力支持。也唯有实现两种研究范式的统一，才能够更准确、全面的把握农村社会协调均衡发展的内在逻辑，促使“三农”问题得到更好的解决。

二 文献综述

近年来，在聚焦“三农”之时，农村能人特别是“能人治村”这一社会现象已引起了学术界和政府有关部门的关注，学界已有大量的相关论文，相关研究主要集中在先富群体参政、能人治村、乡村精英治理等方面，主要包括以下几点。

（一）先富能人及精英治理等内涵的界定

学界对农村先富群体、先富能人、乡村精英、精英治理等相关概念的

---

① 张国庆：《公共行政典则规范更新替代与政府行政制度创新——兼论中国政府新公共行政典范的确立》，《复旦学报》（社会科学版）2002年第2期。

界定都作出了一些努力。目前学界大致从三个方面对农村能人或乡村精英这一概念的内涵进行界定，一是从能力的视角进行界定。如帕雷托认为："一个社会只是把那些最有能力的人（往往未必是最廉洁、最高尚的人）称作精英。"① 依据他的观点，精英无疑以能力为核心衡量指标，而无涉品德或功能。与之类似的是，仝志辉提出精英主要指在"小群体的交往实践中，那些比其他成员能调动更多社会资源，获得更多权威性价值分配的人"②。而张英魁等则认为，乡村精英指的是在经济资源、政治地位、文化水平、社会关系、社区威信、办事能力等方面具有相对优势，具有较强的自我意识与参与意识，并对当地的发展具有较大影响或推动作用的村民。③ 二是从特定范围的影响力进行论述，如吕世辰等指出，乡村精英是指在村民中有威望、有影响和有号召力的人。④ 三是从权威性角度进行界定，如李强彬等指出乡村精英是在乡村社区的政治、经济、文化和社会生活中，对乡村政治、经济、文化和社会生活管理具有重要影响力的人，他们在乡村社区中具有非正式的权威，起着重要的社会整合功能。⑤

可见，无论是从影响力范围还是权威性来看，学界关于乡村精英内涵的界定要宽于经济精英，即乡村精英不仅仅局限于经济上的突出能力，也可能涉及突出的政治、社会能力。有鉴于此，本书认为农村能人或乡村精英主要指乡村社会中那些在政治、经济、资源和社会网络结构等方面拥有优势，某一方面具有突出能力，能利用自身所具有的优势资源和能力对乡村公共治理发挥重要作用并促进乡村社会良性发展，包括在村民中享有威望的村干部，农村的人大代表或政协委员，率先富裕的种养殖大户、乡镇企业家等。而其中特别值得关注的一个现象则是乡村经济精英与政治精英的融合趋势，即经济精英的政治化趋势非常明显，也由此引申出了能人治村或农村先富群体参政这一令学界甚至各级地方政府非常关注的社会

① ［意］维尔弗雷多·帕雷托：《精英的兴衰》，上海人民出版社，2003年，第95页。

② 仝志辉：《农民选举参与中的精英动员》，《社会学研究》2002年第1期。

③ 张英魁、李兆祥、孙迪亮：《重视乡村精英在新农村建设中的作用》，《光明日报》，2008-01-26。

④ 吕世辰、胡宇霞：《农村精英及其社会影响初探》，《山西师范大学学报》2003年第1期。

⑤ 李强彬、向生丽：《转型社会中乡村精英的变迁与乡村社区治理》，《兰州学刊》2006年第4期。

现象。

那么何谓“能人治村”呢？“能人治村”顾名思义就是让有技术、有本事、能致富的“能人”通过民主选举成为村域范围内的领头羊，充分发挥其个人突出的能力、才干、社会资本、奋发向上的精神与人格魅力，示范、帮扶和带动广大村民走上共同富裕之路。也有研究者言简意赅地指出，“能人治村”就是由农村先富起来的经济能人通过组织程序当选为村支部书记或村委会主任等村“两委”主要干部，团结带领农民群众发展经济，管理本村各项事务，推进社会主义新农村建设。[①] 至于先富参政，董明认为特指“先富能人”——即率先富裕起来的私营企业主、个体工商户以及种养殖业大户积极参与村级自治选举活动——争相竞选“村官”，并在不少地方频频胜出，以致成为近年来我国乡村社会一道独特的政治生态风景。[②] 显然，从当前基层政治实践来看，农村先富群体参政已经不仅仅局限于对村官的选举，大量的先富群体参政的范围日益扩大，已经从单纯的参选村官到积极的竞选人大代表、政协委员。可见，农村先富群体参政概念的内涵和外延较之能人治村要更加广阔。

近些年，随着各地政府积极推动，先富能人治村现象日益明显，与之对应的是在中国乡村社会形成了独特的精英治理现象。有研究者指出，乡村精英治理主要是指个别或少数精英在乡村公共权力结构中居于支配性地位，依其个人权威和意志主导、控制乡村治理的运作，而普通村民对村庄公共权力系统运作的参与度和影响力相对较低。[③] 然而这种观点对精英主义理论本身即存在一定的曲解。事实上，大量实践表明，在民主转型、民主化和民主创新不断兴起的背景下，乡村精英所扮演的角色与所拥有功能很可能由封闭、僵化的控制性主导走向开放性的引领发展。而新形势下的能人治村则是对历史上乡绅治村的传承和超越，它突破了乡村精英治理的传统，形成了一种独特的乡村精英治理新形式[④]，成为中国乡村政治的新模式。如卢福营就指出，“经济能人治村”是中国乡村政治的新模式，

---

① 刘炳香、韩宏亮：《能人治村：新农村建设的战略选择》，《理论学刊》2007 年第 8 期。

② 董明：《对先富参政价值及其限度的省思》，《中共浙江省委党校学报》2008 年第 6 期。

③ 参见卢福营《乡村精英治理的传承与创新》，《浙江社会科学》2009 年第 2 期。张庄庄：《村民自治导向下的乡村精英治理模式研究》，山东大学，硕士毕业论文，2009 年。

④ 卢福营：《乡村精英治理的传承与创新》，《浙江社会科学》2009 年第 2 期。

“经济能人治村”是一种精英主导与群众参与有机结合的“精英—群众”自治，是对村民自治理想制度所做的一种适应性调整和务实性创造，拓展了村民自治的形式。[①] 因此，上述关于乡村精英治理是少数精英主导村庄治理的概念，在认知上显然存在偏颇的地方。本书认为乡村精英治理主要是指乡村权威在社会良性互动过程中参与或主导乡村治理，促进乡村社会健康发展、维护农村社区稳定和谐的过程。必须明确的是乡村精英治理是基层政治民主化、法治化进程中的一环，既可能是参与式的多元主体协作治理，也可能是少数精英的支配式治理，关键是对其中的封闭、专制的统治模式进行合理的改造、引导，促使其成为政治民主发展的典范。如此方能使乡村社会发展呈现物质文明、政治文明、精神文明并驾齐驱的美好景象。

（二）先富能人治村的创新模式

实践中先富能人或乡村精英参与推动基层民主治理创新的实践大量涌现，并表现出诸多不同于传统精英治理的创新模式，逐渐成为中国乡村政治的新模式。这些新模式从已有的研究成果概括，主要有以下几种：

1. “协议村官” + 先富能人的契约之治。随着民主和公民意识的觉醒，少数乡村精英主导村级治理的格局已难以为继。与之相应的是，先富能人积极投入村政与村民对其的监督约束形成了各方各取所需的正和博弈，比较典型的就是“协议村官”和“村干部过错行为民事赔偿制”[②]。这是温州瑞安推行的一种制度创新，以契约的方式把先富能人参与竞选的承诺以及无法践行承诺的过失、过错行为固化为具有法律效力的协议书。协议书将村官有可能“违法行政”的情况一一列出，具体责任和追究情况亦相应列出，从而使得村民对先富能人进入乡村权力层之后的行为有了较强的约束，可有效避免村级事务的暗箱操作、违规决策和权力滥用。类似的协议加上配套的过错行为赔偿机制，把先富能人在村级事务管理过程中违规操作可能引发的矛盾纠纷纳入法律诉讼程序，既有利于提升基层治

① 卢福营：《经济能人治村：中国乡村政治的新模式》，《学术月刊》2011 年第 10 期。

② 顾正喜：《我国农村先富群体参政的激励结构及规范之道——以先富捐资竞选为例分析》，《探索》2004 年第 1 期。

理的民主、法治内涵，也有助于提升其规范化、制度化和程序化水平，促进村民自治制度的发展，维护农村社会的稳定。

2. “乡村典章” + 乡村精英的规则之治。乡村典章是乡村治理实践中乡村社会自生自发地建构起的一种相对完善的规则之治。比较典型的是近些年来浙江绍兴等地先后创造出的“乡村典章”、“夏履程序”和“八郑规程”。[①] 以新昌的“乡村典章”为例，它是结合当地实际制定的村民制度治村的章程规范，涵盖了乡村治理的组织体制、民主决策、民主管理、民主监督、责任追究以及村规民约等各个方面，成为村级事务民主决策、民主管理、民主监督以及渎职、失职责任追究的具体操作规范。这种模式建立了严格的规章制度，保障了村民的知情权、参与权、表达权与监督权，既有助于保证村级公共权力的规范运行，使其公开化、程序化、制度化；也有助于乡村治理绩效的提升和乡村社会的和谐稳定，使精英治理与民主治理实现了有效的融合，对基层民主治理具有积极的借鉴意义。这无疑也是对少数精英主导乡村治理模式的一种超越，更是一种值得借鉴和推广的创新模式。

3. 先富能人 + 龙头企业或专业合作社 + 农民的协作之治。乡村治理对先富群体的吸纳，除了经济精英可积极贡献财力、物力，兴办公益事业之外，更重要的是充分发挥乡村先富能人的致富能力和领头羊作用，可为广大农村居民积极谋利益、促发展。[②] 由此，也产生了一些引人注目的创新治理模式，如先富村支书 + 龙头企业 + 农民或村“两委” + 专业合作社 + 农民的协作治理模式。这种新型的治理模式，通过先富村支书或村“两委”精英的领头羊和纽带作用，整合涉农的基层公共部门、非政府组织和村民等自治主体的力量，彼此之间的广泛参与和良性沟通必然有助于实现公共事务的合作治理和绩效的优化。关键在于先富村支书拥有更广泛的社会关系网络，可调动更多的社会资源，并充分发挥政府与农民的中介作用，将市场的激励机制和私人部门的管理手段引入乡村治理中，实现基层政府和私人部门、政府和民众、私人部门和民众之间的良性互动和

① 赵爱庆、孙建军、赵佳维：《超越乡村精英治理模式的政治抉择》，《中共浙江省委党校学报》2008 年第 1 期。

② 顾金喜、林奇凯：《发挥先富村支部书记作用的长效机制研究——以浙江台州的个案为例》，《西安电子科技大学学报》（社会科学版）2007 年第 4 期。

精诚合作，最终实现公共利益的最大化和治理绩效的优化。

此外，浙江首创的村民监督委员会 + 乡村精英的制衡模式和农村党支部书记量化考核机制 + 乡村精英的促进模式，在实践过程中，通过对乡村精英的吸纳或者乡村精英本身的政治实践，在乡村治理过程中都取得了良好的效果，研究者也都有所涉及。这些模式既有助于乡村精英治理的规范化、程序化、民主化和科学化，也可大力促进社会主义新农村建设，为解决“三农”问题提供助力。

(三) 能人治村的功能分析

我国的先富能人基本源于土生土长的草根社会，具有鲜明的乡土性特质。这种特质有利于其与村民的沟通交流，在原有的社会关系网络上建立起更广泛和谐的人际关系网络，从而更有利于发挥其治理的优势功能。然而能人治村也可能产生负面效应，这显然需要多维的分析与多元的指标体系对此进行评估。按照卢福营的观点，可分为正向正效、正向负效、反向正效、反向负效，这是一种试图把价值的矢量分析与实践效果评估措施结合的分类法，大致确立了三项指标，即是否有利于农村基层民主、是否有利于农村社区和谐以及是否有利于农村社会的发展。[①] 但是这种分类，一是由于价值的矢量性本身比较宏观、模糊，与实践效果的评估结合比较困难；二是实践效果的评估指标也过于宏观，而且存在彼此交叉情况，如农村社会的发展本身即是一个综合指标，从中还可继续分离出农村政治文明、物质文明、精神文明和生态文明等相当宏观的指标。如以这样的分类法对先富能人治村的绩效进行评估既可能因其模糊性而增加困难，也可能因其宏观性而导致失真。因此，笔者倾向于以学界通行的分类法，即正功能与负功能进行述评。

1. 能人治村的正功能。根据学界的分析来看，能人治村的正功能主要有以下几点：

(1) 促进乡村经济社会不断发展的功能。一是内生型乡村精英，尤其是经济精英，或以工业化的方式吸纳大量农村剩余劳动力，或以种养殖

---

① 卢福营：《能人政治——私营企业主治村现象研究》，中国社会科学出版社，2010 年，第 205—209 页。

技术的传帮带和抱团作战的方式，提升农业生产的核心竞争力，一定程度上调整了农村经济结构，有效推动了农村经济社会的快速发展。① 二是回流型精英，以带回资金、技术、传播先进理念等方式，促进农村经济生活条件的改善与农村社会的发展。② 而且，他们拥有广泛的人脉关系网络，能够聚集到大量社会财富和资源，用于农村社会的建设，从整体上夯实新农村建设的经济基础，促进乡村社会的不断发展。

（2）兴办农村公益事业，增加公共产品供给的有效性。城乡非均衡的农村公共产品供给体系导致体制内农村公共产品供给的不足。先富能人捐资竞选往往会以自身的经济实力兴办农村公益事业或供给公共产品，从而可有效地弥补体制内公共产品供给不足的问题。③ 如前文提及的裴春亮、王文选等。这种体制外的供给方式，随着乡村社会如火如荼的竞选活动的开展，正逐渐演变为一种持续性的行为，即每逢乡村社会的换届选举，先富群体的捐赠竞选就更加突出。而且，先富能人治村，由于其在社会上具有一定的影响力，关系网络较丰富，也有利于为村里争取社会资源。④

（3）理性示范与制度导入、创新功能。研究者指出，经济精英的发家致富历程，他们的技术、经营、管理能力和吃苦耐劳、开拓创新精神，为广大村民提供了参考，对村民有着强烈的示范效应和社会扶助作用。⑤ 而乡村外出精英的回流则使得制度导入和创新功能更加凸显。诚如费孝通先生在《乡土中国　生育制度》中开篇提到的："从基层上看去，中国社会是乡土性的"⑥，恰是这种乡土性或乡土气息使得"乡村外出精英"——在乡村外

---

① 顾金喜、林奇凯：《发挥先富村支部书记作用的长效机制研究——以浙江台州的个案为例》，《西安电子科技大学学报》（社会科学版）2007 年第 4 期。

② 覃国慈、田敏：《民族地区新农村建设的推动力量——乡村精英》，《中南民族大学学报》（人文社会科学版）2006 年第 6 期。

③ 郎友兴、郎友根：《从经济精英到村主任——中国村民选举与村级领导的继替》，《浙江社会科学》2003 年第 1 期。

④ 方柏华、董明等：《政治社会学视野下的先富参政与民众恳谈现象研究》，人民出版社，2009 年，第 3 页。

⑤ 旷宗仁、杨萍：《乡村精英与农村发展》，《中国农业大学学报》（社会科学版）2004 年第 1 期。

⑥ 费孝通：《乡土中国　生育制度》，北京大学出版社，1998 年，第 4 页。

部创业、经商、居住、发展，但与乡村有着千丝万缕的血缘与地缘关系，在政治、经济、文化等领域拥有或能调动社会资源的个体——具有回报乡里的意愿①。一旦这些先富精英回流乡村，并把自己在城市务工经商创业的经验，学习到的技术和经营本领，以及积累的资金和所见的新颖治理模式引入到乡村建设中，那么就可以创造出一套符合当地发展的新型治理模式。很显然，这种回归具有制度导入和创新的功能，对于乡村社会的发展具有较大的现实意义。而且这些精英对政治、经济和社会形势的敏感性更高，能及时感知到所处的宏观政治生态环境的新变化，进行理性客观的分析，采取相应的新策略，大力倡导、动员村民适应社会的发展趋势。

（4）社区整合和群体冲突的防范功能。在两极分化、贫富分化和社会矛盾激化的宏观政治生态背景下，先富能人因人格、知识、能力、经验等方面突出而享有一定的威望，拥有集体行动动员的社会资本，能够较为有效地沟通政治权威与民众的认识，从而发挥利益整合和社会协调的功能，有效地预防群体性事件的爆发。这既是先富能人很好地解决农村社区问题，将各方面力量和要素有序协调地整合在一起，促使整个社区良性发展的必然要求，也是实现农村社会向更高层次社会进步的必经之路，是乡村政治精英的一个重要职责所在。② 因此，农村先富能人就可依靠自身所具备的政治、经济和社会优势，运用在社区内的号召力和影响力，积极开展有效的沟通、协调，整合农村社区资源，提升社区信任度，从而发挥其群体冲突的防范功能、维护社区秩序，有助于农村社区和谐的实现。

（5）对乡村事务监督与纠错的功能。乡村精英在农村中的政治、经济和文化等方面上都享有较高地位和影响力，不仅具有较强市场经济意识和规则意识，还具有较高的文化和道德修养，可以影响和左右村民的思想与行为。③ 因而，体制外精英与体制内精英的博弈就可以促使体制外的精

---

① 崔山磊、李睿：《新农村建设背景下乡村外出精英的乡土回归——以河南省C县实施“回归工程”为例》，《齐齐哈尔大学学报》（哲学社会科学版）2007年第2期。

② 李婵：《农村社区精英研究综述》，《中共济南市委党校学报》2004年第3期；殷琼：《试析乡村精英在群体性冲突预防中的功能》，《安徽农业大学学报》（社会科学版）2010年第4期。

③ 王茂美、黎仕勇：《乡村精英对欠发达地区农村民主政治发展的影响》，《学术探索》2003年第3期。

英担当村务监督者的角色，在村务出现异常情况时，率先提出异议，进行有效的监督，并纠正不规范行为。既监督村务的公开、透明与规范性，也维护村民和自己在乡村社会里的直接利益。典型的就是金华武义首创的村务监督委员会，三权分立的村庄权力结构的创新，在体制外精英的带领下，对促进乡村治理的民主化、规范化、公开化、透明化产生了极大的影响。而乌坎事件中的林祖銮率领村民走上抗争之路，最终实现村域范围内的“拨乱反正”，实质上也正是这种监督与纠错功能的体现。

2. 能人治村的负功能。传统精英理论认为精英统治是一种由少数人主导政治权力的统治方式；如前所述能人治村或者乡村精英治理在某些学者看来本身即是少数人主导的治理模式，与现代民主治理要求的公开性、透明性、回应性、责任性等衡量指标相悖。毋庸置疑的是，在乡村实际治理过程中能人治村也确实表现出一定的负面影响，即所谓能人治村的负功能，主要包括：

（1）经济精英捐资竞选，既有可能导致选举的不公和贿选，也有可能导致体制内精英与体制外精英的博弈，而对乡村秩序的稳定产生破坏。不同精英对乡村治理主导权的争夺，在我国村民自治和基层民主治理制度仍然还不规范的背景下，很容易导致争夺过程中派系、宗族和农村黑恶势力的介入，从而脱离民主治理的规范轨道。而经济精英捐资竞选的行为，客观上争议依然难以避免，贿选嫌疑以及由此导致的选举不公，都可能因宗族势力和派系的存在而使乡村社会陷入持续的分裂和争斗之中。李强彬等指出，这种状况的长期出现对乡村社区的发展势必产生诸多不利影响，三类精英之间的矛盾可能导致乡村社会自治力量难以有效发挥，进而阻碍乡村社区的长期稳定和发展。[①] 吴素雄、陈洪江则认为，村庄内经济精英和政治精英的水平结盟以及基层政府成员和村治机构人员的垂直结盟解决了农村社区和基层政府之间自治与控制的悖论，但这种结构具有愈益封闭的特征，会排斥群众的政治参与。[②]

（2）乡村代理人与底层抗争性政治的出现有可能激化基层社会矛盾。

① 李强彬、向生丽：《转型社会中乡村精英的变迁与乡村社区治理》，《兰州学刊》2006 年第 4 期。

② 吴素雄、陈洪江：《从精英治理到民主治理：村民自治制度演进分析》，《江苏社会科学》2004 年第 1 期。

根据委托代理理论，先富能人当政后既是广大村民的代理人，也是国家在农村社区的监护人，一方面要贯彻落实上级政府的政策；另一方面要反映民众呼声、切实保障民众的利益。但是，在压力型体制下，当征地、拆迁、违法行政大量出现之际，“代理人”角色和“监护人”角色势必发生相互冲突，从而使得村里的政治精英身处两难境地①，即民众对乡村政治精英维护自身利益的要求和基层政府政策贯彻、行政汲取和维护行政权威的要求之间产生尖锐的矛盾对立。结果要么是促使乡村政治精英向基层政府“投怀送抱”，仅成为基层政府行政汲取与政令贯彻的机器。若如此则必然遭到村民的强烈反对，进一步激化社会矛盾，引发群体性冲突事件，即产生所谓的“以法抗争”、“以理维权”甚至社会泄愤事件②，政治动荡亦随之产生；要么就是促使乡村政治精英成为村民利益坚定的代理人，带领村民与基层政府不合理的行政行为持续对抗。如媒体广为报道的遭遇谋杀嫌疑而死的乐清村委会主任钱云会③，带领村民持续六年上访，并最终引发了一起举国关注的重大公共危机事件。

（3）先富能人在治村中还会突破制度边界，寻求超额利益。绝对的权力绝对的收益，乡村政治精英在实际治理过程中，往往也会追求额外的经济收益。因此，突破制度边界、作风霸道在有些体制内乡村精英身上就表现十分突出。如曾有“南国第一村”之誉的深圳万丰村，原村主任潘强恩带领大家致富，如今家家都是“百万元”户，但潘强恩及其家族牢牢控制了万丰村的政治、经济和文化生活，大搞“一言堂”、“家族统治”甚至被村民称之为“村霸”而引起诸多纷争。④ 究其根本，就在于体制内精英借助改革的春风，利用“变通”的手段把国家制度和政策充分传达至基层社会，其自身作为变通的主体在变通中就具备了双重身份——既是上级政策的执行者又是变通的“准正式制度”的制定者。⑤ 显而易见，一

---

① 陈潭、刘祖华：《精英博弈、亚瘫痪状态与村庄公共治理》，《管理世界》2004 年第 10 期。

② 于建嵘：《抗争性政治：中国政治社会学基本问题》，人民出版社，2010 年，第 45 页。

③ 凌馨、鄢建彪：《钱云会命案细节》，《财经》2011 年第 2 期。

④ 贾云勇、张国栋：《深圳南国第一村遇偶像危机　村民抵制一言堂管理》，《南方都市报》，2006－04－6。

⑤ 叶本乾：《村庄精英：村庄权力结构的中介地位》，《甘肃理论学刊》2004 年第 6 期。

旦准制度大行其上，而民主化进程却滞后于治理转型，那么“变通”就会沦为体制内精英牟取私利的手段，此时所谓的乡村精英就会以合法或非法的手段竭力获取最大的分配份额。而“村干部的身份甚至只成为谋取个人和家庭好处的一种前提条件”①。这显然与规则的市场经济与民主治理相悖，也无助于乡村社会的有序发展。

（四）能人治村模式的转型与完善

能人或精英作为最宝贵的人力资源在经济社会发展中发挥着核心作用。新时期，中国的乡村治理离不开乡村精英的参与，诚如温铁军所指出的：“我们要培养出农民自己的精英，新农村建设必须由农民精英来带领和实施一系列举措。”② 而要培养乡村精英或致富型能人，首先，各级政府应对农村的社会发展采取倾斜政策，培育他们成长的良好环境。③ 地方政府应制定相应政策，吸引更多的先富能人为“三农”服务，如：户籍制度的改革，为能人的成长提供更好的生活待遇和更加灵活的创业政策等；在村委选举中，采取人才竞聘的方式，创造出一个比较公平合理的政治选举环境；给予乡村精英在创业过程中贷款、征税、提供场地等方面的优惠政策。④ 其次，地方政府应大力开展“能人回归”工程，促成外出精英人才的回流。从增加农村引力和加大外界推力这两方面着手展开行动，在大力发展农村经济、缩小城乡差别、提高农村自身吸引力的同时，通过各种政策、制度的创新增加乡村社会对外流精英人才的吸引力，促使他们致力于乡村社会的发展。最后，应加强现有农村能人的培训工作，通过更具针对性的政治参与、公共政策培训，努力提高农村能人的素质，提高他们的参与和决策能力⑤，从而挖掘农村、农业发展和农民增收的内生增

① 杨善华：《家族政治与农村基层政治精英的选拔、角色定位和精英更替——一个分析框架》，《社会学研究》2000 年第 3 期。

② 温铁军：《新农村建设话语权归属之辨》，《第一财经日报》，2006－04－11。

③ 李强彬、向生丽：《转型社会中乡村精英的变迁与乡村社区治理》，《兰州学刊》2006 年第 4 期。

④ 旷宗仁、杨萍：《乡村精英与农村发展》，《中国农业大学学报》（社会科学版）2004 年第 1 期。

⑤ 阚雪春、季丽新：《改革开放以来农村精英对农村政治发展的影响——山东省 L 村个案评估》，《中国特色社会主义研究》2010 年第 4 期。

量，形成解决“三农”问题的系统合力。

然而，毋庸置疑的是：在治理转型过程中，由于现有的制度缺陷和强势的能人政治，现实中出现的乡村权力异化腐败现象让人们更加清晰地看到，精英治理有其显而易见的内在缺陷。因此，与社会转型相对应的是，农村基层社会的能人治理模式也要逐步实现创造性转换。① 一是必须完善村民自治的法律法规的制度性规范，通过设置标准化、程序化、透明化和可操作化的制度防止精英治理模式的蜕变和异化。二是积极通过制度创新，大力推进基层民主政治建设，扩大农民政治参与的广度与深度，拓宽参与渠道，实现民主权利对乡村能人治理权力的有效制衡。三是完善政府权威的约束以进一步强化对乡村能人治理权力的制约。四是通过制度创新，强化考核，促使乡村体制内精英发挥领头羊作用，致力于农村、农业和农民的发展。而制度创新无疑成为超越乡村精英治理模式的政治抉择。②

（五）对能人治村及乡村精英治理研究的评述

近年来，国内学术界对能人治村、乡村精英治理等命题持续关注，尽管研究视角、研究方法各不相同，但已经有大量的成果发表或出版。已有研究成果为学术积累和能人治村及乡村精英治理优化作了较大的贡献：

一是形成了比较完整的能人治村和乡村精英治理研究的理论体系。从相关内涵的界定、分类，到先富参政所导致的村庄权力结构变迁和基层治理机制体制的变迁，再到先富能人治村的功能、弊端，以及学界为解决先富能人治村存在的各种问题所形成的对策，首先，在研究内容上形成了比较完整的体系。其次，相关研究成果分别运用了历史比较、演绎分析、文献综述、实地访谈、规范分析和实证分析等方法，形成了比较完整的方法论体系。与之相关的是，众多学者从乡村精英的竞争、淘汰机制中分析了治理转型与完善乡村精英治理模式的制度化路径。这些成果为进一步研究中国乡村精英结构和权力结构的变迁奠定了基础，也为实现先富能人治村

① 徐勇：《由能人到法治：中国农村基层治理模式转换——以若干个案为例兼析能人政治现象》，《华中师范大学学报》（哲社版）1996 年第 4 期。

② 赵爱庆、孙建军、赵佳维：《超越乡村精英治理模式的政治抉择》，《中共浙江省委党校学报》2008 年第 1 期。

与民主治理的融合提供了有益的借鉴，具有重要的理论价值和现实意义。

二是丰富了精英政治和政治参与的研究内容。中国传统农村社会精英——绅士阶层得到了广泛而深入的研究，农村问题研究中的国家——乡绅的二元研究理论架构也基本形成，如孔飞力的“士绅操纵”论、周锡瑞的“士绅支配”论等。然而，随着改革开放的纵深化发展，农村社会阶层出现了显著的分化，也激发了乡村经济精英政治参与的欲望。因为现代化不仅开辟了新的财富而且还开辟了新的权力来源。从精英变迁和政治参与的角度出发，作为新兴社会阶层代表的乡村经济精英，当财富积累达到一定程度，社会经济地位（SES）显著提高之后，其政治参与积极性就会得到明显提高，“社会地位很大程度上决定了一个人的投票和政治行为”，而且“社会特征决定政治偏好”①。这种精英地位的变迁所导致的政治参与的变化无疑是传统精英政治理论缺乏关注的。因此，国内学界对乡村精英特别是农村先富群体参政意识和参选行为的研究丰富了精英政治和政治参与的研究。而且，诸多研究成果也对转型期乡村精英及其地位和功能的变化作了精辟的分析，对精英支配式的乡村治理模式弊端的分析鞭辟入里。

尽管乡村精英治理研究所取得的成就是值得肯定的，然而，目前国内“关于中国的乡村民主问题，尽管有一些著作涉及政治精英这个主题，但大都缺乏深刻、系统的研究”②，所存在的不足也是显而易见的。

一是从研究视角看，分析基本限于精英政治理论而缺乏人力资源管理视角的解读。分析学界近年来的研究成果可知，大多是对乡村精英的内涵、分类、变迁和精英治理弊端及应对策略的探讨。而且在分析工具上，普遍使用精英政治理论却缺乏从社会学、心理学或人力资源管理等跨学科角度对精英治理进行研究的努力。这样，研究方法与工具往往具有较大的局限性，使得已有研究显得有些单调失色，缺乏新意与多元化。何况信息社会中，知识经济在社会发展进程中占据着主导地位，人力资源才是最宝

---

① Gerhart H. Saenger: “Social Status and Political Behavior”, *American Journal of Sociolgy*, Volume 51, Issue 2 (Sep. 1945), 103－113. 转引自顾正喜：《我国农村先富群体参政的激励结构及规范之道》，《探索》2004 年第 1 期。

② 郎友兴：《政治精英与中国的村民自治：经验与意义》，《浙江社会科学》2006 年第 6 期。

贵的资源和价值创造的来源，乡村精英或农村能人队伍已经成为社会主义新农村建设的迫切需要。因此，在乡村精英治理中，非常有必要从人力资源管理和开发的角度出发，优化配置乡村精英资源，充分整合、培育、挖掘人力资本这个主导性因素在乡村社会发展过程中的作用，从而促使乡村精英治理走上一条可持续的科学发展之路。

二是从研究内容看，对乡村精英参与村庄或基层治理的动机与政治心理分析不足，而且对乡村精英治理的治理转型亦缺乏深入的剖析。在众多乡村精英及相关研究成果中，学者们大多注重精英治理活动和政治参与问题的解析，其关注焦点是乡村精英参与村庄、基层治理活动可能面临的障碍与困境及应对之道。然而，对于乡村精英为什么要参与治理，他们参与治理的动因是什么，其动因对政治参与行为的影响如何，关于这些参与动机与政治心理相关的问题分析，学界的探讨相对不足，更毋论实证的乡村精英参政动机与政治心理方面的研究，这就导致现有的研究成果在一定程度上缺乏因果的逻辑联系，所取得的研究成果也缺乏必要的说服力。

三是从研究范式看，当前对乡村精英或乡村治理研究侧重于抗争性政治的研究，而忽略了创造性的协作治理机制的研究。目前学界对乡村治理和基层政府治理存在的问题，关注的重点是底层民众的抗争性政治，更多的是一种传统“压迫—反抗”的农民政治行为经典模式的解读。然而，“农民作为社会被改造者，以其一系列的自主行为，不断突破政策和体制障碍，并创造出新的替代性体制模式，从而表现出伟大的作为和历史首创精神”，这是“底层社会与抗争性政治”的分析框架难以解释的。因此，对先富能人领导下的乡村治理实践创新就需要寻求新的解释模式，突破原有的分析模式，即“基层社会与创造性政治”的分析框架①。

四是从操作角度看，学界已有成果提出了乡村精英治理吸纳与培育的对策建议，然而对于具体的制度、政策设计缺乏深入的探讨。如郎友兴指出，农村先富群体或经济精英“无论入党，当选人大代表，还是参与村委会的竞选，基本上属于自我保护型的政治活动”，其政治参与象征性意

---

① 徐勇：《农民改变中国：基层社会与创造性政治——对农民政治行为经典模式的超越》，《学术月刊》2009 年第 5 期。

义大于实质性的政治运作，实质乃是政治吸纳与政治投资的双重过程。[①]作为执政党的中国共产党，应将吸纳先富群体的政治参与提升到“政治体制改革”的层面与高度，开发现有政治资源，开放政治空间，拓宽政治参与渠道，并化为各项具体的政策，强化政治参与的制度化建设。这种主张注重政策的扶持和制度的支撑以促使乡村精英的回流，对于农村先富能人队伍的建设具有重要意义。然而，更关键的问题是，怎么样的人才算是先富能人？对于不同层级的能人应建构起什么样的差异化的政策支撑体系？这显然是目前国内外研究所缺乏的。换言之，尽管国内学者在论述乡村精英之际，分别从治理、民主和发展的视角就乡村精英的能力、社会资源和影响力等诸方面进行了分析，但目前的研究成果并没有建构起相应的能力和影响力指标体系，也缺乏相应的政策吸纳以及支持的分级分层指标体系，因而实际的操作性并不强。因此，建构起相应的精英衡量指标体系，并使之转化为可操作的政策体系，无疑更为关键。

三 研究方法

本课题主要采取定性与定量相结合的研究方法。具体方法如下：

一是文献研究法。通过图书馆、电子数据库、网络等途径，广泛收集国内外相关图书、期刊、学位论文、媒体报道、内部调研报告、汇报材料等文献资料，全面系统了解、掌握当前国内外关于农村能人队伍建设问题研究的最新前沿动态和人力资源、人力资本等相关理论动态，厘清国内外相关研究所采取的研究方法、研究思路、核心理论主张、研究成效以及研究存在的不足，为本课题的研究奠定基础。

二是实地调查访谈法。课题组选择浙江省一些具有代表性的市、县、乡镇和社会主义新农村建设示范村、先富村，如湖州长兴月明村、吴兴章家埭村、宁波奉化滕头村、台州路桥方林村、黄岩繁二村以及江苏无锡市的华西村等作为典型，进行考察、调研。为了了解欠发达地区对农村能人队伍建设的情况，课题组还曾到甘肃兰州、定西和云南昆

① 郎友兴：《政治吸纳与先富群体的政治参与——基于浙江省的调查与思考》，《浙江社会科学》2009 年第 7 期。

明、红河等地做了相应的调研。通过对地方政府官员、农村能人以及普通村民等进行深入访谈，召开座谈会，充分了解农村能人在农村经济社会发展中产生的巨大作用，当前各级地方政府实施的有关农村能人队伍建设的主要政策、形成的经验与存在的问题，能人治村存在的问题以及应对思路。

三是问卷调查法。课题组通过随机抽样对浙江台州、金华、湖州、杭州、宁波等地基层干部、农村能人、村干部以及普通村民大范围的问卷调查，共发放 2500 份问卷，回收 2307 份，问卷回收率 92.08%。问卷调查对象主要由基层公务员、农村企业主、种养殖大户、村干部、农村人大代表和普通村民六大群体组成，其中年收入 5 万元以下群体占比 55.8%，5 万—10 万元之间占比 29.3%，10 万—18 万元之间占比 8.6%，超过 18 万元以上占比 5.9%。从 2012 年全国农村居民的人均收入为 7917 元来看，对于农村来说，年收入超过 5 万元基本上就可算是高收入群体。但浙江省 2012 年农村居民人均收入为 14552 元，5 万元及以下的年收入还算不上高收入。但超过 5 万元就至少相当于全国农民人均收入的 6.3 倍，浙江农村居民人均收入的 3.4 倍，也可以算是高收入群体。因此，从收入分析来看，45.2% 的被调查对象可算是高收入群体。这是问卷调查对象的基本构成情况，然后课题组通过统计分析软件 SPSS 19 对这些数据作了必要的频率和交叉分析，用实证的方式清晰界定不同社会群体对当前农村经济社会发展、基层治理、先富能人治村以及地方政府对农村能人资源的培育、开发的政策、措施等各方面的认知和政策期望，并以此作为主要依据，建构农村能人队伍建设的标准体系，探讨促进农村能人队伍建设的政策体系以及农村能人资源的开发、培育与利用策略。

四 研究框架

本课题的研究框架主要由以下几部分内容构成：

第一部分是引言，即课题的研究缘起，介绍本课题研究的核心问题和核心关注，着重分析农村能人队伍建设问题研究的必要性。在此基础上，通过详细的文献综述梳理学界的相关研究现状，分析了先富能人治理的创新模式、能人治村的正功能和负功能、能人治村模式的转型和完善，并分析了当前学界相关研究的基本理论体系、主张、方法、研究成效以及存在的问题。同时简要介绍本课题研究的基本方法和研究框架。

第二部分主要研究农村能人队伍建设的理论基础，以人力资本为研究的理论根基，从人力资源是第一资源、人力资本是经济发展的决定性要素等视角分析人力资本在经济社会发展中的决定性作用，人力资源开发利用和人力资本投资培育的基本路径，确定农村优秀人力资源开发即农村能人吸纳、开发、培育、利用的基本途径，并从人力资本投资的视角分析农村能人队伍建设的基本路径。

第三部分主要为农村能人队伍建设与新农村建设之间的关系研究，主要研究新农村建设的动力机制，分别为新农村建设的外部动力和内生动力，农村能人作为农村经济增长的决定性要素，是新农村建设的主要内生动力，并借助案例、数据统计分析来论证农村能人在新农村建设各个方面所发挥的重要作用。

第四部分主要研究分析我国农村能人的角色变迁及其在政治体系中的演变过程。这个过程包含了三个大的历史阶段的演变，一是传统社会的乡绅治村，分析了乡绅治村的功能以及乡绅劣绅化的历史过程；二是后国家政权建设视野下乡村权力结构重塑以及道德能人治村模式的形成；三是改革开放以来我国农村政策的历史性变迁及其对农村能人的产生、演变和参政所产生的“诱致性”作用，运用制度经济学中诱致性制度变迁理论从宏观和微观双重维度来分析农村能人的产生背景、积极意义及其参政或主政乡村社会的激励机制。

第五部分为浙江省农村能人队伍建设问题的实证研究，结合课题组的访谈和调查问卷，分析了先富能人捐资竞选与基层选举的公平性、规范性问题、先富群体竞选导致的新派系斗争问题、农场能人治村的规范性以及治村能力问题、基层政府的行政吸纳与政策支持问题、对先富能人治村行为的监督问题以及先富能人的培训成长与经济社会发展的示范能力等问题。

第六部分为农村能人队伍建设的指标体系建构与培育路径，分析了评价农村能人的品德、知识、能力和业绩四大标准，在此基础上构建了一套具有可操作性的农村能人队伍建设指标体系，以规范和指导农村能人队伍建设的实践，主要包括农村能人队伍建设的数量指标和质量指标。并论证了农村能人队伍建设的现实可行路径，如强化行政吸纳，吸引乡村外流经济精英回流；加强农村实用人才培养与农村人力资源开发力度，提高对农村能人培训的针对性、实用性，提升农村能人的各项能力指标等。

第七部分论述农村能人队伍建设政策支持体系的完善，主要从公共政策和公共服务的视角提出完善农村能人队伍建设的对策建议，如实施农村人才投资优先保证的财政金融政策，加大农村人力资本投资和人力资源开发力度；完善农村人才发展的公共服务体系，实施现代农业和新农村建设人才支撑计划，为农村培育一批高素质的能人队伍；推进基层政府治理变革创新，畅通农村先富能人政治参与渠道等。

第八部分分析如何通过乡村治理各项制度的创新完善，提升农村能人治村行为的制度化、规范化以实现乡村和谐治理的现实路径。从建构起公平的乡村治理结构与制度，夯实乡村和谐治理的基础；提升村庄决策的民主化、科学化程度，强化《村民委员会组织法》与相关制度的贯彻落实；并强化对能人治村行为的监督，形成监督的长效机制。从而通过外部政策体系的扶持、内部人力资源的开发、乡村治理体系的民主化、制度化、规范化以及监督的长效机制，系统性的完善乡村社会治理体系，促进农村能人队伍的增长，激发农村能人的带头、示范效应，从而促进农村经济社会更快更好的发展。

最后是研究结论，对全文的研究、结论和核心思想作了进一步的总结和提炼。

课题研究的基本思路是：从文献综述、材料整理着手，厘清当前学界对农村能人队伍建设的基本观点，在此基础上引出主要的研究目标。然后探讨农村能人队伍建设的理论基础，以浙江省的典型案例分析新农村建设的动力机制及其对解决“三农”问题的意义。在总结经验教训的基础之上，再探析当前农村能人队伍建设存在的问题。然后探讨农村能人建设的标准体系以及农村能人的吸收与培养路径，特别是支持农村能人培养的公共政策体系的建构。从而形成如图 2 所示的基本研究框架：

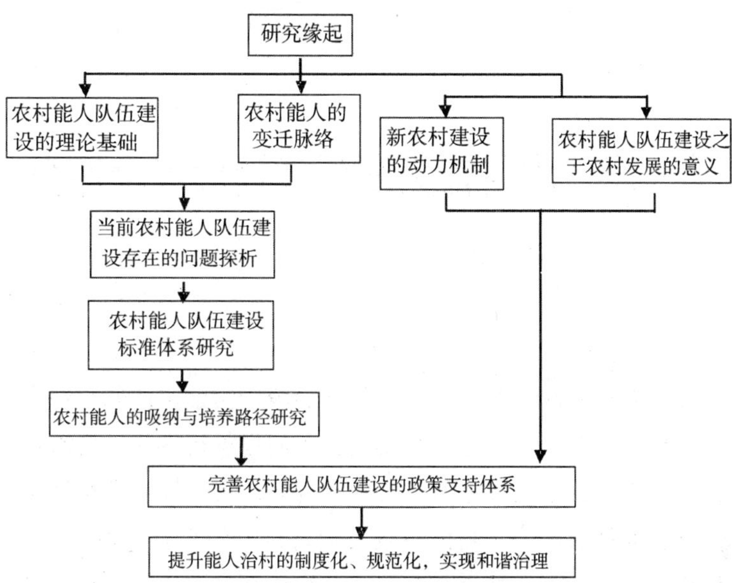
研究缘起
农村能人队伍建设的理论基础
农村能人的变迁脉络
新农村建设的动力机制
农村能人队伍建设之于农村发展的意义
当前农村能人队伍建设存在的问题探析
农村能人队伍建设标准体系研究
农村能人的吸纳与培养路径研究
完善农村能人队伍建设的政策支持体系
提升能人治村的制度化、规范化，实现和谐治理

图 2　基本研究框架

第一章　农村能人队伍建设的理论透视

理论源于对现实和实践的沉思，但又不限于实践。任何一种真正的理论，都应以概念框架与逻辑体系的形式为人们提供历史的、动态发展着的世界图景和思维方式，以理论所具有的普遍性、规律性和理想性为人们提供动态发展着的价值观念，从而规范人们对世界的自我理解和相互理解；规范人们把握、描述和解释世界的行为，从而规范人们的思想与行为。上述有关理论的内涵界定表明理论不仅仅是解释性的，而且是规范性的；理论不仅是实践性的，而且是超实践性的。作为对客观世界抽象化、系统化、科学化认知体系的理论必然也要超越实践本身，才能发挥其对实践活动、实践经验和实践成果的批判性反思、规范性矫正和理想性引导作用，对实践产生深远的影响。同理，具有完整概念框架和逻辑体系的知识化、体系化、科学化的理论对农村能人队伍建设也具有重大的批判性反思、规范性矫正和理想性的引导功能。这些理论既是众多智者对农村能人队伍建设"热情动人的沉思"之结晶，其概念框架、基本原则、逻辑体系对农村能人发展以及"三农"问题的解决具有重大的借鉴意义。其中，关联性最强的乃是人力资源管理及人力资本理论，本文主要从人力资本理论展开分析。

一　人力资本及其增值理论

无论是在经济社会发展还是管理活动中，人力资源都是第一位也是最宝贵的资源，也是组织各类资源（人、财、物、信息、时间等）最核心、最富活力和最重要的资源。根据现代人力资源理论，所谓的"人力"主要指人的劳动能力，既是一种特殊资源，也是能够带来客观经济价值或者财富增长的源泉，主要包括体力、智力、知识和技能四个方面内容，这四者共同构成了人力资源的丰富内容。一般意义上的人力资源即是指在一定范围内能够作为生产性要素投入社会经济活动的全部劳动人口的总和。[①]

对一个国家或地区发展来说，起关键作用的是人力资源的总量，一般表现为人力资源数量与平均质量的乘积，用公式表示为：人力资源总量 = 人力资源数量 × 人力资源平均质量（农村人力资源则可用公式表示为：农村人力资源总量 = 农村人力资源数量 × 农村人力资源平均质量）。

与人力资源数量相比，人力资源的质量对于社会经济发展的作用更为明显、更为重要。特别是在信息社会中，经济社会发展不可能始终追求粗放型增长，科学技术日益成为社会财富创造的核心推动力和社会发展的第一生产力，掌握了顶尖科技、富有创新能力和活力的高端人才是社会财富的主要创造者。综合国力、国家或地区的核心竞争力说到底最终也必然要归属到人才之争，坚持人才优先的发展战略既是经济社会更快更好发展的必然要求，也是提升综合国力、提升国家核心竞争力和建设创新性国家的必然要求。诚如胡锦涛总书记所指出的，“我们必须坚持人才资源是第一资源的战略思想，把培养造就创新型科技人才作为建设创新型国家的战略举措，加紧建设一支宏大的创新型科技人才队伍”[②]。在建党 90 周年的讲话中他又明确指出，“人才是第一资源，是国家发展的战略资源。全社会都要……牢固树立人人皆可成才的观念……特别是要抓紧培养造就青年英才，形成人才辈出、人尽其才、人尽其用的生动局面”[③]。这些讲话无疑用最直白的语言说明了人才资源的重大战略意义，然而事实上我国作为人力资源大国由于人力资源质量和开发滞后问题，却并非人力资源强国，因而更加凸显人力资源开发培训、提升人力资源质量的紧迫性和重要性，即人力资本投资的重要性。而农村由于青壮年劳动力大量外流，人力资源率明显偏低，由此产生的一个现实问题是：农村社会创造社会财富的人力资

① 李和中主编：《公共部门人力资源管理》，中央广播电视大学出版社，2007 年，第 12 页。

② 胡锦涛：《坚持人才资源是第一资源的战略思想》，中国发展门户网，2006 - 06 - 06。

③ 胡锦涛：《在庆祝中国共产党成立 90 周年大会上的讲话》，中国政府网，http://www.gov.cn/ldhd/2011 - 07/01/content_ 1897720.htm，2007 - 07 - 01。

源匮乏，究竟该如何加大人力资本投资解决这样的要素瓶颈问题？这是当前建设社会主义新农村必须解决的核心问题。

（一）人力资本理论的提出

马克思有句经典名言："资本来到人间，从头到脚，每个毛孔都滴着血和肮脏的东西。"[①] 这句话非常形象地揭示了资本在原始积累过程中的残酷性与不道德性，也常常被用来证明资本的原罪及其罪恶性，更是揭示资本主义社会矛盾的关键前提。但资本本身只是个物质形态或生产要素，资本的道德性涉及多重因素，而且从社会历史发展进程客观评价，资本在经济社会发展过程中发挥了极其重要的作用。作为一个经济术语，资本最初被视为一种资源的存在形式。如 Burton A. Weisbrod 就曾指出，一个国家物品与服务的产出和其提升生活水平的能力，受到其资源及有关如何利用它们的技术知识状态的限制，其中土地、劳动力和资本是三种传统的资源，且唯有资本通常被视为遭受到重要的、恰当的社会控制。[②] 当代西方主流经济学通常把"资本"理解为一种生产要素，如诺贝尔经济学奖获得者萨缪尔森就认为资本是"一种被生产出来的要素"[③]，一种本身就是经济产出的耐用投入品。通常情况下，资本具有增殖性和逐利性的特点，即以经济利益最大化为核心目标。

不过，关于何谓资本以及资本的具体形态却是个不断发展的话题，经济学家、社会学家分别提出了物质资本（physical capital）、人力资本（human capital）和社会资本的概念。人力资本与社会资本概念的提出皆有别于传统物质形态的资本概念，既标志着人们对经济活动和社会财富创造规律认识的深入，也意味着人们对生产关系与社会关系认识的深化。众所周知的是，紧随工业革命出现的现代纪元之不可更改的大事件就是世界收入极端不平等的出现。马克思对西方资本主义种种恶弊进行剖析的理论基础就是这种极端不平等的生产力与生产关系之间的矛盾，然而尽管马克思主义者与特别极端主义者不懈努力，其通过西方工业资本主义被剥削的

---

① 《马克思恩格斯文集》第5卷，人民出版社，2009年，第871页。

② Burton A. Weisbrod, "Investment in Human Capital", *The Journal of Human Resources*, Vol. 1, No. 1, 1966 (summer), p. 5.

③ 萨缪尔森、诺德豪斯：《经济学》，华夏出版社，1999年，第26页。

大多数人来解释这个现象却是失败的,① 尤其是资本主义经济快速增长等经济之谜更难通过这样的方式来解释。这些经济之谜主要包括:

1. 国民经济增长的速度始终快于资本和劳动等生产要素投入的增长速度。换言之，在资源生产要素和自然禀赋一定的情况下，资本与产出比率问题成为一个难以解释之谜，即产出一定，资本的投入却反而下降，而经济的增长速度仍在持续，内中的奥妙究竟何在？与之相对应的是，国民收入的增长同总生产要素增长的比较也成为一个突出的经济之谜，这就是国民收入的增长也快于总生产要素的增加，其结果是经济增长的福利对大多数人都是有利的，与马克思《资本论》所论述的资本的残酷性、剥削性显然存在很大的悖论。

2. 工人真实收入的增加。与资本主义初始阶段资本的疯狂掠夺而导致产业工人收入难以增加的趋势所不同的是，收入本不可能大幅度增加的工人工资却大幅度增加。这点也是马克思有关生产力与生产关系的经典论述所难以解释的。

3. “二战”后，遭到战争重创的国家和一些新兴工业国为何能够迅猛崛起？特别是“二战”后日本和德国的重新崛起，两国将经济恢复到“二战”前的水平所用时间竟然只有5年，然后一跃成为经济实力排名世界第二和第三的经济强国所用的时间也只有10年。很多经济学家孜孜不倦的致力于对这些经济之谜的探究，传统的经济理论包括要素禀赋理论都无法对此作出解释，因此在这种背景下人力资本理论就应运而生，并意外地繁荣起来。

通常认为，经济学中人力资本思想最早可追溯到英国古典经济学家威廉·配第（William Petty）那里，他在《政治算术》一书中提出了“土地是财富之母，劳动是财富之父”的著名命题，将财富的来源归为“土地”这一自然资源和“劳动”这一能动的人的要素。他把人视为一种特殊的资本财产，并认为这是人的社会价值所在②，肯定了人力资源在经济活动中的特殊地位。其后，亚当·斯密首先提出人力是一种资本的主张，并在

① John R. Hanson Ⅱ, “Human Capital and Direct Investment in Poor Countries”, *Explorations in Economic History*, Vol. 33, 1996, p. 86.

② Burton A. Weisbrod, “Investment in Human Capital”, *The Journal of Human Resources*, Vol. 1, No. 1, 1966 (summer), p. 6.

其经典之作《国富论》中指出，“学习是一种才能，须受教育、须进学校、须做学徒，所费不少，这样费去的资本，好像经实现并且固定在学习者的身上。这些才能，对于他个人自然是财产的一部分，对于他所属的社会，也是财产的一部分。工人增进的熟练程度，可和便利劳动、节省劳动的机器和工具同样看作是社会上的固定资本”。[①] 可见，在亚当·斯密看来，一国国民后天所获得的有用才能应被视为每个人身上固有的资本，而且这种才能对个人和社会来说都是财富，可以节约劳动、提高劳动效率从而增加社会财富，而获得才能所花费的成本则可由增加的利润加以回收。继亚当·斯密之后，约翰·密尔（也被译为约翰·穆勒)、马尔萨斯、李嘉图、阿弗里德·马歇尔等著名经济学家都曾经探讨过劳动在经济增长中的作用，直接或间接地分析了人力资本在经济发展中的重要地位。如李嘉图曾明确指出只有人的劳动才是价值的唯一源泉。劳动者增强本领、提高技能、提升活力的过程实质上就是人力资本投资和提升的过程。而劳动者获取知识、提升技能的主要途径是教育，因此，教育投资对经济增长起重要作用，在所有资本中最有价值的投资就是对人本身的投资。

尽管很多古典经济学家曾经论述到人力资本对经济发展与增长的作用，但人力资本作为一个完整的现代经济学概念，却是由费雪（Fisher）于1906年首次提出的。直到20世纪60年代随着经济学家对“二战”后经济增长之谜探讨的深入，人力资本才真正形成较为完整的理论体系。其中，Mincer首次对人力资本与个人收入之间的关系作了系统的研究，并建立了人力资本投资的收益率模型，被视为“人力资本理论的创始人”；1979年诺贝尔经济学奖得主西奥多·W. 舒尔茨于1960年美国经济学年会上发表了轰动经济学界的题为“人力资本投资”的著名演讲，第一次系统阐述了人力资本理论，并冲破重重阻力使其成为经济学一门新的分支，被称为“人力资本之父”。人力资本理论在众多经济学家的推动下逐渐地体系化，并形成了科学的理论体系。[②]

（二）人力资本理论的核心主张

人力资本理论兴起的一个关键前提是对资本形态的重新认识，有别于

---

① 亚当·斯密：《国富论》，商务印书馆，1964年，第257—258页。

② 逯进、周惠民：《人力资本理论：回顾、争议与评述》，《西北人口》2012年第5期。

传统资本理论的是，很多经济学家认为资本既包含物质资本，也包含人力资本。Burton A. Weisbrod 指出，资本既可以无形的形式存在，也可以有形的形式存在，如传统的工厂、机器设备等。无形的资本主要以劳动力资源的方式内嵌于人身上，这将构成生产资源的一个混合等级。在探讨经济增长之谜时，舒尔茨指出，尽管人们有用的技能和知识的获得很明显，但这些技能和知识既是一种资本，也是一项深思熟虑的投资产品并不明显的实体部分，而这在西方社会的增长却要比传统的（非人力）资本要快得多，其增长也许是经济体系最突出的特征……人力资本投资极可能是经济增长差异的主要解释。[①] 根据舒尔茨的观点，所谓的人力资本主要是指凝集在人身上的知识、技能、经历、经验和熟练程度等，表现为各项为提高人口质量、提高劳动者时间价值的开支，体现在人身上的知识。[②] 但对提升个人的知识、技能和保证个人劳动能力的投资显然不仅仅局限在教育或培训上，卫生保健也同等重要。Burton A. Weisbrod 指出，人力资本代表的是某人用于增加其个人生产率的各种资源，这些资源表现为信息、劳动力流动、医疗保健、教育以及培训等各项能增强个人生产能力的支出。[③] 贝克尔提出所有用于增加人的资源并影响其未来货币收入和消费的投资都为人力资本投资，如教育支出、保健支出、劳动力流动支出和移民支出等，还提出了“就学、电脑培训课程，医疗保健支出，有关严格守时、诚实的报告也是资本”的观点。然而，这些生产人的资本，既非物质的也非财务的，因为你不可能把人与他的或她的技能、知识、健康或价值，即可能产生财务、物质资产的可能方式，相割裂。[④] 国内也有不少学者对人力资本理论或借助人力资本理论对我国的现实问题作了研究，如霍丽指出，人力资本是指人们后天通过对自身的投资所获得的、存在于人体之中的、具有经济价值的知识、技能、健康状况及思想观念等因素的总和，是

---

① Theodore W . Schultz, “Investment in Human Capital”, *The American Economic Review*, Volume 51, No. 1, March 1961, p. 1.

② 李和中主编：《公共部门人力资源管理》，中央广播电视大学出版社，2007 年，第 91 页。

③ Burton A. Weisbrod, “Investment in Human Capital”, *The Journal of Human Resources*, Vol. 1, No. 1, 1966 (summer), p. 6.

④ Gary S. Becker, “Human Capital and The Economy”, *Proceedings of the American Philosophical Society*, Vol. 136, No. 1, Mar., 1992, p. 85.

增加未来收益的一种资本。[①] 国内的学者还对人力资源和人力资本概念作了区分，认为人力资源本质是人的劳动能力的集合；而人力资本是指“凝集在劳动者本身的包含知识、技能、智能和体力价值的总和，人力资本的根本属性是能产生递增收益”，它本质上也是一种人的能力，只是描述角度不一样，前者偏重于总体，后者更倾向于个体。[②] 不过，必须指出的是，人力资源主要是从生产要素的视角进行分析的理论，而人力资本理论却是从资本内生积累和增长的视角进行分析的理论，两者之间无论是理论体系还是思想观点都有很大的差异，并非简单的总体与个体之间的差异。

纵观人力资本理论的发展历程，其核心主张主要有：

1. 人力资本对经济增长起重要作用，人力资本投资是经济增长的关键因素。“人是万物之灵”，在人类中心主义观念的支配下，把人视为一种资本，对人类来说，即使没有损害其自由，也似乎贬低了自身。自由人是经济努力服务的首要目标也是终极目标，他们并非财富或可在市场上交易的财产。约翰·密尔就曾主张一国之国民不应被视为财富因为财富仅为人而存在[③]，人是财富的目的而非手段，经济或社会的发展归根结底最终是为了实现人的全面自由和解放。然而，经济学家们很早以前就明确了人是国民财富的重要组成部分，舒尔茨指出如以劳动力对产出的贡献来衡量的话，现在人类生产能力要比其他所有形式财富的加总还要大得多。亚当·斯密把一国所有居民所获得的有用能力视为资本的一部分，就资本这个概念而言，把人视为资本并不至于贬低人或损害人的自由与尊严。相反，忽略人的重要性，不能把人视为资本的观念反而可能是极其有害甚至是毁灭性的，尤其是在战争中，就可能出现为了挽救一把枪或其他战斗器械而牺牲上百人的现象。这既是对生命的不尊重，是对生命重要性的忽视，也是对国家财富的极大浪费。事实上，视人为宝贵的国家财富，通过对人自身的投资，既可以扩大人自身的选择范围，也可增加自由人的福

① 霍丽：《城乡二元经济差异的人力资本研究》，西北大学，博士论文，2008 年，第 5 页。

② 陈浩：《人力资本与农村劳动力非农就业问题研究》，南京农业大学，博士论文，2007 年，第 6 页。

③ Theodore W . Schultz, “Investment in Human Capital”, *The American Economic Review*, Volume 51, No. 1, March 1961, p. 2.

利，这与人之财富这个概念并无任何相悖之处，与财富只为人类之利而存在的观点也并不相悖。

2. 人力资本投资需要一定的成本，但它是回报率最高的投资。根据舒尔茨的观点，在我们称之为消费的许多东西中实际上也构成了对人力资本的投资，诸如为利用更好的职业机会而直接支出的教育、医疗、内部迁徙、成熟学生就学和工人上岗培训所预支的收入都是明显的例子，这些在人力资本理论提出之前却都非常遗憾地被忽略了。无论是正规的教育还是利用闲暇时光提升技能与知识的行为实质上都是人力资本投资的体现，无论如何人们努力的素质均能以类似的方式得到极大的提升，从而在提升社会生产率的同时增加个人的收入、增加国民财富并减少收入的不平等状态，最终会获得回报。因此，舒尔茨主张诸如此类的人力资本投资是每个工人真正收入中大多数令人瞩目的增长的原因，而且类似投资也可解释经济增长中的许多困惑。一旦把人力投资纳入视野，许多关于经济动态增长的悖论和困惑就可解决。①

舒尔茨在论述人力资本概念时指出，有能力的人民是现代经济发展的关键。在他看来，人力资本投资的目的是为了获得收益，他通过实证分析得出教育投资增长的收益占比是最高的结论，从而可推论出人力资本投资是回报率最高的投资。在此基础上，舒尔茨进一步阐明工资差别主要是由于受教育的差别引起的，教育在经济社会发展中的重要作用不仅体现在它能够提高工人的收入能力、改善其收入水平，而且还可以减少收入分配的不平衡、不平等状态。同时，随着人力资本投资的增加，在国民财富的收入体系中还可以使物质资本和财产性收入趋于下降，而劳动收入比却会逐渐上升，劳动者的技术水平、受训练程度、读写能力和受教育程度决定了劳动的边际产品，而且也可以据此解释为何劳动者的真正收入获得能够实现巨大的增长。这并非劳动者的意外之财，而是人力资本投资累积之后产生的回报。根据他的考察，在国民收入中由资产创造的份额约从45%下降到25%，而劳动的份额则从55%上升至75%②，因此我们也可推论出

① Theodore W. Schultz, "Investment in Human Capital", *The American Economic Review*, Volume 51, No. 1, March 1961, pp. 2 – 3.

② 西奥多·W. 舒尔茨：《人力投资》，华夏出版社，1990版，第3页。

人力资本的投资回报确实可以使社会分配更趋于平等、公平，这对实现社会公平、和谐有序都具有重大的现实意义。

此外，人力资本投资的消费部分实质上是非常耐用的，甚至比物质资本的耐用性消费品更加经久耐用，就劳动者知识、技能和素质的应用而言往往都是长期甚至是一辈子的事情，由此从人力资本的耐用性可见其对经济社会发展的持续性作用，也进一步论证了人力资本是社会持续进步的决定性因素。而且人力资本除了本身具有收益递增的特点外，它还具有边际递增效应，即随着人力资本投资的增加和不断应用，物质资本的生产效率和边际效益也会随之不断增加，从而持续地增加社会财富。关键是复杂劳动和科学技术转化为现实生产力而创造的价值以超越人们可以想象的速度在增加，而规模报酬的增加和投入要素质量的改进则确保了经济快速增长、国民收入持续增长和工人工资的大幅增长。

由此可见，作为回报率最高的投资形式，人力资本投资的增长水平不仅仅决定一国经济、国民财富的增长和可持续发展，而且它也直接决定着科技创新和科学技术能否转化为现实生产力、决定着一国综合国力的大小和核心竞争力，说到底综合国力的竞争既是综合实力的竞争，也是科技的竞争，但最后必然要归结到人力资本的竞争。因此，要实现国富民强，特别是发展中国家或落后地区要摆脱该国或地区贫困状况的关键是致力于人力资本投资，提高人口质量，增强综合实力和核心竞争力。以此推论，在全球范围内人力资本甚至决定了人类经济和社会发展的未来。

3. 健康和教育是人力资本投资的两个关键变量。就人力资本投资而言，既要通过教育投资提升劳动者的智力水平和技能，也要通过保健服务提升劳动者的身体素质和体力劳动能力。显而易见，人力资本与人力资源密切关联，它既有定性的维度，也有定量的维度，像从事创造性工作的人口数量及其比例，工人工作的时间都具关键的定量特征。然而，人力资本理论关注的并非其上述定量特征，人力资本理论在研究经济增长与社会发展关键因素、破解经济之惑时试图解决的一个根本问题是如何实现人力资本的投资和收益。在人力资本投资的过程中，当然也包括很多消费，由于强化各项能力的支出也增加了人们辛勤劳动的价值生产率，因此它们会产生非常积极的回报率。根据舒尔茨的观点，人力资本投资主要包括五个方面的内容：（1）医疗设施与服务支出，包括所有影响个人预期生命，力量和耐力，活力和生命力的支出；（2）在职培训支出，包括公司组织的旧式学徒活动；（3）正规学校教育的支出，包括小学、初中和高中各个层级；（4）用于成人社会学习项目的支出；（5）个人及家庭迁移以适应就业良机的支出。[①] 对这五个方面内容进行再归纳的话，可以发现它其实主要包括三个方面内容，即健康和医疗保健、教育培训投资及迁移支出。尽管在论述人力资本理论之时，贝克尔认为，人力资本理论也应涉及欣赏文学、文化以及美好生活的教育，但无疑健康和教育的投资才是人力资本投资主要构成，这也是人力资本投资的两个关键变量。

医疗保健或健康之所以应被视为人力资本投资的关键变量之一，不仅仅在于健康是美好工作和生活的前提，更重要的是健康保健措施还能强化人力资源的各项素质。额外的食品与更好的住宿条件也有助于强化人力资源的各项素质和提升劳动力的工作状态，特别是在欠发达国家。然而，随着物质生活的日益富有，人们对食品的要求将发生显著的变化，食品的角色将自然而然地产生改变，恩格尔系数的变化很好反映了食品在人力资本投资过程中的这种变化。舒尔茨认为在人力资本投资中，食物的贡献随消费的增加而递减，最终达到一个顶点，其后任何的增长都将变成纯消费。

对食物渴求的欲望将随着物质生活的丰裕而逐渐递减，呈倒 U 曲线。然而，对健康的渴求却不会随着物质生活的丰裕而递减，相反更可能递增。因而，无论是个体公民还是公共政策都应高度重视医疗保健的投资和支出。特别是把健康保健支出视为消费的传统观点必须改变，因为“从人力资本的视角看，我们必须认识到这些实质性支出的一部分乃是真正的投资，在增加寿命、终生劳动生产率、人们的幸福感以及降低痛苦方面都是真正的投资”[②]。而且，我们还必须认识到预防性的保健支出具有双倍的投资价值，它们不仅可以降低疾病削减生产的意外结果，而且通过释放劳动力和用于关爱病患的资本资源，它们还可促使这些资源增加其他各类物品与服务的生产。

Burton A. Weisbrod 的统计显示，在 1955—1963 年美国有关健康和医

---

① Theodore W. Schultz, “Investment in Human Capital”, *The American Economic Review*, Volume 51, No. 1, Mar. 1961, p. 9.

② Burton A. Weisbrod, “Investment in Human Capital”, *The Journal of Human Resources*, Vol. 1, No. 1, 1966 (summer), p. 7.

疗保健的总公共支出和私人支出几乎翻了一番，从1955年的18亿美元增加到1963年的34亿，健康支出占GNP的比例从4.7%升到了6%。加拿大的这个增长比率甚至更快，在1955—1961年，健康和医疗保健支出增长了90%，而美国同期增长了63%。六年间，加拿大在健康方面的支出增长占GNP的比重从3.2%增到了4.5%。这种持续快速的医疗保健增长对当时美国与加拿大的经济社会发展的影响是非常巨大的。他还指出，1950年代美国因小儿麻痹症导致的劳动生产率损失每年至少4600万美元；美国每年为肺结核支出的成本超过7亿美元，癌症则是20亿美元；而在岗职工每年因疾病或受伤而损失的工作日大约为40000日或每个工人6天，这个损失超过可用于经济活动的人力总量的2%。[①] 显而易见，疾病对社会资源的消耗及其对劳动生产率的损害亦是非常明显的。从正反两方面的数据我们可以非常直观地得出类似的结论：医疗保健项目微观上可以改善劳动者身体素养，提升劳动效率，增加其持续的劳动能力和经济收入；宏观上，它不仅可促进经济增长、繁荣和社会发展，而且也可为人类社会更广阔的福祉作出客观的贡献。

对于中国这样的发展中国家而言，增加对社会保障特别是有关医疗保险方面的投入，建立覆盖城乡的普惠型的医疗保障体系，其意义不仅仅是基本医疗服务均等化对公民自由权、平等权、生存权的保障，更重要的是，作为一项持续的人力资本投资项目，它在人口快速老龄化、人口红利消退、第一代农民工面临社会保障困境的现实背景下，有助于实现我国经济社会持续健康的发展、更公平的分配和社会的长治久安。最关键的是，公共政策特别是政策制定者必须首先改变对医疗支出投资构成的认识，这本身就是政府决策趋向理性的重要一步。

良好的健康条件帮助人力资本创造了更多生产性的存储因而自然会促进经济增长，这点是确定无疑的，但对经济发展贡献更大的却是教育。“百年大计，教育为本”，教育培育更富技能、更善于适应经济动态变迁所需要的劳动力，也可开发更富想象力的思维、创意、技能以及产品。而且，教育并非仅仅是提升生产率或其他带来财务回报的方式，它也是一种

① Burton A. Weisbrod, “Investment in Human Capital”, *The Journal of Human Resources*, Vol. 1, No. 1, 1966 (summer), p. 7.

以社会期望的态度与行为为标准培育年轻人，帮他们树立公民责任感并带给他们机遇和挑战的方式。在自由社会中，教育帮助开发更强烈的和有效参与民主过程的意识和能力，这些皆是经济扩张过程和人们适应社会变革的关键。人力资本理论主张教育是人力资本投资的关键变量之一，如加里·贝克尔就认为教育和培训是最重要的人力资本投资。① 舒尔茨认为，传统的教育成本由教师服务、图书馆员、行政人员以及维持和运行教育工厂的各项成本构成，难以估计的却是另一个总成本的构成，即学生的预期收益。以美国为例，高等教育一半以上的成本乃是由学生的这种预期收入构成。早在1900年这种预期收入就约占美国初级、中级教育和高等教育总成本的1/4，到1956年则超过了总成本的2/5。预期收益持续上升的重要性已成为总的真正成本的一个主要因素，如以当时的可比价格衡量，它从1900年的400万美元增长到了1956年的287亿美元。劳动力存储的教育在1900—1956年增长了8.5倍，而可再生资源仅增长了4.5倍。② 如果我们把教育视为纯投资，那么教育的回报率显然要比那些非人力资本的回报更有吸引力。由此经济学家才逐渐形成了这样的共识，即人的知识和技能是财富的源泉，而劳动技巧的熟练水平和劳动者判断能力、创造能力必须经过教育培训才能提高。因此，从人力资本理论出发，教育培训虽然需要花费时间、精力并付出学费，但却是必须的。

特别需要指出的是，那些试图逃避教育培训特别是在职培训成本的观点是错误的。加里·贝克尔在研究在职培训时提出了一个很有意思的定理，即在竞争性市场中雇员支付他们所有的培训成本，没有任何成本最终是由公司承担的。③ 非常形象地揭示了在职培训或成人学习项目成本支出的最终承担者，任何教育培训，归根结底其成本或支出都是由受训者承担的。哪怕单位预先支付了这笔费用，最终仍然会从员工所创造的价值中获得回报。因而，某公司的在职培训支出对其他公司而言将会产生外部经济效应，这样的观点与上述定理是不一致的，也并不正确。事实上，对人力

① Gary S. Becker, "Human Capital and The Economy", *Proceedings of the American Philosophical Society*, Vol. 136, No. 1, Mar., 1992, p. 85.

② Theodore W. Schultz, "Investment in Human Capital", *The American Economic Review*, Volume 51, No. 1, March 1961, p. 11.

③ Ibid., p. 10.

资本进行投资的教育行为创造了一种消费资本的形式，这对提升受教育者的素养、品位及他们后半生的生活消费素质都是有利的，从而必然有利于整个社会价值的创造和国民财富的增加，而这无疑也是人力资本投资的关键途径。

（三）人力资本增值的路径

加大人力资本投资，促进人力资本的积累和内生增长，无论对发达国家（地区）还是发展中国家（地区）皆有重大的现实意义。人力资本投资与个人未来收益和国家长远的发展前景之间存在着密切的内在关联。就个体而言，根据卢卡斯的观点，一生中最优投资量随着年龄的增长而下降，因此，“从个人经济效益角度考虑，每个人在年轻时增加人力资本投资是最有利的”①。

问题是如何营造一个更有利的宏观社会生态环境促进人力资本的持续增值，显然政府在其中必须扮演关键角色。要实现人力资本增值，核心路径就是通过政府各项公共政策与服务的调整改善人力资源健康状况、促进教育培训的增长，同时消除各种制度性或社会性的障碍使人力资本使用效益最大化。简要而言，人力资本增值的路径主要包括以下几点：

1. 积极转变理念，高度重视人力资本投资。与传统物质资本不同的是，人力资本本身即是创造价值的资本，经济增长的源泉和动力最终必然取决于人力资本的积累和内生增长。产业化的人力资本不仅能使人才自身的收益递增，而且还可以使其他投入要素的收益递增（即水平效应），从而使经济增长动态化、长期化。反之，经济增长就难以为继，而且恰如卢卡斯等指出的，发展中国家面临各种发展困境，其原因正是缺乏人力资本特别是正规教育培训意义上的人力资本，而且正是因为如此才导致发展中国家难以从发达国家承接资本和技术转移。② 研究者的实证研究还表明，有许多证据可以证明正是因为在教育方面的投资不足才导致英国在 1980 年代比许多工业化的竞争者拥有的受过良好教育的人力基础更弱，直接制

① 吴雨才：《中国农村人力资源开发政府行为研究》，南京农业大学，博士论文，2007 年，第 7—8 页。

② John R. Hanson Ⅱ, “Human Capital and Direct Investment in Poor Countries”, *Exploration in Economic History*, Vol. 33, 1996, pp. 86 - 106.

约了英国经济的增长。[①] 因此，无论是国家抑或是个体公民都应清楚意识到人力资本投资的关键性。卢卡斯首次运用传统的微观均衡分析方法建立了人力资本投资均衡模型，他运用成本—收益分析法分析得出的结论是，人力资本投资均衡条件是“人力资本投资的边际成本的当前值等于未来收益的贴现值”[②]。换言之，只有未来收益贴现值等于或大于人力资本投资的边际成本，人们才会进行人力资本投资。

然而，作为一项对人本身的投资，人力资本投资既要考虑当前的经济收益，更要考虑长远的经济社会效益，即不能用短期化的成本—收益分析并因此而忽视人力资本的投资。贝克尔在《人力资本与增长》一文中观察了所谓的过渡教育之后指出，无论是因为学校的问题、家庭的不稳定还是其他因素，没有接受过大学教育的年轻人难以在现代经济中工作；对过渡教育的担忧最终因欧洲、日本、韩国和其他亚洲国家的焕然一新而导致的激烈经济竞争，美国许多部门呆滞的生产率、大幅下降的学术能力评估测试和美国学生在国际数学与科学测试中的糟糕表现而消失。[③] 究其根本就是因为对教育投资的短视过分地拔高了教育投资的短期收益而忽略了其长期的经济社会效益。因此，我们有关人力资本投资的理念必须改变，甚至需要一场彻底的观念革命。而政府则必须让一国所有的国民特别是很多急功近利的中小企业主都意识到，致力于经济增长、提升生活水平、消除贫困的社会是一个致力于变革的社会，变革必然需要创造、创新，唯有高素质的劳动力和技术人才才能实现创新，并适应新的、经常难以预见的技术要求。因此，不仅要树立人力资本投资是最佳投资的观念，而且开展人力资本投资的行为应持之以恒，以实现人力资本短期效益和长期效益的一致。

2. 推进基本公共服务均等化，特别是建构更加完善的社会保障体系，加大人力资本投资力度。基本公共服务是全体国民均应享有的一项基本权利，是社会公平、公民平等权、生存权与发展权对政府公共服务职能所提

---

① Leslie Hannah, “Human Capital”, Oxford Review of Education, Vol. 13, No. 2, 1987, p. 177.

② 吴雨才：《中国农村人力资源开发政府行为研究》，南京农业大学，博士论文，2007 年，第 7—8 页。

③ Gary S. Becker, “Human Capital and The Economy”, *Proceedings of the American Philosophical Society*, Vol. 136, No. 1, Mar., 1992, p. 86.

出的必然要求。它是全体国民都应享有的一项基本权利，应满足全体国民对生存权保障的基本需求，应按照比例平等原则实现结果的大致均等。[①]强调基本公共服务均等化的突出原因在于我国诸如基础设施、教育、医疗等基本公共服务供给存在严重的不公平与不平衡问题，城乡二元体制下户口就承载了67种不平等的福利。[②] 教育与医疗水平的发展现状已经严重束缚了我国经济社会的健康发展，而这个恰是人力资本投资的核心，而且“是提升生产率和加快社会进步的首要策略”[③]。因此，加快推进基本公共服务均等化，特别是提升教育和社会保障服务的均等化水平，既是人力资本增值的核心路径，也是建设人力资源强国战略实施的必然要求。而且，公共财政的支出应重点向欠发达地区、社会最不利者倾斜，强化对个体投资能力匮乏的贫困者的社会救助，确保每一个人都能够进行有效的人力资本投资，获得投资收益，最终实现更公平的社会分配。

3. 消除人力资源流动的各种障碍，实现人力资本投资效益的最大化。如前所述，舒尔茨认为人力资本的内部迁移也是人力资本投资的有效构成。根据他的观点，人力资源内部迁移，最引人瞩目的是农业人口向工业的移动，由于经济进步的动力而使得其显得非常有必要，也因此对这方面持续的人力资本投资提出了必然要求。[④] 然而，在城乡二元体制和区域分割的大背景下，我国城乡壁垒、区域壁垒，区域、城乡分割的社会保障体系、福利体系使得劳动力内部迁移的成本居高不下，成为人力资源流动的主要障碍，也使得人力资源配置效率始终无法最优。时不时出现的“用工荒”说到底并非真正的人力资源短缺而是各种流动障碍导致人力资源配置难以实现最优化，人力资源浪费与短缺同时存在。因此，在完善基本公共服务均等化、加大人力资本投资力度的同时，还应不断消除各种就业歧视，创造公平的就业环境，消除人力资源流动的各种障碍，促进充分就

---

① 顾金喜：《西部地区养老保险服务均等化问题研究——基于云南、甘肃等地的调研分析》，《社会保障研究》2011年第2期。

② 人民网：《全国人大常委辜胜阻谈城镇化改革与农民工市民化》，2013－02－25，http：//fangtan. people. com. cn/n/2013/0225/c147550－20593215. html。

③ Burton A. Weisbrod, “Investment in Human Capital”, *The Journal of Human Resources*, Vol. 1, No. 1, 1966 (summer), p. 7.

④ Theodore W . Schultz, “Investment in Human Capital”, *The American Economic Review*, Volume 51, No. 1, March 1961, p. 14.

业，努力实现人力资本投资效益的最大化。

4. 建构多元的人力资本投资和服务体系。经过30多年的改革开放，我国物质资本的市场化程度相对已经较高，但人力投资的资本市场相对却更不完善，制约了人力资本的有效投资和投资效益的最大化。因此，作为公共服务的主要承担者，政府就有义务加大人力资本市场建设力度，建构多元的人力资本投资和服务体系，提供更加完善的市场化服务，促进人力资本投资并实现投资效益的最大化。当社会无法自行承担人力资本市场建设和公共服务供给或者无法实现人力资本优化配置之时，政府就有义务加大人力资本投资的基础设施建设和公共服务供给以促进公共利益的最大化，而这本身即是政府之所以产生和存在的条件。显然，创造良好的发展环境、提供优质高效的公共服务都有助于公共利益的最大化，而且总体而言，作为整体的社会从人力资本投资中获取的收益总是超过个人直接投资所获得的收益。最后，人力资本投资本身对经济扩张、促进经济的持续快速增长、提升整个国家的核心竞争力具有举足轻重的战略意义。因此，通过完善人力资本投资的市场化建设和公共服务体系，提升人力资本投资的有效性是实现人力资本投资效益最大化的必然要求。在继续深入实施科教兴国战略、人才强国战略、可持续发展战略的宏观战略之时，政府有必要建构多元的人力资本投资和服务体系，提升人力资本的市场化程度。如大力推进人力资本市场建设，完善交易规则和各类公共服务，引导企业开展人力资本投资，借助高校、培训机构等多元社会力量形成多层次的人力资本投资和服务体系。而且政府还可以通过直接援助、贷款以及私人贷款担保的方式促进对人力资本的投资，也可通过培训服务的社会化途径和政府购买服务的方式强化对流动劳动力的投资，造就规模宏大、素质优良的人才队伍，推动我国由人才大国迈向人才强国，为经济发展注入持续的活力。

二　人力资本理论对农村能人队伍建设的启示

（一）建设一支高素质的农村能人队伍

人才资源是经济社会发展的第一资源，人才战略是民族复兴、富国强民的第一战略。诸多生产要素之中，人力资本的重要性，即知识和技能的经济重要性在上升。如果没有人力资本，除了那些拥有财产性收入的人之外，我们所能够拥有的将仅是艰难的体力劳动和贫穷。① 这点对农村来说也是适用的，舒尔茨曾指出，“健康与劳动生产关系紧密，生病和残疾会影响工作量，身体不健康的农民单位时间的劳动生产率显然要低”，因此，“改善穷人福利的决定性生产要素不是空间、能源和耕地，而是人口质量的改善和知识的增进”②。其人力资本投资的思想无疑非常精辟地论述了人力资本投资对于农村、农业发展的重要性，而这也是当前我国农村、农业发展的关键所在。尤其在城乡二元分割非常明显的背景下，要解决农村、农业和农民问题，必须加大农村的人力资本投资力度，这是解决“三农”问题的核心路径，关键则是建设一支在经济发展、民主治理、社会文明、乡村生态等方面引领时代潮流的能人队伍。特别是在当前我国农村劳动力净流出现象明显、农村空心化的大背景下，如何通过有效的人力资本投资，促使农村人口素质的提升，保障农村、农业的生产需要和现代农业的培育发展，提升农村、农业的核心竞争力，无疑已成为解决“三农”问题的当务之急。

因此，从人力资本投资的视角出发，各级政府都应高度重视对当前我国农村地区的人力资本投资问题，加大对农村存量人力资源的开发和利用，其中教育设施和教育水平是提高农村人力资源素质的关键。正是作为人力资本投资的教育投入始终不足，特别是对农村教育的不重视才导致我国农村劳动力的知识、技能和素质始终没有大的提升，更毋论建设一支“双创双带”型的农村能人队伍。为数不少的农村辍学青年过早地进入劳动力市场，使得农村劳动力的劳动参与率始终偏高，参与劳动的年龄提前，这也是目前农民就业不充分的深层次成因之一。而且，过高的农村劳动参与率，直接造成了我国劳动力供给的增加，使农村剩余劳动力供给远大于经济增长对劳动力的需求，失业问题尤其是结构性失业日趋严重。其深层次的原因就在于政府对农村人力资本投资不足和基本义务教育服务供给不充分，导致很多未完成或即便完成九年义务教育的农村年轻劳动力仅

① Theodore W. Schultz, “Investment in Human Capital”, *The American Economic Review*, Volume 51, No. 1, March 1961, p. 16.

② Theodore W. Schultz, “Transforming Traditional Agriculture”, Yale University Press, 1987, pp. 132 – 133.

在接受短暂的教育但却没有掌握什么生产技术、技能的情况下就提前进入劳动力市场。人力资本积累不足，没有受过良好的教育和职业培训，农村的年轻劳动力往往在职业能力不足的情况下过早进入劳动力市场，其直接后果是劳动力市场上一方面充斥大量的低素质农村劳动者，供过于求，使该部分劳动力就业困难，失业率居高难下；另一方面有知识、有技术的熟练劳动力却供不应求，在东部沿海经济发达地区经常出现“用工荒”。要解决这些问题，显然必须强化对农村劳动力的人力资本投资，这直接关系到当前我国经济社会统筹发展大局和城乡一体化、全面建设小康社会的重大战略目标的实现。

（二）建构多元化的农村人力资本投资和服务体系

1. 建构多元化的人力资本投资和服务体系，加大农村人力资本投资力度。首先，各级政府应多元化筹措农村社会保障资金并保持持续稳定的投入，大力提升农村社会保障的服务水平和保障水平，建立适宜的农民健康保障机制，逐渐实现社会保障服务的城乡一体化；特别是要加大对农民重大疾病社会救助的力度，防止农民因病致贫、因病丧失劳动能力而导致农村人力资本投资效益的流失。如果农民的健康无法得到有效保障，必然会导致农村劳动力生产效率的降低，从而影响经济社会发展的活力和效益。

其次，应加大农村教育投入力度，继续推进农村义务教育的均等化，完善多层次的农村教育服务体系。从现有的统计数据来看，当前农村的教育水平和人力资本投资匮乏无疑严重制约了农村人力资本和经济的发展。从农村人口的教育文化素质看，我国 15 岁以上人口的粗文盲率达 10.71%，小学文化程度占 34%，初中文化程度占 44.28%，高中文化程度占 9.18%，中专和大专以上文化程度的分别占 1.46% 和 0.37%，人均受教育年限 7 年，比城镇低 2.43 年，相当于 1960 年世界平均水平，比世界平均水平低 4 年。农村劳动力中，没有接受过职业教育或技术培训的高达 76.4%，接受过初级以上职业技术教育或技术培训的仅占 3.53%。拥有技术水平的仅占 10.6%，高达 85% 以上的农民是“科盲”[①]。

---

① 吴雨才：《中国农村人力资源开发政府行为研究》，南京农业大学，博士论文，2007 年，第 1 页。

最后，建构多元化的农民培训服务体系，全面提升农民素质。对农民开展的培训是农村人力资本投资的核心途径之一，它对培育新型农民，增强农民产业转移能力和生产技能具有重大的现实意义。因此，各级政府应通过有效的人力资本投资不断提升农村劳动力的知识存量和技能水平，特别是通过社会多元主体建构多元的社会培训服务体系，在政府无法直接提供优质高效的培训服务，可以通过社会化、多元化的途径，积极吸纳社会力量建构多元的知识和技能培训服务体系，加大对农村剩余劳动力的技能培训与开发，强化农村劳动力的整体素质，为农村、农业核心竞争力的提升和“三农”问题的解决奠定基础。

2. 建构农村人力资源开发和管理的科学指标体系，并根据这些指标体系制定相应的政策扶持体系，促进农村能人队伍的尽快成长和人力资本投资效益的实现。当前，人力资源管理已经形成了比较严谨的科学体系，从人力资源规划到人力资源选聘再到人力资源培训、开发和纪律、奖惩等，都有一系列相应的科学指标。这一系列科学指标的建构和应用，可以为农村人力资源的有效开发和最大化地利用提供很大的助力。因此，在农村人力资源有限的背景下，更应该建构相应的指标体系以提升人力资源的利用效率，优化人力资源配置，优化农村经济和社会发展。其中，农村能人作为农村社会的精英群体，能力无疑是其核心指标，然而在具体的能力构成方面，却不能仅仅局限于简单的经济发展能力，还应从经济外部效应，如实现农村、农业的整体发展，带动能力偏弱的农户增收，增加农村社区的公共利益等方面着手，建构相应的指标体系，加强对农村能人的引导，充分挖掘这些宝贵的农村人力资源身上的潜能，寻求农村经济社会发展的内生增量。而且，唯有农业生产力的提升和现代农业的大力推进才能进一步地解放农村劳动力，使得农村总人口中的一部分人从土地上分离出来，农业劳动力向工业部门的转移才具有扎实的生产力基础。

（三）促进农村剩余劳动力非农化转移

对农村剩余劳动力的人力资本投资有助于农村劳动力的非农化转移。这里所谓的非农化转移并非盲目的转移，并不会导致农村明显的空心化，而是农村劳动力在接受必要的教育和培训，知识、技能和认知能力都得到提升之后所作出的理性决定。根据“乔根森理论”，这种农村劳动力从农业部门向工业部门转移的规模与农业剩余的规模应相互适应。[①] 尽管农村剩余劳动力顺利转移，但农村、农业的生产与产业发展所必需的人力资源并不缺乏，转移本身并不会导致农业、农村发展的停滞。相反，由于这些剩余劳动力的顺利转移，在确保工业、服务业的劳动力需求的情况下，农民会由于他们劳动收入的增加和人力资本投资效益的实现而增加收入，从而解决农村剩余劳动力的就业和增收问题；而且还可以为农村、农业的发展积累资金，这客观上还有助于化解当前农村、农业发展所面临的资金制约问题。

如据媒体报道，新中国成立 60 年来浙江省农村第一产业劳动力从 1301 万人下降到 666 万人，占农村劳动力的比重从 89% 下降到 29% 。[②] 急剧下降的农业就业人口和农业就业人口占农村劳动力的比率说明随着农村生产力的发展，浙江释放了大量的农村剩余劳动力，成为经济社会发展中的一个大问题，但也是个难得的发展机遇。只要充分利用这些劳动力资源的存量人力资本，充分利用他们的体力劳动能力、智力劳动能力和技术技能，完全可以促进浙江经济社会的快速发展，而且解决他们的增收问题。事实证明，浙江在这方面的努力是非常成功的。2013 年浙江农民人均收入达到 16106 元，连续 29 年位居全国各省区第一。剖析浙江农民的收入来源可以发现，绝大部分并非来自农业收入，农业收入实际上仅占 17.8% ，来自非农产业的收入却占到 72.5% 。[③] 其中家庭经营收入、转移性和财产性收入占比也都达到了一定水平。可见，浙江农民已走上了富裕之路，不过致富主要靠的是非农产业的收入，靠的是工资性收入，尤其是工资性收入占了一半以上，从而说明了农村劳动力转移就业对农民增收的重要性、农村人力资本投资对“三农”问题解决的有效性。这也是人力资源和人力资本理论对解决农村、农业发展和农民增收问题的重要启示和价值所在，但农村劳动力转移具有一定的盲目性，如前所述的农村年轻劳动力过早进入劳动力市场并不一定就是好事。因此，各级政府还应加大对

---

① 罗明忠：《农村劳动力转移：决策、约束与突破——“三重”约束的理论范式及其实证分析》，中国劳动社会保障出版社，2008 年，第 5 页。

② 李业彪：《浙江农民来自非农产业的收入达七成以上》，新华网：http：//news. xinhuanet. com/fortune/2009 - 11/17/content_ 12476883. htm，2009 - 11 - 17。

③ 同上。

农村劳动力转移就业的投资和服务力度，消除各种劳动力迁移所存在的城乡壁垒、制度壁垒和观念束缚，促进农村劳动力积极、理性的非农化转移，积极为农民增收、农村、农业的发展创造良好的条件。

（四）完善政策扶持体系吸引乡村精英回归

农村劳动力的转移之所以产生，多数是由于生产力的提高特别是农业生产效率的提高，出现农业劳动力过剩现象，从而导致这部分从农业中分离出来的剩余劳动力需要向非农产业及城镇转移以获得工作岗位，这个过程就被称为“转移”。[①] 根据刘易斯的理论，发展中国家从二元经济到一元经济的过程就是农村劳动力转移的过程，只要工农业间存在显著的收入水平差异，农村劳动力就必然会有一种向工业部门转移的趋势。我国持续的城乡二元分割和工农业间存在的显著收入水平差异使得这种劳动力转移现象非常突出。如前所述，我国流动人口总量已达到2.36亿，占全国总人口的17%还多。总体而言，这种劳动力的流动并非完全意义上的农村剩余劳动力的流动，特别是大量的青壮年从农村流失，导致农村的空心化和土地抛荒，势必严重制约农业现代化和“三农”问题的解决。而且在城镇化的过程中大量农民自发的非理性转移，源源不断流向城市工业和服务业，过度转移导致东部沿海城市公共服务超负荷运行，也并非什么好事。

此外，农村社会还必须拥有一支能够在经济发展、民主治理、社会文明、乡村生态等方面发挥先锋模范作用的能人队伍，寻求农村农业发展的内生增量。因此，针对当前农村农业空心化的现实，各级地方政府在加大对农村劳动力的人力资本投资力度、在积极建构多元的人力资本投资体系、公共服务体系之时，还应出台相应的政策扶持体系，开展各类“回归工程”，吸引那些已经存储了足够知识、技能和能力的乡村外出精英回归乡村社会，致力于乡村社会的发展，寻求农村农业发展的外在推动力量。

乡村外出精英的回流，至少可以在很大程度上弥补农村农业发展中的不足。一是乡村外出精英可以凭借其长期在外打拼的资本积累，积极回馈

---

① 罗明忠：《农村劳动力转移：决策、约束与突破——“三重”约束的理论范式及其实证分析》，中国劳动社会保障出版社，2008年，第4页。

乡村社会发展，通过各种类型的投资，促进乡村经济的增长和扩张。比较而言，中国农村社会的乡土性更浓，恰是这种乡土性或乡土气息使得乡村外出精英具有回馈父老乡亲的意愿。二是可凭借乡村外出精英在外打拼所学习、掌握的知识、技能，即主要的人力资本积累，带动乡村社会的发展并通过传帮带实现农民的增收。三是可凭借其在外工作时接触的社会新现象、新发展所增加的新认知、新观点和社会洞察力，并把自己在城市务工经商创业的经验和所见的新颖治理模式引入到乡村建设中，那么就可以逐渐规范乡村自治甚至创造出一套符合当地发展的新型治理模式。换言之，积极促使乡村外出精英的回归还具有制度导入和创新的功能，可以提升乡村治理的民主化程度，对于乡村社会的发展具有较大的现实意义。如课题组在丽水调研时了解到的一个个案，缙云新建镇夏家畈村的村支书就是一个比较典型的回归型能人。他本来在外面开机电维修店，已经营了十几年，生意很好。但在看到邻县村庄整治做得很好，而地处缙云偏远山区的夏家畈村却十多年没有改变，始终还是那个穷山沟，当时心里就觉得很难受。因而舍弃生意，关了十几年的老店，回到村里当村支书，前期自掏腰包投入十多万元搞村庄整治。当笔者在丽水调研的时候，恰好看到了他带着村里十几个人亲自在搞村庄整治，工程建设正在如火如荼地展开，一个比较典型的农民的淳朴在他身上显现无疑。更令人敬佩的是：这是一个腿有残疾的村支书！

尽管这只是个案，甚至算不上一个非常典型的个案，但却具有强烈的现实启发意义。对当前的农村、农业发展和农民增收而言，单纯靠农村自身的力量显然是不够的。因此，一方面，各级政府应加大人力资本投资力度，建构多元化的人力资本投资和服务体系，努力实现农村人力资本的增量，寻求实现农村、农业发展的内生增量。另一方面，地方政府应通过更优惠的公共政策、更完善的公共服务吸引乡村外出精英向乡村社会回流，为乡村社会发展注入新的资金、知识、技能、理念和活力。

（五）统筹城乡基本公共服务体系

城乡基本公共服务体系的差距是阻碍农村能人回乡创业或服务的一个重要因素之一。应该将新农村建设纳入城乡统筹的视野中进行规划，逐步消除城乡二元的公共服务供给体制，努力实现公共基础设施向农村延伸、公共服务向农村拓展、社会保障向农村覆盖、公共财政向农村倾斜、现代城市文明向农村辐射的目标，把新农村建设的战略构想真正落到实处。在国家财力有限的情况下，可分阶段、分区域逐步解决城乡统筹问题。在策略选择上，应不断扩大农村公共服务的公共财政覆盖范围，合理安排公共服务供给的先后，优先解决农民需求最迫切的基本公共产品和公共服务问题，逐步提高农村的公共服务水平。现阶段则应着重加大在农村基础教育、社会保障、公共卫生保健等基本公共服务方面的城乡统筹力度。只有按照城乡统筹的要求，建立健全农村基本公共产品服务体系，从根本意义上给予农民“国民待遇”，才能解除农村能人因回乡创业而产生的后顾之忧。

唯有如此，地方政府才能引导更多的先富能人回乡创业，促使社会多元力量形成系统合力共同建设成“生产发展、生活宽裕、村容整洁、乡风文明、管理民主”的社会主义新农村，让所有的农村居民都过上幸福安康的生活，实现每个中国人的小康梦。

第二章　农村能人是新农村建设的中坚力量

经过30多年的改革探索，我国农村经济社会发展取得了巨大成就，但同时也面临诸多挑战。其中一个突出表现是，由于我国经济社会发展中的不协调、不平衡和不可持续问题依旧，特别是城乡发展差距和城乡居民之间的收入差距至今仍在呈扩大趋势（详见图1），“三农”问题解决起来始终困难重重。如果城乡差距、贫富分化问题不能解决，那么我国的现代化建设事业就有可能遭受挫折。因此，温家宝总理2012年在《求是》撰文指出，“要充分肯定农业农村发展的巨大成就……但也必须清醒看到，我国最大的发展差距仍然是城乡差距，最大的结构性问题仍然是城乡二元结构……这是我们一再强调要统筹城乡发展，一手抓城镇化一手抓新农村建设的基本考虑”①。党和国家领导人很早就意识到“三农”问题始终是决定我国全面建设小康社会的关键性问题，始终是我们党和国家工作的重中之重。党的十六届五中全会提出了以“生产发展、生活宽裕、乡风文明、村容整洁、管理民主”作为我国未来一个时期农村工作的战略目标，这20字方针实质上既是新农村建设的标准，也非常明确地点出了新农村建设的重大战略目标和路径。

至此，新农村建设形成了明确的目标和清晰的规划，但破解“三农”问题的具体路径却仍在摸索之中。恰如刘雪瑞所指出的，“新农村建设中最实质的根本保障‘生产发展’却缺少有效的运作机制，由此导致新农村建设并未缓和城乡居民的收入水平逐步加大的趋势，甚至农村社会中土地抛荒、留守子女、空巢老人等社会问题不断凸显。基于上述问题，如何使我国的新农村建设具有可持续发展的动力，是当前我国迫切需要解决的

---

① 温家宝：《中国农业和农村的发展道路》，《求是》2012年第2期。

问题”[①]。这种可持续发展的动力应形成系统的结构和完善的机制，即各相关利益主体由追求效用最大化而产生的动力源、动力因素和动力机制共同组成新农村建设的动力结构并产生体系化的作用，各种内外部动力因素整合、系统地促进新农村建设。因此，新农村建设不仅需要外部动力因素的系统作用和驱动，而且还必须诉求于内部动力因素的一体化驱动，从而优化资源配置、形成促进新农村建设和解决“三农”问题的系统合力与长效机制。其中，农村能人作为农村最宝贵的人力资源，与新农村建设具有内在的密切关联，是新农村建设的中坚力量，更是新农村建设关键的内生增量和关键动力。

一　新农村建设的内在动力

“建设社会主义新农村是实现中国特色社会主义农业现代化，进而实现中国特色社会主义现代化的历史必然”[②]，从城乡统筹发展和全面小康社会建设的角度出发，新农村建设的重大战略意义不言而喻。不过，更关键的问题是如何实现这个重大战略目标，在资源、手段有限、基础薄弱甚至农村空心化进一步蔓延的大背景下，农村经济增长无疑显得尤为重要。而要实现农村经济增长、发展现代农业、增加农民收入，既要汲取更多的社会资源，也要充分挖掘农村本身所拥有的物质资源和人力资源，整合内外部动力因素，形成体系化的动力结构和机制，共同致力于新农村建设。

笔者认为在我国现行的威权体制下，政府在公共资源配置方面仍然处于主导地位，因而政府战略诉求、政策扶持和驱动是新农村建设的核心外部动力。其中，中央政府的战略诉求与制度供给是新农村建设和城乡一体化发展的主导因素，财政政策支持是新农村建设强大的外驱动力。对农村和欠发达地区而言，由于自身资源要素禀赋有限，要实现更好更快的发展，国家宏观层面的政策、公共财政的支持和外部经济要素的注入是非常重要和必要的，“统筹城乡发展，必须首先统筹城乡财政资源配置，逐步

① 刘雪瑞：《论新农村建设的动力体系——基于义乌经验的启示》，浙江师范大学，硕士论文，2009年，第1页。

② 王伟光：《建设新农村是中国特色社会主义现代化的必然要求》，《学习时报》，2006－02－21。

提高国家财政支农支出占财政总支出的比重"①。因此，倘若说"基层民主发展是新农村建设的基本动力"，那么毫无疑问，国家战略层面系列政策的实施更是新农村建设诸多动力中的基本动力，必然可以为新农村建设提供强大的外部驱动。

不过，在强调新农村建设中政府政策及压力、创新驱动主导作用的时候，还应该理顺国家和政府在新农村建设中合理"主导"与"引导"的关系。② 诚然，新农村建设必须发挥国家与各级政府的"主导"作用，加大公共财政的支持力度，强化绩效考核，确保国家重大战略的执行；另外，必须明确国家和政府在新农村建设过程中的职能定位，政府主要起决策、服务与"引导"作用，引导增量经济要素和社会资源更多地投向农村，但在农村经济社会发展的具体事务中，还是应该坚持农民主体、发挥农民的主体性作用，防止政府包办一切。

恰如经济内生增长理论所强调的，知识、技术和人力资本是长期经济增长的决定因素，核心要素是因教育、培训等形成的人力资本和因研究、发明、创新等形成的技术进步，新农村建设既要强调外部因素的驱动，但更重要的还是挖掘自身的增长潜能。人力资本是经济发展最有活力的生产要素，一旦与外生技术进步结合到一起，即技术进步的内生化，其对经济社会发展所产生的影响将更加巨大。

当然，农村经济增长的内部动力主要是农村人力资本的积累和释放，但也不仅仅限于人力资本积累、技术进步和劳动分工的演进，还涉及现代农业产业的集群、农村能人队伍与专业经济协会相结合提升农村经济增长效率的作用等方面。

（一）农村人力资源是新农村建设的主要动力和内生增量

很多学者认为，由于农村资源要素缺乏、处于弱势地位且缺乏变革动力，因此只有借助外部力量才能走出长期停滞的均衡状态，才能解决"三农"问题，外部制度环境特别是强化政府的政策和公共财政的支持力

① 杨中万：《论新农村建设动力结构》，《湖湘论坛》2007年第1期。

② 卢婷婷、翟坤周：《城乡二元结构下的农村文化建设：现实逻辑与动力机制》，《新疆社会科学》2012年第5期。

度总是被视为关键要素。但是农村经济发展有其自身的逻辑，它是涉农资本、土地、人力资源、技术、制度等诸要素积累和相互作用的结果，在这些要素中，农民是农村经济发展的主体性因素，是最活跃、最重要的要素，也是其他要素发挥作用的“枢纽”。外部的驱动力只有通过主体内部要素，尤其是农民这一主体枢纽才能发挥作用。任何试图主要依靠外部力量甚至以外部力量取代农民主体性作用的想法都不可能成功。没有农民主体性作用的发挥，外部力量就会失去“着力点”，压根儿不可能从根本上解决“三农”问题。

因此，虽然新农村建设需要政府加大政策和财政的投入、引导，但必须坚持农民的主体地位，充分发挥其主体作用，最终必然要依靠农民自身的力量实现农村、农业的发展，使广大农村居民共享经济社会发展成果。农民的主体地位主要体现在，农民既是新农村建设的财富主体、是新农村建设的受益主体，也是新农村建设的决策主体，① 更是农村公共事务治理的当然主体，在村庄范围内自我管理、自我决策、自我服务。坚持农民的主体地位意味着必须凸显农民在新农村建设中的自主性、能动性、创造性，“以农民为本、发挥农民的主动性和创造性是社会主义新农村建设的内在动力”②。倘若没有广大农民的自主性、能动性、创造性作用的充分发挥，那么再好的政策、再多的扶持、再强的外部经济要素驱动，也难以发挥效果。

然而，在城乡二元体制下，农民的主体性缺乏、自主性失衡、能动性失调，由此导致农民的自觉能动性未充分发挥、社会历史责任性未充分显现、创造性不力和主体能力缺失。③ 农民主体性缺失，主要是因为在城乡二元体制下，农民的政治权利受到了严格的限制，利益、权利和社会福利皆遭到了严重的排斥，首先，农民长期遭受严重的利益排挤和剥夺，牺牲

① 刘阳、周东立：《马克思主体性理论与新农民主体性作用的发挥》，《甘肃理论学刊》2007 年第 3 期。

② 鲁可荣、张颖、朱启臻：《社会主义新农村建设的动力研究》，《高等农业教育》2006 年第 7 期。

③ 孙宇伟、陶志刚：《统筹城乡视域中的农民主体性分析》，《西北农林科技大学学报》（社会科学版）2009 年第 3 期；江小容、陆维研：《农民主体性缺失的实然困境及重构路径——基于邓小平的农民主体性思想》，《社科纵横》2012 年第 5 期。

了巨大经济利益为工业化、城市化构筑资金积累的基础；而农民在政治权利和经济权利受限制的同时，发展空间和机会也受到了限制，这也正是“三农”问题出现的重要原因之一。其次，在政治利益方面，农民长期处于权利困境之中，结社（组织）权、劳动就业权、迁徙权处于缺失状态，而且政治参与权有限。最后，农民长期游离于社会福利和保障制度之外，所享有的基本公共服务与城市相比皆处于明显的劣势。① 这些都是农民主体意识与主体能力缺失的重要原因，“能力不足是导致贫困的重要原因”，城乡二元体制及非均衡的公共产品、公共服务供给体系对农民的排斥导致农民能力不足，从而导致农村的贫穷、落后，尽管这是历史原因造成的，但在我国却是不争的事实。

因此，要解决农村或农民的贫困问题，关键是提升农民的能力，发挥农民的主体性作用，“提高农民整体素质，培育造就有文化、懂技术、会经营的新型农民，是建设社会主义新农村的迫切需要”②。培育新型农民实质就是对农村的人力资本投资，之所以主张农民是新农村建设的主体，强调的就是教育、培训等形成的农村人力资本和因研究、发明、创新和产学研一体化等形成的技术进步都是农村经济社会发展的内生变量。农村人力资本的数量和质量是决定农业现代化和农村经济持续增长的根本性力量，也是农村强大的“内生性”发展动力，而农民素质、能力的高低直接决定着新农村建设的水平和速度。因此，要充分发挥农民的主体作用，寻求农村经济增长的内生变量，就必须提升农民的自主性、能动性和创造性能力，加大农村人力资本投资力度，全面提升农民的知识、技能和素质。

（二）发挥农民在新农村建设中的主体作用

几千年自给自足的封建小农经济使得中国的农民抵御市场风险的能力极弱，新中国成立后农村虽然开展了合作社运动，但人民公社最终被证明并不适合中国国情，其“党政军一体化”的运行模式甚至带来了诸多弊

① 刘配权：《十一届三中全会以来农民主体性问题的历史考察与现状分析》，东北师范大学，硕士论文，2008 年，第 5—9 页。

② 刘阳、周东立：《马克思主体性理论与新农民主体性作用的发挥》，《甘肃理论学刊》2007 年第 3 期。

端。而农会在执政党的意识形态领域是被绝对禁止的，虽然《宪法》授予了人民结社的权利，但现实的政策却剥夺了农民成立农会的权利。因此，改革开放后，包产到户之后个体化、原子化的农民在市场化大潮中的核心竞争力难以提升，而且依然无法抗衡市场风险。农村人力资本投资虽然有助于提高农民就业竞争力、提升农业生产技术，但要在市场竞争中赢得优势地位，最终还是必须诉诸于农民的再组织化。农民再组织化既是对市场化经济大潮的必然回应，也是农村治理转型、维护农民权益的必然要求，其重要意义还在于可以把原子化、碎片化、分散化的农民联合起来，抱团参与市场竞争，解决农产品质量问题和组织化程度低问题，以提高农产品的市场议价、渠道销售和盈利能力。

从实践来看，农村专业经济协会无疑是农民参与市场竞争的一个重要的组织化方式。而这个组织化方式与农村突出的人才资源——农村能人结合在一起，很可能就会产生聚合作用。实践中，各地很多先富能人通过成立农民经济合作组织、农产品行业协会等经济性中介组织，推动了农村或农业的产业化发展。这些经济性中介组织能够帮助那些处于弱势地位的各自为政的个体农户和农村中小微企业节约交易成本，实现农民或中小企业的联合自治、自律、自强和自卫，在市场竞争中形成联合优势、降低市场风险、获得规模经济。回顾20世纪二三十年代，梁漱溟在广东、河南、山东等地进行的乡村建设的试验，以及晏阳初在河北定县进行的乡村平民教育试验，之所以收效甚微，其中的一个重要原因就在于未能通过一定的社会精英或行业性协会把农民有效地动员和组织起来。在农村的建设中，“人的因素”比“物的因素”重要，新农村建设必须以志愿“立足农村”和“以农为业”的职业劳动者为前提。

而且农村专业经济协会也确实发挥了非常大的作用，如“慈溪丝瓜络协会产品占世界市场的80%以上，年销售额超过亿元”[①]；台州西兰花农业合作社产品远销日本、韩国、加拿大等国，出口量达3万吨，占全国出口量的近70%，创汇3000余万美元，菜农收入高达1.6亿元。[②] 可见，

① 《慈溪丝瓜络制品出口需求旺盛》，中国宁波网，2013-09-22，参见：http://www.cixi.gov.cn/art/2013/9/22/art_14726_1031128.html。

② 顾金喜、林奇凯：《发挥农村先富村支部书记作用的长效机制研究——以浙江台州的个案为例》，《西安电子科技大学学报》2007年第2期。

通过农村专业经济协会实现农民在经济领域的再组织化，既可进一步发挥农民建设新农村的主体性作用，也可进一步整合优化农村资源配置，挖掘农村经济增长的内在潜力，使其成为新农村建设的内在动力。

（三）提升农业核心竞争力和可持续增长动力

推进现代农业产业的集群化，提升农业产业化、标准化、规模化和核心竞争力，是实现农村现代化和农村经济可持续增长的重要动力。我国曾经是个农业大国，但却不是农业强国，农业在国民经济体系中始终处于弱势地位。家庭联产承包责任制的推行虽然激活了农民的生产积极性、解放了农村生产力，极大推进了农村、农业的发展，但是农民始终无法摆脱传统的精耕细作与分散落后的生产方式。因此，要建设社会主义新农村，传统农业向现代农业转型是一个必然选择，农村经济增长必须从农业转型升级特别是现代农业的集群化、产业化、规模化中寻找内生增量。现代农业的产业集群是农业实现规模化效益、提升核心竞争力的必然选择，像浙江等地逐渐形成的“一村一品”甚至“一县（市/区）一品”现象无疑正是现代农业产业集群化的重要表现，这实际上也正日益成为农业发展、农村经济增长的重要内生增量。刘雪瑞认为，“在市场的引擎作用下，农村社会中形成的特色产业‘一村一品’才能形成对农村经济起到长久的推动机制”，[①] 说到底也是对农业产业化、集群化的一种期待，只是视野仍有待开阔。

事实上，当前农业生产过程中，很多农户组成专业经济合作社，逐渐形成拳头产品并向周边村庄、区县、省市甚至全国辐射的现象非常普遍。如台州黄岩头陀镇中岙、前院、下岙、南岙、店头等村，在当地农户自发寻找市场机会和地方政府的支持保护下建立了横跨数个村庄的数千亩茭白示范基地，并成立了茭白合作社。在茭白合作社的引导下，当地农民经常组织茭白大户进行新技术培训，抱团引进新品种，推广新技术，为茭白大户提供技术、信息、销售等一系列服务。茭白生产日益产业化、标准化、规模化，而且产供销一体化，经销商通常都是直接上门收购。因此，茭白

① 刘雪瑞：《论新农村建设的动力体系——基于义乌经验的启示》，浙江师范大学，硕士论文，2009 年，第 26 页。

种植的经济效益非常明显，亩均收入都在万元以上，一户普通人家只要种植2—3亩，年收入至少能保证在3万元甚至更多，种植大户的收入则更高。[①] 当然这个茭白生产的辐射网络仍然有限，只是横贯几个村庄，实际规模并不算非常大。真正规模比较大的是温岭的麒麟西瓜，通过遍布全国的西瓜种植大户，温岭人的西瓜产业越做越大，逐渐形成了一个横贯南北的大产业，农业的产业化、规模化效益更加明显。所以，借助现代农业集群化的路径，组织化、标准化生产，形成规模化效益，提升核心竞争力，是农业发展和农村经济重要的内生增量，也是必然的选择。

总之，新农村建设不仅需要外部的驱动力量，更需要内部的自我驱动，要鼓励、引导、诱使各行为主体彼此合作，整合内外部动力因素，形成体系化的动力结构和机制，新农村建设才能实现最佳效果。

二 农村能人在新农村建设中的战略地位和作用

"人才资源是第一资源"，"当今和未来的世界竞争，从根本上说是人才的竞争"[②]。农村能人是农村突出的人才资源、第一资源，是"农业和农村经济发展中最活跃的生产因素"[③]，也是农村农业参与市场竞争和发展的决定因素。解决"三农"问题、建设新农村最根本也是最关键的途径就是为农村输送大批"回得去、留得住、用得上"的实用人才。[④]

（一）农村能人的内涵界定

近些年随着"能人治村"现象的兴起，农村能人日益成为一个社会广泛关注的词汇，但何谓农村能人学界至今仍缺乏深入的分析研究，未形成明确、统一的标准，如前文所述，目前学者们主要从能力、特定范围的影响力和权威性进行界定。在政策层面，与农村能人相对应的主要是

---

① 数据来自于笔者与当地农户交谈的记录。

② 《江泽民文选》第3卷，人民出版社，2006年，第43页。

③ 赖燕萍：《对加强农村实用人才队伍建设的思考》，《农业科研经济管理》2008年第3期。

④ 任士福等：《创新人才培养模式　为新农村建设培养实用人才》，《河北农业大学学报》（农林教育版）2012年第5期。

"农村实用人才"，根据中共中央办公厅、国务院办公厅颁发的《关于加强农村实用人才队伍建设和农村人力资源开发的意见》（中办发〔2007〕24号），所谓的农村实用人才是指"具有一定的知识或技能，为农村经济和科技、教育、卫生、文化等各项社会事业发展提供服务、作出贡献，起到示范或带动作用的农村劳动者，是广大农民的优秀代表，是新农村建设的生力军，是我国人才队伍的重要组成部分"①。该《意见》还指出，要"着力培养一大批适应社会主义新农村建设要求的乡村教师、乡村医疗卫生人员、乡村科技服务人员、乡村文化工作人员、生产能手、经营能人、能工巧匠等各方面实用人才"②。由此可见，农村实用人才的分类在政策层面是比较清楚的，主要包括生产能手、经营能人、能工巧匠，以及乡村教师、医疗卫生、科技服务和文化工作人员。如前文所述，本书所研究的农村能人主要指乡村社会中那些在政治、经济、资源和社会网络结构等方面拥有优势，某一方面具有突出能力，能利用自身所具有的优势资源和能力对新农村建设发挥重要作用并促进乡村社会良性发展的乡村权威。农村能人与农村实用人才在概念上虽然有一定的差异，但所指称的对象差别其实并不大，主要由五类人才构成：（1）生产能手，主要指农村种养殖能手或种养殖大户；（2）经营型人才，主要指分布在乡村的企业经营者（乡镇企业家）、个体工商户、个体运输者、农村专业经济协会负责人、农民经纪人等；（3）技能带动型人才，包括木匠、石匠、泥瓦匠、机电维修者等利用某种实用技能勤劳致富的能工巧匠和各类农技推广人员；（4）社会服务型人才，主要指在乡村从事教育、医疗、文化、卫生、艺术等行业、未进入专业技术人员统计范畴但又有一定成就的人才，如乡村教师、医生和民间艺人等③；（5）乡村政治精英和管理者，主要指在村民中享有威望的村干部、农村的人大代表或政协委员等。笔者认为，农村能人不仅包括在经济发展方面具有突出能力的经济能人，而且还包括具有突出的政治、社会、管理和道德示范能力的政治精英、管理精英和社会服务

① 中共中央办公厅、国务院办公厅：《关于加强农村实用人才队伍建设和农村人力资源开发的意见》，（中办发〔2007〕24号），2007－11－08。

② 同上。

③ 曹大友：《农村实用人才的成长机理分析——以重庆市彭水县羊头铺社区为个案》，《学海》2009年第3期。

人才，只要在经济、政治、社会服务、技术技能某一方面具有突出的能力并能够产生良好的示范效应，就可以称之为农村能人。农村能人是新农村建设的关键动力和内生增量，自身有着独特优势和某一方的突出能力，他们是连接技术专家和一线农民的桥梁纽带，是推进农村经济社会发展和带领广大农民共同富裕的领头羊。①

为了更清晰地界定农村能人的具体内涵，课题组设计了相应的问题作了问卷调查，在“您认为怎样的人能称之为农村能人”（多选）一项上，高达52.7%的被调查者认为应具有很强的经营管理能力，能够先富带后富；高达52.2%的被调查者认为应“处事公正，善于调解纠纷”，且具有较大影响力；45.8%的被调查者认为应“村务管理能力强，热心公益事业”，另有39.8%的被调查者认为应具有“良好的种养殖技术，能传帮带”（详见图2.1）。

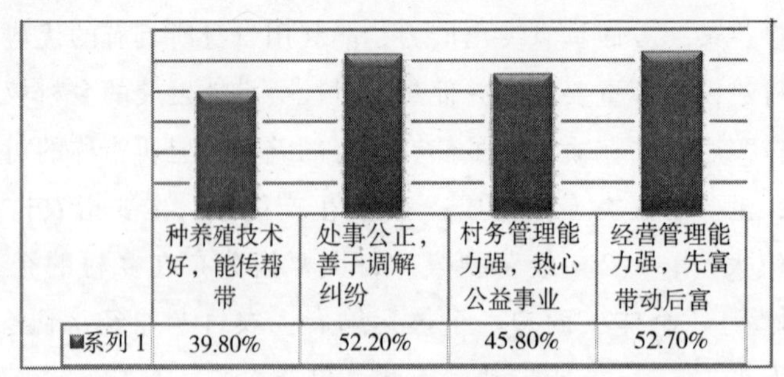

图2.1　何谓农村能人

分项目来看，被调查者最重视的、排在第一位的是农村能人的经营管理和经济发展能力，这反映了当前各个群体特别是普通村民对发展农村、农业、建设社会主义新农村，改善人民生活水平的强烈愿望；排在第二位的是公正无私的道德品质和矛盾纠纷的调解能力，反映出在当前农村各类矛盾纠纷多发、高发的社会背景下，不同的群体都希望农村能人能够公平、公正地解决农村社会的各种矛盾纠纷；排在第三位的是村务管理和热心公益事业，反映出在农村基本公共服务特别是社会保障、社会救助相对滞后的情况下，各个被调查的群体都希望农村能人能够带

① 马平轩：《农村实用人才是社会主义新农村建设的关键》，《河南农业科学》2007年第1期。

领农村社会发展或能够通过捐资、捐物及创业承诺等，优化农村社会基本公共服务或各类公益事业，这个愿望也是比较强烈的；排在第四位的是种养殖大户的传帮带能力，主要反映为农村能人在种养殖方面的实际操作能力、解决技术难题的能力和传艺授徒的能力。相对来说，被调查的各个群体在这项上的选择是最低的，反映出他们对种养殖大户纯粹的技术需求的呼声虽然也比较高，但在被调查者最重视的能力方面处于相对偏后位置。

为了进一步验证不同群体在农村能人评价标准上的态度，课题组以“上述诸选项中，如果他缺乏公益心，只图个人利益，您是否认可他是能人?”为题作了进一步的问卷调查和验证，问卷的频率分析结果显示，在这一项上被调查群体的认可度是非常低的，只有6.2%的被调查者选了“认可，只要会赚钱就行”；14.8%的被调查者选了“认可，能人只要有某一方面突出的能力即可”；50.5%的被调查者选了“不认可，富了也不该忘了穷乡亲”；28.5%的被调查者选了“不认可，毕竟人不只是赚钱的工具”。因此，从问卷的频率分析结果来看，至少反映出被调查者对农村能人有较高的期望，不仅希望先富能人能够自己致富，更重要的是能够通过各种途径回报乡里、带动更广大的普通村民致富，这也是被调查者评判农村能人的重要标准。

其次，从问卷的交叉分析来看，在“认可，能人只要有某一方面突出的能力即可”一项的选择上，认可度最高的种养殖大户达到了22.7%，其次是公务员达到了19.3%，然后是村干部和人大代表分别达到16.1%和16%，最低的企业主只有10.5%；在“认可，只要会赚钱就行”一项上，认可度最高的企业主也仅有6.9%，其次是普通村民6.4%、种养殖大户6.3%，然后是公务员5.7%、村干部2.8%，最低的人大代表甚至没有一个人选择认同；而在“不认可，富了也不该忘了穷乡亲”一项上，人大代表的选择高达56%，普通村民高达53.2%，种养殖大户达到50.6%，村干部达到48.6%，企业主也达到了46.6%，即便是最低的公务员也达到了41.5%（详见表2.1）。从表中可以比较清晰地观测到，各个群体对此的不认可度远远高于认可度，虽然群体之间略有差异，但总的立场基本上是一致的。

表 2.1　“农村能人如果只会关心个人利益，是否认可他为能人”的交叉分析

态度 身份	认可，只要会赚钱就行	认可，能人只要有某一方面突出的能力即可	不认可，富了也不该忘了穷乡亲	不认可，毕竟人不只是赚钱的工具	总计
公务员	5.7%	19.3%	41.5%	33.5%	176
普通村民	6.4%	13.1%	53.2%	27.3%	1143
种养殖大户	6.3%	22.7%	50.6%	20.5%	176
企业主	6.9%	10.5%	46.6%	36.8%	133
村干部	2.8%	16.1%	48.6%	32.5%	354
人大代表	0.0%	16.0%	56.0%	28.0%	50
计数	111	288	971	549	1919

课题组另外设计了一个题目进行验证，以“在农村，能赚大钱的人就是农村能人”为题作了问卷调查，课题组借助李克特量表（Likert scale）作了分析（详见表 2.2）。

表 2.2　评判农村能人的相关因子分析

	N	极小值	极大值	均值	标准差
在农村，能赚大钱的人就是农村能人	2269	1	5	2.7	0.999

表中的极小值是指在每个因子上被试所得的最低分数，而极大值是指被试在每个因子上所得的最高分数，每个因子的极小值为 1，极大值为 5。均值又被称为平均数，是指在一组数据中所有数据之和再除以数据的个数，它是表示一组数据集中趋势的量数，是反映数据集中趋势的一项指标，比如“在农村，能赚大钱的人就是农村能人”的均值为 2.7，它代表的是被测者在该因子方面的总体态度。标准差（Standard Deviation）是各数据偏离均值距离的平均数，是离均差平方和平均后的方根，主要反映一个数据集的离散程度。从表 2.2 来看，2.7 的均值表明被调查者对“能赚大钱的人就是农村能人”这一说法认同度比较低，只处于中等偏下水平。

为了验证不同群体在这一问题上的观点差异，课题组借助 SPSS 19 软件以被调查者的年收入作了进一步的交叉分析，结果显示，年收入 5 万元及以下群体选择“完全不认同”和“不认同”的比例约为 47.3%，5 万—10

万元群体45.9%，10万—18万元群体47.4%，18万元以上群体39.3%。年收入5万元及以下群体选择“非常认同”和“认同”的比例为22.5%，5万—10万元群体21%，10万—18万元群体20.8%，18万元以上群体35.2%（详见表2.3）。由此可见，收入因素在年收入18万元以下群体中对这一问题的影响差别并不显著，但是收入超过18万元的特别高收入群体在这一问题的认知上却存在明显的差异，他们更倾向于认为“只要能赚大钱就是能人”，以赚钱能力作为衡量农村能人标准的立场就更加明显。

表2.3　年收入与“在农村，能赚大钱的人就是农村能人”交叉分析

认同情况／年收入	完全不认同	不认同	一般	认同	非常认同	合计
5万元以下	9.4%	37.9%	30.2%	18.5%	4.0%	1138
5万—10万元	8.5%	37.4%	33.2%	18.3%	2.7%	597
10万—18万元	14.3%	33.1%	32.0%	16.8%	4.0%	175
18万元以上	6.5%	32.8%	25.4%	31.1%	4.1%	122

当然，结合图2.1、表2.1和表2.2可以看出，总体上各个群体倾向于认为农村能人所拥有的能力应是复合的，而不仅仅是只会赚钱或者具有某一方面突出的能力即可，这其实也反映出被调查群体对农村能人的一种期望。

（二）农村能人在农村经济社会发展中的积极作用

我国农村人口众多，近5亿劳动力文化水平和科学技术水平都较低，这与我国农村教育投入长期偏低，并且教育培训服务供给与农村实际需求脱钩有着密切关联。各地统计数据显示，农村能人占农村人口比例都非常低，如秦皇岛市农村现有实用人才5598人，仅占全市农业人口的0.28%[①]；宁波余姚市现有农村实用人才不足4000人，占全市农业人口（654280人）的0.5%；杭州余杭区现有各类农村实用人才19495人，占全区农村劳动力总人口的4.6%，可见各地农村实用人才总量都非常低，

① 鲍林源：《加快开发新农村建设的第一资源——秦皇岛市农村实用人才队伍建设的调查与思考》，《经营管理者》2013年第8期。

无论是数量还是质量都无法满足农村经济社会发展需要，而且还存在人才结构不合理、人才层次不够高、年龄与性别比例失衡、青年人才断层以及人才外流等问题。①

这些都是农村人才队伍建设方面存在的显而易见的问题，制约了新农村建设的进程。然而，我们必须看到各地农村发展的差异非常明显，一些地区成效显著，村域范围内欣欣向荣，经济建设、精神文明建设与生态文明建设相得益彰。另一些地区却仅仅停留在改变"村容村貌"，甚至发展后继乏力的阶段。究其原因，一个重要方面在于有些地方农村人才"空心化"严重，由于农村能人大量外流，农村生产经营和管理活动"群龙无首"，留守村民即使对新农村建设有高涨的热情，但受自身观念和能力的约束，也难有切实行动和效果。比较而言，农村能人在新农村建设中发挥的作用非常关键，如有效地整合包括农村土地、人力和其他各种资源，带领广大农村居民创业创新，成为新农村建设的领头羊。而且农村能人示范和聚合作用的发挥也是充分发挥广大农民主体性作用，引导农民走自我发展、自我管理之路的必然要求，是新农村建设的关键所在。农村能人在新农村建设中发挥的作用主要体现在以下几个方面：

1. 农村能人是农村经济增长的决定性力量。"人民群众是历史的创造者"，他们既是社会物质财富、精神财富的主要创造者，也是社会变革的最终决定力量。不过必须承认的是"时势造英雄"，英雄人物或具有突出能力的精英在经济社会发展过程中扮演着极其关键的角色。农村能人是农村突出的人力资源，是农村经济社会发展的决定性力量，这点在某些典型农村社会发展中的表现非常突出。

农村能人在农村经济增长中的决定性作用主要体现在其辐射带动作用上，他们大多有在城市务工、经商、求学、创业的经历，往往具有较为先进的理念、开阔的视野、敏锐的市场意识、快捷的信息渠道以及较为丰富的社会网络关系和管理经验。他们植根于农村、立足于农业、来自于农民，是目前农村最具活力的市场开拓主体、最具潜力的创业资源、最具创新力的致富带头人。从浙江等省份来看，农村地区的经济发展与农村能人

① 温金海、毛黎明、方月华：《打造新农村建设的中坚力量——浙江省余姚市农村实用人才开发掠影》，《中国人才》2009 年第 9 期。

的创业活动、村庄企业的数量、规模和效益密切相关。农村经济能人的创业创新活动带来人力资本的扩散效应和物质资本的乘数效应，他们通过创办企业吸纳本地农民就业，促使农民的谋生方式发生了显著的变化；他们直接或间接地将致富观念、生产技术、经营理念和管理方式传递给周边的村民，实现当地人力资本的增值。而且，部分员工离开他们创办的企业走上自主创业之路后，将使得人力资本的辐射作用发生跳跃式扩散，人力资本的乘数效应会进一步扩大。

当然，农村能人对农村经济增长的促进作用是多方面的，主要体现在：（1）组织带动分散经营的农户抱成团参与市场竞争，提升农业生产的组织化、标准化水平，给农村农业结构调整带来新的活力；（2）在引导农村经济发展和农业结构调整方面具有很强的创新性和能动性，同时对其他农户具有极强的示范性；（3）农村能人通过农村专业经济协会、农业龙头加工公司实现农业的组织化、标准化生产，在提升农业核心竞争力和品牌创建活动过程中增加农副产品的附加值。因此，作为农村经济社会发展的精英和核心人力资本，农村能人越多，覆盖的范围越广，其示范、辐射、带动作用就越明显。可以说，他们是增加农民收入、促进农村经济发展的一支关键力量，已成为农业和农村经济发展的一大亮点。

现实当中也涌现了一大批具有突出社会影响力的农村能人，如有“天下第一村”之称的华西村原村支书吴仁宝。这位中国农民的杰出代表人物自1960年代担任华西村村支书以来，40多年里始终认定“人民幸福就是社会主义”，带领群众艰苦奋斗，把华西村从建村时“全村共有380户，1520人，面积0.96平方公里”，“一场大雨白茫茫，半月无雨苗枯黄，人均日产半斤粮，有女不嫁华西郎”的一个贫瘠、落后的农业小村建设发展成为工农商并举、老百姓安居乐业的“中国第一村”，让村民们过上了“家家有别墅，户户开汽车，资产上百万”的幸福日子。2010年该村销售收入512亿元、人均纯收入8.5万元，人均交税超过56万元，发了工资交完税，村里剩下来可以用的钱超过30亿元。[①] 而且，目前华西村凡年满50岁的妇女和55岁以上的男子，均享受各种福利补贴：村民

① 参见华西村编：《华西资料》，2011年4月，第4页，为笔者在华西村参观、交流时由当地提供。

们享有医疗保障、就业保障、养老保障以及教育保障。在华西村，青年人在本村统一安排就业，老年人按月领取保养金，少年儿童享受良好的教育，村民享受口粮补贴，职工可获得送股。①

其中吴仁宝突出的能力、精明的头脑、正确的战略、刻苦拼搏的精神无疑是华西村始终与时俱进、走在时代前列的关键要素。在吴仁宝的带领下，华西村坚持实行“集体承包”，奉行集体主义模式，走集体经济的道路，一直坚持“少分配，多积累；少拿现金，多入股”的原则：工人每月只领走50%的工资，其余50%留在企业作流动资金，到年底一次性兑现；奖金通常作为股份投入，到第二年开始分红。正是基于这种集体主义或后集体主义的模式，华西村经历了一次又一次的整合、分化、再整合的过程，最终确立和巩固了当前的集体经济秩序，形成了自身独特的村庄整合逻辑，即基于“后集体主义”模式的整合策略。② 也正是基于这种整合策略，华西经济如滚雪球般不断壮大，每年以20%的速度在增长着，而农民的腰包也越来越“鼓”③。

周怡博士在探讨华西村所形成的这样一种后集体主义的社区模式时指出，这种后集体主义模式有四个必须的历史条件：“一是作为村庄记忆的集体荣誉感，二是村庄不败的领袖权威，三是秉承“集体不朽”的经济实践逻辑，四是高速增长的村庄经济。④ 换言之，如果离开了非凡的领袖魅力以及“集体不朽”的发展理念，那么华西村恐怕就不能成为今日号称“天下第一村”的华西村了。因此，从华西村的发展历程来看，作为华西村“总设计师”的吴仁宝的作用不应被弱化，正是在他的带领下全村人才走上了共同富裕的道路。如今家家户户住400—500平方米的别墅，每户村民的存款在600万—2000万元之间，村民之间的财富分配相对也比较均衡，不存在特别悬殊的贫富分化现象。这一点也是笔者在华西村参

---

① 江苏省马克思主义中国化研究中心：《和谐的社会主义新农村——江苏省华西村调查》，《求是》2007年第15期。

② 何莉莉：《后集体主义：华西村的分化与整合逻辑——读周怡〈中国第一村：华西村转型经济中的后集体主义〉》，《中国农业大学学报》（社会科学版）2007年第2期。

③ 徐刚、徐明：《行走的旗帜——记华西村“老书记”吴仁宝》，《农村工作通讯》2006年第2期。

④ 何莉莉：《后集体主义：华西村的分化与整合逻辑——读周怡〈中国第一村：华西村转型经济中的后集体主义〉》，《中国农业大学学报》（社会科学版）2007年第2期。

观、交流时最深刻的印象，对比今日中国日益悬殊的贫富分化、两极分化，这是非常难得的。

这所有的一切，说到底都与吴仁宝的理念、人格魅力密切关联，而且他非凡的领袖魅力也是华西村整合、凝聚的重要因素。尽管今天随着吴仁宝的去世，有媒体报道质疑其亲属把持华西村村政大权，但这无法否认华西村的富裕与广大村民安居乐业、和谐有序的幸福生活。从华西村发展过程可以看到，一个突出的农村能人对农村发展的巨大影响之所在。理论或实践都表明，无论农村经济建设还是变革探索之成功，很大程度上有赖于乡村精英的引领和支持。

另外，纵观浙江省大量类似的强村、富村，如奉化滕头村、萧山航民村、吴兴章家埭村、东阳花园新村、长兴月明村、路桥方林村等，村域范围内共享、共富，社会秩序井然、和谐稳定，发展势头良好。这些村庄基本都有一个比较突出的能人在其中扮演着领头羊角色或者起着领导核心作用，其稳定繁荣都有一定的模式。那就是在作为村党支部或党委书记等致富能人的带领下，充分发挥他们所掌握的致富技能、致富途径、经济社会资源以及社会资本，或依靠“龙头”企业，走工业化道路；或发展现代农业，提高农业组织化、产业化、集约化水平，提升农业的核心竞争力。在村集体经济壮大的前提下，实现利益分享，带领或帮助广大农村居民致富，最终实现共同富裕和乡村社会的和谐有序，从而形成如图 2.2 所示的内在演进逻辑。①

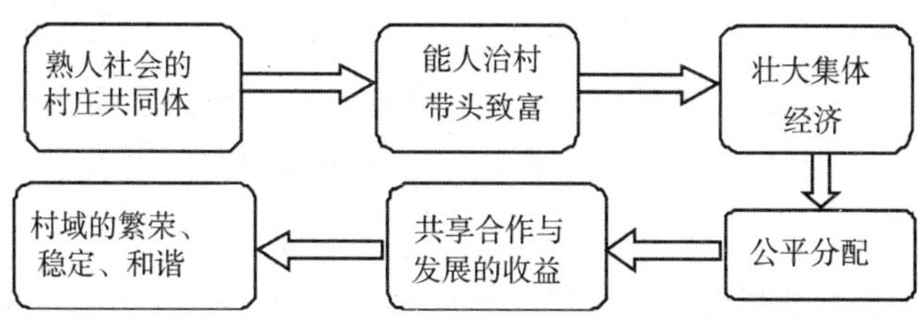

图 2.2　能人治村与乡村和谐治理的内在逻辑

实践证明，农村先富能人在发展村庄经济，改善村情村貌方面成绩斐

① 顾金喜：《乡村和谐治理的内在逻辑——两种不同基层治理现象的思考》，《中共浙江省委党校学报》2011 年第 1 期。

然，整体上产生了良好效果。[①] 有鉴于此，国内有些媒体或学者对能人治村寄予很高的期望，如媒体以类似公选“领头雁”实现“能人”治村；“能人治村，能人带村，能人兴村”；“能人治村”值得期待；“能人治村开启城乡统筹之门”等标题报道过大量能人治村的典型案例或作了分析。[②]

为了印证农村能人对农村新农村建设方面的实际作用，课题组作了相应的问卷调查，并借助 SPSS 19 作了分析，李克特量表统计结果显示，“农村能人在新农村建设中扮演着重要角色”一项的均值为 3.68，为中上水平；“解决新形势下的‘三农’问题，必须加强农村能人队伍建设”一项的均值为 3.89，为中上水平；在“农村创新创业人才培养才是新农村建设的关键”一项的均值为 4.00，为较高水平（详见表 2.4）。

表 2.4　　评判农村能人的相关因子分析

	N	极小值	极大值	均值	标准差
农村能人在新农村建设中扮演着重要角色	2250	1	5	3.68	0.955
解决新形式下“三农”问题，必须加强农村能人队伍建设	2256	1	5	3.89	0.956
农村创新创业人才的培养才是新农村建设的关键	2222	1	5	4.00	0.913

从问卷统计结果和李克特量表的分析可以看出，多数被调查者都认同农村能人在新农村建设中扮演着重要角色，也认同要建设社会主义新农村，解决新形势下的“三农”问题，必须加强农村能人队伍建设、充分发挥农村能人在新农村建设中的主体性作用，而其中的关键则是培养农村创新创业人才。唯有如此，才能带领广大村民实现更好的发展，走向共同富裕。

2. 农村能人是基层民主发展和村庄规范治理的重要力量。20 世纪 80 年代随着村民自治制度的建立和发展，村级民主选举使村民可以自由选举村干部，为农村能人提供了进入农村政治权力体系的合法渠道和制度可

① 王建伟：《先富群体参政对构建农村和谐社会的影响》，《南阳师范学院学报》（社会科学版）2007 年第 11 期。

② 刘金川：《能人治村开启城乡统筹之门》，《公民导刊》2008 年第 3 期。

能，也为其提供了公平竞争村庄领袖的机会。[①] 特别是在精英主义导向下，执政党逐步形成了一套较有弹性的行政吸纳机制，通过各种途径把乡村经济能人吸纳到基层公共权力领域，推动其成为农村社区的领袖人物。因此使得先富能人治村形成了较高的社会认同，具有稳固的合法性基础。农村经济能人既可凭借他们的经济和社会资源，通过村民民主选举也可凭借基层党委政府任命的方式进入农村社区公共权力结构，成为村庄的领袖人物，[②] 从而实现经济精英与政治精英的合二为一。这种经济精英与政治精英一体化的经济能人或富人治村是改革开放和乡村民主政治发展的必然结果，是农村政治与经济体制改革相结合的必然产物。[③] 作为基层民主政治发展过程中出现的一种必然现象，“农村先富群体参政或能人治村符合多方面利益，是构建村庄和谐的多赢之举”[④]。而且，还必须看到，作为乡村社会的精英，农村能人本身即是基层民主发展和村庄规范治理的重要力量，并且可产生独特的治村绩效。

首先，农村先富能人通过公开竞选，作出明确的选举承诺，有助于推动基层民主政治发展和提升村庄治理规范性。村民自治经过 30 多年的实践，村级民主选举深入人心，村民的民主意识在实践中不断得到锤炼，民主选举也日益规范。经济能人治村如果单纯由先富能人把持村政，垄断村庄公共权力和资源分配，必然有违村民自治普遍平等和民主治村的原则。因此，能人治村必须与村民自治的大众民主政治有机结合，超越能人垄断型的村治模式，实现基层民主政治的发展。根据台湾学者陈鸿瑜的观点，政治发展主要“指一个政治系统在历史演进过程中，其结构渐趋于分化，组织渐趋于制度化，人民的动员参与支持渐趋于增强，社会趋于平等，政治系统执行能力随之增强，并能渡过转型期的危机，使政治系统之发展构成一种连续现象”[⑤]。农村的政治发展则主要指农村政治关系的变革与调

① 金太军：《村级治理中的精英分析》，《齐鲁学刊》2002 年第 5 期；叶本乾：《村庄精英的中介地位：一种解释》，《古今农业》2005 年第 1 期。

② 金太军：《村级治理中的精英分析》，《齐鲁学刊》2002 年第 5 期。

③ 周挺：《对“村官”富人化现象的思考》，《行政论坛》2005 年第 2 期。

④ 王建伟：《先富群体参政对构建农村和谐社会的影响》，《南阳师范学院学报》（社会科学版）2007 年第 11 期。

⑤ 陈鸿瑜：《政治发展理论》，吉林出版集团有限责任公司，2009 年，第 26—27 页。

整，即农村政治的现代化、民主化、制度化和规范化，也意味着大众动员和参与的发展、农村政治系统的有序变迁。[①] 从政治发展的国际经验判断，农村政治应当从传统向现代转型，逐步呈现一种民主化、制度化、规范化、平等化的趋势。农村能人作为乡村社会精英在带动农村经济增长的过程中，也将为村域民主政治的发展奠定基础，他们本身是农村政治发展以及基层民主政治建设的重要力量。

当前浙江各地推行的自荐直选，很多先富能人参与村级竞选必须开展竞选承诺、履职承诺和辞职承诺，而且竞争非常激烈，这本身即是基层民主选举完善和民主参与意识提升的表现，也是基层民主发展的一种有益尝试。而且农村能人由于经营能力强、见多识广，当上了村支书或村委会主任之后对农村的政治发展将会产生更大的影响力。在农村能人的治理下，农村民主治理的制度创新程度也会不断提高。如绍兴嵊州、新昌等地开展的制定“村规民约”活动，台州温岭的“民主恳谈”，金华武义的“村务监督委员会”制度等。不但深化了村民自治制度建设，改变了村庄公共权力结构，推动村民自治制度有序发展，有助于实现村庄治理的民主化、制度化、规范化，而且有效保障了村民“四大民主权利”的行使。

其次，农村先富能人的竞选行为激发了广大村民的参与意识，对基层民主发展有明显的促进作用。村级民主选举往往意味着白热化的竞争，这点从浙江省村级换届选举平均高达90%以上的选举参与率就可得到印证。在激烈的竞选过程中村民的民主参与意识不断被激发，乡村社会的参与型政治文化随着民主选举的规范化进程也日益成熟，这种民主实践活动本身是民主价值取向、民主习惯以及公共理性养成的必要途径。而且先富能人的竞选承诺涉及村务治理的方方面面，一旦经公开承诺之后即成为村庄治理的中长期行动蓝图和规范，对提升村庄治理的规范性，激励、约束当选后的先富能人皆具有重要意义。

再次，乡村外出精英的回归还具有制度导入和创新功能，有助于提升村庄公共事务治理的规范化。很多农村先富能人致富、创业并非在当地农村，而是在市场化的大潮中勇做时代弄潮儿，通过在大城市的艰苦创业和

---

① 蔺雪春、季丽新：《改革开放以来农村精英对农村政治发展的影响——山东省L村个案评估》，《中国特色社会主义研究》2010年第4期。

打拼率先走上富裕道路。农村能人在市场经济的熏陶中，具有更为强烈的权利、法律、民主观念和公民意识。一旦等他们事业有成之后回到乡村社会，那么凝聚在其身上的权利、法律、民主观念和公民意识也随之被带到农村，对当地人们的观念、理念产生重要影响。在创业过程中他们开阔了眼界，见过了世面，积累了丰富的社会关系网络、财富和技能，这些知识、技能、经验和经历就是凝聚在他们身上的人力资本。一旦这些先富精英回归农村，把自己在城市创业致富的经验，学到的技术、经营本领和管理经验，特别是把城市社区新颖的治理模式和企业经营中照章办事、规范运营的经验引入到乡村建设中，那么就可以帮助村民及时感知所处社会环境的新变化，大力倡导、动员村民适应社会发展的新趋势，创造出一套符合当地乡村发展的新型治理模式，提升村庄治理的规范化、有序化和民主化程度。因此，乡村外流精英的回归明显的具有制度导入和创新的功能，对于规范乡村治理、促进基层民主发展具有较大的现实意义。

最后，由于其自身突出的经济条件，先富能人治村有助于解决村干部的廉洁问题。履行社会义务、承担公共责任、获得乡土认同乃是先富能人主政乡村的必要条件。反之，先富能人必然无法获得乡土认同，也必然导致其治理合法性基础的丧失。赵晓峰和林辉煌指出，“富人治村是以家庭经济实力为后盾，以道义伦理规范为文化支撑条件和凭借手段来源，化社会活动力为政治参与竞争力来构建当政合法性根基的”①。因此，乡村精英既要充当村庄经济发展的领头羊，也要真心代理村庄公共利益，真心实意为村民排忧解难，建构起足够的道义伦理规范，为自己赢得治理的合法性基础。孙双义的调查结果显示，很多村民都表示村干部既是“能人”，要有很强的突出的能力，又是“好人”，要“处处为村民着想”，为村里解决实际困难，在村庄治理中做到服务于民。如奉化溪口镇石门村原村主任毛文国实际上也是“能人”与“好人”的结合体，经常为弱势群体排忧解难，直到最后以身殉职。因此，孙双义主张“能人治理模式实际上是韦伯所说的‘魅力型’统治”②，笔者认为村庄经济能人与道德能人一

① 赵晓峰、林辉煌：《富人治村的社会吸纳机制及其政治排斥功能——对浙东先锋村青年农民精英治村实践的考察》，《中共宁波市委党校学报》2010 年第 4 期。

② 孙双义：《能人治村的绩效与限度探讨——以河南省南召县四棵树乡盆窑村为个案》，《山西农业大学学报》（社会科学版）2010 年第 5 期。

旦重合，那么这个判断完全可能成立。

此外，先富能人由于其自身经济实力较强，在竞选过程中往往承诺捐资捐物为广大村民办实事，他们对个人的报酬往往看得并不重，甚至在村级经济困难时，还能主动垫资，如自掏腰包承担招待费用、承担村庄基础设施建设费用等。潘建民和王国余通过调查发现，“绝大多数致富型支书都不要集体给予的报酬”，因此村两委班子廉政难的问题自然得到了初步解决。① 卢福营认为“经济能人治村是中国乡村政治的新模式”，是一种经济能人主导的多元精英治理结构，是一种精英主导与群众参与有机结合的“精英—群众”自治模式，是对村民自治理想制度所做的一种适应性调整和务实性创造，拓展了村民自治的形式。②

因此，总体而言，先富能人本身是促进基层民主发展的重要因素，能人治村可以通过能人实现制度导入和有效创新，提升村级治理规范化和民主化程度。课题组针对能人治村绩效设计了相应的问题做了问卷调查，并通过李克特量表作相关因子分析，结果显示，在“农村能人参政更有利于农民利益诉求实现”一项上的均值为3.38，处于中等偏上水平；“农村能人担任村干部之后，村务治理更加公开、透明、规范”一项上的均值为3.32，也处于中等偏上水平（详见表2.5）。从均值可以看出，被调查者基本倾向于认同农村能人主政乡村或担任村干部之后，有利于实现村务治理的公开、透明、规范，而且更有利于实现农民的利益诉求，也可反映出他们对能人治村的认同度实际上是比较高的。

表2.5　评判农村能人的相关因子分析

	N	极小值	极大值	均值	标准差
农村能人参政更有利于农民利益诉求的实现	2198	1	5	3.38	0.920
农村能人担任村干部之后，村务治理更加公开、透明、规范	2250	1	5	3.32	0.955

3. 农村能人是农村公共物品供给的重要替代力量。长期以来，我国

① 潘建民、王国余：《从先富群体中选拔“致富型”村支书的实践与思考》，《唯实》2004年第4期。

② 卢福营：《经济能人治村：中国乡村政治的新模式》，《学术月刊》2011年第10期。

的公共产品供给维持着城乡二元结构的形态。中央以及各级地方政府对城镇基础设施和公共服务投入大量的财力，但对农村基础设施和公共服务的投入则十分有限。在政府供给能力不足、其他供给渠道又没有形成的情况下，为了确保农村基本的公共产品和公共服务供给，必须优化供给结构，实现由政府单一主体向政府和多元主体共同供给的模式转变。政府、市场、第三部门、社会精英在农村公共产品供给中应良性互动和协同合作，从而实现农村公共产品的多元化供给，既可直接减轻基层财政压力，也能减少农民的成本负担，优化农村公共产品供给。

先富能人治村有助于农村公共产品供给的优化首先表现为其作为政府重要的替代和补充力量，承担农村公共产品供给的责任。一般情况下，农村能人都具有浓厚的乡土情结，在税费上缴、捐资助学等公益项目方面比较积极主动，因而能赢得普通村民更多的关注、尊重与信任，也更容易形成互利、和谐、共赢的社会关系。他们在积累起比较雄厚的经济资本之后，对于社会尊重、自我实现的需求就会增强，往往会用自己的经济实力支持村庄公益事业，以此扩大自己在村庄社区内的影响力和社会地位。贺雪峰认为富人治村可能“拿私人的钱办公家的事”，如自己出钱为村庄建造一些公共设施和举办一些公益事业，用自己的钱贴补村集体，用自己的钱贴补村中贫困户，扶贫帮困，[①] 这是富人在治村过程中可以做的事情，实际上就是先富能人以自己的财物替代基层政府公共物品或公共服务的供给责任。在村级选举过程中，这种替代性尤为明显，很多农村先富群体参政往往借助经济手段来达到当选的目的，除了在“施政纲领”中强调让大家富起来，在竞选中对村民作出种种承诺，核心往往是带头捐钱捐物援助村庄基础设施建设、完善村庄公共服务供给，如支持农村道路建设、安装村庄照明路灯、绿化村庄环境、为村民缴纳有线电视款、照顾村庄孤寡老人、贴补村庄贫困户、捐资助学等，从而直接成为农村公共服务供给的重要替代力量。

其次，农村能人治村有利于降低交易成本，化解集体行动的困境。村民参与公共产品的供给和使用是新农村建设的客观要求，但在实践中由于

---

① 贺雪峰：《富人治村与“双带工程”——以浙江F市农村调查为例》，《中共天津市委党校学报》2011年第3期。

农民“善分不善合”，农民以自组织的方式供给公共产品往往会导致集体行动的困境。农村能人当政之后可以在公共产品供给中发挥组织作用，可有效降低集体行动过程中的交易成本，化解集体行动的困境。市场经济背景下，社会个体日益成为一种原子化的存在，社会碎片化的结果是原子化成员之间的沟通日益困难或者根本就不存在沟通，而且由于人的自利性导致搭便车现象普遍存在，因而将共同体成员组织起来必然要付出高昂的组织和交易成本，由此导致集体行动的困境。农村能人具有良好的经济实力、较高的威望、丰富的人脉关系和活动能量，在农村基础设施和公共产品的供给中往往以身作则承担起更多的责任，能发挥有效的聚合与示范作用，可以避免少数人在集体事业建设中漫天要价或搭便车，也可有效对付“钉子户”，从而避免集体行动的困境，使得公共产品的集体供给成为可能。因此，如果对能人治村进行简单的成本效益核算的话，那么毫无疑问，农村能人“一头连接市场，一头连接土壤（农民），头脑灵活，思路开阔，开拓精神强，这样的治理模式在多数中国农村来讲是一种符合农村实际、合理性较高的理性选择”，具有简洁高效的特点。①

为了分析农村能人在新农村建设中发挥的实际作用，课题组设计了问卷做了调查统计，统计的结果显示，62.3%的被调查者认为“农村能人队伍在新农村建设中发挥的最主要作用”是“率先走上富裕道路，再凭借好的技术与项目带动大家共同致富，提高了农民的致富能力”；11.0%的被调查者认为先富能人“与政府及官员有着良好的关系，能够为村里的经济建设积极创造条件”；10.3%的被调查者认为先富能人“捐修道路、助学、捐缴有线电视款等，发挥着重要促进作用”。这三方面作用主要都是经济建设方面的，合计占比达到了83.6%，表明多数被调查者认为农村能人在新农村建设中发挥着重要作用，对先富能人的总体认同度较高，也印证了农村能人是农村经济建设或经济增长的决定性力量的观点。当然，还值得注意的是，8.4%的被调查者认为先富能人参与新农村建设中公共事务的治理，但“与普通村民没有太大区别”；8%的被调查者认为不少农村能人当代表或者干部后，以权谋私者多，反而负面影响更大（详见图2.3）。

① 张庄庄：《村民自治导向下的乡村精英治理模式研究》，山东大学，硕士论文，2009年，第44页。

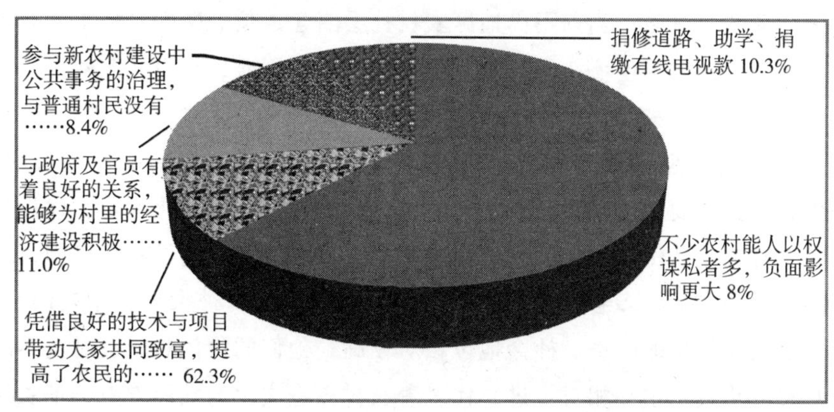

图 2.3　农村先富能人在新农村建设中的主要作用

4. 农村能人代表着农村先进文化的发展方向，是乡风文明的引导者。乡风文明是指“文明的乡村风气，包括勤俭节约、尊老爱幼、邻里和睦、团结友爱、互帮互助等社会道德风尚”①，涵盖了农民的思想观念、信仰、操守、礼节、风俗习惯、道德规范和行为方式。但乡风文明显然不能仅局限于道德规范或道德风尚，它还应涵盖意识形态、文化水平、文化生活以及制度保障为一体的更宽泛的内容。因此，笔者认为乡风文明主要是指农村居民的思想观念、文化水平、乡村社会风俗习惯、行为的文明度和道德水平，以及崇尚科学、崇尚文明、崇尚民主的社会风气和公序良俗。乡风文明建设本质上是农村精神文明建设，是建设社会主义新农村的灵魂和关键环节，② 它有利于促进农村社会经济持续健康的发展，为新农村建设持续提供强有力的思想保证、文化条件、智力支持和精神动力，也有利于促进农村社区的稳定和谐，而且有利于培育现代化的新型农民，推进农民的知识化、文明化、现代化，实现农民“人”的全面发展。③ 但由于存在意识淡化、体制僵化、手段老化、能力退化、作用弱化等诸多突出问题，农村文化生活整体上“投入少、活动少、渠道窄、形式旧”，农民的精神文

① 檀江林、顾文婷：《社会主义新农村建设中乡风文明的有机生态系统构建》，《华中农业大学学报》（社会科学版）2011 年第 5 期。

② 董欢：《乡风文明：建设社会主义新农村的灵魂》，《兰州学刊》2007 年第 3 期。

③ 杨茂奎：《社会主义新农村建设中的乡风文明》，《东省农业管理干部学院学报》2006 年第 2 期。

化生活单调而贫乏，当前不少地区农村社会封建迷信、赌博、地下六合彩盛行，与农民精神生活空虚显然有很大的关联。因此，乡风文明建设成为新农村建设亟须关注、重视、改进、加强的薄弱点。①

乡风文明建设既要打破陈规陋俗、破除封建迷信，加强社会主义理想信念教育，也要推进农村公共文化建设，大力培育农村文化产业，建设过硬的乡村文化队伍，更要创新机制体制，探索农村文化建设的新机制，以喜闻乐见的方式、多彩多姿的文化活动丰富农民的精神世界。比较而言，农村能人在村里的经济、社会地位相对较高，他们的价值观念、对世界的认知和文化技术水平相对先进，代表着农村先进文化的发展方向，是农村先进文化和精神文明建设的主要力量，其行为模式也更容易产生示范效应，引领乡村文明之风。尤其是农村文化能人还可利用自身的特长，带领村民开展各种文化活动，丰富农村的文化生活，引领文明乡风建设，产生积极的作用。如东阳花园新村在邵钦祥的带领下就坚持两手抓，既抓物质富裕，也抓精神富有，该村创办了花园党校、花园技校和花园幼儿园，充分利用这些场所进行村民素质教育和文化培训；成立了舞龙队、秧歌队、腰鼓队、篮球队、健身队等，元旦、春节、五一、国庆等节假日经常性地举办文艺晚会和文体活动，充实村民的精神世界，② 在农村文化和乡风文明建设方面发挥了积极作用。

课题组针对农村先富群体参政在基层公共事务管理中的作用做了问卷调查，并用 SPSS 19 作了相应的频率和交叉分析。从频率分析的结果来看，35.4% 的被调查者认为农村先富群体参政对基层公共事务管理最主要的作用是“具有先进的发展理念或技术，有利于农村先进文化建设”；26.7% 的被调查者认为“以民主竞选的方式参与基层政治，有利于基层民主政治的发展”；24.9% 的被调查者认为“捐资、捐款竞选有利于公共产品、公共服务的完善，形成有益的补充”；还有 13% 的被调查者认为“谈不上什么好处”（详见图 2.4）。可见，被调查者对先富能人的发展理念或技术的认同度最高，认为农村先富能人参政对农村先进文化建设的促进作用最明显，这印

① 王翔云、应卫忠、吴坚：《“崇孝文明村庄”：乡风文明建设的一个有效载体——以浙江省仙居县白岩村为实证研究样本》，《当代社科视野》2012 年第 9 期。

② 王金海、陈一点、王江红：《一个村书记的幸福梦：家家过上富裕的生活》，《国际商报》，2013－07－18。

证了课题组提出的“农村能人代表着农村先进文化的发展方向，是乡风文明引导者”的判断。

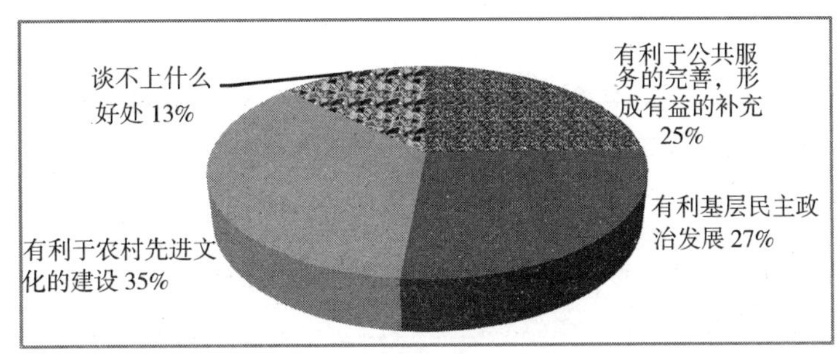

图 2.4　农村先富群体参政对基层公共事务管理的作用

为了进一步分析不同群体在这一问题上的不同观点和立场，课题组根据被调查对象的身份差异，把他们分为公务员、普通村民、种养殖大户、企业主、村干部、人大代表作了交叉分析（结果详见表 2.6）。

从交叉分析的不同选择项来看，在“先进的发展理念或技术，有利于农村先进文化建设”一项的选择上，比例最高的是企业主，达到了 40.0%，最低的是人大代表，为 23.4%，从高到低的排序分别为企业主40.0% > 村干部 38.9% > 种养殖大户 36.3% > 普通村民 35.1% > 公务员 33.1% > 人大代表 23.4%；在“以民主竞选的方式参与基层政治，有利于基层民主政治发展”一项的选择上，比例最高的是公务员，达到了31.9%，最低的是普通村民 23.9%，从高到低的排序分别为公务员 31.9% > 种养殖大户 31.3% > 村干部与人大代表 29.8% > 企业主 29.2% > 普通村民 23.9%；在“捐资、捐款竞选有利于公共产品、公共服务的完善，形成有益的补充”一项的选择上，比例最高的是人大代表 36.2%，最低的是企业主 18.5%，从高到低的排序分别为人大代表 36.2% > 普通村民 26.0% > 公务员 24.7% > 村干部 23.1% > 种养殖大户 21.2% > 企业主 18.5%；在“谈不上什么好处”一项的选择上，选择比例最高的普通村民达到了 15.1%，最低的村干部是 8.2%，从高到低的排序分别是普通村民 15.1% > 企业主 12.3% > 种养殖大户 11.2% > 人大代表 10.6% > 公务员 10.6% > 村干部 8.2%。从不同群体来看，企业主、种养殖大户、普通村民、村干部选择“有利于农村先进文化的建设”的比例最高；人大代表选择“有利于公共产品、公共服务的完善，形成有益补充”的比例最高；公务员选择“有利于基层民主政治发展”的比例最高。

表 2.6 “农村先富群体参政对基层公共事务管理作用”的交叉分析

态度 / 身份	捐资、捐款竞选有利于公共产品、公共服务的完善，形成有益的补充	以民主竞选的方式参与基层政治，有利于基层民主政治发展	先进的发展理念或技术，有利于农村先进文化的建设	谈不上什么好处	总计
公务员	24.7%	31.9%	33.1%	10.2%	166
普通村民	26.0%	23.9%	35.1%	15.1%	1121
种养殖大户	21.2%	31.3%	36.3%	11.2%	179
企业主	18.5%	29.2%	40.0%	12.3%	130
村干部	23.1%	29.8%	38.9%	8.2%	342
人大代表	36.2%	29.8%	23.4%	10.6%	47
计数	458	500	668	247	1873

由此可见，各个不同群体在农村先富能人参政影响究竟如何的问题上的看法存在一定的差异，特别是人大代表与其他群体之间存在的分歧较明显。而作为农村先富能人参政影响最主要评价主体的普通村民选择“谈不上什么好处”的比例却是最高的，至少说明先富能人参政实际的影响仍有不尽如人意之处，仍存在改善的余地。

5. 农村能人是化解社会矛盾冲突和群体性冲突事件的中坚力量。当前我国社会矛盾不断显现，呈现出相应的主体多元化、成因复杂化、处理关联化与形态对抗化等新型特征，[①] 而且官、民之间的矛盾比较突出、个案问题容易演化成整体化的矛盾、社会矛盾的生长空间很大，[②] 给政府治理与社会发展带来巨大的挑战。其突出表现是各类突发群体性事件此起彼伏，从2005年东阳画水“4·10”事件，到2008年的贵州瓮安“6·28”

① 刘中起、风笑天：《走向多元治理化解：新形势下社会矛盾化解机制的新探索》，《福建论坛》（人文社会科学版）2010年第1期。

② 吴忠民：《中国现阶段社会矛盾特征分析》，《教学与研究》2010年第3期。

事件、云南孟连“7·19”事件，2009年湖北石首事件和2011年海宁的抗污染事件、湖州织里事件、广东乌坎事件，“规模之大、影响之广是前所未有”。令人侧目的是其中大量的突发群体性事件与农村、农业、农民问题紧密地交织在一起，如东阳画水事件、云南孟连事件、广东乌坎事件等事实上就发生在农村。从云南孟连、广东乌坎等事件来看，某些地方的农村公共治理体系基本失灵，在利益排挤与剥夺的情况下，导致农村群体性事件此起彼伏。

“利益分配失衡是引发农村群体性事件的根本原因……农村群体性事件应属于由分歧性危机而引发的内在风险”，而基层政府职能转变迟缓则是引发农村群体性事件的内在原因。[①] 利益分配失衡与基层治理体系失灵已经成为当前突出的社会问题。如广东乌坎事件，该村书记薛昌把持乌坎大权41年，时间跨度从1970年一直到2011年，被外人称为“乌坎皇帝”，“一切村务均仰其鼻息”[②]，操弄村委会选举于股掌之间，“在过去，选举是乌坎村民从来不敢奢望的梦想。几十年来，这里的人们从未见识过选票的模样。”[③] 甚至出现令人匪夷所思的情况：自我国在推行村民自治以来，乌坎村52岁的吴某，竟然自出生以来就没见过该村村民选举过村干部。[④] 村里极少数人实际上垄断了村庄公共事务管理的权力，在这样一个小小村庄也同样存在着“绝对权力导致绝对的腐败”现象。村干部们在征地赔偿、村财务、村干部换届等问题把持村政，排挤绝大多数的村民，中饱私囊，与绝大多数村民形成了矛盾冲突。

乌坎村矛盾最终引爆与当地基本失灵的基层治理体系有很大的关系，这种治理失灵一方面表现为原村支书及其追随者对乌坎村公共事务的垄断式把持，以及凭借这种对村庄公权力的垄断而实现的对大多数村民的权利和利益排斥。另一方面表现为公共治理体系的利益同盟化和权贵资本联姻化趋势。根据该村新当选的书记林祖銮的观点，该村以薛昌为代表的原村干部与镇乃至市部分官员形成了利益同盟，一方面，长期享用“薛昌王

① 赵大鹏：《当前我国农村群体性事件的成因及基层政府的预防策略》，《内蒙古大学学报》（哲学社会科学版）2010年第5期。

② 刘建锋：《乌坎密码》，《经济观察报》，2012-06-09。

③ 周鹏、曾璐：《乌坎村治变局》，《浙江人大》2012年第4期。

④ 何光伟：《乌坎转机开启地方治理新思路》，《理论参考》2012年第1期。

朝”威权治理下资金账外运行给他们带来的好处；另一方面，只要表面平静，有人上访反映情况，能摁得住就行，甚至出事、超出乡镇处理能力了，还能以稳定为由绑架上级政府，同时调动力量尽力压制。[①] 在这种利益同盟或联盟的背景下，乌坎村与当地基层政府治理体系陷入“官官相护”状态，可惜的是有关部门不仅不能够把握解决问题的机会，反而依据“对手思维”认定是“境外势力对事件推波助澜”，认定事件受到境外势力的干扰，从而把它定性为敌我矛盾，普通老百姓无处说理更不要说通过体制内正常的渠道去表达利益诉求，也因而导致村民们的维权行为基本无效。如在2011年9月21日之前，乌坎村的庄烈宏、曾昭亮、薛锦波等人在省、地、市、镇四级上访12次，均无任何实效。[②] 基层治理体系与维权路径的失灵，再加上维权代表薛锦波被拘后非正常死亡，最终导致老百姓正常的上访维权活动逐渐演变为大规模的冲突，使一起正当的利益诉求行动演化为大规模的群体性事件。

要解决基层治理体系失灵或农村治理危机问题必须强化制度建设，推进基层民主治理制度的创新，但任何制度创新包括原有制度的贯彻、落实最终必然要落到执行者身上。诚如G. 艾莉森所指出的，“在实现政策目标的过程中，方案确定的功能只占10%，而其余的90%取决于有效的执行”[③]，行政执行力就是竞争力、成功力。当前我国公共政策在农村的贯彻执行最终都必须落脚到执行力上，因而，在农村空心化、农村社会矛盾和治理危机凸显的大背景下，通过政策扶持、政治吸纳和开发培育在政策领悟、执行以及社会矛盾化解等方面具有较强能力的乡村精英人才扎根农村，完善基层民主治理机制，实现农村社区有效的社会整合，对于实现农村的和谐稳定具有重大的现实意义。而且农村能人或乡村精英因人格、知识、能力、经验等方面在村庄共同体中本身享有一定的威望，拥有集体行动动员的社会资本，能够较为有效地沟通政治权威与民众的认识，从而发挥利益整合和社会协调的功能，有效地化解各类社会矛盾、预防群体性事件的爆发。这既是农村能人治村的优势所在，也是作为乡村精英的能人们

① 刘建锋：《乌坎密码》，《经济观察报》，2012-06-09。

② 刘建锋：《乌坎密码》，《经济观察报》，2012-06-09。

③ 朱水成：《政策执行的中国特征》，《学术界》2013年第6期。

解决农村社区问题，将各方面力量和要素有序整合，促使整个社区良性发展的必然要求，也是实现农村社会向更高层次社会进步的必经之路，是乡村政治精英的一个重要职责所在。[①] 因此，农村能人可运用在社区内的号召力和影响力，积极开展有效的沟通、协调，整合农村社区资源，提升社区信任度，从而发挥其群体冲突的防范功能、维护社区秩序，有助于农村社区和谐的实现。

不过另一个值得关注的现象是：当农村出现治理危机之际，农村能人就会成为维权抗争的“领头羊”，引发群体性事件。如乌坎事件，在村民中拥有较高威望的林祖銮等就会成为农民维权抗争运动的发起者、策划者、组织者，最终引发大规模的冲突。但这种社会冲突，诚如齐美尔和科塞等主张的，是一种正常的社会现象，能够缓解社会系统的压力，具有社会安全阀和促进社会进步的积极功能。“冲突可能有助于消除某种关系中的分离因素并重建统一。在冲突能够消除敌对者之间紧张关系的范围内，冲突具有安定的功能，并成为关系的整合因素。”[②] 因而科塞提出社会安全阀机制的概念，认为社会冲突具有“社会安全阀”的功能。事实证明，乌坎事件的冲突最终是有利于社会秩序重构和社会进步的，也从另一个侧面证明体制外精英对体制内精英的监督、制衡和对基层民主政治发展的推动作用。

总之，农村能人作为农村最宝贵的人力资源和乡村社会精英，在农村经济增长、基层民主政治发展、乡风文明建设和农村社会的和谐稳定等方面都发挥着重要作用。农村能人在新农村扮演的这种角色和地位是宏观政治生态环境变迁和系统作用的结果，也是社会多元主体共同期待的结果，承载着基层政府及官员的政绩期待、村民的致富期待和村庄的维权期待等。

---

① 李婵：《农村社区精英研究综述》，《中共济南市委党校学报》2004 年第 3 期。

② L. 科塞：《社会冲突的功能》，华夏出版社，1989 年，第 67 页。

第三章　我国农村能人的角色变迁与先富群体参政

农村能人作为乡村社会的精英，在乡村社会发展中扮演着极其重要的角色。纵观历史发展历程，我国农村能人在乡村社会扮演的角色随着宏观政治生态环境的变迁而变迁，在历史进程中历经沉浮，特别是经济精英更是在后来很长一段时间内饱受磨难，曾被视为“资本主义的毒草”遭受到沉重的打击。甚至直到改革开放初期，农村能人更多的是作为乡村社会治理的道德权威而存在，而经济精英却受到重重束缚，如履薄冰、举步维艰，更勿论参与政治，即便有，更多的也只是被动的政治卷入，而非主动的政治参与。

唯有随着改革开放及市场化改革的不断深入，以及20世纪80年代初以来人民公社制度的解体和村民自治制度的推行，乡村社会的经济精英借政策之利，凭借自己突出的胆魄、能力以及敢打敢拼敢闯的精神，率先走上了富裕之路。在社会大转型的背景下，乡村社会也发生了翻天覆地的变化，乡村社会的治理变革随之展开。市场经济是推动我国社会转型及制度变迁的原动力，也是乡村社会治理转型的根本动力。正是由于市场经济的引入和发展，促进了社会利益的分化，也促使乡村新兴社会群体公民主体意识的觉醒，为乡村经济精英的政治参与奠定了基础，并促使我国乡村社会政治参与不断纵深化发展。而这导致的一个必然结果就是曾经的道德权威治村正在向经济能人治村转型，一种新型的农村治理模式正在兴起，从中我们也可以比较完整地观察到农村能人在整个治理体系中的角色变迁。

一　传统社会的乡绅自治及其瓦解

（一）乡绅在传统社会治理体系中发挥的作用

封建社会中乡绅在乡村所获得的社会地位及其在乡村治理体系中扮演的角色本质上乃是封建统治结构在乡村社会组织运行的典型体现，事实上也难以脱离封建皇权的影子，它实质上就是“一个以非正规权力方式控制地方事务的权贵阶层”，即传统乡村社会治理体系中的主导精英，在乡村社会治理体系中发挥着重要作用。从现有的文献来看，很多学者基本认同这样的观点：即传统社会背景下，乡绅是乡村社会治理的主导力量或关键主体之一。在“皇权不下乡”的传统社会，县及其以下的乡村社会主要由地方乡绅、族长或地方名流主导。秦晖教授把这种现象总结为“国权不下县，县下惟宗族，宗族皆自治，自治靠伦理，伦理造乡绅。”[①] 当然县下是否惟宗族以及乡绅是否伦理造都有值得商榷之处，但乡绅阶层在皇权空白的乡村社会治理体系中确实发挥着重要作用，关于这点学术界的认同度还是比较高的，学者表达了一个共同的观点：“在传统中国，帝国行政机构的管理并没有渗透到乡村一级，绅士等阶层在乡村治理中扮演着重要角色。”[②] 乡绅不仅参与或担当治安、司法、赋役等基层政权的管理职能，而且还承担着教化、教育、互济、公益建设等自治职能。[③] 乡绅在传统社会治理体系中发挥的作用主要体现在以下几方面：

1. 作为地方精英，承担乡村社会自治和县域社会建设功能。“修身齐家治国平天下”，在儒家文化影响下成长起来的乡绅很多具有类似积极入世和济世的情怀。很多史料特别是一些地方志可以证明明清时期的乡绅们不仅积极响应州县政权号召，积极捐助州县社会建设，还能积极主动地捐钱出力参与州县的社会建设和地方事务治理。如张仲礼指出“绅士在地方公益事业中发挥着相当重要的作用，主要体现在修路造桥、兴办水利工

---

① 秦晖：《传统中华帝国的乡村基层控制：汉唐间的乡村组织》，商务印书馆，2003 年，第 2 页。

② 张健：《传统社会绅士的乡村治理》，《安徽农业科学》2009 年第 5 期。

③ 张翔凤：《近代苏州碑刻中的乡绅自治与宗族保障》，《史林》2003 年第 4 期。

程、兴办救济慈善、学校教育事业以及调节乡村邻里纠纷等”[①]。施由明以清代万载县辛氏宗族为例，结合地方志分析得出的结论是：乡绅们积极承担乡村社会自治功能发挥的作用主要表现在农村公益事业、县域建设、调节地方事务和发展地方文化，包括兴修水利、修筑路桥、建仓储谷备荒、济困赈灾等，类似于乡绅独力花巨资建桥这样的例子，在清代的万载是很普遍的。[②] 而且办书院、义塾、助学机构及其他有助于振文风、兴科举的有关文教活动，像宾兴堂、乐泮堂、敬教堂这些以救助贫困学子为目标的助学助教助科举的民办机构，兴建地方公共活动场所，如城隍庙、武庙、公所等，其兴建、运行、管理也基本由乡绅负责，踊跃捐款或直接承担运行责任。由此可见，传统乡绅作为地方精英，在社会自治和县域社会建设中确实发挥着重要作用。就明清当时的历史现状而言，如果县级政权不借助乡绅的人力、财力、物力，单纯靠县域内的财政收入，最多只能维持最简单的治安，县域内的社会建设势必难于开展。正是乡绅们踊跃参与社会建设、公共事务、公共治安和公益事业，才确保了乡村社会秩序的井然有序和封建统治的基础，“在稳定和强化基层社会秩序中起主要作用的是乡绅”[③]。而且，类似的乡绅参与社会自治和承担社会建设功能在传统社会里是具有全国普遍意义的。

2. 作为封建皇权的代言人，乡绅起着承上启下的媒介和社会控制作用。乡绅因其与封建皇权之间千丝万缕的联系而成为国家政权与民众之间的中介，一方面他们是封建王朝、官府政令在乡村社会贯彻落实并领头执行的中坚力量，替国家征收各种赋税和摊派、管理地方公共事务；另一方面他们也必须发挥其在封建皇权和农民之间信息传递和沟通的媒介作用，上情下达与下情上达同时进行，才能确保封建统治的有效性。但更关键的是，乡绅还必须以政治代言人的身份承担社会控制作用，确保社会稳定。由于具有共同的利益和政治基础，乡绅与封建政权一定程度上就形成了政

① 张星久：《对传统社会宗族、乡绅历史地位的再认识》，《湖北行政学院学报》2002 年第 4 期。

② 施由明：《明清时期宗族、乡绅与基层社会——以万载县辛氏宗族以例》，《农业考古》2008 年第 4 期。

③ 宁波：《清代社会结构变迁的历史特点之——乡绅势力对基层社会控制的加强》，《牡丹江师范学院学报》（哲学社会科学版）2002 年第 6 期。

治联盟，也因此而具有了由封建专制制度所赋予的制度合法性。如有些乡绅曾经做过官或亲属中有人做官，“官于朝”与“绅于乡”两者之间本身即具有密切的内在关联，也正因为如此，使得乡绅与封建政权有着千丝万缕的关联，为确保封建皇权的统治而承担社会控制的功能。

乡绅“集教化、伦理、祭祀、宗族等一切社会职能与权力为一体，成为控制乡土社会的实际权威”，他们通过各种途径加强对基层社会的控制并服务于封建统治，如操纵宗族、保甲组织；举办公益事业、强化社会治理权威；到清后期则控制以“缙绅主之”的团练，遍及全国基层社会使乡绅“完全占据了对基层社会的控制”①。而乡绅正是因此而拥有文化的合法性基础，它与制度的合法性一起构成了封建皇朝控制中国基层政治权力的最基本社会资源，亦是控制传统中国社会的基本手段。② 而且，在倡导“君君臣臣父父子子”的封建社会，乡绅所受的文化，包括其大肆修建的文教设施如孔庙、城隍庙，其最终的目的乃是借助它们宣扬封建文化，以道德教化作为卫道士的武器，说到底它仍然是维护封建统治的。在封建王朝的持续渗透下，教化说到底只不过也是社会控制的一种形式。

3. 作为社会自治力量，乡绅也体现着社会对国家权力的制约作用。乡绅作为“一个以非正规权力方式控制地方事务的权力层”与封建皇权具有千丝万缕的联系，主要服从服务于封建皇权的统治。然而，作为地方性精英，乡绅是否仅仅只为了封建皇权服务呢？从乡绅的社会自治功能来看，答案显然是否定的。而且，乡绅和宗族势力作为一种独立的社会力量，从基层非正式权力的角度看，他们也有属于自己相对独立的利益和成长空间，也存在着一个相对独立于国家的基层社会或乡土社会，而且这种乡土社会也有着自己相对独立的利益和一定意义上的地方自治，国家只能利用家族宗族中的长老或乡绅等乡村内生结构起作用。③ 这种独立性首先体现为乡绅在乡村治理过程中的独立自主以及乡村社会的内生增长，乡村社会自治以及县域社会建设皆有一定的发展空间，这点是封建政权很难干

① 宁波：《清代社会结构变迁的历史特点之一——乡绅势力对基层社会控制的加强》，《牡丹江师范学院学报》（哲学社会科学版）2002 年第 6 期。

② 杜香芹，王先明：《乡绅与乡村权力结构的演变——20 世纪三四十年代闽中乡村权力的重构》，《中国农史》2004 年第 3 期。

③ 黄宗智：《华北的小农经济与社会变迁》，中华书局，2000 年，第 247—252 页。

涉的。其次表现在乡绅的民意反馈和监督作用。即便是在封建社会，皇权统治仍然建有严密的监察体系，乡绅、宗族作为一种独立的社会力量，对于官僚的滥权、横征暴敛可以起到一定的监督制约作用。最后，与封建统治阶层利益不一致或者当腐朽的封建统治残酷剥削乡里的时候，乡绅为了维护自身、宗族和乡里的利益亦会抗税抗捐。如傅衣凌所指出的，“乡绅一方面被国家利用控制基层社会，另一方面又作为乡族利益的代表或代言人与政府抗衡，并协调、组织乡族的各项活动。”①

由此可见，即使在传统的封建社会，乡绅亦可能成为社会制约国家权力的一种力量。关于这一点，费孝通甚至认为，由于地方自治的存在，中央的权力一般并不直接进入与人民日常生活有关的地方公益之中，政府自上而下的单轨式权力运行过程实际上“只筑到县衙门就停了”②。而县衙之外则是独立的乡村自治和乡绅治理，留给乡村自治巨大的成长空间，并使乡绅阶层成为一种可以制约统治权力的社会力量。然而，在“大一统”的封建皇权体系中，以乡绅、宗族等为基本载体的乡村自治与西方历史上的城市自治以及现代意义上的市民社会却不可同日而语，其存在受到皇权的严厉控制，他们本身亦是专制体制的既得利益者，很难成为代表民间社会、抵制皇权控制的真正独立的政治力量，其功能也仅限于弥补皇权对社会秩序控制的不足。③

（二）乡绅“劣绅化”及其社会治理结构的瓦解

1. 强制性制度变迁与乡绅阶层的大规模分化。作为独立的社会自治力量，乡绅阶层与封建皇权特别是科举制度联系非常密切。但这种密切联系在内忧外患的逼迫下最终迫使清政府实施了一系列新政，以强制性制度变迁的方式废除了原有的科举制度从而切断了士绅阶层与封建皇权统治之间的密切关联。

根据制度经济学的观点，一种制度安排如果从生产和交易费用考虑，

---

① 傅衣凌：《中国传统社会：多元的结构》，《中国社会经济史研究》，1988 年，第 3 期。

② 张星久：《对传统社会宗族、乡绅历史地位的再认识》，《湖北行政学院学报》2002 年第 4 期。

③ 何显明、吴兴智：《大转型：开放社会秩序的生成逻辑》，学林出版社，2012 年，第 80—81 页。

比制度安排集合中的其他制度安排更有效，就有可能诱发制度变迁。林毅夫把制度变迁分为诱致性制度变迁和强制性制度变迁，后者主要指由政府命令和法律引入且强制实行的制度变迁。① 晚清政府的制度变迁，显然不能简单从生产和交易费用的角度去理解，也不能单从历史制度主义和利益冲突的视角去理解，它实际上是一系列内政外交困境和危机逼迫下而采取的变革措施，逐渐形成了一些新的制度，具有强制性的制度变迁特征。"正是这样一些包括国际国内重大战争、严重社会经济危机等剧烈状况所引出的重大危机，才为精英们实施新计划和实现新理念带来了新机会，从而引发政治精英们围绕着制度变革问题展开冲突，并进而铸就新制度"②。尽管晚清实施的一系列政治变革不可能完成近代中国制度创新这一伟大历史使命，离"探索一条适合中国国情的制度替换的路径，建立起以民主、自由、博爱精神为核心理念的现代政治体制"的近代制度变迁的核心目标③也仍然很遥远。但晚清政府一系列的政治、社会变革具有连锁效应，这些制度变迁逐渐消除了乡绅自治的基础。科举制度的废止从根本上决定了士绅阶层的历史命运，"此事乃吾国数千年中莫大之举动，言其重要，直无异古者废封建开阡陌"④。它从制度上切断了传统乡绅与国家权力直接联系的渠道，改变了乡绅阶层在传统乡村治理过程中固有的角色和功能，从而导致乡村社会结构和权力结构的解构，并使传统乡村的社会权力结构发生了历史性的变迁。

这种强制性制度变迁对当时的经济社会产生了深远的影响，促使当时社会急剧转型和乡绅阶层的分化。在强制性制度变迁的作用下，科举制度的消亡使昔日成千上万孜孜以求的举人贡生们的进士及第之路顷刻间梦断，传统乡绅中的许多优秀人才和新式知识分子滞留于城市，不得不另谋新路，不断分化并流向城市的各行各业。以"新政"为导向的制度变迁

① 林毅夫：《制性制度变迁与诱致性制度变迁》，《现代制度经济学》，北京大学出版社，2003 年，第 253—279 页。

② 何俊志：《结构、历史与行为——历史制度主义对政治科学的重构》，复旦大学出版社，2004 年，第 252 页。

③ 史成虎：《戊戌变法与中国近代的政治制度变迁——以历史制度主义为研究视角》，《天府新论》2012 年第 4 期。

④ 王先明：《乡绅权势消退的历史轨迹——20 世纪前期的制度变迁、革命话语与乡绅权力》，《南开学报》（哲学社会科学版）2009 年第 1 期。

特别是新学教育为士绅社会地位的重新选择提供了最基本的途径，促使了乡绅阶层的大规模分化，对近代开放性流动机制的形成起了很大的催化作用，使得乡绅们持续流向城市，加快了城市社会转型，亦加剧了原已存在的城乡差别。

2. 传统乡村社会权力结构的变迁与乡绅的劣绅化过程。士绅阶层的大规模分化及其开放性流动机制的形成对于乡村社会产生了十分消极的影响，使乡村社会权力结构发生了历史性的变迁。首先，随着那些借助于新学资格能适应社会变化的士绅摇身一变成为新式知识分子流向城市，使得占居乡村权力中心、掌握乡村领导权的乡绅阶层失去了最基本的力量补充。从而在很大程度上中断了士绅阶层的继替常规，所谓“绅出为官，官退为绅”的制度连接被迫中断，亦是传统乡村社会权力结构变迁的前提。① 其次，晚清政府的强制性制度变迁从社会结构层面导致乡村社会权力主体发生明显变化，使原本该继承乡绅地位的乡村知识精英纷纷流向城市，结果一定程度上导致当时乡村知识精英的“空心化”。其结果就是社会文化权威开始疏离于乡村权力结构之外，昔日乡绅阶层的神圣威望逐渐动摇，最终致使乡间土豪劣绅一跃而起填补了乡村权力真空。此即乡绅“劣化”，主要指近代以来，在中国传统社会的嬗变过程中，原有的绅士阶层分化而出现一种与传统绅士道德行为规范相悖的趋势，即凭借武力，把持地方，鱼肉乡里，此辈俗称为劣绅。②

尽管“劣绅”的称谓是当时人们对基层权力运行状况和乡绅阶层德性恶化的一个基本评判，其间包含着很深的“道德”意蕴。然而“劣绅”的形成，构成了晚清以来地方社会不靖、民变蜂起的基本原因之一，甚至近乎于“有土皆豪，无绅不劣”，致使一向居于“民望之首”的乡绅蜕变为“平民之公敌”。③ 可见传统乡绅劣化并非简单的个案，而是清末民初一个普遍性的社会问题，单纯的德性拷问并不能解释清楚乡绅阶层劣化的根本原因，关键还是要挖掘其深层次的制度性因素。如果缺少对当时强制

① 王先明：《乡绅权势消退的历史轨迹——20 世纪前期的制度变迁、革命话语与乡绅权力》，《南开学报》（哲学社会科学版）2009 年第 1 期。

② 李巨澜：《论近代苏北地方社会的失范》，《江海学刊》2007 年第 6 期。

③ 《绅士为平民之公敌》，《河南》，1908 年；转自张玬、王忍之编：《辛亥革命前十年间时论选集》第 3 卷，生活·读书·新知三联书店，1963 年，第 302 页。

性制度演变以及由此展开的社会结构变迁的深度分析，毫无疑问这样的分析犹如无根之木、无源之水，缺乏基本的说服力。

笔者认为，清末乡绅劣化的制度性与社会结构性因素主要有：

（1）社会控制结构失衡、封建国家对乡绅控制力的下降是乡绅劣化的体制性因素。乡绅阶层作为一个独特的群体拥有特权，无论在封建皇权体系还是乡村社会的自治过程中都必须遵守各种规范，即其所享有的权力、义务与操守必须一致。封建皇朝曾颁布过一系列法律条文来规范、矫治绅权，将其压缩在不危害中央集权和地方社会的范围之内，防止乡绅的异化，如明太祖的禁例十二条、清顺治帝的卧碑禁例八条等，清朝的法律中还特别规定“挟制地方官吏或者危害百姓、危害地方行政，将处以杖八十”。在封建皇权和法律规范的约束下，乡绅阶层在乡村主导的社会自治实现了制度合法性、文化合法性以及道德合法性的有机融合，因而能够维持良好的乡村社会秩序。归根结底，在“大一统”的封建皇权控制格局中，整个社会秩序的“治”与“乱”从根本上取决于行政控制的效力，这也是“大一统”模式的致命弱点。[①] 然而，晚清此起彼伏的农民革命战争以及“新政”的推行却打破了传统乡绅社会治理的格局，逐渐弱化了封建皇权对绅权的社会控制。满清政府的倒台意味着传统社会秩序陷入了一种类似“一盘散沙”式的总体性危机中，使封建皇权对绅权的监控体系荡然无存；民国时期的法律和制度也不再对绅士阶层的行为作特别的约束，最终导致对乡绅监督和约束机制的弱化和崩溃，[②] 从而给绅权的无序扩张提供了一个绝佳契机并导致乡村社会的乱象纷呈。

首先，晚清“新政”的实施使乡绅包括诸多的土豪劣绅们获得了更为广阔的权力空间，使他们能够合法地占有乡村社会的公共权力和公共资源，并使之在利益上与乡民直接对立，从而改变了传统乡绅社会治理体系中士绅与民众之间相对和谐的基本格局。其次，“地方自治”最终演变成“绅治”使得中央政府对乡绅的社会控制最终瓦解。为了挽救处于风雨飘摇之中的王朝统治，晚清政府宣布实行“地方自治”，1908 年公布的《城

---

① 何显明、吴兴智：《大转型：开放社会秩序的生成逻辑》，学林出版社，2012 年，第 71—83 页。

② 肖宗志：《清末民初的绅士劣质化》，《贵州师范大学学报》（社会科学版）2004 年第 6 期。

镇乡地方自治章程》明确规定“县以下地方城镇乡的学务、卫生、道路、水利、农工、商务、慈善、公共事业、自治经费的征收使用以及各地习惯委诸绅董的事项”，都属于自治范围。[①] 不过事实上由于清政府自顾不暇，最终使得县以下基层行政组织完全控制在士绅手中，并使地方官绅“借机谋利，把持一切”，乡村政权的私利性变得更加赤裸裸，无复有道德之掩饰，终将制度变迁推演为“以新政而害民生”的大势，“中国农村的黑暗，算是达于极点”[②]。劣绅由此而产生，当时的劣绅巧取豪夺、武断乡曲、欺压百姓，逐渐丧失其社会治理的制度、文化和道德的合法性，而且由此生成的社会矛盾和利益冲突也在不断地蓄积，最终必然导致激进的社会制度变迁。换言之，摧毁这种腐朽社会体制的革命为时不远了。

（2）传统乡绅阶层的分化与乡村社会权威的痞化是乡村社会控制结构失衡的社会根源。晚清“新政”特别是废科举制度使乡绅享有的特权受到侵蚀和威胁，绅士曾经拥有的传统特权和利益不复存在。在强制性制度变迁的逼迫之下，他们不得不自谋出路，一部分人借助于新学途径开始直接介入公共权力，成为与行政权力体系关联密切的绅董、局绅、团绅等；一部分人重新学习以求适应时世并开始操办事业，很多人进入商界，是为“绅商”，仅在苏北，投身于商界者除了南通张謇，还有海州沈云沛、赣榆许鼎霖这样的上层士绅，其中沈云沛进士出身，曾任翰林院编修，许鼎霖曾任清政府驻秘鲁领事，皆是上层士绅，其余中下层士绅操办实业亦是不胜枚举；更多的士绅则在西学的巨大影响和冲击下开始向自由职业者转化，从事学堂教育、报刊、文化等新式职业，[③] 从而导致士绅阶层的分化和城乡分流。而乡村社会剩下的乡绅则非迂即谲，唯利是图，可悲的是，这种分化不仅仅是职业上和身份上的，还有相当部分绅士痞化或劣质化。其结果是滥竽充数者占据乡村权力中心，乡村社会权力掌控者的道德品质亦随之降低。

（3）乡绅阶层劣化是绅权无序扩张的必然结果。清政府推行“新政”，并在地方自治试行中确定了以“兴绅权”为“兴民权”的政制建构

① 李巨澜：《近代乡绅劣化的成因——以苏北为个案的研究》，《学海》2007 年第 5 期。

② 王先明：《乡绅权势消退的历史轨迹——20 世纪前期的制度变迁、革命话语与乡绅权力》，《南开学报》（哲学社会科学版）2009 年第 1 期。

③ 李巨澜：《近代乡绅劣化的成因——以苏北为个案的研究》，《学海》2007 年第 5 期。

走向，使绅权的扩张不仅获得了时代的合理性，而且也披染了制度的合法性。[①] 而绅权扩张的必然结果是乡村权力被逐渐军事化的土豪劣绅牢牢抓在手中，特别是此辈凭借团练武装为后盾，通过兴办团练、修建圩寨等逐渐实现了军事化，拥有了维护自身权力和利益的武装力量，僭取了国家权力，构成了乡绅劣化的物质基础。[②] 在乡绅权力无序扩张的过程中，彼时的封建皇权统治自顾无暇，既无动力也无能力制约绅权。不受制约的权力必然被滥用，这是亘古不变的真理。因此，乡绅劣化就在绅权无序扩张的过程中得以完成，劣绅们“要挟官府，包揽词讼，干预地方政权”，成为“割据”一方的恶势力；“巧取豪夺，为富不仁，武断乡曲、欺压百姓，品质败坏；领导、鼓动民变、匪化而成叛逆；皈依洋教，恃教逞强，作恶多端，无法无天”[③]，危害极大。

3. 国家政权的内卷化与乡绅社会治理结构的瓦解。在“大一统”的封建皇权控制格局中，整个社会秩序的“治”与“乱”从根本上取决于行政控制的效力。晚清时期，皇权曾尝试通过不同的方式向乡村社会渗透欲加强专制力量的控制效力，试图通过一系列的机构设置和委任，使乡村社会权威成为国家在基层的政权分支，里甲制、保甲制、团练制、宗族和乡绅力量以及新政推行的地方自治都是这种尝试的体现。1908 年清政府颁布《城镇乡地方自治章程》规定凡城镇均设议事会及董事会，凡乡均设议事会及乡董，城镇董事会与乡议事会的总董与乡董均由该城镇或该乡选民选举，但须呈请地方长官核准任用，试图推行基层自治。这种地方自治过程乃是地方权威“官僚化”的进程，事实上触及了乡村社会结构的基础框架，使乡村社会权威的授权来源发生了重要的变化，地方权威“公共身份”的授权来源转移至官府系统。[④] 这说明晚清政府有加强对地方自主权控制的意图，然而一方面在总体性社会危机下皇权始终无法真正进入乡村社会，也根本无法强化对乡村的社会控制；另一方面由于绅权

① 王先明：《历史记忆与社会重构——以清末民初绅权变异为中心的考察》，《历史研究》2010 年第 3 期。

② 李巨澜：《近代乡绅劣化的成因——以苏北为个案的研究》，《学海》2007 年第 5 期。

③ 肖宗志：《清末民初的绅士劣质化》，《贵州师范大学学报》（社会科学版）2004 年第 6 期。

④ 张静：《基层政权》，浙江人民出版社，2000 年，第 30 页。

的无序扩张和乡绅的劣绅化，地方权力的运作不仅无法形成一种对地方民众负责的责任机制，反而走向了全面的“经纪化”，而“赢利型经纪人”对农村的掠夺使得大部分资源并未落到国家手里，反而进了土豪劣绅手里，导致了国家权威在乡村的瓦解和农村社会精英的退化，形成了“国家政权内卷化”[①] 困境。根据杜赞奇的主张，不成功的或背离现代国家政权建设目标的失效行为便为“内卷化”，在政权的正式机构与非正式机构同步增长之际，政权扩张必为提高效益，若徒有扩张，而国家不享有扩张收益，即为“内卷”[②]。政权“内卷化”和“赢利型经纪人”使得代表国家的地方权威演变成一种剥夺乡村社会的压迫性力量。这与乡绅劣绅化密切关联，土豪劣绅的种种恶行和“赢利型经纪”行为对政治、经济、文化皆产生消极影响，使他们成为国民革命打击的主要对象。至少在国民革命时期，将土豪劣绅作为革命目标是相对一致的时代呼声，“不独共产党，即便国民党、国家主义派，也一齐标榜着实行打倒土豪劣绅了。”[③]

不过，国共两党在打击土豪劣绅的具体方法上仍然是有很大差异的，国民政府包括湖南、湖北等省级政府出台了类似《惩治土豪劣绅条例》的法律规范，主要借助行政权力打击土豪劣绅。共产党则组建农民协会主导农民运动并以农会为中心重建乡村政权，共产党正是通过农民组织的机制来取得农民的支持，并使农民与自身牢牢捆在一起，“在处于现代化之中的国家，几乎每一个强大的政党都与某一个农民组织保持着密切的联系”[④]。列宁曾在1905年指出，“无产阶级在夺取政权时除了组织以外别无武器……无产阶级只有通过这一点才能成为不可战胜的力量”。[⑤] 正是这种与农民的密切联系和对农民的组织成为中国共产党的力量来源，对农民的有效组织既是中国共产党“以农村包围城市”战略实施的关键环节，

① 杜赞奇：《文化、权力与国家——1900—1942 的华北农村》，王福明译，江苏人民出版社，1995 年，第 66 页。

② 同上书，第 172 页。

③ 王先明：《乡绅权势消退的历史轨迹——20 世纪前期的制度变迁、革命话语与乡绅权力》，《南开学报》（哲学社会科学版）2009 年第 1 期。

④ 塞缪尔·亨廷顿：《变化社会中的政治秩序》，王冠华等译，上海世纪出版集团，2008 年，第 327 页。

⑤ 引自塞缪尔·亨廷顿《变化社会中的政治秩序》，王冠华等译，上海世纪出版集团，2008 年，第 382 页。

也是共产党夺取政权的必要条件，同时也意味着党对乡村社会的重组，并实现了剥夺乡绅权力和重构乡村社会权力结构之目的。到 1927 年 6 月，农会在全国发展成具有 900 多万会员的巨大组织，特别是两湖地区通过打倒“土豪劣绅”运动不仅理所当然把乡绅阶层当成革命对象严厉打击而且发展到了彻底变革乡村权力关系的地步，一定程度上亦意味着乡绅在乡村权力体系中地位的土崩瓦解和社会治理结构的再次变迁。

二　作为道德权威的农村能人：威权体制下的政令贯彻者

新中国成立后，共产党的国家政权建设和政党下乡策略的实施，极大改变了乡村社会权力结构和治理网络，影响非常深远。截至改革开放前，这一时期的乡村权力精英主要是共产党执政之后通过国家政权建设和政党下乡所培育起来的政治精英，与共产党保持着高度的一致，其治理更多的是凭借社会主义理想、政治忠诚和个人操守而成为乡村社会的权威，其所起的作用主要是社会资源的汲取和政令的贯彻。

（一）国家政权建设和乡村社会治理结构重塑

20 世纪是中国社会急剧转型期，对乡村社会治理的考察必须放到这个急剧变迁的社会背景中进行。作为国家行政体制的最末梢，村治的变迁整体上依附于现代化过程中国家政权权威性决定输出系统对原有乡村社会中各种结构化关系的冲击和重塑。这种冲击和重塑，既直接地表现为乡村社会公共权威、社会结构、权力结构、治理结构以及社会秩序的变迁和重构，同时也表现为社会人类学意义上村庄形貌的整体性变迁和重塑，其主要途径就是国家政权建设和政党下乡策略的实施。

1. 国家政权建设重塑乡村社会权力结构。新中国成立后，为了全面恢复生产和社会秩序、建设社会主义现代化国家，共产党领导重启了“国家政权建设”。国家政权建设作为一个学术术语，它主要是查尔斯·蒂利等西方学者从西欧近代民族国家演进过程中提炼出来的重要分析框架。State - building/making 因翻译者偏好不同，常常有多种汉语译法，如国家建设、国家政权建设、现代国家建设，又或者是现代国家建构/型构，但实际上指的都是由传统社会向现代社会转型过程中，国家力图深入乡村社会贯彻自己意志的过程。[①] 其基本目标是要建立一个合理化的、能对社会与全体民众进行有效动员与监控的政府或政权体系。[②] 中国乡村社会的国家政权建设实质是地方官僚化的建构过程，目的在于使国家行政力量深入农村基层，加强国家对乡村社会的动员和管控能力，提升国家对乡村社会的行政控制效力。乡村社会虽然没有直接建立国家行政机构，但乡村政权建设作为基层政权建设的重要构成实质上也是国家政权建设的一部分，“无论是最初的土地改革还是随后实行的人民公社制度实质上都是一种‘国家政权建设’行为”[③]。至少，从党的十七大报告的相关表述来看，基层群众自治制度也是中国特色社会主义基本政治制度的构成之一，视乡村政权建设为国家政权建设的组成在逻辑上是成立的。当时共产党对乡村社会的基层政权建设和社会秩序的重建基本上遵从马克思主义的国家学说，首先从农村土地改革开始，即从改变导致农村社会激烈矛盾冲突的经济关系着手改造农村社会关系，然后再重塑乡村社会权力结构和社会秩序，将国家政权直接延伸到村庄内部，从而将农民完全整合到国家政治体系之中。

借土地改革大批土改工作队进驻乡村之利，共产党将广大农民有效地组织起来，并将一部分贫下中农中的积极分子吸收为共产党员，由于他们在政治上和组织上与共产党和地方政府保持着紧密的联系，因此顺理成章成为乡村社会管理的新骨干，成为行政权力深入乡村社会的一支主要力量，并取代传统乡绅和旧的乡村“精英”成为乡村社会的新领导者。其后，经过社会主义改造、农业集体化改造和人民公社化运动，国家政权建设行为彻底打破了乡村社会固有的结构，作为“几千年专制政治基础，帝国主义、军阀、贪官污吏墙脚”的宗法封建性土豪劣绅、不法地主阶级[④]以及宗族势力在乡村社会的影响力和控制力被彻底清除，在此基础上重新

① 郝娜：《政治学语境中的国家政权建设——一个关于理论限度的检视》，《中共浙江省委党校学报》2010 年第 3 期。

② 龙太江：《乡村社会的国家政权建设：一个未完成的历史课题——兼论国家政权建设中的集权与分权》，《天津社会科学》2001 年第 3 期。

③ 纪程：《“国家政权建设”与中国乡村政治变迁》，《深圳大学学报》（人文社会科学版）2006 年第 1 期。

④ 毛泽东：《湖南农民运动考察报告》，《毛泽东选集》第 1 卷，人民出版社，1991 年，第 25 页。

构建了一种崭新的社会控制和治理模式，这就是以生产队—生产大队—公社为基础的“人民公社”制度。尽管新中国成立之后国家政权最低只到乡镇一级，不过这些新崛起的乡村权力精英却把国家意志和社会控制能力延伸到村庄之中，从而重塑了乡村社会权力关系和结构。这一时期村庄的组织基本上是由国家“嵌入”的，农民直接处在国家政权的严密控制之中，这种控制表现出较强的“全能主义政治”倾向，“政治”几乎淹没了一切，政治权力成了无所不能的东西，“国家的政权建设”达到了前所未有的程度。[①]

2. 农村社会政党化强化了国家对乡村社会的控制力。政党是代表一定阶层、阶级利益，并代表这些阶层、阶级执掌或参与国家政权以实现其政治目标的政治组织。政党作为现代化的产物，它对发展中国家的政权建设具有重要意义。实践证明，由于农村人口占绝大多数，中国的政党要成功夺取政权必须把传统的农村组织起来。像国民党那样，政党组织只停留在城市、悬浮在上层而没有将自己的组织及其整合功能延伸到广大农村，在农村社会缺乏社会动员的基础，最终必然导致失败。诚如亨廷顿所强调的，“政党是一个现代化组织，为成功计，它必须把传统的农村组织起来”，[②] 并把自己的组织扩展到农村地区，使之成为政府的稳固基础。杰克·A. 戈德斯通指出，“社会运动或者失败，或者变成制度化政治组织（因而不再作为社会运动而存在）。社会运动之所以变成制度化组织，或者是由于其政治目的已经达到，或者是由于它也已成为‘政体成员’，转变之后，它就成为一个普通的利益集团而发挥作用了”[③]。在革命战争中，作为共产党重要同盟军的农民为革命战争作出了巨大的贡献，因此，在最激烈的社会运动，即革命战争取得成功之后，农民阶层翻身成为“政体成员”是题中的应有之义。因而，新中国成立之后，中华人民共和国被定性为以工农联盟为基础的人民民主专政的社会主义国家，从工农联盟的

① 纪程：《“国家政权建设”与中国乡村政治变迁》，《深圳大学学报》（人文社会科学版）2006 年第 1 期。

② 塞缪尔·亨廷顿：《变化社会中的政治秩序》，王冠华等译，上海世纪出版集团，2008 年，第 361 页。

③ 杰克·A. 戈德斯通主编：《国家、政党与社会运动》，章延杰译，上海世纪出版集团，2009 年，“序”，第 XXXV 页。

角度出发，共产党掌握政权之后，就应该通过公共政策对社会资源、价值的权威性再分配给农民以实际的利益，并把他们作为一个普通的利益集团纳入整个国家政权建设与社会整合体系之中。

但从国家政权建设的视角出发，行政体系不下乡在巩固政权、防止敌对势力反扑和强化农村社会控制方面仍力有不逮。因此，共产党充分发挥了其密切联系群众的优点，进一步把群众路线发扬光大，在社会主义改造建立农村合作社的过程中，将党的支部由行政乡一级向下延伸到村庄和生产单位，形成了一个非常严密的组织体系，这就是徐勇教授所提出的“政党下乡”。政党下乡的过程，无论是“支部建在村庄”还是“支部建在生产单位”都是为了推动分散农民的组织化，“就是政党组织向乡村渗透，并将农村社会政党化的过程”①。中国共产党实施的政党下乡策略，通过纵横交错的组织体系把农村社会完整地纳入了国家政权建设体系。而且共产党本身具有严格的纪律约束并实现了高度的组织化，正是通过这种高度的组织化和政治动员，包括组织动员、思想动员及各种形式的政治运动，将政党的意志贯彻到社会最底层，最终将高度分散化的农民组织起来，服从服务于党和国家政权建设的目标。

3. 全能主义的社会控制模式强化了国家在农村的社会控制力量并确立了党在农村的绝对权威。政党与国家合二为一的党国体制，使得新中国将现代国家的权力渗透、权力控制能力运用到了极致，并使这种超常规的政治动员方式转变成为一种国家体制，一种全能主义国家的社会控制模式。② 全能主义（totalism）主要指的是“政治机构的权力可以随时地无限制地侵入和控制社会每一个阶层和每一个领域的指导思想”，全能主义政治指的则是以该指导思想为基础的政治社会，往往是“先建立一个强有力的政治机构或政党，然后用它的力量、组织方法，深入控制每一个阶层和每一个领域”③。这种全能主义政治的触角随着农村合作化的推进、“支部建在村庄”的深入以及1957年实施的农村整风运动对农民思想的改造

---

① 徐勇：《政党下乡：现代国家对乡土的整合》，《学术月刊》2007年第8期。

② 何显明、吴兴智：《大转型：开放社会秩序的生成逻辑》，学林出版社，2012年，第89页。

③ 邹谠：《二十世纪中国政治：从宏观历史与微观行动的角度看》，牛津大学出版社（香港），1994年，第2—3页。

和整合运动深入到农村社会的每个角落，进而将农民带入了狂飙突进的理想主义大潮，既强化了党在农村社会的控制力量、坚定了农民跟着党走的决心，又确立了党在农村的绝对权威。值得一提的是 1957 年的整风运动所形成的政治环境之影响非常深远，一直延续了 20 多年。按照毛泽东的本意，1957 年的开门整风，就是要调动各阶层人士参政议政的政治积极性，造成一种可以对执政党展开批评的政治环境。① 然而在短短不到 40 天的时间内党的指导思想即发生了 180 度的大转弯，经历了从整风到反“右”的重大转折。特别是在反右派斗争中，随意整人现象突出，法律的尊严遭到无情践踏，一些在大鸣、大放过程中敢于讲真话、讲实话、敢于发表真知灼见的基层干部被随意定为阶级敌人，被残酷斗争和无情打击。从而形成了一种“支部书记就是党，反对支部书记就是反党；揭露社会阴暗面就是对现实不满……”② 等极致的阶级斗争思维，把党的权威无限放大，也压制了不同意见的表达，成为威权政治。而且，在农村社会导致的一个极其恶劣的后果就是乡村政治精英的权力极可能被滥用。

“三级所有、队为基础”的人民公社制是国家基层政权建设的主要内容，也是全能主义政治的重要表现，通过在公社设立党委，生产大队设党支部，生产小队设党小组，由此形成更严密的党组织网络和权力结构，其建构更是把乡村社会的这种组织化和社会控制发挥到了细致入微甚至滴水不漏的程度，实现了国家对乡村社会政治文化生活及其他一切领域的控制。人民公社制虽然最终并没有实现乡镇以下的行政化，但它既是“政社合一”，也是“党政合一”、“党经合一”的组织体制，其基本特征是以集体经济为基础、以行政控制为手段的“集权式乡村动员体制”，通过对经济制度和意识形态的改造，确立了党和国家在乡村社会的绝对权威，政社合一体制极大加强了国家的动员与控制能力③，使其与农村党支部建设一起在制度上进一步巩固了国家对乡村社会的强力整合与控制。其后，共产党依靠政治思想运动和各种乡村教育使社会意识形态高度整合，而且通过 1957 年的农村整风运动和阶级斗争扩大化，确立了其在农村的绝对权威。

---

① 喻冰：《论 1957 年整风运动走向反面的根本原因》，《理论探讨》2003 年第 2 期。

② 同上。

③ 于建嵘：《抗争性政治：中国政治社会学基本问题》，人民出版社，2010 年，第 186 页。

（二）新乡村权力精英的崛起和道德能人治村

共产党领导的国家政权建设重塑了乡村社会权力结构，对土豪劣绅和地主阶级的人民民主专政和社会主义改造直接导致传统乡绅阶层和地主阶级淹没在乡村社会权力结构变迁的历史进程中，取而代之的则是拥护共产党统治的贫下中农中成长起来的新乡村权力精英。这些新乡村权力精英的崛起乃是新民主主义革命和国家政权建设所导致的强制性制度变迁的必然结果，他们基本上属于被解放者，与原先的土豪劣绅及地主阶级之间本身存在较大的利益冲突，因此无论是革命还是土地改革对共产党的拥护本身就比较高。特别是经过共产党领导的思想政治教育和各种运动之后他们在意识形态领域更是与共产党保持高度的一致。而且中国共产党具有"誓约集团"① 的特性，只有那些承认党的纲领、拥护党的路线方针政策并愿意为实现党的纲领奋斗甚至不惜牺牲生命的人才能成为党员。因此这一时期，新崛起的乡村权力精英作为乡村治理的权威，起决定作用的主要是其对党的忠诚，又红又专地拥护共产党、跟着共产党走，凭借的是其在道义上占据的制高点而非文化知识和经济社会建设能力。

而且，由于1957年的农村整风运动，很多参与前期鸣放的基层社干部和办事人员，也可称之为乡村社会的新精英，他们结合实际，对合作化是否优越、对统购统销制度的质疑、对工农联盟的怀疑、对干部和干群关系的批评，热情洋溢地提了很多真知灼见和富有建设性的意见。然而，最终的结果是，鸣放中大胆发言，敢于讲真话、实话的很多精英都被打击，甚至发展到阶级斗争没有标准、理由与依据的境况，对阶级以及阶级敌人的划分不再仅仅依据经济标准，而且可以被无限泛化到文化、道德甚至动机和态度的精神领域，从而确立一个因人而异、因事而异和因需而异的标准。② 尽管当时全国有多少人被打击缺乏完整的数据，但根据一些地方志的记载大致可以推测被打击的基层干部比例。如当时湖南省衡山县有

① "誓约集团"是法国存在主义哲学家萨特对现代政党类型的一种归纳，参见徐勇：《政党下乡：现代国家对乡土的整合》，《学术月刊》2007年第8期。

② 吴帆、吴毅：《整风与人民公社化运动——以湖北省大冶县矿山公社为例》，《开放时代》2013年第2期。

4%—5%的农村干部受到批评和批斗，有些人被集中起来反省，其中约15%受到党纪和政纪处分。衡山县委当时把阶级斗争的对象概括为分田单干、投机倒把、地主富农反攻倒算、打击干部、破坏生产、封建宗法势力复辟、搞迷信活动、赌博等“八股黑风”，为反对“分田单干、包产到户”这股资本主义“黑风”，该县展开了大规模的社会主义教育运动，全县共有519名犯有“黑风”恶行的干部群众受到批判斗争或惩办。湘乡县则批斗犯有“黑风”的干部群众1295名，报捕95人，处理869名。①随着阶级斗争与整风运动的深入，凡是那些封建遗毒、那些资本主义“毒草”以及曾对社会主义制度“恶毒”攻击的言行都遭到了清算，共产党通过打掉“阶级敌人”的嚣张气焰彻底夷平了私底下仍可能存在的动摇甚至困惑情绪。因此整风运动和阶级斗争行为虽然伤害了大批干部群众，但最终还是实现了其思想整肃的使命，“更为重要的是，使群众辨清了大是大非问题，从而更加坚定了走社会主义道路，将‘大跃进’推向新高潮”②。当时的农村新权力精英对社会主义的信任甚至到了盲从的境界，路遥在其小说《平凡的世界》中就曾非常深入地刻画了当时乡村干部——大队支部委员孙玉亭的形象，在孙玉亭看来，坚定走社会主义道路就是一切，“谁反对社会主义，我就反对谁，别说是我的侄儿就是我父亲活着，他反对社会主义我也坚决不答应。”③尤其是到了“文革”这样极“左”的年代里，一切都以政治立场、政治忠诚度作为价值判断标准，像孙玉亭这样的乡村干部必然会标榜其革命的彻底性和纯洁性，甚至不惜以牺牲亲情换得政治上的荣誉与忠诚。

当时进入乡村社会权力层的乡村干部在乡村社会的治理所凭借的就是政权赋予他们的制度合法性，在社会主义理想教育以及农村整风运动整肃思想的影响下，他们形成了与传统乡绅治理完全不同的价值倾向，也由此导致了乡村社会精英的再分化。然而，如果从政治参与的视角出发，1949—1979年间一浪高过一浪的政治浪潮把亿万农民都席卷进农村社会政治，但这种政治浪潮并非严格意义上的政治参与，充其量也只能

① 于建嵘：《抗争性政治：中国政治社会学基本问题》，人民出版社，2010年，第190页。

② 吴帆、吴毅：《整风与人民公社化运动——以湖北省大冶县矿山公社为例》，《开放时代》2013年第2期。

③ 路遥：《平凡的世界》，云南人民出版社，2007年，第201页。

是“政治卷入”，“其实是群众性阶级斗争运动”①。其间，虽然农村基层组织的制度和权力结构皆有变迁，然而村治作为一项独立的社会实践基本停滞，它更多的是隐含在人民公社的制度结构和国家对农村所实施的各种革命性的社会改造之中，以特殊的方式运行。

人民公社作为“党政经社合一”的组织体制，实现了党组织、政权组织、经济组织的高度重合，其中公社书记全面负责并处于领导核心地位，书记就是党的代表，享有绝对的权威，公社和大队管委会等组织处于“虚置状态”。期间的乡村秩序是以国家权力对乡村政治、经济、社会和文化领域的全面渗透和高度整合形塑出以全能化的政治权力为轴心的，这样一种特殊的治理方式决定了乡村政治精英和权力精英在乡村治理中的地位。虽然在作为直接生产和核算单位的生产小队，生产队长的影响力可能更大一些，但整个乡村治理结构中支部书记无疑拥有最大的权威。这种权威，如前所述，乃是现政权授权的结果，他们类似于杜赞奇意义上的现政权在乡村的经纪人、代理人，特别是经过农村整风运动以及社会主义教育之后，这种权威性更是牢不可破。

而且，人民公社制度和政党下乡活动在乡村社会建构起了严格的层级制管理体系，在政治上强化了对农民的人身控制，特别是政治分层和户籍制度的进一步强化，使整个乡村社会处于十分紧张的政治关系中，广大农民几乎完全依赖于行政体系之下，行政关系取代了血缘、亲缘、地缘关系而成为主要的社会关系；在经济上，通过对分田包干等“资本主义黑风”的打击，以及“宁要社会主义的草，不要资本主义的宝”等近乎于非常盲目的社会主义理想教育，铸就了偏执而且也非常落后的社会观念。在计划经济的影响下，“公社不断用强力消灭萌生中的商品经济幼芽，也就使自己呈现出十足的自然经济特征。所谓囊括工农商学兵诸方面的体制，使其企图成为自给自足的庄园式的组织，这显然是十分落后的”②，其结果是导致乡村社会的极端贫困。

因此，这一时期的乡村社会治理主要隐含于人民公社体制之内而不具

---

① 郭正林：《当代农民政治参与的程度、动机及社会效应》，《社会学研究》2003 年第 3 期。

② 于建嵘：《抗争性政治：中国政治社会学基本问题》，人民出版社，2010 年，第 193 页。

备独立的村治概念，乡村权力精英治村首先得具备非常朴素的社会道德信仰以及对社会主义的忠诚才可能被授予乡村公共事务管理的权力，而一旦获得这种权力之后在当时的体制之下则极可能垄断乡村公共权力和各种资源。显然，在当时的社会背景下，衡量乡村社会权力精英的主要指标乃是其社会出身、阶级成分以及对共产党、社会主义的拥护度、忠诚度，其掌握权力的关键并非他们的文化水平、生产或经营管理能力，因而，总体而言他们的经济社会发展能力都相对缺乏，甚至行事完全违背经济社会发展的基本规律。当然也不能完全排除在计划经济体制或集体所有制的前提下乡村经济社会发展的可能性，像江苏的华西村、天津的大邱庄，都是在集体所有制背景下发展起来的。所不同的是，华西村在吴仁宝同志的带领下走上了共同富裕的道路，而吴仁宝本人虽然拥有绝对的权威和权力，却不至于权力滥用。但禹作敏却为所欲为、不可一世，私设公堂、草菅人命甚至对抗司法，最终落了个可悲的下场。

从吴仁宝与禹作敏的对比也可看出20世纪中叶中国农村治理的特色，这本身是一个十分特殊的时期。然而恰是在几十年“政社合一”、权力高度集中的人民公社体制下，政党下乡使国家权力深入到农村基层的各个角落，使得农村精英执掌着巨大的权力而又得不到体制性制约，才造成农村精英的特权化和“脱草根性”问题。[①] 同时，压缩了农村民主治理的空间，使农村基层民主建设遭到扼杀。[②] 后新兴乡村权力精英在乡村社会的治理更多的是依附于人民公社体制下的道德治村，对其制约更多的是依靠政治理想、道德觉悟的自我激励、自我约束。

毫无疑问，在物欲概念并不强烈的时期，道德的自我约束是能够发挥其应有作用的，甚至能够产生正向的外部激励，如吴仁宝的名言“一人富了不算富，集体富了才算富；一村富了不算富，全国富了才算富”、“共产党员就应该确立全心全意为人民服务的思想，见到荣誉就让，见到困难就上”。既体现了强烈的时代责任感、使命感，也能产生良好的外部道德激励和精神激励。然而，“每个人内心都有一个魔鬼”，在全能主义

① 徐勇：《政党下乡：现代国家对乡土的整合》，《学术月刊》2007年第8期。

② 唐明勇：《建国后中国共产党领导农村基层民主建设的经验》，《社会主义研究》2003年第2期。

政治体系或威权体系下，缺乏有效的制约体系和路径，显然无法从根本上解决农村精英的特权化、乡村精英的权力滥用和“脱草根性”问题。而且，更主要的问题在于，虽然由于社会主义理想教育的引领、凝聚作用，20世纪50年代到70年代末乡村社会保持了基本的稳定，但却并没有能很好地解决乡村社会的发展问题，这一点直接关系到社会的基本稳定以及执政党执政的合法性问题。因此，随着经济市场化的推进，经济基础的变革必然引发上层建筑的变革，乡村经济结构的变迁必然导致乡村治理结构的解体与重建，也意味着乡村权力精英地位和治理方式的变迁。

三 先富能人：新时期乡村自治的引领者

众所周知，20世纪七八十年代，中国农村社会发生了两个极其伟大的历史变革，一个是1978年11月安徽小岗生产队18户农民自发地突破“三级所有，队为基础”的人民公社的樊篱，首创“包干到户”，直接导致以大包干为主要形式的家庭联产承包责任制和以此为核心的农村改革迅速在全国推开。另一个则是村民自治制度的推行。家庭联产承包责任制作为促使农村社会变迁的关键因素逐渐瓦解了“党政经社”四位一体的人民公社制和建国后基层社会治理的制度框架，从而使乡村社会治理留下了空白，也催生了农民群众自我组织、自我管理、自我教育、自我服务的需求，以改变人民公社制退出之后的乡村社会公共事务管理、服务空缺和村庄的无序问题。在此背景下，1980年2月广西宜州屏南乡果作村村民以无记名投票方式选举产生了乡村社会新的管理组织——村民委员会，以取代正在迅速瓦解之中的生产大队和生产队组织，从此拉开了我国农村村民自治的历史序幕。1982年12月通过的《中华人民共和国宪法》确认了村民委员会的法律地位，其中第111条规定：村民委员会是农村基层群众性自治组织；村民委员会的主任、副主任和委员由村民选举；村民委员会同基层政权的关系由法律规定。① 宪法的这条规定为农村实行村民自治提供了法律依据，到1983年10月，中共中央、国务院发出《关于实行政社

① 《中华人民共和国宪法》（1982年），中国人大网，详见：http：//www. npc. gov. cn/wxzl/wxzl/2000－12/06/content_ 4421. htm。

分开建立乡政府的通知》正式宣告工农商学兵“五位一体”的人民公社的终结，从而为在全国范围内建立村民委员会铺平了道路。[①] 1987 年《村民委员会组织法（试行）》出台，并于 1988 年 6 月 1 日正式生效；1997 年村民自治的“四个民主”——民主选举、民主决策、民主管理、民主监督写进党的十五大报告；1998 年九届全国人大常委会第五次会议又通过了修改后的《村民委员会组织法》，标志着我国广大农民在党的领导下，走上了直接行使民主权利、依法自治的道路。党的十七大报告则把基层群众自治制度作为中国特色社会主义制度的有机构成之一，十七届三中全会又进一步把“健全农村民主管理制度”作为今后一个时期农村改革发展过程中着力加强的重大制度之一。至此，村民自治的地位和作用被提到了新的历史高度，必将对乡村治理产生深远的影响。其中特别引人注目的就是随着经济市场化改革的深入和村民自治的快速推进，乡村社会曾经的道德能人治村现象迅速演变成为经济能人治村，成为改革开放以来这一历史新时期的突出社会现象。

（一）先富能人治村现象的出现及其概念的辨析

1. 先富能人治村现象的出现。分权式的农村经济体制改革赋予农民经济活动的自主权，在追求富裕美好生活渴望的驱动下农村社会涌现了一批富有洞察力、善于把握发展机遇、懂经营、善管理、具有超凡能力且卓有成效的经济能人，率先走上了富裕道路，又被称之为先富群体。随着经济市场化改革与村民自治制度的推进，这些具有超凡能力且卓有成效的先富群体一旦进入村庄公共权力领域成为村庄的领袖人物，便会形成独特的能人型村治模式，促使乡村社会的权力阶层以及治理结构再次发生历史性的变迁，对农村的政治稳定与经济社会发展都产生了深远的影响，这一现象在浙江这样的民营经济先发省份尤其明显。而“村民自治制度的实行，使作为国家和社会联结点的村庄社区获得了自主管理本村事务的权力，从而为能人治理农村基层社会提供了广阔的活动空间，使能人型村治模式在

---

① 白钢、赵寿星：《选举与治理：中国村民自治研究》，中国社会科学出版社，2001 年，第 36 页。

农村经济、政治改革强有力的推动下得以不断崛起”。[①]

2. 先富能人治村概念的辨析。所谓农村先富能人或经济能人主要指乡村社会的农民企业家、个体工商户、生产能手（种养殖大户）、经营管理精英和社会服务精英等在改革开放之后率先走上致富道路的相对富裕阶层。他们在农村社会“生于斯长于斯”，具有浓厚的乡土气息，剥离不了乡土社会的亲缘、地缘和血缘关系，但很多人又脱离了传统农业的生产方式，属于新型农民群体。经济市场化的大潮特别是民营经济的发展使这一群体迅速崛起，并使农村基层治理出现了一种新的模式——“先富能人治村”。[②] 至于何谓能人治村，根据卢福营的观点，它顾名思义主要是指由能人主导村庄公共权力组织，支配村务决策、管理的过程，其判断指标主要有二，一是能人在村庄公权力结构中居于核心和支配地位，垄断公共权力，完全控制公共权力的运作过程；二是能人群体掌握核心权力，在村庄公共权力运行中发挥主导和控制（统制）作用。[③] 简言之，能人型村治模式既具有有力推动农村社区经济社会发展的强大效能，又存在不可克服的固有缺陷，是一种利弊互现、富含特色的村级治理新模式。学界对能人治村模式存在的担忧主要有：经济能人独揽大权会导致国家对村庄控制的相对减弱；民众对能人的制约不力；能人自我约束很难保证；法律的执行效率不高；决策和管理缺乏稳定性和持续性，容易出现因个人意志改变而改变或因村治运作的主导和支配者的更换而变化等问题。[④] 黄俊尧指出“先富治村”还可能导致一个民主悖论，因为“先富治村”在某种程度上体现了乡村精英治理格局的回归，即村庄的公共职位总被少数富人和能人以竞选上台的方式牢牢把持，民主选举制度可能变成先富群体巩固精英治理格局的工具，[⑤] 而多数村民反而在公共事务的治理上日益被边缘化。

显然，在经济市场化纵深发展而民主制度不健全的前提下，先富能人

---

① 卢福营：《能人型村治模式的崛起和转换》，《社会科学》1999 年第 9 期。

② 樊平：《“富人治村”面面观》，《人民论坛》2009 年第 2 期。

③ 卢福营：《能人政治：私营企业主治村现象研究——以浙江永康市为例》，中国社会科学出版社，2010 年，第 26 页。

④ 杨小柳：《乡村权力结构中的经济能人型村治模式——基于 5 个村庄个案的分析》，《中南民族大学学报》（人文社会科学版）2005 年第 3 期。

⑤ 黄俊尧：《论村民代表会议与“先富群体治村”——民主制度建设与精英治理的平衡》，《浙江学刊》2009 年第 2 期。

如果物欲膨胀而公共责任意识匮乏，那么在其治村过程中出现以权谋私、中饱私囊现象是难以避免的，学界对能人治村诸多弊端出现的担忧也有深刻的现实背景和内在逻辑的。但笔者认为，对“能人治村”现象的观察不能仅局限于全能主义政治体系中乡村权力精英垄断或支配一切的道德能人治村现象，那是一种无外在约束的威权政治，这与新时期的先富能人治村现象具有内在的本质区别。因为随着统领一切的人民公社体制和计划体制的逐渐解体以及村民自治制度的推行，首先，乡村权力精英支配一切的制度基础已经丧失。其次，先富能人本身往往都曾经在人民公社体制中因为资本主义“黑风”行为被排挤、被打击，即使改革开放后率先走上富裕道路他们也不可能在新时期成为可以垄断乡村公共权力的乡村权威。最后，先富群体参政的动因本身就非常复杂，不过由于已经率先走上富裕道路，因此参政过程中哪怕掺有经济因素，但那更多的是出于保护既得利益的需要而非以权谋私、僭取公共利益中饱私囊。

有鉴于此，笔者更倾向于郭剑鸣对先富能人治村概念的界定。他指出，富而施善、富而使能才是“富人治村”的决定性因素，所谓“富人治村”的特定内涵就是指村民“因富、因义、因贤而获得社会权威进而取得村治权威”的过程。[①] 其中“富人治村”需具备三大要件，自身先富是前提；履行社会义务、获取社会权威是必要条件；通过海选、获得正式权威则是法定条件。这三个条件彼此之间依次递进，其实也蕴含着富人治村的内在演进逻辑，即率先走上富裕之路成为经济精英，尔后履行社会义务、承担公共责任、获得乡土认同，再通过民主选举即法治的方式进入村庄权力结构层正式成为政治精英，从而实现经济精英向政治精英过渡甚至合二为一。按照这一逻辑演进，履行社会义务、承担公共责任、获得乡土认同乃是先富能人主政乡里的必要条件。赵晓峰和林辉煌认为，垄断公共权力、排斥更大多数村民参与的专制行为或滥权行为在村民自治已经推行了 30 多年的今天显然已难以为继，农民的政治参与特别是选举参与对乡村权力精英的继替具有举足轻重的影响力。[②] 先富能人如要继续主政乡里

---

① 郭剑鸣：《浙江“富人治村”现象剖析——基于浙江金台温三市 7 个村的调查研究》，《理论与改革》2010 年第 5 期。

② 赵晓峰、林辉煌：《富人治村的社会吸纳机制及其政治排斥功能——对浙东先锋村青年农民精英治村实践的考察》，《中共宁波市委党校学报》2010 年第 4 期。

必须要以道义伦理规范来构建起当政的合法性基础，也即必须承担公共责任、出于公意、维护公共利益。简言之，就是村落共同体拥有的公意（general will）是富人治村合法性的唯一基础，是其应当忠于的最终价值，谁没有公意，谁就是非法的统治者、就会丧失治理的合法性基础；反过来，谁掌握了公意，谁就可以成为合法的统治者。恰如卢梭所认为的："公意永远是公正的，公意只着眼于公共利益且永远以公共利益为依归。公意若要真正成为公意，就应该在它的目的上以及在它的本质上都同样是公意的"。①

所以，笔者主张先富能人治村必须坚持基本的伦理规范建构其治村的合法性基础，顺应基层民主发展的历史潮流，坚持公共权力的公共性、规范乡村公共权力的运行、促进公共利益的最大化。这是农村先富能人治村题中的应有之义，也是社会历史和基层民主发展的必然要求。也正是因为如此，先富能人治村不应该仅被视为中国乡村社会转型期的过渡形式，而应是一种普遍存在的且长期有效的村级治理模式；讨论的焦点不在于是否应该消除这种能人治村模式，而在于如何改革与完善此种模式，使其与现代社会的村庄民主法制建设相切合。② 也即应把能人治村置于中国特色社会主义民主政治和基层民主发展的伟大历史进程中考察，通过一系列机制体制的建构与完善，既要充分挖掘先富能人经济社会发展的潜能，尽可能为农村、农业发展和农民增收创造良好的条件，同时，也要完善基层民主治理的各项制度规范和约束，使农村经济、社会、政治和生态文明统筹协调发展，超越能人支配或主导一切的村治模式。如此才能建设"生产发展、生活富裕、乡风文明、村容整洁、管理民主"的社会主义新农村，实现我国全面建设小康社会和乡村治理现代化的宏伟战略目标。

（二）先富能人治村是社会转型的必然结果

随着经济市场化和社会转型的推进，如前所述，农村先富能人治村已经成为一种普遍性的社会政治现象，浙江具有很大的代表性。农村先富能

① 卢梭：《社会契约论》（第3版），商务印书馆，2003年，第35—39页。

② 参见杨小柳：《乡村权力结构中的经济能人型村治模式——基于5个村庄个案的分析》，《中南民族大学学报》（人文社会科学版）2005年第3期。

人治村和先富群体参政行为的兴起是宏观政治生态环境变迁的必然结果，是经济要素、政治要素、制度框架、个人经历、文化习俗、自我实现等因素系统影响和整合的结果。

1. 经济市场化特别是能人经济的崛起，奠定了经济能人治村的物质基础。经济基础决定上层建筑，“一个国家的公共行政模式基本上是由该国的经济结构所决定、所塑造的……经济要素是影响一国行政的第一要素”。[①] 从我国农村社会改革的历史变迁来看，经济要素显然也是农村社会变迁和先富能人成长的首要因素。众所周知，改革开放前，我国由计划经济体制主导一切，商品、资源的流动与交易被视为资本主义“尾巴与毒草”而斩草除根。由于改革开放过程中逐渐成长起来的先富群体内在地具有市场经济的“基因”，往往与计划体制相悖，由此也就决定了他们在社会中的非主流地位，也即处于政治体制中相对的被排斥、被剥夺甚至被打压的地位。最典型的就是 1982 年的温州“八大王”事件，“五金大王”胡金林、“线圈大王”郑祥青、“目录大王”叶建华、“螺丝大王”刘大源、“矿灯大王”程步青、“合同大王”李方平、“电器大王”郑元忠和“旧货大王”王迈仟，当时温州柳市镇最有代表性的 8 个个体经营专业户，均以投机倒把罪被判刑或进学习班，成为当时轰动全国的大事件。[②] 这是计划体制下温州民营经济发展跌宕起伏的集中表现，也戏剧性展现了国家政策在历史的反复中对民营经济的打压与鼓励，先富群体在经济市场化进程中所迈出的哪怕极小的一步的突破都可能意味着被打压的风险。所幸 1984 年中央“一号文件”明确提出，“鼓励农民向各种企业投资入股，兴办各种企业，国家要保护投资者的合法权益”，才扭转了先富群体被打压的趋势，推进了市场化改革的纵深发展。

相关事件表明，率先走上富裕道路的农村能人中的很多人本身即很贫寒，在发展的过程中事实上都曾有一段在政治生活中被排挤甚至被驱逐的经历。有 90% 左右的浙江私企精英出身寒微，补皮鞋、弹棉花、挑货郎担等就是他们曾经从事的职业，如鲁冠球（万向集团）曾是铁

① 丁煌：《西方行政学说史》，武汉大学出版社，1999 年，第 320 页。

② 何勇：《“八大王”平反：温州模式劫后余生》，《中国经营报》2010－01－28。

匠，徐文荣（横店集团）和李如成（雅戈尔集团）是农民，南存辉（正泰集团）是鞋匠，楼忠福（广厦建设集团）是建筑工人，汪力成（华立集团有限公司）是丝厂临时工，王振滔（奥康集团）和李水容（荣盛化纤集团）是木匠。[①] 然而恰恰是这群出身贫寒、卑微的农民创造了经济发展的奇迹，迅速导致乡村利益和社会结构的分化，并催化了自身政治参与的渴望。经济市场化改革和农村先富群体的崛起对政治参与的影响不仅仅是促进了以民主为长期目标的基层政治发展，而且塑造了有独立的主体和公民意识以及参与能力的社会主体，为先富能人治村模式的形成创造了社会条件。西方有些学者认为政治参与主要受个体公民的社会经济地位（SES）的影响，“无论地位以何种方式衡量，高社会地位者比低社会地位者参与政治的积极性更高”。[②] 纳尔逊则认为，“较高的社会经济地位是通往政治的一条途径，社会重要性是第二条途径”。[③] 经济市场化改革所导致的利益分化、社会分化使农村先富群体的社会特征及其在社会结构中所处的位置皆发生了质的变化，基层政府对政绩的渴望和广大村民致富的期待又使得先富群体在农村经济社会发展中的重要性凸显。因此，农村先富群体在社会结构中的新地位及其新特征决定了他们对政治地位和政治权力的渴望，日益凸显的重要性也决定了他们对政治系统的影响力以及他们的政治参与行为和政治偏好，我国蓬勃兴起的农村先富群体参政无疑正是这种个体公民社会经济地位发展的必然结果。[④]

2. 执政党施政理念转变为先富能人治村奠定了思想基础。改革开放后，执政党的施政理念与指导思想发生了根本性的转变，其后续演变是农村先富群体之所以能够参政的前提。归根结底，由于威权体制下执政党对

① 曹荣庆、王芳：《先富群体参政的效应分析》，《温州大学学报》（社会科学版）2007年第5期。

② Paul Allen Beck and M. Kent Jennings, “Pathways to Participation”, *The American Politcal Science Review*, Volume 76, Issue 1, 1982, pp. 94 – 108.

③ Joan M. Nelson, “Political Participation ”, In Myron Weiner and Samuel P. Huntingdon, ed., *Understanding Political Development*, Boston and Toronto: Little, Brown and Company, 1987, p. 107.

④ 顾正喜：《我国农村先富群体参政的激励结构及规范之道——以先富捐资竞选为例分析》，《探索》2004年第1期。

农村社会的全方位渗透和控制，无论是先富群体的出现和参政行为的兴起，还是基层民主政治的发展，始终都与执政党的政策变迁密切关联，"富人治村不仅是经济社会分化引发的客观现象，同时也是农村宏观政策变化和基层政府主观选择的结果"。[①] 根据行政生态学的观点，政治与行政二者之间实际上存在着一种"功能依存关系"，在威权体制或全能主义政治体系中政治规则的变更显然更具决定意义。执政党路线、方针、政策的变迁，直接改变了曾经的政治规则、政治神话等行政生态符号系统[②]而实现了经济生态要素、社会要素和沟通符号的变迁优化。因此，从行政生态学的视角分析，政治要素特别是执政党核心指导思想、施政理念、政治规则、政治法典以及乡村治理体系的变迁，促使宏观政治生态系统与微观政治结构变迁的原动力，而这也是农村先富群体之所以能够崛起并走上乡村政治舞台的先决要素。

虽然随着家庭联产承包责任制的推行和农村社会改革的推进，执政党的施政理念发生了改变，但过程仍然是漫长的。类似于上述温州的"八大王事件"说明在改革开放初期执政党对私营经济以及农村社会非公经济的发展仍然存在诸多疑虑，长期严防死守甚至视之为资本主义"黑风"，并动用国家机器对其严厉打击。即使到了八十年代中后期，尽管农村先富群体作为一个新兴社会阶层已经成为社会现实，然而他们的参政仍然面临诸多制约。随着市场化改革的纵深发展，特别是民营经济的迅猛发展，中国社会经济迅速繁荣并实现了现代化的转型。经济现代化推动了社会价值观的变迁，到了20世纪90年代，执政党的观念和政策活动随之发生了变化，非公有经济从以往的"资本主义的黑风"变成了社会主义市场经济的必要补充，再到"社会主义市场经济的重要组成部分"，实现了跨越式的转变。执政党不仅在自身的政策中提高了私营企业主的地位，而且把它上升为国家意志，党的十六大则把私营企业主和中国其他阶层都列为"中国特色社会主义事业的建设者"，还允许其加入执政党，从而扫清了农村先富能人参政的政治障碍，也标志着

① 欧阳静：《富人治村：机制与绩效研究》，《广东社会科学》2011年第5期。

② 行政生态学所谓的政治符号系统主要指包括政治神话、政治准则、政治法典在内的一整套政治符号系统，参见丁煌《西方行政学说史》，武汉大学出版社，1999年，第327页。

能人治村和乡村治理进入了新的历史发展时期。

因此，从农村30余年的改革发展历程来看，无疑恰是这种政治架构和行政生态符号系统的变迁导致了农村先富群体的成长以及先富能人治村现象的出现，并逐渐成为一种比较普遍的乡村精英治理现象。结合中国当前一党执政的政治现实，可以说执政党施政理念的变化为农村先富能人的政治参与奠定了政治条件和思想基础，这是先决的。课题组通过问卷调查分析农村能人队伍快速成长的主要因素，从问卷调查的统计结果看，43.6%的被调查者认为农村能人队伍能够较快成长的最主要历史原因是“党和政府的改革开放政策”；25.1%认为先富能人之所以能够较快成长是因为他们“在市场经济大潮中先行一步，抓住了致富机遇”；24.6%认为是“个人的素质、能力与努力”的结果；另有6.7%认为是源于地方政府的“无为而治”（详见图3.1）。

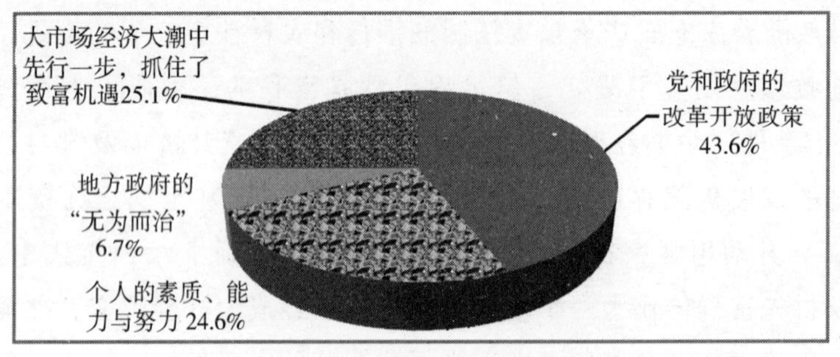

图3.1　农村能人队伍成长的主要原因

不过课题组通过SPSS 19进行的交叉分析发现，不同的群体对这个问题的认知存在较大的差异，其中在“党和政府的改革开放政策”一项的选择上，比例最高的分别是人大代表、种养殖大户、村干部，达到了50.0%、47.45%和46.3%，这一被调查项最低的是公务员，只有38.9%。但在“个人素质、能力与努力”这一项上，公务员的认同度却是最高的，达到了28.4%，其次是普通村民为24.1%，然后是村干部为23.2%。在“在市场经济大潮中先行一步，抓住了致富机遇”这一项上占比最高的分别是企业主29.9%、公务员29.0%、村干部26.7%（详见表3.1）。

表 3.1　农村能人队伍成长原因的交叉分析

调查内容 调查对象	党和政府的改革开放政策	个人素质、能力与努力	地方政府的“无为而治”	在市场经济大潮中先行一步，抓住了致富机遇	总计
公务员	38.9%	28.4%	3.7%	29.0%	162
普通村民	44.5%	24.1%	7.1%	24.2%	1081
种养殖大户	47.4%	19.9%	9.4%	23.4%	171
企业主	42.5%	22.8%	4.7%	29.9%	127
村干部	46.3%	23.2%	3.8%	26.7%	315
人大代表	50.0%	22.9%	4.2%	22.9%	48

从交叉分析中可以看出，被调查的公务员对于党和政府政策对农村先富能人成长作用的评估是最低的，他们更倾向于认为这是先富能人在市场经济大潮中先行一步抓住了致富的历史机遇的结果，而且这也是先富能人个人素质、能力以及努力的结果。而农村的人大代表、种养殖大户、企业主、村干部包括普通村民更倾向于认为农村先富能人之所以能率先走上富裕道路并成为一个社会新兴群体最主要的乃是党和政府的改革开放政策；其次才是他们在市场经济大潮中先行一步抓住了致富的历史机遇；至于先富能人的个人素质、能力以及努力则是排在第三位。这既反映了威权体制下执政党和政府公共政策对社会价值所作权威性分配的影响力之深远，真正地“使民富且安”，也反映出当前农村社会无论是先富群体还是普通村民对改革开放政策的支持度和美誉度，尤其是其中的企业主、种养殖大户等先富能人更是视之为自己率先富裕的最主要因素，个人的素质、能力以及努力反而排在后面，可谓真正的“喝水不忘掘井人”，更反映出改革开放政策在农村深入人心，作为一项重大战略部署，应始终坚持、坚定不移。

3. 社会转型过程中地方政府制度创新与利益共享为先富能人治村奠定了互赢的制度基础。浙江民营经济发展到一定程度之后，政府与民营经济、民营企业家和先富群体之间形成了良性的沟通与持续互动，并“在制度创新中达成了一种现实的利益共享和制度共识"。[①] 经济变迁所导致的利益共享和制度共识使执政党、基层政府与以乡镇企业主为代表的农村先富群体之间建立起了良好的合作共赢关系，如何在经济现代化和社会结构变迁的过程中既满足农村新型社会阶层的权力欲望，又借助先富能人各项突出的社会能力带领更广大的农村居民走上共同富裕的道路就成为地方政府施政的一个重要考量。

而且吸纳农村先富能人参与乡村治理亦是执政党精英治理模式的一贯体现。作为工人阶级的先锋队组织，中国共产党历来都强调党员的先锋模范作用，即历来都重视吸收社会精英加入执政党，实行精英治理。让作为农村社会先进生产力代表的先富能人走上政治舞台，不仅有利于解决"三农"问题，而且有利于改善干群关系，有利于社会稳定。而且，对执政党来说，"三农"问题是摆在政府和党面前极其艰巨的一项任务，如果不能妥善解决，不仅会延缓社会经济发展，且有可能影响社会稳定，并危及执政党的统治。因此，鼓励和把农村先富群体吸纳进体制内并不是说要监督、约束执政党和基层政府，更重要的是对他们的同化和吸收能为农村问题的解决创造条件。

事实表明，尽管直到党的十六大才扫清广大先富群体入党或参政的障碍，但20世纪90年代以来中央基层党建工作的基本思路就是吸引经济能人、致富能手成为村干部，目的是通过把经济能人、致富能手培养成村干部，然后先富带后富，让他们带领更广大的农村居民发家致富，并最终实现共同富裕的目标。在浙江，该思路在操作层面已经演变成为具体的"双创双带"策略，即把致富能手培养为党员，把致富能手中的党员培养为管理人员，充分利用经济能人、致富能手的经济社会发展能力和辐射能力，让率先走上富裕道路的他们带领广大群众致富。由此可见，从彻底打压"资本主义毒草"到逐渐扫清先富能人参政的制度障碍，再到积极主动创新吸纳先富能人治村，一系列的制度演变是国家政策引导下的一种诱致性制度变迁，顺应了经济市场化与政治民主化的历史大潮，使经济社会发展、公民社会的成长与政治生态系统相互支撑、相互促进，并形成了良

① 陈国权、麻晓莉：《地方政府制度创新与民营经济发展——温州制度变迁的轨迹与分析》，《中国行政管理》2004年第6期。

性互动的机制，奠定了先富能人治村的制度基础。

4. 村民自治制度的导入及其推行奠定了先富能人参政与治村的实践基础。从 1980 年第一个村民委员会成立以来，村民自治在乡村社会已经运行了 30 多年。根据 2010 年 10 月 28 日修订通过的《中华人民共和国村民委员会组织法》，村民自治在性质上乃是一种群众自治形式，由村民依法办理自己的事情。村民委员会则是村民自我管理、自我教育、自我服务的基层群众性自治组织，实行民主选举、民主决策、民主管理、民主监督。

就民主的形态而言，村民自治是直接民主在乡村社会的体现，由村民直接决定和管理农村社会公共事务，行使当家做主的权利。直接民主主要体现在三方面：（1）村民直选村庄领导人。《村民委员会组织法》第 11 条明确规定，村民委员会主任、副主任和委员由村民直接选举产生，任何组织或者个人不得指定、委派或者撤换村民委员会成员，这是直接民主的一个关键环节。（2）村民直接参与村庄公共事务的决策和管理。《村民委员会组织法》明确指出该法的制定乃是“为了保障农村村民实行自治，由村民依法办理自己的事情，发展农村基层民主，维护村民的合法权益，促进社会主义新农村建设”，由村民依法办理自己的事情即村民对村庄公共事务的自我决定、自我管理以及自我服务，这是直接民主最主要的内容。（3）村民直接参与对村庄公共事务和村干部的民主监督。《村民委员会组织法》第 30 条规定：村民委员会须实行村务公开制度，明确村委会应当及时公布由村民会议、村民代表会议讨论决定的事项及其实施情况以及涉及本村村民利益、村民普遍关心的各事项。第 32 条则规定：“村应当建立村务监督委员会或者其他形式的村务监督机构，负责村民民主理财，监督村务公开等制度的落实。”从而在法律上明确了村民直接监督村级公共事务和村干部的民主权利，有助于从源头上遏制村干部渎职、懈职和贪污腐化行为，维护村民的切身利益，确保农村社会的稳定和谐。

经过 30 多年的实践，我国的村民自治无论是立法规范还是实践操作都日益成熟。村民自治制度的建构是基层民主化的核心表现，建构了村民政治参与和竞争的制度平台，从民主的角度出发，村民自治制度的成熟无疑为农村先富群体参政提供了极佳的平台和路径，因为他们也拥有平等的政治权利。作为先富群体，现代化为他们开辟了新的财富来源，当他们的社会经济地位发生变化之后，他们必然会追求新的权力来源。如果说改革开放政策的实施使农村先富群体崛起奠定了先富能人治村的经济基础，执政党施政理念及其政策变迁扫清了先富能人治村的思想障碍，地方政府从"无为而治"到积极主动创新所形成的制度共享为先富能人治村奠定了互赢基础的话，那么村民自治发展进程中的实践无疑为先富能人的竞选与主政乡里奠定了良好的实践基础。在宏观政治生态系统迅速变迁的情况下，先富能人参政行为日益普遍，乡村社会曾经的道德能人治村现象迅速演变成为经济能人治村，是经济社会发展和宏观生态要素系统作用的必然结果。

（三）农村先富能人参政的动机

亨廷顿指出，"公众参与的程度和规模是衡量一个社会政治现代化的一个重要尺度"，① "政治参与扩大是政治现代化的标志"。② 国内也有学者指出，"从人类政治发展状况来看，政治参与已成为民主政治的核心内容和重要标尺，一个国家的民主状况在某种意义上取决于公民政治参与程度以及通过公民参与监督和制约政府的程度"。③ 正是由于参与之于民主、之于政治发展的重要性，政治参与一直是政治理论家们研究的热点问题，引起了大量政治学者的关注与聚焦，形成了大量的成果，"那些非常强调公民政治参与，特别是承认这种政治参与活动对于民主政治具有必不可少作用的学者，可谓不计其数"。④

农村先富能人参政以及治村现象是经济社会转型的必然结果，在参政过程中，农村先富群体追求权力的途径往往都涉及经济利益，比如通过捐资竞选的方式走到农村政治前台，实现经济精英向政治精英的转变或者合二为一。当政后有办实事的，也有通过非制度途径牟取私利的；既有规范

① ［美］塞缪尔·P. 亨廷顿：《变化社会中的政治秩序》，上海世纪出版集团，2008年，第67页。

② ［美］塞缪尔·P. 亨廷顿、琼·纳尔逊：《难以抉择——发展中国家的政治参与》，华夏出版社，1989年，第1页。

③ 管前程：《新社会阶层政治参与研究》，中共中央党校博士论文，2009年，第2页。

④ ［美］安东尼·奥洛姆：《政治社会学》，上海人民出版社，1989年，第282页。

的制度行为，也有不规范的非制度行为。本文希望通过适当的理论分析、案例分析和问卷调查的实证分析，剖析农村先富群体政治参与的动机，为完善基层民主选举提供一定的理论参考。

1. 尊重和自我实现的需要是驱使先富能人参与乡村竞选的核心驱动。根据马斯洛的需要层次理论，人的需要可以从低到高依次划分为生理需要、安全需要、社会需要、尊重需要和自我实现需要。对于农村先富群体而言，前三项需要毫无疑问已经得到满足，那么他们就会追求更高层次的需要，即尊重和自我实现的需要。但在涉及具体个人之时，农村先富群体的参政动机往往还与他们的家庭背景、人生经历、教育和个人品格等因素密切关联。而成长经历、从小接受的教育、个人品格以及文化习俗等对参政也有着持续、客观的影响。

如山西省河津市 2003 年选出的天价村主任王玉峰，时年 32 岁，“幼年丧父，姐弟五人从小靠村民施舍长大成人。对老窑头乡亲们的恩情，一直铭记在心”，高中没毕业就靠承包其舅舅的运输队起家，个人家产上百万元。从个人的成长经历分析，王玉峰对老窑头村充满了感恩之情，这是他竞选村主任的重要前提。就个人而言，他的生理需要、安全需要和社会需要都已经得到了满足，根据马斯洛的需要层次理论，那么接下去能够对他产生激励作用的就是尊重和自我实现的需要。其次，经过个人打拼之后，他身价上百万元，社会经济地位发生了巨大的变迁，而且也具备了回馈乡里、为曾经帮助过他的乡亲们办些实事的能力。

与之形成鲜明对比的是，曾经富甲一方的煤炭专业村老窑头村却逐渐衰落了。这个煤炭资源储藏面积达 27.9 平方公里的村庄，“在村里任何一个地方打个洞都能挖出煤”，在中国最艰苦的 20 世纪 70 年代，当周边村子一个工分值 2 毛钱，该村一个工分值 1.8 元；那时村里赚的钱 60% 留在村里，40% 给村民分红，村民大小病都由村里承担，隔三岔五还给村民分配白面、肉等物品。20 世纪 80 年代初，当绝大多数城里人还买不起电视机时老窑头村过年给每家送一台黑白电视机，当时村里在银行存款就高达 80 多万元。即使到了今天村里也仍然拥有三个煤矿，然而由于村干部未经村民代表大会同意以极低的价格承包、转租村办煤矿，如村委控制的煤矿由前村委会主任史明泽承包，一座毛收入每年达

1300 多万元的煤矿每年上交村里仅仅 4 万元，而承包者一年赚数百万元甚至上千万元也轻轻松松。① 村干部们中饱私囊，轻轻松松聚敛财富，不仅在村里建房，甚至在河津市还建有别墅，出门有豪华轿车。然而更多的村民日子却日渐贫乏，从后期起，老窑头村逐渐被折腾成了一个人均收入仅几百元的穷山村，甚至“许多人挖野菜度日”。② 今昔对比，老窑头村曾经的富裕、辉煌和村委如今的腐败成了村里人心中的痛。而且 2000 年选出的村主任史明泽在 3 年任期内除兑现每年给村里 60 岁以上的老人发 100 元的承诺外，并未给村里办过任何实事，③ 穷山村久穷思变却缺乏“领头羊”和有效的路径。

2003 年村委会换届选举之际，村主任候选人史回中向村民发出了第一份承诺书，除了承诺当选后要为村民办几件实事外，还承诺“如能当选，将给每个村民发 150 元”。选举期间，不是村主任候选人的王玉峰突然也向村民发出承诺书，要参加村主任的竞选。除了表示为村民办几件实事外，王玉峰还承诺，“如能当选，我将用自己的钱现场为每个村民发 200 元”。看到别人作出发钱的承诺，作为村主任候选人的原村主任史明泽也发出承诺书，提出给每人 260 元。其后两人各自发了好几份承诺书。王玉峰承诺的钱从 600 元上升为 800 元、1000 元直至 1800 元；史明泽承诺的钱也从 600 元一路攀升到 2000 元。④ 最终全村 760 多个选民有 480 人投了王玉峰的赞成票，而上届村主任、这次承诺发 2000 元的史明泽却未能连任。王玉峰胜出之后即给全村无论男女老少每个人都发钱，总计 194 万元，这也是天价村主任的由来。

当选村主任后，王玉峰在上届村委未和财务公章的情况下，自己垫付 5 万元给学校教师补发了工资，又把学校的危房进行了修缮，还给学校新购了篮球架、乒乓球台；把自来水引到村里，解决了村民长期以来

---

① 李亦南：《194 万元巨款从何而来　山西天价买村官的前前后后》，新华网，http://news.xinhuanet.com/legal/2003-09/30/content_1107804.htm，2003-09-30。

② 详见《194 万元！穷山村选出天价村主任》，《青年时报》2003-10-30。

③ 珂影：《贿选？竞选？中国第一天价村官的幕后新闻》，《家庭导报》，2003-10-28，可参见 http://hunan.voc.com.cn/gb/content/2003-10/28/content_2188329.htm。

④ 李亦南：《194 万元巨款从何而来　山西天价买村官的前前后后》，新华网，http://news.xinhuanet.com/legal/2003-09/30/content_1107804.htm，2003-09-30。

吃“天水”的历史；协调有关企业，免费给村民供煤；成立了由老党员、老干部、村民代表参加的民主理财组，制定了各项管理制度，加强财务管理，坚持财务会审，定期公布，接受群众监督，从前村务不公开，现在大小事均交由村民代表大会讨论表决。[①] 当政后，王玉峰既要出资解决村庄的公共事务、完善公共服务，也创新了村庄治理的相关机制，使村庄自治规范、有序、民主地运行。

当谈及参选原因时，他说：“看到周围的村民都富了起来，再看看自己的穷村，心里就有了回来竞选村主任，为老百姓办实事、再创辉煌的想法。”从他个人的人生经历来看，做番事业、为民办实事的心态乃是他参政最重要的动因。感恩回报和实现自我是他不惜筹集巨额资金参选并为村民办实事的基本出发点，因此可以说他是先富群体参政的一种楷模，也正是执政党大力提倡的。

类似的案例还有曾经贫苦无依的农民企业家裴春亮被推选为村主任后斥资 3000 万元建成 160 多套联体别墅，每户一套送给村民。冯耀明等通过问卷调查得出的结论是：有 80% 的村民认为富裕村官当选后村庄发生了很大的变化，只有 20% 的村民认为变化不大或没有变化。在富裕村长中，尽管不能排除他们出于谋求经济利益和政治利益的动机，但有一点可以肯定的是，确实有一部分人是出于公心而积极参与村民自治的富裕群体，他们为了改造农村的落后面貌和造福家乡人民甘愿作出经济利益等方面的牺牲。[②]

2. 先富群体参政也可能追求更高层次的经济需要，那就是既得利益的维护和利益的再扩张。司马迁曾说过，“天下熙熙，皆为利来；天下攘攘，皆为利往”。[③] 马克思亦指出，“人们奋斗所争取的一切，都同他们的利益有关”。由此可见，具有社会性的人，在政治活动中也是离不开利益的，政治参与必然牵涉利益之种种。

作为经济理性人，农村先富能人对经济的感受更深刻，从成本—收益

---

① 参见《194 万元！穷山村选出天价村主任》，《青年时报》，2003 - 10 - 30；珂影：《贿选？竞选？中国第一天价村官的幕后新闻》，《家庭导报》，2003 - 10 - 28。

② 冯耀明：《关于农村“富人当政”问题的若干思考》，《中共山西省委党校学报》2009 年第 1 期。

③ 司马迁：《史记・货殖列传》卷一二九，中华书局，1959 年，第 3256 页。

角度进行分析，先富能人竞选村干部肯定会得不偿失，3 年任期的收入远远不及竞选时的投入，何况任职期间还得自掏腰包招待以及捐资捐款完善乡村基础设施建设和基本公共服务，其付出也不在少数。但经济理性人的任何付出总是希望能够获得更高回报的，农村先富能人参政所在意的并非短期的收益，而在于间接的和长远的经济利益。[①] 这些间接的、长远的经济利益主要体现在：

（1）建构权力关系网络，维护既得利益。农村经济能人不少是靠打政策擦边球而发家致富的，甚至有些存在明显的偷税漏税行为。执政党施政理念和政策的变迁在为他们开辟了致富路径的同时开辟了权力的来源，因此一旦当他们的社会经济地位发生改变具备了政治参与的机会和能力之后，他们便会借助经济上的优势积极参与政治。其中很关键的一点是，他们需要借助政治民主化的途径降低企业经营以及个人财富的社会风险，降低政治系统的不确定性风险、防止清算无疑是先富能人积极参政长远的利益考虑之一。而且经济能人参政，比如说竞选人大代表、政协委员或村干部，无形中可以增加其与乡镇、县市有关部门领导的接触机会，特别是当选人大代表与政协委员更可对地方政府形成一定的政治监督作用。在政治光环的庇护和关照下，他们逐渐与各级政府部门建立良好的互动关系，不断累积社会关系和政治资源，从而为企业的经营和发展建立一种比较牢固的权力关系和保护网络。

（2）拓展社会关系网络，实现更好的发展。在威权体制下，权力对社会资源的分配起着支配性作用。农村先富能人参政尽管不能直接掌握行政权力，但接近政治权力并实现政治权力和经济的联合毫无疑问能够给他们带来更多的利益。通过政治参与，他们可以作为重要的利益群体对政治权力以及公共政策施加影响，使政策朝着有利于自身的方向发展，然后掌握更多的政治资源和经济资源，拓展企业和自身的发展空间，这也是先富群体参政的一个重要动因。而且，通过政治参与行为，当选人大代表、政协委员或村干部主政乡村，就有机会参与地方政府组织的各项培训、交流或联谊活动，农村先富群体可据此拓展自身的社会关系网络，实现自身更

① 卢福营：《能人政治：私营企业主治村现象研究——以浙江永康市为例》，中国社会科学出版社，2010 年，第 155 页。

好的发展。

（3）权力寻租，追逐超额收益。亨廷顿认为，“握有新资源的新集团的崛起和这些集团为使自己在政治领域内产生影响所做的努力”即会产生腐化，[①] 腐化行为的产生与新兴社会阶层追求自己在政治领域内的影响具有内在的必然联系。类似于农村先富群体捐资捐物竞选行为，有些直接用钱购买选票，有些请客吃饭、派发物品要求投自己一票，这类现象在水浙江温台地区非常普遍，甚至形成了所谓的“选举经济”，客观上必然会败坏社会风气，也是腐化的一种表现。如果从成本—收益的经济理性视角出发，农村先富能人捐资竞选有所付出必然会追求更高的回报，以腐化的方式获得权力势必增加权力寻租的可能性。因此，有些先富能人主政乡村之后就会直接利用手中所掌握的权力，侵吞集体资产和资源，中饱私囊，巨额投入的背后无非是经济利益更加惊人，利益就是其参与竞选背后的玄机。

3. 追求政治地位和光宗耀祖的满足感。中国自古以来就有“农为本，商为末”的重农抑商思想，改革开放之后很多经济能人虽然率先走上了富裕道路，但由于起于微末、原本地位卑微，因此即便富裕之后在收入方面已经占据农村社会的上层，不过在整个社会结构中的地位却仍然非常低下，从而产生了农村先富能人经济地位与政治地位的不一致现象。“所有地位不一致的社会成员都一样，希望保持自己原有的优势地位不变，同时改变和提升自己的不利地位，实现多种地位的一致”。[②] 而且从社会经济地位的变迁过程来看，经济地位的变迁很容易导致新兴社会阶层努力寻求政治权力以提升政治地位，即政治参与行为的兴起。因此从这个角度分析，追求政治地位以及中国传统文化体系中光宗耀祖的思想观念也是先富能人政治参与的动机之一。

为了更确切地把握先富能人政治参与的动机，课题组设计了相应的问题评估农村先富能人的参政动机，通过问卷调查并借助 SPSS 19 作了相应分析。从课题组的问卷统计情况看，55.5% 的被调查者认为农村先富能人

① 塞缪尔·P. 亨廷顿：《变化社会中的政治秩序》，上海世纪出版集团，2008 年，第 46 页。

② 卢福营：《能人政治：私营企业主治村现象研究——以浙江永康市为例》，中国社会科学出版社，2010 年，第 155 页。

参政主要是为了“做番事业，为老百姓办点实事，实现自己的人生价值”；17.3%的被调查者认为是为了“掌握政治资源，并追求更大的经济利益”；11.5%的被调查者认为是为了“获取好的政治声誉，光宗耀祖”；只有5.9%的被调查者认为是为了“求得保护伞，保护既得利益”（详见图3.2）。

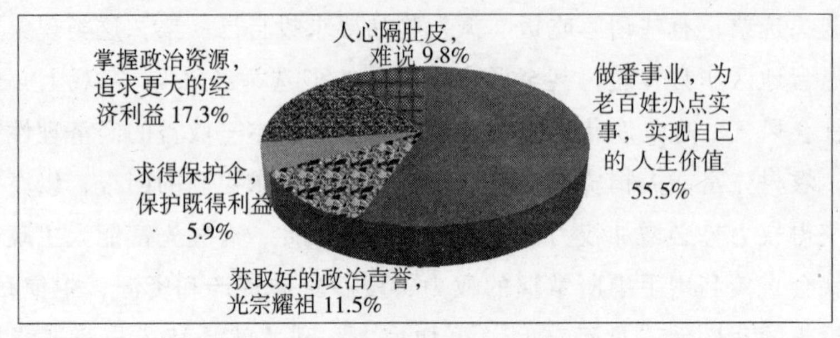

图3.2　农村先富能人参政的动机

而通过交叉分析则可发现，村干部和人大代表认为先富能人参政的动机是“做番事业，为老百姓办点事实，实现自己的人生价值”的比例是最高的，分别达到了65.3%和64%，而公务员和普通村民在这一项上的选择比率是最低的，分别只有53.1%和52.2%；在“力求掌握政治资源，并追求更大经济利益”一项的选择上比率最高的是公务员和人大代表，分别达到25.9%和18%，最低的是企业主和种养殖大户，分别只有12.4%和11.3%；在“获取好的政治声誉，光宗耀祖”一项的选择上比例最高的是普通村民和公务员，分别达到了12.1%和11.7%，最低的是人大代表和村干部，分别只有8.5%和4%；在“求得保护伞，保护既得利益”一项的选择上，比例最高的是种养殖大户和企业主，分别达到10.1%和7.8%，最低的是村干部和公务员，分别只有3.7%和4.8%；“人心隔肚皮，难说”一项的选择上，比例最高的是普通村民，达到了12%，其他群体的差别则不大（详见表3.2）。由此可见，公务员和普通村民对农村先富群体参政的动机持怀疑态度的比例最高，尽管总体上他们也认同先富能人参政主要还是为了做番事业，为了实现自己的人生价值，也能够为老百姓办点实事。

表 3.2　**农村先富能人参政的动机**

动机 身份	做番事业，为老百姓办点事实，实现自己的人生价值	获取好的政治声誉，光宗耀祖	求得保护伞，保护既得利益	力求掌握政治资源，并追求更大的经济利益	人心隔肚皮，难说	总计
公务员	53.1%	11.7%	4.3%	25.9%	4.9%	162
普通村民	52.2%	12.1%	5.6%	17.7%	12.4%	1116
种养殖大户	61.3%	10.7%	10.1%	11.3%	6.5%	168
企业主	59.7%	14.0%	7.8%	12.4%	6.2%	129
村干部	65.3%	8.5%	3.7%	16.5%	6.0%	352
人大代表	64.0%	4.0%	8.0%	18.0%	6.0%	50
总计	1024	216	108	329	180	1857

简言之，随着先富能人参政与治村现象的兴起，先富能人在引领经济建设与农村社会发展之时，实现了乡村经济精英向政治精英转变甚至合二为一，亦逐渐引领新时期乡村社会治理的变革探索。尤其是他们的技术、经营、管理能力和吃苦耐劳、开拓创新精神，为广大村民提供了参考，对村民有着强烈的示范效应和社会扶助作用，[①] 这对于乡村社会的发展具有较大的现实意义。

从历史演变的趋势看，农村先富群体参政的驱动因素是多元的，这是一种源于执政党政治符合系统、政策因素变迁而导致的一系列诱致性制度变迁，多因素的综合作用形成了先富群体参政的一个多元激励结构（如图 3.3 所示）。[②]

其中，执政党政策的变迁无疑居于核心位置，然后是左边宏观政治生态环境变迁包括社会经济地位（SES）以及先富能人个人成长背景、教育和传统文化对他们参政的深刻影响，这些客观的外在激励因素与先富能人参政的内在驱动因素即图 3.3 右边的动机，主要包括自我实现的需要、权

---

① 旷宗仁、杨萍：《乡村精英与农村发展》，《中国农业大学学报》（社会科学版）2004 年第 1 期。

② 参见顾正喜：《我国农村先富群体参政的激励结构及规范之道——以先富捐资竞选为例分析》，《探索》2004 年第 1 期。

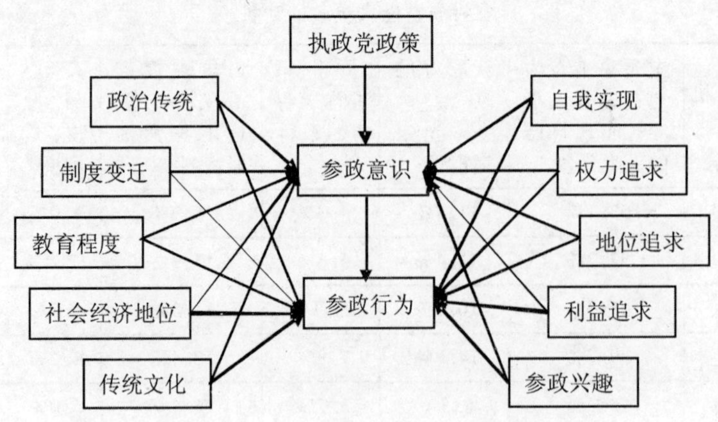

图 3.3　农村先富群体参政的激励结构

力追求、政治地位追求、利益追求以及他们的参政兴趣一起系统整合作用决定了先富能人独特的参政意识，然后以参政意识为媒介最终决定了他们的参政行为。农村先富能人参政包括主政乡里乃是这些内外驱动因素系统整合的结果，在社会转型过程中，具有一定的客观必然性。

第四章　农村能人队伍建设存在的问题

“三农”问题是个系统复杂的社会问题，牵涉方方面面。从人力资本的视角出发，要解决“三农”问题最重要的是建设一支具有突出能力的农村能人队伍，充分挖掘他们在农村经济社会发展中的示范作用，寻求农村、农业发展和农民增收的内生增量。如前所述，从课题组的问卷调查结果来看，农村先富能人确实在新农村建设、完善农村社会的基础设施建设和基本公共服务以及公共事务治理中发挥着重要作用。农村能人队伍建设是解决“三农”问题的核心抓手，事关全面小康社会建设大局，强化农村能人队伍建设并通过有效的政策扶持体系实现对先富能人有效的政治吸纳是题中的应有之义。而且，在两极分化、贫富分化和转型期社会矛盾冲突尖锐化的背景下，强化农村能人队伍建设亦是解决农村基层治理体系失灵现象，化解社会矛盾和群体性冲突事件的必然要求。不过，在肯定农村能人对农村社会发展以及“三农”问题解决的积极效应之时，也要客观地评价其负面现象。

本书接下来结合课题组问卷调查的结果分析农村能人队伍建设中存在的诸多问题，主要遵循的逻辑一是以“四大民主”即民主选举、民主决策、民主管理和民主监督为依据，探讨其在这个过程中表现出来的负面效应；二是以人力资本投资为视角分析农村能人队伍建设及其培训、开发和人力资源使用方面存在的不足和表现出来的负面效应，具体主要包括：

一　捐资竞选与选举的公平性、规范性问题

民主的基本含义是指人民当家做主，意味着在形式上必须承认所有公民一律平等，承认大家都有依照法定程序参与和决定国家制度和管理

国家的平等权利。就民主制度而言，平等是一个神圣的法则，“平等权利是第一原则”，核心则是投票的平等，即当人们就政策做最终决定的时候，每个成员都应当有同等的、有效的投票机会，而且所有的票数应当同等计算。[1] 投票的平等主要通过民主的选举制度得以体现，没有选举自然谈不上民主，因而平等的投票或票决制度是现代民主制度的核心之一。平等的投票权既是公民以每人一票的方式票决产生令人信服的政治社区领导人的前提，也是公民的平等权利、公民权对公权力制衡的体现，没有投票权就很难形成有效的制约。亨廷顿在论及第三波民主浪潮时，将是否“公正、诚实、周期性”以及竞争性地通过全民选举而产生重要领导人视为一种政治制度是否民主的唯一标准。[2] 就村民自治制度而言，广大村民能否以“公正、诚实、周期性、竞争性的方式选举产生村落共同体的主要领导人是村民自治制度是否民主的重要标准，由此可见民主选举在村民自治制度以及基层民主制度中举足轻重的地位。根据徐勇的观点，从当代中国的民主化进程看，基层民主是一个亮点；而在基层民主政治建设中，农村村委会选举则是一个亮点，[3] 这是平等权利和选举民主在村民自治制度中的引入，对当代中国的基层民主产生了深远的历史影响。

村民自治作为群众自治行为，以“四大民主”为制度架构，其中，民主选举是村民自治的前提与基础。在30多年的基层民主实践过程中，以村级民主选举为核心的村民自治制度如星星之火迅速燎原，“建立了中国政治民主的社会基础，推动了中国农村基层民主和国家民主化的发展……使中国农村基层民主取得了前所未有的发展”，[4] 但它的作用显然不止于此。村级民主选举作为中国最大的民主训练营，使民众于民主实践的一点一滴中得到了较好的民主训练，从而对数亿农民起到重要的民主教育和推动作用，而且它也是中国培育现代公民社会、重塑乡村权力结构及权力运行规则、打破几千年来上层频繁变动、下层变化甚微的历史循环的一个基础性工程，

---

① ［美］罗伯特·达尔：《论民主》，中国人民大学出版社，2012年，第44页。

② ［美］亨廷顿：《第三波——20世纪后期的民主化浪潮》，三联书店，1998年。引自郎友兴：《民主的成长：对村民选举与自治制度的考察》，《浙江社会科学》2002年第1期。

③ 徐勇：《创新民主选举工作　提升民主选举质量》，《红旗文稿》2008年第6期。

④ 董江爱：《村委会选举与中国民主政治发展》，《中国行政管理》2005年第2期。

亦是保证中国稳定的最有效手段。[①] 然而，村民自治在我国毕竟是一个新生事物，由于传统文化、选举制度、参与机制不完善、政治冷漠、选举过程物质因素的介入等原因，当前我国村级民主选举中也存在一些长期难以克服的问题。其中与农村能人队伍密切关联的问题主要包括：

（一）基层换届选举竞争白热化

从近两届浙江村级民主选举的情况看，村民参与基层选举的积极性始终都比较高，根据浙江省民政厅的统计，第九届村民委员会换届选举全省的平均参与率为 94.9%，这个现象结合浙江当前居高不下的农村先富能人参政比率是非常耐人寻味的。在浙江的基层民主选举过程中，政治冷漠现象是不需要担心的，过热的竞选以及由此导致的竞选失范问题才是需要重点关注的。

为了更精确地分析浙江村级民主选举的参选率，课题组分别选择浙北的嘉兴和浙东南沿海的台州作为分析对象，进行深入的探讨。统计资料显示嘉兴市第八届、第九届村党组织换届选举党员参选率分别达到了 91.7% 和 92.8%，县（市/区）中第八届村党组织换届选举党员参选率最高的嘉兴经济技术开发区达到了 98%，最低的嘉善县也有 88%；第九届村党组织换届选举党员参选率最高的嘉兴经济技术开发区达到了 100%，最低的海盐县也达到 90.5%。嘉兴经济技术开发区第九届村党组织换届选举党员参选率虽然达到了 100%，但这与该经济技术开发区的行政村调整有着密切的关系，从第八届的 8 个行政村调整到第九届时的 1 个行政村，行政村数目的大量减少对提升该区党员参与率显然是有内在关联的，不过由于可供分析的样本太少，只能作为一个独特的个案。但从整体来看，嘉兴市村党组织换届选举过程中，党员的平均参选率还是很高的，纵观浙江全省情况基本类似。

表 4.1 显示台州市近两届村委会换届选举的村民参选率分别达到了 95.6% 和 96.7%，其中路桥区在第八届村委会选举中的参与率高达 99.5%，临海市在第九届村委会选举中的参与率则高达 99.5%。三门县

① 刘颖、付子堂：《乡村基层民主选举的制度创新及其宪政维度》，《华东政法学院学报》2004 年第 3 期。

在第八届村委会选举中的村民选举参与率最低，但也达到了89%，第九届村委会选举村民参与率则达到92%。台州市之所以有这么高的选举参与率，一方面，作为民营经济的先发区域，社会经济地位的变迁对政治参与的影响非常深远；另一方面，台州民风彪悍，方孝孺的硬气是其中的典型，很多地方的村级选举更多的是意气之争，"气"对选举有着很大的激励作用。而且由于选举过程中相当多的先富能人往往借助各种经济手段展开竞选，每次选举的选票都可能意味着经济利益。因此，利益驱动也是台州等地选举参与率高的重要原因。

表4.1　　台州市近两届村委会换届选举的村民参选率

县（市/区）	届数	村数	登记选民数	参加投票选民数	选举参与率（%）	委托投票选民数
椒江区	八届	268	285148	269587	94.5	15262
	九届	266	273846	270286	98.7	19429
黄岩区	八届	533	388042	384397	99.1	19224
	九届	531	398029	390647	98.1	11783
路桥区	八届	287	290009	288431	99.5	13098
	九届	287	303337	301626	99.4	10665
临海市	八届	993	760178	733968	96.6	0
	九届	991	751048	747292	99.5	0
温岭市	八届	831	807735	758974	94.0	28173
	九届	828	831652	787151	94.5	49212
玉环县	八届	276	237049	227540	96.0	17260
	九届	276	249629	234276	93.8	11205
天台县	八届	596	376279	368549	98.0	42052
	九届	596	393744	378501	96.1	20795
仙居县	八届	722	314493	296567	94.3	0
	九届	723	333849	321427	96.3	22422
三门县	八届	511	298240	265551	89.0	185885
	九届	511	299450	275494	92.0	105296
合计	八届	5017	3757173	3593564	95.6	320954
	九届	5009	3834584	3706700	96.7	250807

基层换届选举居高不下的参与率意味着农民政治诉求和政治参与意识的高涨，这给村级选举提出了更高的要求，其导致的一个意料之中的结果是使得村级选举竞争日趋白热化。一方面，随着经济社会的变迁，村干部可支配的资源日益增多，村干部政治经济地位的提高使村支书和村主任的竞争更趋激烈，像浙江不少富裕村、“城郊村”、“征地村”拥有大量集体资产，村支书和村主任这一岗位的含金量大大提高，竞争的激烈程度也超越以往。而且值得关注的是当前浙江的村级组织选举的竞争已从村主要干部选举的竞争向一般干部、村民小组长、村民代表全方位延伸。另一方面，村民的选举诉求和期望值也不断高涨。陈建国把村民的投票选举分为四种，即“能人取向”、“好人取向”、“政治取向”和“关系取向”。从他的问卷调查结果看，村民在选举投票时最重视的条件是“能带领大家致富”，是30.6%的被调查者最重视的条件，即所谓的“能人取向”，其次是“办事公道”的“好人取向”，为28.1%，[①]而“政治取向”和“关系取向”最少。他研究的结论是选民在基层民主投票选举中的选择取向已趋于理性化，更重视候选人的经济发展能力和公正处事的道德品质。这也从另一个侧面印证了本文上述关于农村先富能人参政是经济社会转型和基层民主发展的必然结果的判断。在广大村民共同期望以及各级地方政府的共同驱动下，先富能人治村日益成为一个普遍的现象，因此而形成的一个事实是，“富人治村现象并非仅仅出现在商业化、工业化的沿海发达地区，而且普遍存在于农业型地区的中西部农村”，[②]具有普遍意义。但问题在于先富能人捐资竞选的行为还是引发了很多问题，其中最突出也最受关注的就是贿选问题，而且先富能人捐资竞选有可能导致体制内精英与体制外精英的博弈，从而对乡村秩序的稳定产生破坏。不同精英对乡村治理主导权的争夺，在我国村民自治和基层民主治理制度仍然还不规范的背景下，很容易导致争夺过程派性、宗族和农村黑恶势力的介入，从而脱离民主治理的规范轨道。

---

① 陈建国：《发达地区农村基层民主选举的新情况新问题——对绍兴市村两委换届选举的跟踪调研》，《中共浙江省委党校学报》2010年第3期。

② 欧阳静：《富人治村：机制与绩效研究》，《广东社会科学》2011年第5期。

（二）贿选侵蚀基层民主政治环境

贿选现象的产生有其客观必然性。作为民主选举的副产品，由于受到利益驱动，再加上乡村权力断层、选举制度缺陷、选举监督与处罚力度欠缺和宗族势力干扰，基层民主选举过程中贿选的产生成为一种必然，并随着时间的推移愈演愈烈。[①] 而且30多年的基层民主选举实践对选举质量的影响似乎非常有限，如徐勇就曾指出，基层选举的质量并没有提高。[②] 尽管这并不能完全反映我国各地基层选举发展的差异性、规范性，但我们确实可从大量的案例中观察到当前我国村级民主选举中存在不少问题，甚至有些地方根本没有落实相关选举制度，如前文所述的广东乌坎事件，当地村民几十年未见选票。同样的，农村先富能人以经济优势裹挟民主选举的做法也容易让人产生担忧，拉票现象、贿选丑闻时有发生。

先富能人竞选村官包括各级人大代表、政协委员所凭借的一个明显优势就是财富，他们常常娴熟地把经济手段运用到村级选举中，这种以财富力量为主要竞选手段的参选方式，根据有些学者的观点，常常会使我们的基层民主选举制度剑走偏锋，甚至发展为赤裸裸的“贿选”，使乡村治理以往的道德权威逐渐被富人的经济权威所取代。[③] 贿选的本意主要指候选人利用金钱或其他物质利益手段，贿赂或收买选民，改变其原有的选举意愿，使选民违背自己的意愿参加选举或在选举中将选票投给贿赂者及其同派系的舞弊行为。现行《村组法》对于具体的贿选却没有更详细的规定，一般省级虽有制定地方性法规，但在贿选这一条上基本参照了《村组法》的规定。如《浙江省村民委员会选举办法》即便是2012年3月31日的最新修订版，其中对于贿选特别是先富能人捐资竞选也都没有作进一步的细化。《村组法〈条文释义〉》（1998年修订）则将贿选解释为：“利用金钱、财物或者其他物质利益诱使或收买村民、候选人或选举有关工作人员，以使村民违反自己的真实意愿参加选举或在选举工作中进行舞弊活动

① 参见胡健：《村民自治中的“贿选”现象透视》，《成都大学学报》（社科版）2005年第4期；白洁：《中国乡村贿选现象研究——以呼市A村村委会选举为例》，内蒙古大学，硕士论文，2011年，第4—5页。

② 徐勇：《乡村治理与中国政治》，中国社会科学出版社，2003年，第15页。

③ 金华宝、靳乐山：《“富人治村”研究述评》，《理论与改革》2011年第6期。

的行为。”与《村组法》相比，该释义对“贿选”的规定更加具体：贿选的对象既可能是参加选举的村民，也可能是候选人、选举工作人员；贿选的行为方式为利用金钱、财物或者其他物质利益诱导或收买。[①] 同时，该释义也强调了贿选的行为要件，即只要在选举过程中具有贿选的主观意图并实施了贿选行为，则不论该行为是否使选民违背了自己的真实意愿参加选举或影响实际投票结果，或选举工作人员在选举过程中的舞弊行为是否对选举结果产生影响，均不影响贿选的成立。而只要贿选行为一经被认定，则当选无效。不少研究者的调查显示，当前村级组织换届选举过程中贿选现象时有发生，自 2000 年来近三届村委会选举中候选人用钱买选票的行为甚至相当普遍；而面对现实的利益，大部分村民通常会把选票投给钱给得多的候选人。选举初期花一两百元就可以争取的选票到后期可能增值数千甚至上万元；特别是经济发展形势好的大村“贿选”问题尤其突出，而人口少、落后的村竞争就比较少。[②] 当前的基层贿选呈现出了形式多样性、手段隐蔽性、目的功利性、耗资巨额性等特点，而且近几届村委会换届选举过程中发生了众多典型的贿选事件，以温州为例：

个案一：第七届村委会换届选举时，温州市永嘉县沙头镇高山村村主任选举时，候选人承诺如果能当选将按照户口本上的姓名给全村每一个人发钱。最后该候选人在选举中真的当选，也真的兑现了承诺，共花费 80 万元，经媒体报道之后曾引起轰动，被称为“80 万”选举事件；

个案二：第八届村委会换届选举期间，温州瓯海瞿奚村私营业主张某与上一届村民委员会主任王某为了争夺村委会主任职位，从一开始承诺的“60 岁以上老人每年发放 500 元”，一路攀升到“发给每个村民 2000 元”。选举后，当选者向村民兑现选前承诺，共计支出

① 白洁：《中国乡村贿选现象研究——以呼市 A 村村委会选举为例》，内蒙古大学，硕士论文，2011 年，第 4—5 页。

② 高杨、叶萌、王颖等：《富人治村”现象的成因考察及其隐忧探析——基于浙江义乌市 7 个村的实地调研》，《经济视角》2011 年第 5 期。

316.2 万元。[①]

个案三：2011 年第九届村民委员会换届选举期间，温州市龙湾区状元镇状元桥村村主任候选人张和德，为了达到竞选之目的，向村民买选票，每张 500 元。由于龙湾区相关政府部门没有及时处理，引发网民向浙江省委组织部部长蔡奇的微博举报，蔡奇向之江先锋微博即浙江省委组织部官方微博批示及时查处，第二天张和德即被取消参选资格。[②] 一个小小的村委会主任选举，因省委常委、组织部部长的直接过问而引起了广泛的关注。

上述典型案例并非孤立的个案，从浙江省基层选举过程来看，历届选举皆会发生一定数量的贿选案例。从全省的情况看，2008 年第八届村民委员会选举各地共查出各类违法违纪案件 294 起，以贿选居多；其中义乌市就查处了 37 起破坏选举和贿选案件，90 人被行政拘留；2011 年第九届村民委员会选举则共查处贿选人数 107 人，查处暴力、威胁、欺骗、伪造选票、虚报选举票数、砸票箱、撕选票、冲击会场等破坏选举人数 192 人，其他违法违纪 95 人。[③] 从这些数据来看，像温州等民营企业较发达的地方，贿选现象呈逐年增长的态势，特别是 2008 年贿选现象急剧增加，不过 2011 年的增长则不明显。

显而易见，赤裸裸的贿选不仅会破坏基层民主选举、民主规则和政治文明建设进程，而且会侵犯选民的民主权利、扭曲选举结果、恶化治理结构，产生了极其恶劣的社会影响。先富能人特别是那些动机不纯的富人村官通过贿选主政乡里之后，可能会使得少数人在短期内更疯狂地聚敛财富，使村干部的腐化问题更加突出，而且客观上加大农村的贫富差距。如浙江省永嘉县新桥村村委会原主任余乾寿的案例就非常典型，余乾寿是村庄中比较有影响力的能人，自通过捐资兴建村庄基础设施当选该村村委会主任以来，长期把持该村村政，至今已经 20 余年。20 余年的治村过程中，他利用一切可能途径敛财，在利用该县返回给村里的

---

① 上述案例参见朱启发：《温州村民委员会选举中贿选问题研究》，中国政法大学，硕士论文，2009 年，第 7 页。

② 参见地球人腾讯微博：http：//t. qq. com/xfzbsfyzk001。

③ 详见浙江省民政厅：《浙江省第九届村民委员会换届选举统计报表》（表一）。

土地指标建设安置房的过程中，通过虚假出资等方式伙同房地产公司及10名村官共瓜分了价值18亿元的316套安置房，将村集体资产非法占为己有，而且还非法收受他人财物，共涉嫌受贿3399万余元，职务侵占199万余元，创新建国村官集体贪腐之最。① 客观地说，类似现象并非简单的个案，而具有一定的普遍性，特别是随着城市化进程的加速，很多城乡接合部的农村征地、拆迁、安置补偿数额巨大，容易成为村官腐败高发点，"小村官，大腐败"正成为日益严峻的社会问题，而乡村精英对村政的长期把持则使得这种乡村公共权力的异化和腐败现象更加突出。不规范的乡村治理和对群众权益的排挤、剥夺容易使群众产生仇富心理，最终必然损害政府形象和执政党执政的合法性基础，给社会稳定埋下很大的隐患。而且更令人关注的是，在经济比较富裕的村庄，经济精英凭借个人经济实力所形成的权威开始影响甚至操纵基层民主选举，对基层政治权力形成了不同程度的冲击。② 同时，随着基层民主选举的发展，村级选举过程中的竞选现象也越来越多，特别是浙江省大力推行的承诺竞选制，即在选举中实施竞职承诺、辞职承诺、创业承诺制度，三项承诺制度的实施使基层选举更加规范，更具可操作性。先富能人竞选村官通常情况下须作出这三项承诺，因而可以避免直接的、即时的、赤裸裸的贿选，从而使得他们要顺利当选必须寻求累积广泛的社会资本与长期的道德合法性。

如笔者在台州市黄岩区对北城杜家村书记赵某来和塔水桥村书记杨某的访谈结果显示，目前在黄岩基层选举过程中，先富能人捐资竞选现象很普遍。赵某来认为类似现象如果在选举前几个月或选举后为村里兴办公益事业都可接受，也更容易使老百姓接受。但是选举前几日，纯粹为了选举而选举，是令人难以接受的。经过多次的民主选举之后，老百姓心里对这种选举自然也有数。该区北城某村曾经发生过这样的选举案例，两个在外经商的村民提前几个月回来竞选，一个人为村里修水泥

① 案例可参见佚名：《浙江一贪婪村官敛财3500多万　曾买豪宅嫁女花百万》，《检察日报》，2013-08-13；佚名：《温州10村官瓜分316套安置房　成村官贪污最大案》，《齐鲁晚报》，2013-08-17。

② 陈建国：《发达地区农村基层民主选举的新情况新问题——对绍兴市村"两委"换届选举的跟踪调研》，《中共浙江省委党校学报》2010年第3期。

路，另一个人为村里安路灯，每人花了30万—40万元。后来其中一个选上了村干部，另一个则从此对选举不再感兴趣。而且即便那个选举上村干部的人后来也出去经商了，现在也不再参选。类似的竞选从目前的基层选举来看，可能更多的是一种个案，这样的先富经济能人参与选举更可能仅是一时的意气之争，而缺乏可持续的激励机制。然而对广大村民来说，在农村基本公共服务不完善的背景下，先富能人的捐助能够以社会化的方式添砖加瓦，优化基本公共服务的供给，他们自然是乐见其成的。

由此引发的另一个问题是，究竟该如何看待类似的竞选行为？类似的竞选可否一概以贿选论？而且，在村委会选举过程中，先富能人的竞选承诺和策略往往都涉及村庄公共福利，如竞选承诺中就有出资修建公路、缴纳有线电视款、解决村提留、解决村里老人的养老问题或其他税费等，此类现象在浙江温州等地的换届选举过程中实际上已经具有一定的普遍性。从而使得先富群体担任村支书或村委会主任之后，贡献自己的财力、物力，借助自己积累的社会关系网络，兴办农村公益事业，协助完善农村公共服务供给问题，维护农村的稳定和谐，日益普遍化。针对这一新现象，《民政部关于做好2005年村民委员会换届选举工作的通知》在论及贿选时曾指出："要认真研究和区分一般人情往来、候选人捐助公益事业以及承诺经济担保等法律未明确禁止的行为，与直接买卖选票行为的不同。"这一规定在明确贿选行为的同时提出了将一般人情往来、候选人捐助公益事业以及承诺经济担保等法律未明确禁止的行为与直接买卖选票行为进行区分的要求，对解决实践中的一些新问题具有指导意义。[①] 因此，在基层民主化发展的大趋势下，各种形式的村级竞选将会越来越多，对于先富能人捐资竞选问题还是应具体问题具体分析，应把候选人捐助公益事业以及承诺经济担保等法律未明确禁止的行为与直接买卖选票的行为相互区分。换言之，在村民委员会选举过程中，只有当事人即时给予或承诺给予选举人、候选人、选举工作人员钱、物或其他利益，力求对其进行收买以达到自己或自己的代理人或自

① 白洁：《中国乡村贿选现象研究——以呼市A村村委会选举为例》，内蒙古大学，硕士论文，2011年，第4—5页。

己的支持者当选之目的才应被视为贿选。[①] 至于先富能人在选举之前提前捐助公益事业，尽管客观上也必然会对选举产生一定的影响，会引发关于选举规范性问题的争议，但不应简单将之视为贿选，并全盘否定。

（三）先富能人捐资竞选导致选举不公

政治排挤（political exclusion）又称为政治排斥，李景治和熊光清认为政治排斥是指一定的社会成员或群体在一定程度上被排斥在政治生活之外，没有公平获取政治资源，履行政治义务和享受政治权利的状态。[②] 农村先富能人的政治参与往往凭借其突出的个人能力以及经济优势，这种比较优势的发挥本无可厚非。然而，经济因素过多地介入选举确实会产生选举的公平性问题。赵晓峰、林辉煌指出，富人在治村实践中无形之间为普通村民参与村庄政治树立了经济实力、道义伦理和社会活动力三大门槛，从而将村庄的绝大多数人排除到了公共权力结构网络之外。因此，不管这是“富人”在治村实践中的主观行为还是客观行为，这种过强的政治排斥机制都与乡村基层民主的发展诉求之间潜藏着巨大的张力，需要引起高度的关注。[③] 贺雪峰则进一步指出，“富人治村”可能会带来两个意外后果从而导致严重的村庄政治排斥，[④] 一是造成对一般农民参政的排斥机制，可称为“富人治村的排斥机制”。二是富人治村导致村庄公共性的瓦解，因为村民无力对抗实现了经济精英和政治精英合二为一的农村能人。而且实践中“富人”村官们往往还将自身享有的经济资源、社会资源等优势条件运用为深谙乡村伦理道义支撑的综合治村术，在治村的同时为自身树立了政治权威并逐渐占据了道义的制高点，[⑤] 毫无疑问，无论是富人竞选还是治村的排挤机制，都可

① 朱启发：《温州村民委员会选举中贿选问题研究》，中国政法大学，硕士论文，2009年，第7页。

② 李景治、熊光清：《政治排斥问题初探》，《社会科学研究》2006年第4期。

③ 赵晓峰、林辉煌：《富人治村的社会吸纳机制及其政治排斥功能——对浙东先锋村青年农民精英治村实践的考察》，《中共宁波市委党校学报》2010年第4期。

④ 贺雪峰：《论富人治村——以浙江奉化调查为讨论基础》，《社会科学研究》2011年第2期。

⑤ 高杨、叶萌、王颖等：《“富人治村”现象的成因考察及其隐忧探析——基于浙江义乌市7个村的实地调研》，《经济视角》2011年第5期。

能形成比较明显的政治排挤。在能人村官运用各种自身优势巩固自身执政合法性基础的同时，“富人治村的不可逆定律”逐渐形成，“富人治村的排斥机制”逐渐得到强化——这些无疑与基层民主政治的初衷是相背离的。①

然而，从笔者在台州、丽水等地调研情况来看，农村先富能人参政未必会形成上述如此鲜明的政治排斥。被访谈者基本上都认同这样的观点：即担任村干部如村支书或村主任，一定需要突出的能力，如果村支书或村主任自身能力不突出，工作干不好就会丧失威信和战斗力，别说带领村庄发展，甚至连说话都不响，更别说让人遵从。如丽水市缙云县新建镇笕川村，该村曾经因为缺乏具有威信的能人和“领头羊”，村庄治理陷入困境，连村支书都没人当。现任村支书施颂勤是个私营企业主，在外面办有工厂，是该镇在“双创双带”活动过程中请回去并选拔起来的村支书。虽然他也是个先富能人，但选举过程中连香烟都不发一包就成功当选，在历次选举中从没有贿选。用他自己的话说，至少“抽烟自己抽得起，不愁没好烟”，也不用伸手向谁要。现在他白天全都在村里工作，一天 5 元、10 元的误工费根本没啥用，哪怕 10 元、20 元也办不了什么事，因此都留给村里。担任村干部 24 年以来，他光烟酒费用就自掏腰包几万元。当村干部真的是上得去下不来，现在“一肩挑”都干了两届，选举完全不需要拉票，关键大家都信服。由此可见，先富能人主政村庄未必一定需要借助金钱的力量竞选从而排挤其他普通村民的竞选机会。只要处事公平，善于调解纠纷，在村里拥有较高威信，并不一定会遭到富人参政或治村的政治排挤。

为了进一步准确地了解先富能人参政对基层民众选举的影响，课题组选取了几个与先富能人参政比较密切的相关要素作为分析因子，主要包括先富能人参政的比较优势、参政的总体利弊、捐资竞选对选举结果的影响、选民对捐资竞选的态度以及先富群体参政对农民利益诉求的正相关性等方面，并以李克特量表作了分析（详见表 4.4）。

① 高杨、叶萌、王颖等：《“富人治村”现象的成因考察及其隐忧探析——基于浙江义乌市 7 个村的实地调研》，《经济视角》2011 年第 5 期。

表 4.2　先富能人参政的相关因子分布

	N	极小值	极大值	均值	标准差
农村能人政治参与具有更多的比较优势	2217	1	5	3.5	0.891
农村先富群体参政利大于弊	2238	1	5	3.22	0.97
农村先富群体捐资竞选会造成事实上的贿选和选举不公	2216	1	5	3.57	1.009
农村先富群体捐资竞选会投他信任一票	2242	1	5	2.97	1.000
农村能人参政更有利于实现农民利益诉求	2198	1	5	3.38	0.92

从表 4.2 的数据我们可以看出，被测者对“农村能人政治参与具有更多的比较优势”认同度比较高，均值为 3.5，处于中上水平；对“农村先富群体参政利大于弊”和“农村能人参政更有利于农民利益诉求的实现”认同度的均值分别为 3.22 和 3.38，也处于中上水平。从上述三个影响因子判断，大多数的被测者总体上是比较认同农村先富能人参政的，认为他们的参政具有相对的比较优势，对农村社会的发展总体上是利大于弊，也更有利于农民利益诉求的实现。

就农村先富能人的捐资竞选而言，被测者在“农村先富群体捐资竞选会造成事实上的贿选和选举不公”一项上的认同度是最高的，达到了 3.57，处于中上水平。而在“农村先富群体捐资竞选会投他信任一票”一项上的均值为 2.97，处于中等略偏上水平。由此可见，总体上被测者认为农村先富群体借助经济的手段参政会造成事实上的贿选和选举不公，在价值判断上他们并不倾向于支持贿选，对先富能人借助经济手段竞选或为了实现竞选目的而捐资捐物竞选的行为认同度并不高。这实际上支持了贺雪峰等学者所提出农村先富能人参政会导致政治性排斥的观点。不过从中还可以观测到的是，作为经济理性人，农民在投票的过程中，尽管他们能够比较清晰意识到先富能人捐资竞选会造成事实上的贿选和选举不公，然而在具体的投票过程中他们还是会受到经济利益的影响，在经济利益的诱导下会选择投票给借助经济手段竞选的先富能人。

课题组借助 SPSS 19 通过频率分析和交叉分析进一步分析了不同群体

在这些因子上的态度差异，主要选取农村先富能人参政的利弊和捐资竞选对投票的影响这两项分别作频率和交叉分析（详见表 4.3）。从表 4.3 可以看出，只有 23% 的被测者对“农村先富群体参政利大于弊”持完全不认同与不认同态度，而 42.6% 的被测者持认同与完全认同态度，34.3% 的被测者态度一般，持中间立场。总体而言，76.9% 的被测者还是倾向于认同的，这与李克特量表统计出来的被测者的总体态度基本上还是一致的。

表 4.3　　“农村先富群体参政利大于弊”的频率分析

		频率	百分比	有效百分比
有效	完全不认同	97	4.2	4.3
	不认同	419	18.2	18.7
	一般	767	33.2	34.3
	认同	804	34.9	35.9
	完全认同	151	6.5	6.7
	合计	2238	97.0	100.0
缺失	9	69	3.0	
合计		2307	100.0	

课题组再对先富群体捐资竞选对选举结果的影响作了频率分析，发现被测者在“农村先富群体捐资竞选会投他信任一票”这项上完全认同与认同的比例为 31.4%，一般的为 37%，总体上的认同度达 68.4%，结果与李克特量表 2.97 的均值基本上也是一致的。不过通过交叉分析可以发现，事实上不同群体在对待先富能人捐资竞选上的态度差异是比较大的，普通村民和公务员完全认同和认同的比率分别仅 28% 和 28.3%，这在被测群体中是最低的，其次是村干部 30.3% < 企业主 35.2% < 人大代表 41.8% < 种养殖大户 47%（详见表 4.4）。但在一般认同度上，这几个群体之间的态度又呈现出不同的排序，最低的是村干部 63% < 普通村民 66.3% < 企业主 67.6% < 公务员 70.7% < 人大代表 74.5%，尽管群体之间的态度存在一定的差异，但从中可以发现，人大代表、公务员、企业主在这一项上的认同度是最高的，而且不管哪个群体，其基本认同度都在

60%以上。由此可见，农村先富群体借助经济手段开展竞选，尽管在大多数选民看来这会造成事实上的贿选和选举不公，客观上必然会影响不同群体的投票偏好和投票的最终结果，但多数选民对先富能人的捐资竞选还是比较认同的。

表 4.4　　农村先富群体捐资竞选会投他信任一票的交叉分析

		完全不认同	不认同	一般	认同	完全认同	总计
身份[a]	公务员	5.4%	23.9%	42.4%	23.4%	4.9%	184
	普通村民	8.1%	25.6%	38.3%	23.0%	5.0%	1191
	种养殖大户	4.9%	20.1%	27.9%	38.2%	8.8%	204
	企业主	6.9%	25.5%	32.4%	29.0%	6.2%	145
	村干部	8.8%	28.2%	32.7%	27.4%	2.9%	376
	人大代表	7.3%	18.2%	32.7%	38.2%	3.6%	55
总计	计数	151	494	741	528	105	2019

a. 值为 1 时制表的二分组。

二　先富群体竞选导致的新派系斗争问题困扰乡村自治

近些年随着乡村民主治理的发展，竞争性选举成为基层换届选举的核心，选举白热化引申出来的另一个问题就是宗族势力、各种围绕着选举所形成的新型派系力量对基层选举以及后续乡村公共事务治理的影响。

（一）传统宗族势力复兴对乡村自治的影响

随着政党下乡以及共产党主导下乡村治理制度的强制性变迁，传统的乡绅和宗族势力作为封建残余或遗毒基本被排挤出了乡村社会权力结构，其影响消失殆尽。然而，随着村民自治制度的推行，特别是国家对乡村社会控制力量减弱之后，传统宗族势力又悄然回归，宗族组织出现普遍性重建。随之，宗族组织形成非正式的社会力量（即宗族势力）开始正式侵入农村公共权力体系，对于村民自治制度的深入推进是一股不容忽视的力量。[①]当然，当前我国农村社会再复兴之后的宗族与传统宗族相比较，已经有所不同，在实际调研中几乎难以发现一个完全地复制传统特色的宗族。换言之，宗族在重建后都有了或大或小、或轻或重的变迁。[②] 而且，宗族的权力性质和运作逻辑都发生了巨大的变化，今日之宗族已非昨日之宗族，已经具有了适应现代法制社会的条件。宗族内部的权力结构和伦理秩序机制也发生了相应的历史性变迁，逐渐成为可以顺应历史发展潮流，被社会主义新农村建设所借用的有益的社会资源。[③]

根据肖唐镖的观点，全面复兴后的宗族作用几乎无处不在，在村民日常生活层面，既扮演着活动规则与文化的角色，又扮演着活动组织者和操办者的角色；在村落或自然村层面，影响颇为重要；在村委会社区层面，作用虽间接却明显。[④] 随着农村地区村民自治的发展，农村基层民主组织与宗族组织之间的互动已成为村庄治理过程中不可回避的课题，宗族问题亦是探究现代农村治理中不可避免的问题。[⑤] 因此，他认为“宗族与村治的关系问题并不是一个纯经验性论题，而是一个带根本性的实质性论题”。[⑥] 至于宗族组织或势力对选举的影响，这在当前的学界争议是比较大的。极端的情况是，在乡村选举过程中，受宗族观念及其组织影响的人根本不会坚持德才兼备的标准推选村级组织的“领头羊”，而是根据宗族标准投票选举，甚至出现哪一族姓人多，村支部书记或村主任就在哪一族姓中产生的现象。邵丹萍与莫智力通过对路桥换届选举中宗族势力影响的研究发现，从选举结果看似乎更有利于强宗大族，[⑦] 但他们的研究并没有证据证明两者之间存在直接的因果关系。张乾荣通过问卷调查分析得出的

---

① 刘典金：《中国农村宗族势力对村民自治的影响及法律对策——以桂阳县村民自治建设为切入点》，广西师范大学，硕士论文，2010 年，第 1 页。

② 肖唐镖：《宗族与村治、村选举关系研究》，《江西社会科学》2001 年第 9 期。

③ 赵晓峰：《农村宗族研究：亟待实现范式转换——基于赣州、岳平两地农村社区发展理事会建设实践的分析》，《甘肃行政学院学报》2012 年第 1 期。

④ 肖唐镖、戴利朝：《村治过程中的宗族——对赣、皖 10 个村治理状况的一项综合分析》，《福建师范大学学报》（哲学社会科学版）2003 年第 5 期。

⑤ 孙秀林：《华南的村治与宗族——一个功能主义的分析路径》，《社会学研究》2011 年第 1 期。

⑥ 肖唐镖：《宗族政治——村治权力网络的分析》，商务印书馆，2010 年，第 8 页。

⑦ 邵丹萍、莫智力：《宗族派系势力对村级组织换届选举的影响——以台州市路桥区横街镇百洋村为例》，《青岛行政学院学报》2011 年第 2 期。

结论是宗亲同族对村民选举的投票倾向影响极大甚至是第一影响要素，占所有被调查者的比例为 43.5%，其次是同村同队占 22.3%，然后是打招呼占 19.8%，最后才是办事能力占 10.2%。[①] 从其问卷结果不难看出，在当地村级组织选举过程中村民投票受熟人社会、亲缘、地缘或血缘关系的影响很大，而且透露出非理性的选举倾向，候选人的办事能力反倒被选民给忽略了。

张乾荣还通过两个行政村村民姓氏占比和村主任及村委会委员当选者姓氏的对比分析认为，在其调研的集云村、太平村第九届当选为村委会委员的成员皆为村内大姓。如集云村当选的村委会主任许国明、村委丁仙女、项逢美和张后平的姓氏分别排在村内六大姓氏的第四、第二、第六和第五位，太平村当选的村委会主任周孝遥、村委陆菊英、杨仁其和徐有雷的姓氏分别排在村内六大姓氏的第五、第二、第一和第六（详见图 4.1

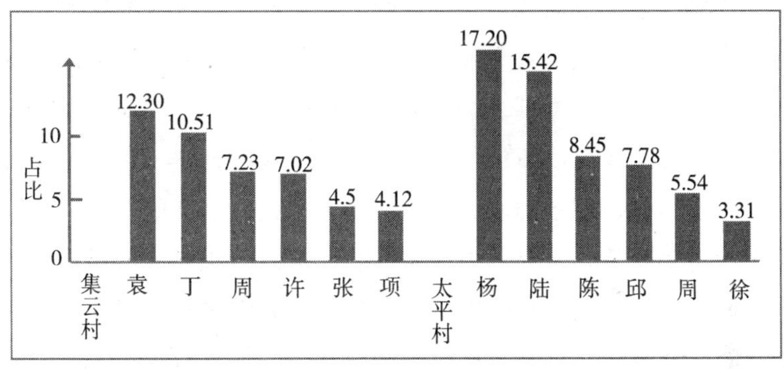

图 4.1　案例村中大姓所占比例（%）

和表 4.5）。张乾荣据此得出的结论是各村各姓氏对于选本宗族中“领袖人物”已经形成比较固定统一的意见，这种偏见是经过长时间积累且在较短时间内比较难扭转的。[②] 然而从图 4.1 和表 4.5 的对比中可以看出，集云村第一、第三大姓袁姓、周姓，太平村第三、第四大姓都并没有人当选为村委，由此可见并非所有的大姓都有人当选村委，特别是选举的结果并非简单地由姓氏的排位决定村委得票的排位，而且村委会主任也并非必

① 张乾荣：《寻求“村庄合并”与“民主选举”的平衡——撤并村后民主选举的问题与对策研究》，浙江省委党校硕士毕业论文，2013 年，第 31 页。

② 同上。

然由第一大姓的人担任。因此，严格来说，通过图 4.1 和表 4.5 的对比并不一定就能够形成宗族势力对村级选举产生明显影响的结论。

表 4.5　　案例村第九届村委会当选成员一览

<table>
<tr><td rowspan="2">集云村</td><td>村主任</td><td colspan="3">村委</td></tr>
<tr><td>许国明</td><td>丁仙女</td><td>项逢美</td><td>张后平</td></tr>
<tr><td rowspan="2">太平村</td><td>村主任</td><td colspan="3">村委</td></tr>
<tr><td>周孝遥</td><td>陆菊英</td><td>杨仁其</td><td>徐有雷</td></tr>
</table>

肖唐镖通过对 1999 年、2002 年和 2005 年在江西省 C、T 两县共 40 个抽样村的三次选举调查为基础得出的结论是，“宗族对选举的影响的确是客观现实”。不过，宗族在选举中的影响方式主要表现为非正式的个人活动以及选民投票的宗族取向，“与影响村选举的多种因素相比较，特别是与强大的政府行为和乡村干部的操作行为相比较，宗族因素的影响程度很低，全然不像一些人所宣称的那么严重”。[①] 而且，其影响力在下降，特别是随着经济市场化改革的推进，现代化迅速的瓦解了传统的经济、社会和文化意识结构，传统的宗族意识、宗族结构、宗族组织及其功能都发生了相应的历史变革，宗族势力控制人、压迫人、主导人的影响都在日渐削弱，因而宗族对村级选举的影响力量也并非如洪水猛兽般那么可怕。如前文提及的台州黄岩北城杜家村村主任赵某来，他在村内属于典型的少数族群，但选举过程并没有受到宗族势力的多少影响，基本上都能非常顺利地当选村支书。影响他当选与否的关键因素显然不是宗族势力，而是他较强的管理、协调、领导以及公平的处置能力。课题组以“农村哪些人对村级事务影响最大”为题做了问卷调查，从统计结果来看，高达 36.1% 的被调查者认为对村级事务影响最大的是知识水平高的人，即文化精英；其次是 23.4% 的被调查者认为是经济条件好的人，即经济能人；排在第三位的才是村庄里德高望重的老年人，占比 16.8%；而家族人数多的人占比只有 7.4%，排在第五位（详见图 4.2）。

由此可见，从课题组的问卷调查结果来看，绝大多数被调查者认为，

① 肖唐镖：《农村基层治理与民主实践中的宗族问题》，《宁波党校学报》2003 年第 5 期。

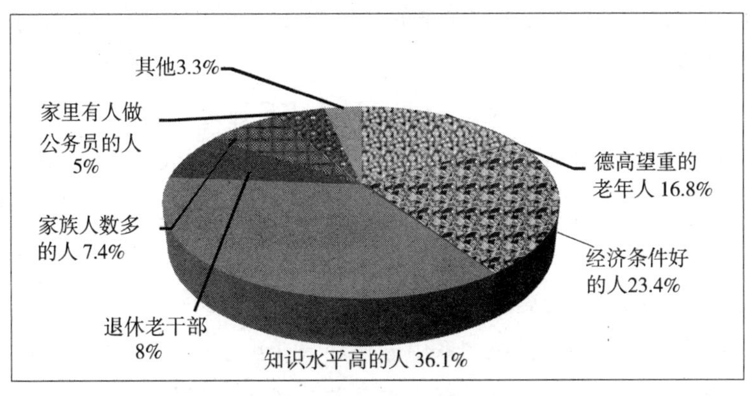

图 4.2　农村哪些人对村级事务影响最大

在农村对村级事务影响最大的主要是知识精英、经济精英而非宗族遗老、宗族势力或大家族势力，至少这个结果严格上讲并不支持村庄中主要权力、公共事务治理被主要宗族及其代表掌握的判断。相反，课题组的问卷调查更倾向于支持经济精英在乡村治理中发挥日益显著的作用，成为乡村社会生活中新的魅力型权威，而且能力型经济精英权力普遍与村庄中的政治精英权力结合到了一起。因此，恰如肖唐镖所指出的，“村民选举‘宗族势力干扰论’可以休矣”。① 然而，对于因竞争性选举所产生的新派系问题却不能忽视。

（二）先富能人竞选导致的新派系分裂对村民自治的干扰

近些年随着基层民主政治的发展，村民自治制度已经过了制度导入阶段，而是进入制度规范和完善阶段，村级选举与治理现象日益规范，至少政府及行政人员干涉村级选举这种现象已经很少，完全可以说基本没有。至于村级选举中的最大问题，很多基层干部认为一是宗族势力操作选举，“基层选举最主要的就是宗族势力操纵选举”；二是黑恶势力干涉选举，左右农村选举，这是矛盾焦点。上述两点在当前基层选举过程中都是客观存在的现象，但严格来说并非宗族势力在其中发挥着作用，而是伴随着农村先富能人捐资竞选滋生出来的新型派系问题。如访谈中，黄岩北城塔水桥村书记杨某就认为，“现在农村选举的派性问题是最激烈的，也是最大

① 肖唐镖：《村民选举“宗族势力干扰论”可以休矣》，《人民论坛》2011 年 3 月中。

的问题”，必须指出的是这种派系的斗争与传统的以宗族势力为沟壑的斗争存在显著的差别。

农村社会所谓的派系是“指农村社会成员通过特定的关系联结起来的，具有共同利益和现实功能的非正式组织”。[①] 从农村社会的现实看，派系之间的竞争、博弈甚至是斗争是非常突出的一种政治社会现象，从村“两委”的斗争、以不同村干部为核心的派系斗争情况来看，派系竞争既可能是体制内的也可能是体制内与体制外或者体制外与体制外之间进行的竞争与博弈。农村社会传统派系中分化和演变出了以利益纽带为基础的现代利益派系，随之而起的是具有多重性质的经济精英脱颖而出并有取代宗族精英主导地位的势头，进而形成了较为复杂的多元派系竞争格局，“他们相互之间的利益博弈与竞争，共同影响村级权力结构的稳定性。”[②] 派系和派系竞争在当前整个乡村政治活动中扮演着重要角色，甚至促使当下中国农村社会结构发生根本性转变，建构起一种以派系为核心，主要按利益关系的大小和紧密程度向外扩展的新型差序格局，[③] 有鉴于此卢福营与孙琼欢都认为农村社会多元派系之间的博弈与竞争乃是嵌入乡村治理的重要变量，甚至是隐秘的治理机制。然而笔者倾向于认为无论何种派系竞争，即便涉及政治行为或者集体行动，未必都是以改变现存权力或利益分配格局为目的的，它也有可能是围绕着现有的权力结构或政治秩序而展开的政治或利益博弈行为。

农村先富能人在乡村治理过程中为了达到主政乡里、影响利益分配之目的，他们往往基于不同的利益与选举诉求团结一部分人围聚在自身周围，更多的是以经济利益或者朋友圈子等新型社会关系形成一定的派系，然后在村级选举及治理过程中展开激烈的竞争。先富能人捐资竞选以及由此导致的选举不公都可能因宗族势力和派系的存在而使乡村社会陷入持续的分裂和争斗的过程。李强彬等指出，这种状况的长期出现对乡村社区的

---

① 孙琼欢：《派系竞争：村庄治理的隐秘机制》，华中师范大学，博士论文，2008 年，第 15 页。

② 吴思红：《村庄派系与村级权力结构的稳定性》，《华中科技大学学报》（社会科学版）2009 年第 2 期。

③ 卢福营：《派系竞争 ：嵌入乡村治理的重要变量——基于浙江省四个村的调查与分析》，《社会科学》2011 年第 8 期。

发展势必产生诸多不利影响，三类精英之间的矛盾可能导致乡村社会自治力量难以有效发挥，进而阻碍乡村社区的长期稳定和发展。① 新型派系对基层选举和乡村治理的负面影响可能导致在竞选过程中形成激烈的冲突，而且哪怕选举结束之后，不同派别之间的冲突依然延续并有加深的趋势，甚至某些派系或个人之间为了所谓的"面子"而持续十几年甚至几十年的意气之争。通常表现为败选方不甘于失败，千方百计挑起矛盾希望能够找回曾经失落的"面子"；而胜选方则以胜利者的姿态出现，希望能够主导一切，从而导致村民之间关系的持续分裂。这种持续分裂的状况是竞争性选举的必然结果，通常情况下持续的分裂还会对能人治村行为及其治村能力带来比较明显的挑战。但必须明确的是，派系在村庄治理过程中发挥的作用并不一定都是负面的，它也可能是积极正面的，如参与动员、利益表达与保护、社区整合、制度导入及创新、监督与制约等重要功能。

不过，在当前乡村社会中政治精英、经济精英的分化乃是个客观事实，不同精英之间的竞争、博弈随着竞争性选举的推进日趋激烈。农村先富能人作为新兴社会阶层具有强烈的政治参与欲望，这种政治参与行为无论得以实现或难以实现都可能导致社会冲突、干扰村民自治的有效进行。

一是如果村治在传统政治精英的把持下排斥诸如先富能人这样的新兴社会阶层，并形成把持村政、垄断村庄公共权力的政治利益集团，那么一旦这些"利益集团"封闭化，原有的制度性政治精英又践踏村庄公共利益，不能有效代表群众进行利益表达、维护群众利益，村庄内被排斥的经济精英就会动员、组织村民开展维权斗争，就会导致激烈的社会冲突。

二是先富能人通过捐资竞选当选村干部主政村庄之后实现经济精英与政治精英的合二为一，按照传统、封闭的方式把持村政，主导村庄公共事务的治理以及利益分配，却又无法做到公开、公平、公正，这种情况的长期延续势必也会导致村庄的冲突。村庄内经济精英和政治精英的水平结盟以及基层政府成员和村治机构人员的垂直结盟解决了农村社区和基层政府之间自治与控制的悖论，但这种结构具有愈益封闭的特征，会排斥群众的

---

①　李强彬、向生丽：《转型社会中乡村精英的变迁与乡村社区治理》，《兰州学刊》2006 年第 4 期。

政治参与。[①] 对群众政治参与排斥的结果就是拒绝了更大多数群众的利益诉求、表达的途径，形成对他们的政治权益和利益的多重剥夺，因此乡村社会就会出现“非制度性政治精英”代表广大群众表达利益诉求、维护权益，最终必然激化社会矛盾。

三是竞争性选举延续的新型派系问题影响村级民主理性、规范的发展。从浙江的基层治理情况看，村庄竞争性选举后村民之间的关系分裂是较为普遍的，而且会对选举后的村庄治理造成一些不利影响。不同先富能人竞选的结果常常会导致这样一种情况：作为败选者的另一方及其竞选群体并不甘于失败，在后续的治村行为中继续与当选的村委会干部在各个方面较劲。这种较劲更多的时候只是一种意气之争，带有比较强烈的情绪化特征，甚至兄弟反目成仇。[②] 类似现象实际上在农村并不鲜见，这与中国独特的民族性密切关联，即总体上中国人无论是市民还是农民都是“善分不善合”的。曹锦清在《黄河边的中国》一书中曾多次如此感慨，贺雪峰在《新乡土中国》一书也谈到荆门农村农民不合作的事例，指出当地的村庄中存在严重的派性问题，且这种派性斗争形成了传统，不断延续，是个常态化的持续过程，而村级权力结构以及村庄的稳定性最终将取决于派系力量对比结构的均衡度。[③] 而且，在派系斗争的情况下，农民与农民之间的联系及其行动能力比较弱，集体行动难以达成，村庄公共工程和公益事业少有人问津，其后果可能就是“村庄合作不能达成，村庄秩序难以维持，村里公益无人过问”。[④] 这样的表述比较形象反映了乡村派系争斗导致的负面影响，最终就可能演变成意气之争而丧失理性的思考和民主治理的能力，反对派系势必会在各个方面给先富能人的治村行为增加难度，干扰村民自治的有效开展。

可见，当前乡村公共事务治理过程中的精英分化并非仅仅是体制内政

---

① 吴素雄、陈洪江：《从精英治理到民主治理：村民自治制度演进分析》，《江苏社会科学》2004 年第 1 期。

② 贺雪峰：《富人治村与双带工程——以浙江 F 市农村调查为例》，《中共天津市委党校学报》2011 年第 3 期。

③ 吴思红：《村庄派系与村级权力结构的稳定性》，《华中科技大学学报》（社会科学版）2009 年第 2 期。

④ 贺雪峰：《新乡土中国》，广西师范大学出版社，2003 年，第 54—55 页。

治精英与体制外政治精英的分化问题，它更多的是牵扯到体制内外不同精英群体之间分化以及精英与普通群众之间所导致的新型派系博弈与斗争问题。“制度性政治精英与非制度性政治精英分化的现象可能才是经济较发达、城市化进程比较快的地区必须引起高度关注的社会政治问题。”① 不过，在分析这种精英分化以及由此导致的可能的派系争斗之时也应看到不同派系之间的制衡与监督客观上对完善基层自治是有促进作用的，哪怕不同精英群体最激烈的社会冲突也具有缝合、自我重塑和更新功能。而且，现代化过程中通过剧烈冲突的方式摧毁传统而腐朽的权力和治理结构并重塑乡村权力结构和治理规则，植入现代民主治理的规范要素，也即意味着基层民主治理的进步。像曾经被誉为“南国第一村”的万丰村以及乌坎村，曾经被乡村传统政治精英把持的村政和权力在市场化的大潮中随着村民民主意识、公民意识的觉醒，最后爆发了比较激烈的抗争，在村民不懈努力的情况下最终使村庄的权力结构和治理规则都得以重塑。

三　农场能人治村的规范性及治村能力问题

先富能人作为经济精英，在个人致富以及经济发展方面的能力是确定无疑的，但其民主决策、民主管理、沟通协调、领导、指挥与控制能力却是个未知数。尤其是在面对复杂的派系分裂与博弈的情况下，主政村庄的先富能人能否摒弃私心，一心为公，带领村庄实现更好的发展并妥善处理各方的矛盾纠纷，无论是在理论上还是实践中都存在较大争议。

（一）能人治村行为的失范导致乡村社会冲突

1. 先富能人的利益代表及其派系偏袒容易引发争议。在社会阶层分化的大背景下，生活在同一村庄的村民们在利益分配上难免产生矛盾，代表某一派系参与村庄选举的先富能人为维护已取得的利益或取得更多的利益，难免会产生以其手中的权力偏袒己方成员的现象。而且，在村委会选举中产生分裂的村民通常会把这种情绪带到后续的村务治理过程中。不同派系

① 唐晓腾、蔡冯玲：《民主选举、政治精英流动与乡村社会稳定——东部 EL 村村委会换届选举的实证观察与思考》，《中共宁波市委党校学报》2009 年第 5 期。

之间的意气之争一旦丧失理性之光后就极其容易诱发各个不同派系之间的矛盾冲突。因派系与村民的分裂，各派系村民之间常为一些大小事情争执，甚至哪怕是鸡毛蒜皮的小事都可能引发争吵，导致反目成仇。轻则“鸡犬相闻，老死不相往来”，重则矛盾纠纷不断甚至以命相搏。结果要么是两败俱伤，要么是失势一方黯然退出，甚至黯然地远离村庄以及曾经的熟人社会。

2. 竞争性选举过程中形成的新型派系分裂会对农村能人的治村行为形成干扰。在村委会选举中以及后续村庄政治生活中如果缺乏足够的政治宽容和政治妥协的智慧以及沟通、协调、控制能力，农村能人主政乡里过程中打击不同派系成员的行为势必加深村民之间的分裂，派系之间斗争的长期延续会使得代表不同派系利益、观点和理念的村民彼此之间陷于利益纠葛、生活纷争，在长期的纠纷与冲突中逐渐丧失宽容心，“得理不让人，无理狠三分”潜移默化成为一些村民的行为规范，在危及乡村社会稳定和谐的同时也凸显了乡风文明建设的时代必然性。

3. 部分当选先富能人在治村过程中治村绩效不明显容易进一步扩大村民之间的对立冲突。通常作为某一派系或利益团体推出的先富竞选人当选村干部后，出于兑现承诺和继续获得所属派系或团体支持的需要，在村务处理时难以“一碗水端平”，无法做到一切皆为了公益，一切皆出于公意，从而容易激起其他派系及其成员的强烈反对。有些先富能人在治村过程中难免出现以权谋私现象，无法做到民主决策、民主管理、主动接受民主监督，从而导致治村行为偏离基层民主治理的规范轨道，容易导致其他派系包括普通村民的诟病和反对。真正值得担忧的是，在派系分裂尤其是主政乡里的先富能人如以权谋私或者偏袒某一方势力之际，极可能遭到带有宗族势力、派系特点的村民反对，从而容易使乡村治理陷入恶性循环，不断激发矛盾、加深村庄的分裂与对抗。极端的就像广东乌坎事件一样，体制内把持村政和垄断利益的原村支书及其派系与林祖恋领导的更大多数的村民之间展开了激烈的斗争，引发了大规模的游行示威以及暴力打砸行为，影响之大超乎想象，甚至成为具有一定国际影响力的大事件。课题组针对先富能人治村的规范性问题特别是是否会以权谋私做了问卷调查，在回收的2307份有效问卷中，共有2219人作答，从回答的总体情况看，被调查者对农村能人当政后以权谋私的忧虑感比较强烈，对“农村能人当政后以权谋私者更少”完全认同者只占4%，认同者只占21%，一般的占29%，而完全不认同者占8%、不认同的占比高达38%。

可见，总体上被调查者对农村能人当政后是否会以权谋私持较高的怀疑态度，持完全不认同与不认同的被调查者在所有选项中的占比都要高于完全认同和认同的被调查者。课题组还通过李克特量表统计，得到的结果是均值为2.76，处中等偏下水平，总体得分分值并不高。这与很多案例研究或规范分析所得出的结论存在一定的差异，即先富能人参政不计报酬甚至不惜代价的参政动机在某些典型案例中看上去很美好，如前文所提及的王玉峰、裴春亮等，确实在新农村建设中发挥了其突出的作用。然而，从课题组的问卷调查结果来看，面上的结果并不像个案所反映的那么美好，农村能人参政以权谋私现象在很多被调查者看来是存在的，而且这个占比并不低。从课题组问卷随机抽样的分布来看，被调查者分布浙江全省各地，具有较高的代表性，应该能比较准确反映全省的大致情况。

为了进一步地分析不同群体在这个问题上的态度，课题组进一步做了交叉分析，从中可以发现，持“完全认同”和“认同”态度的种养殖大户分别为7.5%和26.9%，在所有被调查群体中是最高的，总体认同度达到了34.4%>人大代表33.4%>企业主32.1%>村干部28.8%>普通村民23.8%>公务员16.6%（详见表4.6）。可见，公务员和普通村民的完全认同和认同度是最低的，他们对先富能人治村是否能够真正代表最广大村民利益、一心为公促进公共利益的最大化和农村社会更好发展的认同度最低。如果加上“一般”的比例，则认同度的排序为企业主64.2%>村干部59.3%>人大代表57.1%>种养殖大户54.3%>公务员54.2%>普通村民50.1%。究其原因，企业主、村干部、人大代表和种养殖大户的认同度相对较高是他们很多人本身即是先富能人或与这个群体关系最为密切，具有比较强烈的群体归属感，因此在情感评价上显然更倾向于支持、肯定与自我肯定。

反过来分析，普通村民在“农村能人当政后以权谋私者更少”这一项选择“完全不认同”的比例是最高的，达到了10.0%，“不认同”的比例则达到了40%，总体不认同比例为50%；其次是公务员总体不认同比例为45.9%；然后是人大代表43.1%，村干部40.7%，种养殖大户和企业主分别为35.9%和35.7%。而且还可以印证的是，在基层民主选举过程中普通村民的投票日趋理性，尽管他们期望先富能人带领大家共同富裕，但也并不会因此而放松警惕、盲目地投他们的信任票。由此还可以得出的结论是，基层民主选举以及治村过程中并没有那么严重的政治排挤问题，学界对先富能人参政会导致对普通村民或其他具有治村才能的治理精英的排挤可能有点过度担忧。

表 4.6　　“农村能人当政后以权谋私者更少”的交叉分析

态度 身份	完全不认同	不认同	一般	认同	完全认同	总计
公务员	6.1%	39.8%	37.6%	14.4%	2.2%	181
普通村民	10.0%	40.0%	26.3%	20.3%	3.5%	1173
种养殖大户	6.0%	29.9%	29.9%	26.9%	7.5%	201
企业主	5.7%	30.0%	32.1%	26.4%	5.7%	140
村干部	4.9%	35.8%	30.5%	25.3%	3.5%	371
人大代表	3.9%	39.2%	23.5%	31.4%	2.0%	51
计数	158	762	568	428	80	1996

（二）能人治村能力遭受现实复杂问题的挑战

1. 先富能人的管理能力不足容易遭到现实复杂问题的挑战。尽管先富能人在市场化大潮中赚钱能力突出，但这并不意味着他们的治村和管理能力也同样突出。管理是科学，亦是艺术，需要非常高的决断、计划、组织、沟通、协调、领导和控制技巧，根据领导特质理论，这些才能和技巧很多是与生俱来的，即便后天可以培养，也绝非一朝一夕之功。对于那些不具备基本管理能力的先富能人来说，即便能够顺利当选村干部也会面临诸多复杂问题的挑战。

首先，管理能力不足容易遭受到市场化背景下各种社会风险的挑战。仅就决策而言，任何决策都是有风险的，而市场化背景下社会风险产生的概率更高，决策失误、失败的可能性也更高。身为乡村社会的“领头羊”，在规划村庄发展蓝图、带领广大人民群众致富之时，如果先富能人的管理技能不能达到炉火纯青的程度，决策势必会因而遭遇各种市场化、社会化风险的考验。即便是本身具备管理实践与能力的先富能人主政乡村也会遭遇管理上的难题，更勿论那些本身并不具备多少管理能力、对复杂社会关系缺乏深入了解的经济能人。很多先富能人参政、施政仅仅依靠美好理想、冲劲与干一番事业的责任心，但村庄公共事务的治理通常要面对各种复杂事物、鸡毛蒜皮的杂事、琐事以及经济市场化带来的社会风险的严峻考验，因此能力不足的危险对先富能人治村来说实在是个必须要迈过去的坎。

其次，在当前社会两极分化、贫富分化，人民群众体制内表达渠道有限的情况下，基层社会面临繁重地维稳压力，压力层层传导到乡村社会，对先富能人协调各方利益、有效化解社会矛盾提出了更高的要求。根据委托代理理论，先富能人当政后既是广大村民利益的忠实代表者，也是国家利益在农村社区的代理人，一方面要贯彻落实上级政府的政策；另一方面要反映民众呼声、切实维护选民的权益。在基层政府依法行政，行政权力规范行使，镇村关系和谐的情况下自然不会产生多少现实冲突问题，但现实情况是压力型体制下出现了大量征地、拆迁以及环境污染事件，“代表者”和“代理人”角色势必发生相互冲突，从而使得村里的政治精英身处两难境地，[①] 即主政乡里的先富能人的利益代表功能和政策贯彻、行政汲取及维护行政权威的要求之间会产生尖锐的冲突。而且，村庄内各个不同派系之间的争斗、各种矛盾纠纷的化解也会使得先富能人面临各种挑战，对各种利益的公开公平公正分配、在不同派系之间协调、沟通、整合的能力都是先富能人治村所必须具备的基本能力。

2. 经济理性的自利心与一心为公、为广大村民谋利益的公益心之间难免出现矛盾冲突。市场经济背景下，先富能人亦是经济理性人而且他们对经济利益的感受超越普通人，有些先富能人当选村干部之后往往由于精力分散、时间有限、能力有限或自利心作祟而无法全心全意地扑在村务管理上。实践中不少案例表明，有一部分“富人村官”无法处理好个人事业与村庄发展两者之间的关系，管理村务一段时间后，出现热情减退现象，如有的意识到乡村治理制度的规范化约束，感到在村务管理过程中“无利可图”，干脆一走了之；有的因缺乏农村基层工作经验，面对复杂问题和矛盾，无法拿出具体对策和办法，产生畏难、退

---

① 陈潭、刘祖华：《精英博弈、亚瘫痪状态与村庄公共治理》，《管理世界》2004 年第 10 期。

缩、推诿等情绪；有的“身在曹营心在汉”，把担任村干部作为捞取政治资本、建构利益保护伞的一种手段，对村庄公共事务治理投入的时间、精力偏少。由此导致的一个必然结果是农村先富能人在村庄发展和公共事务治理中由于缺乏对村情民意的了解而造成村民心理的隔阂，由于自身精神状态的涣散而无法兑现竞选时的承诺，由于碌碌无为而导致个人威信下降，也容易导致乡村社会的矛盾纠纷，影响其对突发事件的有效处置。只要先富能人村官把大多数时间花在办厂、经营企业等自己的私人事务上，并借助公权力谋取私人利益，自利性与公益心之间出现此消彼长情况，他们自然就无法胜任村务管理、无法带领广大村民致富，反而更容易产生矛盾纠纷。

四 行政吸纳与政策支持问题

对于农业、农村发展和农民增收而言，关键在于强化人力资本投资，提升农民素质、知识和技能，而这也是当前我国农村、农业发展的关键所在。尤其在城乡明显二元分割的社会格局下，要解决农村、农业和农民问题、实现城乡统筹发展，必须加大农村的人力资本投资力度，把人才战略作为新农村建设和解决“三农”问题的第一战略，这是解决“三农”问题的核心路径。问题的关键则是地方政府如何通过有效的途径培育一支在经济发展、民主治理、社会文明、乡村生态等方面引领时代潮流的能人队伍，带动农村经济的发展，把农村集体经济或者村民收益这块蛋糕做大、做强。地方政府可以通过有效的途径充分发挥农村先富能人所掌握的致富技能、致富途径、经济社会资源和社会关系网络，积极为农村经济社会发展创造条件，寻求社会多元力量的支持，整合新农村建设的外部动力；同时，依靠先富能人所拥有的地方性“龙头”企业，组建农村经济协会等行业组织、中介组织，整合农村社区内部的所有资源和资本，提高农业产业化、组织化水平，打造农业的核心竞争力；最终带领或帮助广大农村居民致富，实现共同富裕。

因此，核心的路径之一就是通过行政吸纳，地方政府出台相应的政策鼓励并吸引优秀人才特别是那些在外打拼、事业有成的致富能人回归乡村社会，把不同的社会群体和社会阶层融合进乡村治理体系和权力结构，加大乡村社会的利益整合力度，引导他们致力于农村、农业的发展，以先进的技术、致富路径、社会关系网络或者项目带领广大农民共同富裕。

（一）行政吸纳及其不同的表现层次

1. 行政吸纳的基本内涵。这个概念最早由香港社会学家金耀基先生提出，他所谓的行政吸纳政治乃是指这样一个过程，即政府把社会中精英或精英集团所代表的政治力量，吸收进行政决策结构，因而获致某一层次的"精英整合"，这个过程把合法性赋予了统治权力，从而建立起一个松弛的、但整合的政治社会。[①] 作为一种理论解释模式，行政吸纳产生了很大的社会影响，特别是康晓光等学者在分析国家与社会关系之时，分别提出了"行政吸纳社会"、"行政吸纳服务"等理论分析模式。康晓光等学者认为，行政吸纳社会中的"行政"既指国家与政府，也指国家或政府的各种行为；"社会"并非指笼统意义上的社会，而是特指"公民社会"、"公共域"以及由法团主义所指明的社会，"吸纳"则意味着政府通过一系列的努力杜绝诸如公民社会、法团主义的社会结构或公民社会组织的反政府行为。[②] "行政吸纳社会"主要有三种方式，即"限制"、"功能替代"和"优先满足强者利益"，其中，"限制"是为了防止民间组织挑战政府权威，而"功能替代"是通过培育"可控的"民间组织体系把它们纳入现行体制，利用它们满足社会需求，从功能上替代那些"自治"的民间组织，进而避免社会领域中出现独立于政府或反抗政府的社会组织。[③]然而，无论是"限制"还是"功能替代"都受限于"权力的优先性"策略或"优先满足强者利益"，其遵循的一个普遍逻辑就是政府事实上对利益最大化的追求。

根据康晓光等人的观点，在"行政吸纳社会"的体制中，国家与社会既非分离的，更非对立的，而是相互融合的一个真实有效的体制。这种体制实质上与法团主义所倡导或主张的国家与社会体制具有高度的契合，

---

① 金耀基：《行政吸纳政治：香港的政治模式》，载《中国政治与文化》，牛津大学出版社（香港），1997 年，第 21—45 页。

② Kang Xiaoguang, Hanheng, "*Administrative Absorption of Society: A Further Probe into the State - Society Relationship in Chinese Mainland*", *Social Science in China*, 2007 summer, p. 116.

③ 康晓光、卢宪英、韩恒：《改革时代的国家与社会关系——行政吸纳社会》，载王名主编：《中国民间组织 30 年——走向公民社会》，中国社会科学出版社，2008 年，第 332—333 页。

即把社会中不同的利益群体包括公民社会整合进国家，它特别强调协调和整合，即如何把社会冲突转化为秩序，使之受到国家的控制和约束。在此基础上，国家或政府作为社会秩序的主导者通过一个稳定的、良好控制的、具有广泛联合能力的政治结构，连接国家与社会，让社会从广泛激烈的团体冲突中解脱出来，克服经济转型期可能出现的政治危机①、社会治理危机以及社会发展可能出现的诸多弊端。而且也只有这种强制性的政治联合结构加上契约的共识，以契约的共识作为国家与社会联合以及公民社会自我管制的秩序基础，才能够避免冲突带来的社会分割或分散，形成世代相继的社会公平合作体系，在此基础上让所有参与社会合作的各方都能够分享经济社会发展的成果和社会秩序产生的正外部效益。

2. 行政吸纳的不同表现层次。从上述学者对行政吸纳的不同论述来看，笔者认为行政吸纳有其内在的逻辑演进，主要有三个不同层次的表现：（1）占据主导地位的国家或政府积极吸纳社会精英所代表的政治力量参与公共政策过程，获致某一程度的“精英整合”，主要表现为权威政治体系中某些特定精英群体的政治参与，而精英群体的政治参与以被动为主，其参与空间、深度和广度都比较有限，受到国家或政府强有力的控制。（2）占据主导地位的国家或政府在社会团体利益组织化和公民社会成长的背景下通过相应的制度架构吸纳社会精英、利益团体和社会组织参与政府决策和公共服务供给，主要表现为社会、利益组织化团体和其他社会组织的政治参与和公共服务供给，成为政府公共服务的必要补充，从某种意义上说即是社会组织对政府公共服务功能的替代。（3）国家或政府与社会组织、公民社会以及社会精英阶层形成稳固的政治联合结构，无论是社会精英还是社会组织、公民社会都成为由国家主导的政治权力结构体系中的组成部分，主要表现为国家主导下的多元社会主体的合作治理，通过国家强有力的协调整合，彼此之间形成精诚合作的伙伴关系，共担社会风险和共享合作收益。

（二）基层政府对先富能人行政吸纳的客观必要性

1. 这是执政党在社会转型期所面临的一个战略性和策略性命题。作为新兴社会阶层，农村的新经济精英的出现、成长、壮大不仅对中国农村

---

① 张静：《法团主义》，中国社会科学出版社，2008 年，第 19 页。

的经济、社会结构带来了根本性的冲击，而且对政治结构也带来了显而易见的侵蚀、腐化。腐化是“握有新资源的新集团的崛起和这些集团为使自己在政治领域内产生影响付出努力的结果”,[①] 说到底乃是社会转型过程中新兴社会阶层对政治结构及政治行为的侵蚀。不过，腐化只是新兴社会阶层借助金钱的力量影响政治的一个方面；另一个方面，由于政治排挤的排斥性作用使农村新经济精英对执政党与政府产生了一定的离心力。也正是因为如此，对长期执政的中国共产党而言，“如何将经济精英潜藏的破坏性能量转化为认同性或支持性力量是执政党所面临的一个战略性和策略性命题”,[②] 从而也对农村先富能人的行政吸纳提出了必然要求。

2. 这是宏观政治生态环境要素变迁的必然要求。随着民营经济、个私经济发展的外部效应的溢出，先富经济精英在地方经济社会发展中扮演着越来越重要的角色，为地方经济社会发展作出了显著的贡献。地方政府在经济发展过程中与民营企业、先富经济精英逐渐在制度创新过程中达成了制度共享、共荣的共识。而且与执政党一直以来的精英主义导向一致的是，中国共产党对先富经济精英的政策逐渐从政治排斥向政治吸纳转变，逐渐扫清理念和制度障碍，通过多种方式和渠道将经济精英纳入自己的执政体系和权力结构中，借助社会精英阶层或利益团体的力量在促进经济社会更好地发展同时优化公共服务供给、保证社会和谐有序，从而达到既有效利用经济精英的经济社会建设功能又限制其潜在的政治分化和挑战能力之目的。实践中，通过“双创双带”等政策活动，执政党吸纳部分先富能人参与村庄公共事务的治理，充分发挥了他们的先锋模范作用，促进了农村经济社会的发展，也为对先富能人进一步的行政吸纳奠定了实践基础。

3. 这是政党发展和存续的必然要求。“适时调整执政党的意识形态，吸纳新兴群体加入党组织，是任何现代化政党维系执政合法性、巩固执政基础的必由之路。”[③] 正如亨廷顿所指出的：“现代化已造就出或者在政治上唤醒了某些社会和经济集团……现在它们也开始参与政治活动了。它们要么

---

① ［美］塞缪尔·亨廷顿：《变化社会中的政治秩序》，王冠华等译，上海人民出版社，2008 年，第 46 页。

② 弓联兵：《政治吸纳与组织嵌入——执政党统合私营企业的逻辑与路径分析》，复旦大学，博士论文，2012 年，第 94 页。

③ 同上书，第 86 页。

被现存政治体制所同化，要么成为对抗或推翻现存政治体制的祸根。因此，一个处于现代化之中的社会，其政治共同体的建立，应当能在‘横向’上融合社会群体，在‘纵向’上能同化社会和经济阶级。”① 因此，执政党对农村经济精英阶层的政治吸纳具有时代的客观必然性，是执政党在宏观政治生态环境变迁的过程中维系执政合法性、巩固执政基础的必由之路，而且对新兴经济精英的吸纳和强势整合，形成稳固的政治联合结构，有助于优化农村公共产品与公共服务供给的优化，提升公共事务治理的绩效，促使农村、农业更好地发展，以先富带后富最终实现共同富裕。

（三）基层政府对先富能人行政吸纳导致的问题

行政吸纳有不同的表现形式，问题的关键是执政党究竟通过怎么样的路径或模式进行吸纳以达到优化公共治理绩效、提升执政合法性基础的目的。很多基层政府往往出台政策或想尽办法支持、鼓励农村先富能人回流乡村社会或就地提拔任命其担任村支书、充当村庄的“领头羊”。然而，基层政府对经济能人的行政吸纳客观上必然会产生一些负面影响，甚至背离其行政吸纳的初衷，甚至危及乡村社会的基本秩序。简言之，问题主要有：

1. 行政吸纳的有效性问题。地方政府对先富经济能人的行政吸纳归根结底在于能否搭建起一个有效的平台，提供对经济能人具有足够吸引力的政策条件，从而促使他们为新农村建设贡献聪明才智和自身的财力、物力以及社会关系网络。从实际效果来看，地方政府通过“双创双带”、公开选拔、全县（市、区）招募等方式吸纳经济能人回流乡村社会、支持新农村建设产生了一定的积极作用，甚至有些地方影响是巨大的。从浙江省全省的统计情况来看，第九届村委会换届选举中，全省28550名村主任中，仅经商办企业的企业主就有10783人，占比达到了37.8%；全省80296名村委会委员中，22717人是经商办企业的企业主，占比28.1%，企业主在村委会所有成员中的占比为35.4%（详见表4.7）。②

① ［美］塞缪尔·亨廷顿：《变化社会中的政治秩序》，王冠华等译，上海人民出版社，2008年，第332页。

② 根据浙江省民政厅提供的第九届、第十届村委会换届选举报表整理、计算。

表 4.7 浙江省第九届、十届各市经济能人担任村干部情况统计

市	届数	村主任数	副主任及委员数	村委会成员经商办企业			
				村主任（数量/占比）		副主任及委员（数量/占比）	
杭州	九届	2068	4660	713	34.5%	1027	22%
	十届	2035	6350	930	45.7%	1328	20.9%
宁波	九届	2502	6050	824	32.9%	1297	21.4%
	十届	2458	8342	893	36.3%	1339	16.1%
温州	九届	5368	16126	1932	36.0%	4425	27.4%
	十届	5376	21998	1654	30.8%	3565	16.2%
嘉兴	九届	790	1781	94	11.9%	103	5.8%
	十届	792	2509	70	8.8%	89	3.5%
湖州	九届	982	2440	457	48.0%	942	38.6%
	十届	981	3321	431	43.9%	1048	31.6%
绍兴	九届	2150	5943	917	42.7.0%	2193	36.9%
	十届	2116	8015	927	43.8%	2152	26.8%
金华	九届	4794	12484	1808	37.7%	2691	21.6%
	十届	4795	16211	1963	40.9%	3852	23.8%
衢州	九届	1732	4164	725	41.9%	1107	26.6%
	十届	1465	4665	660	45.1%	845	18.1%
舟山	九届	343	1131	24	7.0%	30	2.7%
	十届	341	1497	29	8.5%	38	2.5%
丽水	九届	2838	8854	920	32.4%	1915	21.6%
	十届	2719	10147	968	35.6%	1912	18.8%
台州	九届	4983	17293	2369	47.5%	6987	40.4%
	十届	4685	19525	2751	58.7%	6582	33.7%
合计	九届	28550	80926	10783	37.8%	22717	28.1%
	十届	27763	102580	11276	40.6%	22750	22.2%

第十届村委会换届选举中，全省 27763 名村主任中，经商办企业的企业主则为 11276 人，占比达到了 40.6%；全省 102580 名村委会委员中，

22750 人是经商办企业的企业主，占比 28.1%，企业主在村委会所有成员中的占比为 26.1%。其中第十届台州市村委会主任中的企业主比例最高，达到了 58.7%，最低的舟山只有 8.5%。从表中可以比较清晰地观测到，在浙江这样民营经济比较发达的省份，在湖州、温州等地地方政府对经济能人的行政吸纳有比较明显的效果。其中台州村委会成员中经商办企业的经济精英占比是最高的，该市路桥、玉环、椒江、温岭四地第九届当选的村委会主任中经济精英的占比分别达到了 82.6%、75.4%、73.9%、60.1%，最低的天台、仙居、临海也分别达到了 39.8%、31.0%、30.7%（详见表 4.8）。①

表 4.8 台州市各县区经济能人担任村干部情况统计

县（市/区）	届数	村主任数	副主任及委员数	村委会成员经商办企业			
				村主任（数量/占比）		副主任及委员（数量/占比）	
椒江区	八届	266	751	189	71.1%	521	69.4%
	九届	264	858	195	73.9%	564	75.2%
黄岩区	八届	533	1643	164	30.1%	310	18.9%
	九届	526	1582	220	41.8%	424	26.8%
路桥区	八届	287	802	205	71.4%	578	72.1%
	九届	287	837	237	82.6%	695	83.0%
临海市	八届	981	3557	250	25.5%	767	21.5%
	九届	984	3296	302	30.7%	869	26.4%
温岭市	八届	829	2976	372	44.9%	1137	38.2%
	九届	823	3171	499	60.1%	1621	51.1%
玉环县	八届	271	819	190	70.1%	436	53.2%
	九届	272	968	205	75.4%	691	71.4%
天台县	八届	594	2374	204	34.3%	499	21.0%
	九届	596	2405	237	39.8%	796	33.1%

① 根据台州市民政局提供的第八、九届村委会换届选举报表整理、计算。

续表

县（市/区）	届数	村主任数	副主任及委员数	村委会成员经商办企业			
				村主任（数量/占比）		副主任及委员（数量/占比）	
仙居县	八届	722	2600	180	24.9%	420	16.2%
	九届	723	2749	224	31.0%	736	26.8%
三门县	八届	508	1359	160	31.5%	325	23.9%
	九届	508	1427	250	49.2%	591	41.4%
合计	八届	4991	16881	1914	38.3%	4993	29.6%
	九届	4983	17293	2369	47.5%	6987	40.4%

村委会其他成员中经济精英占比最高的路桥达到了83.0%，其次是椒江的75.2%、玉环的71.4%、温岭的51.1%。从表4.7和表4.8中可以清晰观测到，第十届村民委员会换届选举中台州当选的村干部中经济能人的占比达到了一个新的历史高点。从台州各县市区村委会换届选举中当选的经济能人的占比情况还可以发现其中存在着明显的区域性差异，路桥、玉环、椒江、温岭等经济发达、城市化程度较高的区县村委会成员中经济能人的占比明显要高于天台、仙居、三门等经济相对后发地区。而与台州等地经济能人大量参选村干部形成鲜明对比的是，嘉兴、舟山等地经济能人当选村干部的比例相当低，其中嘉兴经开、嘉兴港区、海盐县甚至持续两届都没有一个经商办企业的经济能人当选村委委员或村主任①。这是一种非常值得我们思考的现象，同在浙北，湖州市第九届基层换届选举当选的村主任经济能人占比是全省最高的，而与之经济发展程度、所处地理环境皆相似的嘉兴却基本上处于最低状态，其中的关键原因究竟是什么呢？根据笔者的调研，地方政府“无形的手”在其中发挥着重要作用。如湖州市为了推进“双创双带”活动，通过制定明确的推进方案、召开现场推进会并借助基层党建工作等方式积极发挥政府在基层换届选举过程中的引导作用。尽管在当前乡村治理日益规范化的情况下很难发现基层政府直接干预村级民主选举的证据，但政策引导的“无形之手”实质上对

① 根据嘉兴市民政局提供的第九届村委会换届选举报表整理统计。

经济能人当选村主任还是有很大影响的。而且，这与经济能人所具有的能力与经济优势，办实事或办好事的承诺选举以及普通村民穷则思变的致富愿望相结合，必然大大提升经济能人当选的可能性。因此，地方政府的这种行政吸纳客观上必然会影响村级组织的换届选举，印证了地方政府行政吸纳的有效性。不过通过数据我们也发现，并非基层政府所有的行政吸纳都是有效的。如嘉兴市也一样开展了“双创双带”活动，虽然具体策略与操作方式可能会有所不同，但从经济能人当选村干部的比例来看，该市明显偏低。从另一个侧面事实上也说明该市对经济能人的行政吸纳以及具体的政策导向基本上都没有发挥什么作用，其有效性仍有待提升。

2. 行政吸纳的排斥性问题。行政吸纳更关键的是要达成国家、社会、社会精英的有效融合并形成一个真实有效的、良好的、具有广泛联合能力的政治体制或政治结构。尽管目前还没有足够的证据表明基层政府对经济精英的行政吸纳已经形成了比较稳固的政治联合结构，但政治精英与经济精英联合、公权力与资本联合的趋势日益明显。这种日益明显的趋势对农村经济社会的发展以及提升公共产品供给效率有积极正面的作用，但也会产生负面的影响。其中一个突出的表现就是基层政府与某个群体形成比较稳固的政治联合结构，而对其他群体、派系形成社会排斥，很可能导致对乡村治理精英、道德权威、宗族势力、普通村民及体制外精英的排斥，这对乡村政治的影响也是非常明显的。而且基层政府对经济精英的吸纳或同化，极可能因财富或社会价值等因素的不公平分配而导致强烈的社会冲突，不仅有悖地方政府行政吸纳的本意，而且也可能危及社会基本的稳定和谐。

3. 行政吸纳的矛盾性问题。行政吸纳的矛盾性问题主要指基层政府对经济能人行政吸纳目标与结果之间的不一致情况以及由此导致的乡村代理人的角色冲突和乡村社会不同群体、派系的对立问题。基层政府对经济能人的行政吸纳既要借助经济能人突出的物质资本、社会资本弥补体制内公共服务和公共产品供给的功能性不足，实现“功能替代”，也要借助他们的经济建设和社会管理能力，大力促进乡村社会的全面发展、维护乡村社会的和谐稳定，防止基层治理出现系统性失灵。从逻辑上分析，基层政府对经济能人的依赖性越强，那么他们在社会分配之际就会更倾向于经济能人等社会强势群体，仍然符合“强者利益优先”的行政吸纳模式，当然无论是“功能替代”还是“强者利益优先”模式都服从服务于国家政权建设目标以及国家或执政党对乡村社会的管控目的，而基层政府对经济能人以及乡村自治体系的过度吸纳势必会导致其目的与实际结果不一致的矛盾性问题：（1）执政党或基层政府对经济能人或乡村自治的过度吸纳可能导致乡村政治的塌陷。诚如蒋永甫所指出的，以乡镇政府为代表的行政体系对村庄政治吸纳的结果就是村庄“政治”的塌陷，主要表现为权利、民主和自治的塌陷。[①] 如基层政府很多措施实施的结果不可避免地带上强化控制乡村自治的色彩，乡村财务、会记制度甚至村委会决策上移至乡镇政府，由乡镇政府全面监管村庄的财务、会记制度，客观上必然进一步强化对乡村自治的控制。（2）行政吸纳导致的政治排挤极可能诱发乡村社会冲突。基层政府对经济能人的行政吸纳使部分经济能人进入体制内并可能与地方政府建立良好的合作关系甚至是比较稳固的政治联合结构。然而，由于村级组织成员名额极其有限，因此导致的一个结果是更大多数的经济能人被排斥在体制之外，成为体制外精英。一方面，在压力型体制下出现大量征地、拆迁、违法行政现象的情况下，体制外精英可能成为村民利益坚定的“代表者”和捍卫者，带领村民与村干部和基层政府不合理行为持续对抗，即产生所谓的“以法抗争”、“以理维权”甚至社会泄愤事件，政治动荡亦随之产生。另一方面，如果地方政府对经济能人不能进行有效的行政吸纳，也可能导致乡村经济能人由乡村代理人向底层政治抗争的“领头羊”转变。如浙江乐清的钱云会案，作为该市蒲岐镇寨桥村村委会主任的钱云会，本应成为体制内政令贯彻、行政汲取的手段和乡村秩序的维护者。然而由于征地拆迁纠纷导致钱云会率领当地村民连续6年上访，地方政府对寨桥村乡村治理能人行政吸纳的失败以及公共治理局部失灵最终使得行政体系失去了广大村民的支持和信任，导致社会矛盾冲突。由此可见，地方政府与乡村自治组织以及广大村民之间政治联合结构的瓦解也是事件持续、反复并最终扩大化、恶性化发展的关键。地方政府因征地拆迁问题导致公信力和权威性急剧下降，根本无法通过行政体系的协调和整合化解社会矛盾冲突、重塑社会秩序，最后只能陷入冲突与对峙之中疲于奔命。

---

① 蒋永甫：《行政吸纳与村庄“政治”的塌陷　村民自治制度的运行困境与出路》，《湖北行政学院学报》2011年第6期。

因此，尽管从逻辑上分析，地方政府对经济能人的行政吸纳具有诸如强化社会控制、获得服务的功能性替代、增强合法性认同等优势，然而行政体系对乡村自治体系的过度吸纳、吸纳不足或者吸纳的结构性失衡，即在吸纳过程中不能统筹兼顾不同精英群体、政府与社会、公民之间的权益分配、政府行政与乡村自治之间的关系，必然会导致行政吸纳的矛盾性问题，从而极可能引发乡村社会的冲突。而这是当前基层治理过程中地方政府对经济能人行政吸纳时必须引起高度重视的问题，也必须采取妥善措施既要防止吸纳不足也要纠正过度吸纳所诱发的各种社会冲突。

五　对先富能人治村行为的监督问题

“绝对的权力绝对的腐败”，这在人类的历史长河中得到了无数次的证明，“无处不在的腐败产生了严重的政治、社会和经济影响”，[①] 即使是21 世纪的今天，无论是在公共行政领域还是村民自治领域仍然如此。尽管村官职位低、权力有限，但庞大的村官队伍却掌管着农村公共事务治理以及各项民生工程，在土地征用、扶贫救灾款物发放、社会事业发展、社会救助等方面都起着决定性作用，基本上都与群众的日常生活息息相关。因此，村干部即便是“豆包”，但也是实实在在的“干粮”，特别是乡村治理的规范性、公正性和有效性关系党的执政基础以及政府形象，其影响力和作用不应被忽视。统计数据显示，截至 2012 年底，我国基层群众自治组织共计 68. 0 万个，其中村委会 58. 8 万个，村委会成员 232. 3 万人。[②] 如此庞大的村官队伍，一旦发生蜕变，其危害之大难以想象。

另外，为了解决村两委关系不畅、特别是村“两委”之间的争斗问题，中央出台了“一肩挑”的政策，2002 年中共中央“十四号文件”鼓励在村委会换届选举中实行“一肩挑模式”，即村党支部书记或村委会主任由 1 人兼任，“两委”其他成员交叉任职的乡村治理模式。第九届村民委员会换届

---

① Jin - Wook Choi，“Institutional Structures and Effectiveness of Anticorruption Agencies：A Comparative Analysis of South Korea and Hong Kong”，*Asian Journal of Political Science*，Vol. 17，No. 2，August 2009，p. 195.

② 民政部：《2012 年社会服务发展统计公报》，详见民政部网站：http：//cws. mca. gov. cn/article/tjbg/201306/20130600474746. shtml，2013 - 06 - 19。

选举统计结果显示，全国村党组织书记和村委会主任“一肩挑”的平均比例为38.4%，村“两委”班子成员交叉任职的比例为52.38%，与上届相比上升了近4个百分点。[①] 客观评价，“一肩挑”政策出台有良好的初衷，实践中有助于理顺村“两委”关系，也有助于强化基层党组织的战斗堡垒作用和执政能力，实现加强党的领导和完善村民自治的有机统一。然而，其引发的问题也同样令人关注，特别是乡村治理中的民主决策、民主管理和程序民主问题，以及因权力过于集中所导致的监督约束乏力和可能出现的监督失控都成为当前乡村治理中的突出问题，[②] 而对能人型村官的监督制约问题就显得更为突出，关键就在于先富能人群体担任村干部之后，更易于成为乡村社会的魅力型权威，且往往长期占据村党支部书记或村委会主任职位，形成类似于乡村干部终身制现象。再加上各级政府的政策支持和配合，易于导致“一言堂”和权力滥用，从而更易于诱发腐败。

从浙江省第九届村民委员会换届选举的统计看，全省村委会主任“一肩挑”的比例为2.2%，村党组织委员兼任村主任的比例为23.4%，这两个比例在全国范围内来说都不算高。但湖州“一肩挑”比例3.5%，村党组织委员兼任村主任的比例高达75.1%，嘉兴“一肩挑”比例15.6%，村党组织委员兼任村主任的比例高达66.7%，这两地“一肩挑”比例相对全国虽然也不高，不过村党组织成员兼任村主任的比例却是非常高的。此外，从全省范围内看，新任村主任占比44.4%，换言之，超过半数以上（53.6%）的村主任都是留任的；新进村委会委员数占比为51.9%，也表明将近一半的村委会成员是留任的（详见表4.9）。再结合表4.7和表4.8的统计情况，如此高比例的先富能人主政乡村，通过“一肩挑”的方式兼任多职，而且很多都长期任职，极容易形成先富能人的“一言堂”或把持村庄公共事务的局面。如曾经被誉为“南国第一村”的深圳万丰村（现万丰社区）原村支书潘强恩自1981年担任村支书以来，一直延续到了2005年，长达24年。[③] 广东乌坎事件中该村书记薛昌把持乌坎大权长达令人惊讶的41年，被外人称为“乌坎皇帝”，“一切村务均

---

① 陈丽平：《全国共有3.5万名大学生村官当选村“两委”成员》，《法制日报》2011-04-29。

② 张作伟：《一肩挑模式的问题与对策分析》，曲阜师范大学，硕士论文，2009年，第10—18页。

③ 卢丽涛：《争战“南国第一村”：集体经济的烦恼》，《第一财经日报》，2012-04-17。

仰其鼻息”。[①] 正是由于这种长时间的操纵、把持和“一言堂”甚至凭借农村黑恶势力操纵村务、中饱私囊，侵害广大村民利益，才最终引发了大量的争议、底层抗争甚至大规模的群体性事件。

表 4.9　　浙江省第九届村委会换届选举村干部变化情况统计

市	总数	“一肩挑”比例		村党组织委员兼村主任数		新任村主任数	村党组织委员兼村委委员数	新进村委会委员数
杭州	2068	35	1.7%	680	32.9%	883	830	2201
宁波	2502	67	2.7%	902	36.1%	982	1324	2752
温州	5368	37	0.7%	788	14.7%	2702	1319	9773
嘉兴	790	123	15.6%	527	66.7%	162	500	561
湖州	982	36	3.7%	737	75.1%	314	570	731
绍兴	2150	58	2.7%	556	25.9%	903	596	2797
金华	4794	125	2.6%	918	19.1%	2014	1473	6352
衢州	1732	17	1.0%	351	20.3%	702	365	1797
舟山	343	71	20.7%	160	46.6%	119	540	454
丽水	2838	29	1.0%	307	10.8%	1495	419	5499
台州	4983	20	0.4%	744	14.9%	2414	1329	9084
全省合计	28550	618		6670		12690	9265	42001
全省占比			2.2%		23.4%	44.4%	11.4%	51.9%

由此可见，对村委会干部的监督事关人民群众的切身利益，其中对先富能人特别是村庄政治强人的监督显得尤为重要，这个问题具有一定的普遍性。而且，基层干部的腐败是最具离心力的腐败，因为广大老百姓近距离感受，切身体会，其影响面更广、程度更深，因此强化对村官的监督、防止能人村官专权、独断以及腐败本身即具有重大的现实意义。然而现实的村庄治理过程中，由于先富能人的权威性比较高，对先富能人村官的监督仍然存在着监督不到位、监督难、监督失灵和技术性等问题。

1. 监督不到位，村民监督乏力。在实际运行中，很多时候村委会并

① 刘建锋：《乌坎密码》，《经济观察报》，2012－06－09。

不会严格依法依程序办事。特别是先富能人主政乡里，由于其拥有很高的社会权威，因此在实际施政过程中往往容易忽略决策和管理的民主程序，排斥村民大会、村民代表大会和村民小组的作用。如直接涉及村民重大利益的九方面事项，按照《村组法》规定无疑应召开村民会议进行决策，但事实上即使在浙江的不少村级事务治理中，仍然有不少地方对这样的法律规定置若罔闻。而且，另一个值得关注的现象是，经商办企业的先富能人长期担任村干部，有些企业比较大，村里很多人都需要在其企业中打工，不得不“仰其鼻息”而活。在这样的情况下，实现了经济精英与政治精英合二为一的能人村官在“政企合一”的情况下甚至拥有绝对的社会权威，至少那些为其工作的村民是绝对不敢对其发表不同意见的，从而必然导致监督乏力问题。此外，从监督的角度看，如果村务不公开、不透明，即便村民想监督也难以监督，必然会产生监督不到位现象。

2. 监督难和监督有效性问题。《村组法》第 31 条明确规定，“村民委员会不及时公布应当公布的事项或者公布的事项不真实的，村民有权向乡、民族乡、镇的人民政府或者县级人民政府及其有关主管部门反映，有关人民政府或者主管部门应当负责调查核实，责令依法公布；经查证确有违法行为的，有关人员应当依法承担责任”。[①] 从法律上讲，基层政府应在基层自治过程中扮演裁判者、监督者的角色，以确保村民自治制度的有效性。然而，在基层政府对先富能人行政吸纳以及两者之间形成政治联合结构的情况下，基层政府选择性的偏信、偏听、偏袒，势必导致监督不到位、监督失灵，既影响政府的公信力也必然导致体制外的抗争行为不断增加。如前述孟连事件、乌坎事件，地方政府的偏袒、迟钝导致监督失效，而体制内的利益诉求、表达和协调机制不健全甚至完全失灵，才是事件最终失控并恶性化、扩大化发展的关键。可见，由于基层治理制度运行不畅、制度失灵导致村民们对先富能人以及村委会作出的错误决策，缺乏有效纠正的手段，村民们对先富能人民主监督的难度不小，监督的效力也很成问题。

另一个值得关注的事情是，尽管村务监督委员会的成立及运行已经成

① 《中华人民共和国村民委员会组织法》，新华网，http://news.xinhuanet.com/politics/2010-10/28/c_12713735.htm，2010-10-28。

为明确的法律规定，但对于其运行的绩效如何还是值得进一步深入探讨的。武义后陈村的村务监督委员会是当地特殊的政治生态环境和诸多因素共同作用下产生的，是一种“诱致制度创新和变迁的行为”，[①] 在提升制度整体功能的同时避免了社会冲突，而且实现了乡村治理的系统创新，产生了良好的社会效果。

然而问题的关键是，适应后陈村实践的制度体系建设和创新未必就适合其他地方的实践。特别令人遗憾的是，浙江其他地方的村监委建设逐渐走向了一种制度上的回归，即村监委主任基本上由村党组织成员兼任。换言之，它逐渐的演变成了村党支部的另一个分支机构，其独立的分权和制衡特征反而被淡化，监督效果势必被弱化。如湖州市第九届换届选举，湖州全市村党组织成员兼任村监委主任的比例竟然高达90.5%，其中最高的吴兴区竟然高达100.0%，最低的南浔区也达到了85.5%（详见表4.10）。

表4.10　湖州市第九届村党组织成员兼任村监委主任情况统计

县/区	人数	总数	占比	与上届相比百分点比较
德清县	137	151	90.7%	6.4
长兴县	192	220	87.3%	7.6
安吉县	154	169	91.1%	4.0
吴兴区	164	164	100.0%	18.9
南浔区	189	221	85.5%	26.2
开发区	36	38	94.7%	-7.9
度假区	18	19	94.7%	42.1
合计	890	983	90.5%	13.5

再结合表4.7，湖州市高达75.0%以上的村委会成员都是经商办企业的先富能人，如果村监委主任都由他们兼任，那么产生的问题也是非常明显的，即村监委成员很可能既当运动员又当裁判员，势必影响村监委的运

① 卢福营、江玲雅：《村级民主监督制度创新的动力与成效——基于后陈村村务监督委员会制度的调查与分析》，《浙江社会科学》2010年第1期。

行绩效。本来村监委制度在多年的运行中就暴露出了一些新的问题，如村务管理体系不够健全，村干部的决策自由、裁量权都还存在一定的空间；监委会的监督、群众的监督还不够有力，监督能力和监督水平还有待提高；村务管理的制度执行不到位等等，[①] 因此就对村务监督委员会的规范化建设提出了更高的要求。但如果村务监督委员会只是“回归”成为村党支部的附属物，那么毫无疑问，监督的规范化和绩效就很难保证，甚至发生异化的可能，从而再一次地凸显对村委会干部特别是先富能人的监督问题。课题组曾经就村监委的监督绩效问题和浙江仙居某镇的乡镇主要干部进行过交流，至少在他们看来，目前村监委实际发挥的作用并不明显。

3. 监督的技术性问题。监督的技术性主要指对村“两委”成员及其工作的监督存在一定的知识和技术上的障碍，集中表现为他们的监督能力不足。从实践情况来看，特别是经过近几年的努力，不少省份目前已基本实行了村级财务代理制度，即“乡管村用、定期财务公开”制。所谓的“乡管村用”主要是指在保证村集体资产收支“所有权、使用权、审批权”不变的前提下，村级财务统归乡镇的“村级财务代理中心”管理，以强化乡镇对村级财务的监督与约束作用。“乡管村用”财务管理制度的推广在规范村级财务管理，促使村级财务规范有序运行、公开透明运作和强化监督的有效性等方面都有一定的积极作用。

然而，在村级财务公开上却仍然存在村民看不懂的情况，当前村级财务代管部门公开的财务内容存在内容抽象化和笼统化现象。从财务公开的操作性原则来看，财务公开不仅内容应按专业要求归类，而且对于每项财务要素应全面、详细地公开，不仅要事前公开预算，而且要公开具体操作情况以及最终的财务结算情况，最好还能够提供纵向的市场价格要素进行横向、纵向的对比，这样既方便广大村民监督，也有助于完善村务公开制度，塑造村委会和村干部的公信力。但实践中却经常可发现村里在村务公开时经常是能不公开尽量不公开，哪怕是公开了也非常笼统，对反映某一项具体工作的财务开支情况经常遮遮掩掩。而且，先富能人村官往往懂经济、专业素养强，其决策拍板的理由在村务公开上很难体现出来。即便村

---

① 武义县县委县政府：《培育监督主体　强化制度配套，从监督要素建设向监督体系建设推进——武义县深化完善村务监督委员会制度情况》，内部汇报资料，2011 年 4 月。

务、财务公开要素齐全，但涉及财务会计、预决算、建筑设计等专业知识，以普通村民的素质和能力来讲，由于技术性的限制，他们也很难进行有效的监督。

此外，村务公开的公开方式、公开地点也是个值得探讨的问题。现在很多地方村务公开只在村务公开栏里进行，一个村通常只有一个村务公开栏，而公开栏往往又是固定的，类似的信息传播渠道与传播方式必然制约信息的有效传播，作为受众的广大村民对这样的信息敏感性也是最低的。而且对自然村较多、居住比较分散的村来说，如果不是特别关注，必然会有部分村民看不到公开内容或直接忽略这样的信息。这样的公开方式必然会制约广大村民对先富能人村官的监督制约作用。因此，一方面，要强化村务公开特别是财务公开制度的贯彻落实情况，强化村务特别是财务公开的体系化、制度化、规范化建设，以强有力的措施提升监督效力；另一方面，应把具有基本财务会计能力的村民选进村务监督委员会，开展村务监督的宣传、培训活动，增强村监委成员和广大村民的监督意识、专业知识和监督能力，提升监督绩效。并应对那些大搞“一言堂”、独断、专制，拒不接受监督的能人村官，适时启动罢免程序或支持村民在下一次选举时用脚投票。

六　培训与成长：农村能人的发展与辐射能力问题

农村先富能人作为农村社会最突出的精英群体，是地方政府行政吸纳的主要对象，行政吸纳精英有最基本的政策目标，其中最关键的就是期望先富能人能够带动农村经济社会发展，优化公共产品和公共服务供给，在同化和控制的过程中实现功能补充或替代，提升基层治理的合法性基础、优化治理绩效。

然而，行政吸纳经济能人最多只能解决新农村建设部分人才需要，从总体上来说，农村的优质人力资源特别是能人队伍始终是匮乏的，特别是高层次、高技能的复合型人才更显短缺。这也从另一个侧面说明当前加强农村实用人才队伍建设和农村人力资源开发，培育一支有知识、懂技能，能够为农业和农村经济发展作出积极贡献的能人队伍，是一项重大而紧迫的战略任务。各级地方政府要解决新农村建设的人才队伍问题，既要开源，即通过行政吸纳促使农村外出先富能人回流乡村社会，也要开发，通过对农村现有人力资源的培训与开发，特别是农村实用人才的培育，寻求农村、农业发展和农民增收的内生增量，促进农村现有人才队伍的发展壮大，提升他们经济社会发展的辐射能力。

从实践情况来看，近些年浙江省在促使农村能人队伍成长的政策支持、财政投入和农村劳动力素质、技能培训方面的投入力度都不小，自2004年随着社会主义新农村建设的推进，全省以“千万农村劳动力素质培训工程”、“阳光工程”、“绿色证书”培训为主要载体，以农业专业技能培训、农民转移就业技能培训和务工农民岗位培训为主要内容，以被征地农民、转产渔民、下山农民、农村富余劳动力、企业务工农民和专业农户为重点培训对象，积极开展农村实用人才的培训工程。特别是农村经济带头人和优秀青年农民能力提升专题培训，不仅提升了农民综合素质和技能水平，而且帮助农民拓展创业创新视野。统计数据显示，2008年底浙江共有农村实用人才91.6万人，约占农村劳动力的3.6%，与2004年相比，总数增加了45.8万人，年均增长18.9%。从农村实用人才的分类来看，排在首位的是生产型人才，为59.1万人，占比64.5%；其次是以能工巧匠为主的技能带动型人才，占20.0%；然后是社会服务型人才和经营型人才，分别占6.7%和4.9%；最后是科技服务型人才，占3.9%。①

课题组就当前农村劳动力培训的相关问题做了问卷调查。从统计结果来看，在有关“我省促进农村能人队伍成长的政策支持力度已经很大”一项上，李克特量表统计分析的均值为3.28，处中等偏上水平。在“‘千万农村劳动力素质培训工程’对解决‘三农’问题的实际效果”上，李克特量表统计分析的均值为3.26，也处中等偏上水平。由此可见，被调查者对浙江省农村能人队伍建设及农村劳动力培训问题的认知上基本一致，基本上认同政府在促进农村能人队伍成长的政策力度是比较大的，“千万农村劳动力素质培训工程”对解决“三农”问题的实际效果也是比较明显的，另外可以佐证的数据是：2012年浙江农村居民人均纯收入

① 佚名：《浙江省人才资源现状分析研究》，浙江三农网，http：//www.zj3n.gov.cn/html/szts/llyjview/45571.html，2011－12－05。

14552元，已连续28年居全国各省区首位，城乡居民收入差距缩小到2.37：1，其中很关键的一个原因就是浙江农民的非农化就业以及由此创造的社会财富占据了他们收入很大的一部分。不过，在看到这个令人惊叹的成就之时，我们也看到在促进农村能人队伍成长的政策支持力度和提升他们素质与能力的培训方面仍然存在一定的问题。当前，在农村人才队伍培训方面存在的问题主要有：

1. 培训投入资金有限，对农村人力资本投资力度不够。虽然总体而言各地用于农村劳动力和实用人才培训的财政投入资金每年都有所增长，但相对于培训任务以及农村高层次、高技能的复合型能人队伍成长的需要而言，资金投入仍严重不足。以温州市为例，2004—2010年，温州市、县两级财政用于农民培训的资金总计2.84亿元，每年人均投入仅为266元。① 课题组问卷调查的结果显示，高达38%的被调查者认为当前各级政府对农村劳动力培训存在的最突出问题是培训资金投入有限（详见图4.2），严重制约了农村能人队伍的发展壮大。

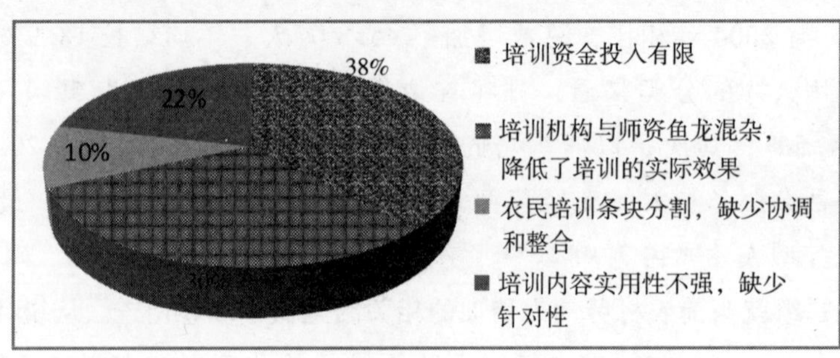

图4.2 农村劳动力培训存在的最突出问题

2. 培训机构与师资队伍鱼龙混杂，降低了培训的实际效果。现行的涉农培训在培训内容、方式、资金、师资、教材、场地、证书等方面缺少统筹安排、难以共享利用。一是各地涉及农民培训的单位数量众多而庞杂。每家单位都是“八仙过海，各显神通”，为了多承接培训业务，培训内容往往是五花八门。二是师资力量鱼龙混杂。各地涉及农村实用人才培训的师资力量既有从高校聘请的专家，也有从农村推选出来的“土专

① 陈国胜、周胜芳、蔡婧：《温州市农村实用人才培训实效研究》，《南方农业》2012年第11期。

家”，还有来自相关部门职能科室的工作人员。本来不同的师资由于经历、经验、知识、技能不同，多角度的培训对提升农村劳动力和实用人才的视野、知识和技能都是有利的。但问题就在于高校专家和真正称得上号的“土专家”很难长期延聘，与各培训单位很难建立长期的合作关系，各部门抽取的工作人员可能精通业务，但毕竟人数有限，而且还要做好本职工作，不好擅离工作岗位。因而，从师资力量上来说，特别是基层单位都很难保障培训所需的大量高素质师资力量。此外，由于教师的知识层次、理论水平参差不齐，且更换频繁，时常会出现“断档”现象，再加上由于受资金投入限制，在培训方式、教材、场地、证书培训等方面都面临一系列的问题，如果不能统筹兼顾，必然导致培训系统性、持续性匮乏，从而极大地影响培训效果，难以达到预期目标，造成不必要的浪费。课题组问卷调查的结果显示，高达 30.0% 的被调查者认为当前农村劳动力培训中培训机构与师资力量鱼目混珠，在方式、资金、师资、教材、场地等方面缺少统筹安排、难以共享利用，降低了培训的实际效果（详见图 4.2）。

3. 培训的针对性、应用性不强，培训内容“接地”明显不足。农村人力资源开发关键是要建设一支高素质的能人队伍，这对培训师资、培训内容的系统性、针对性、应用性以及培训技能等方面的要求都是很高的。然而，当前很多针对农民、农村劳动力、农村实用人才的培训班、培训专业都是按照相关政府部门部署的。换言之，很多都是基于行政导向而不是需求导向或市场导向的，而且很多培训工作往往是为了完成各部门年度计划硬性要求的，在安排具体内容时往往也是按照部门职能、所能聘请的师资力量和兴趣而定，对被培训者的需求往往没有经过认真调查和分析。

因此，其导致的问题也非常明显：

（1）缺乏针对性，应用性不强。首先，由于很多培训的老师或是长期在科研院所研究的理论性专家，或缺乏农村实际工作经验，在培训时往往注重理论体系的讲解，却不注重实际应用，存在理论与实际“脱节”现象。因此，培训的内容与农民的现实需求仍有差距，导致很多培训内容“用不上”，甚至“没有用”。其次，对很多农村实用人才来说，特别是对农村专业合作社、农村经纪人、农村中介组织等来说，他们迫切需要的是一些网络营销、客户沟通和管理的技巧、技能方面的培训。这就需要有一个系统性、长期性的培训计划才能保证农民实用人才及时获得最新的知识和技能，增强他们经营管理、开拓市场、扩大经营、带领更广大的农民走上致富之路。然而，恰是这些农村能人迫切需要的培训内容却是实际培训所缺乏的，脱离实际、非需求导向的培训导致培训内容的应用性非常低。如青田县的一项调查显示，高达67.4%的农民表示培训内容在实际应用中难以实现。①

（2）交叉培训、重复培训现象非常突出。从当前中国的行政管理体系来看，涉农部门至少有十几个。这些涉农部门都有一些专门针对农村、农民、农业开展的培训，如农办负责“千万农村劳动力素质培训工程”，农业部（局）有专门针对农民、农业专业合作社的培训，有“阳光工程”、“绿色环保证书”等项目，人社部门有劳动力转移就业培训，科技部门有农技推广项目，畜牧部门有养殖技术培训等。这些培训名目繁多，最终不可避免会出现交叉培训现象，培训的师资、对象和内容始终就是那些内容，重复培训现象非常突出。如诸暨市的调查结果显示，85%的受访农户表示对各级政府组织的培训已经不再感兴趣，“因为几年来培训的内容根本没有变化”，80.0%的农户表示，培训对自己的致富没有多大帮助。② 这些无疑都会弱化培训的实际效果，而且造成资金低效率的投入和浪费。

（3）培训的形式主义也影响了培训的实际应用性和效果。实践中，很多时候各地举行的培训往往是为了应付上面的任务和部门年终总结亮丽数字的需要，而忽略了培训的针对性、应用性和实效性，培训的形式主义也势必弱化培训的实际效果。笔者在参加国家发改委“西部地区基本公共服务均等化”项目之时，曾经于2009年到云南、甘肃等地开展相关调研，在与当地政府官员交谈时他们提到的一个现象是，西部地区农民工培训不少甚至只流于形式，有限的资金所能够做的事情就更有限，对农民工的培训往往仅限于一些“打工须知”，很少会传授有实际应用价值的知识或技能。因此，这样的培训不仅缺乏针对性、应用性，

① 青田县委办：《基层反映当前农民培训存在3方面问题亟须关注》，内部资料。

② 绍兴市委办：《基层反映当前农民培训存在三大问题影响实际效果》，内部资料。

而且对农村人力资源开发所能够发挥的作用也极其有限，距离农村实用人才培养或者能人队伍建设的战略目标也仍然有很大的差距。尽管浙江在这一方面开展的工作相对有成效些，但实际调查结果显示，针对性、应用性一直都是各级地方政府开展的农村实用人才培训所存在的问题。课题组的问卷调查结果显示，有22.0%的被调查者认为“有些培训内容实用性不强，缺少针对性，培训的技术和技能过于粗浅”，排在最突出问题的第三位（详见图4.2）。

4. 涉农培训资源分散，各自为政，降低了培训的实际效果。如上所述，当前我国涉农培训部门众多，对农村劳动力和实用人才特别是能人队伍的成长与培训缺乏统一规划，存在多头管理、资源分散、各自为政的问题。从纵向来看，省市县三级培训资源互不相连；从横向来看，涉及农民培训的相关部门包括发改委、农业、农办、科技、文化、财政、畜牧、教育等10多个单位，各自为政、互不相干，由此降低了有限的资金和资源优化配置和整合的可能，也可能因无法系统规划、集中优势资源提升对农村实用人才的系统性、实用性技能，导致很多培训还停留在低水平的重复和短周期的应付上，由此造成政府财政投入的低效率，不利于建设一支高素质的农村实用人才队伍。课题组的问卷调查结果显示，有10.0%的被调查者认为“农民培训多头管理的现象比较突出，条块分割，缺少协调和整合”（详见图4.2），也占据了一定的比例。

为了进一步分析各级政府在农村实用人才培训方面存在的问题，课题组对问卷调查结果做了交叉分析，结果显示，在被调查对象中，认为“培训资金投入有限”是农村劳动力培训存在的最突出问题的，依次排序分别为人大代表占比48.0%>村干部45.1%>企业主40.6%>普通村民36.7%>公务员34.8%>种养殖大户34.5%；在“培训机构与师资力量鱼目混珠，降低了培训效果”一项上的排序分别为公务员36.6%>普通村民31.8%>种养殖大户31.0%>企业主28.9%>人大代表26.0%>村干部21.4%，“培训内容实用性不强，培训的技术和技能过于粗浅”一项上的排序分别为村干部26.1%>种养殖大户24.0%>公务员22.4%>企业主21.9%>普通村民20.5%>人大代表18.0%，而在“多头管理现象比较突出，缺少协调和整合”一项上的排序分别为普通村民11.0%>种养殖大户10.5%>企业主8.6%>人大代表8.0%>村干部7.4%>公务员6.2%（详见表4.11）。

表 4.11 农村劳动力培训存在的最突出问题的交叉分析

	培训资金投入有限	培训机构与师资力量鱼目混珠，降低了培训效果	多头管理现象比较突出，缺少协调和整合	培训内容实用性不强，培训的技术和技能过于粗浅	总计
公务员	34.8%	36.6%	6.2%	22.4%	161
普通村民	36.7%	31.8%	11.0%	20.5%	1089
种养殖大户	34.5%	31.0%	10.5%	24.0%	171
企业主	40.6%	28.9%	8.6%	21.9%	128
村干部	45.1%	21.4%	7.4%	26.1%	337
人大代表	48.0%	26.0%	8.0%	18.0%	50
计数	695	552	184	396	1827

从上述排序中可以看出，基本上每个群体都认为“培训资金投入有限”是农村劳动力培训存在的最突出问题，这个占比是最高的。其中，人大代表、村干部、企业主对资金投入方面的不满态度占比更高，公务员、普通村民、种养殖大户对培训机构和师资力量鱼目混珠、降低培训实效的不满态度占比更高，村干部、种养殖大户、公务员对培训内容实用性不强、培训技术和技能过于粗浅的不满态度更高，而对培训“多头管理现象比较突出，缺少协调和整合”不满态度更高的则是普通村民、种养殖大户和企业主。另一个值得关注的现象是，公务员群体更倾向于认为培训主要是资金投入、培训师资和机构鱼龙混杂、培训实用性较低，而在多头管理、资源分散限制培训实效的选择比例上是最低的。这是一种值得关注的现象，换言之，公务员群体既是政令贯彻者、执行者，也是培训业务管理者，如果他们认为培训管理不存在问题，那么至少表明他们在优化培训资源配置、理顺培训管理体制、提升培训实效的动力上是不足的，而这势必不利于农村劳动力和实用人才培训绩效的提升和培训效果的转化。

简言之，在近 10 年左右的时间里，地方政府通过行政吸纳和对农民开展的各项培训确实产生了很大的作用，村民自治组织中经商办企业的经济能人、种养殖大户、农民专业合作社带头人、科技示范户等近年来都呈增长的态势。但无论是地方政府相关部门提供的材料还是课题组问卷调查的结果显示，这些针对农村实用人才和其他各种涉及农民的培训仍然存在诸多不如意的地方，制约了培训实际效果的实现。由此导致的结果是，农村实用人才或能人队伍的总量仍然偏小，特别是那些具有高层次、高技能、带头示范效应更强、影响范围更广的突出人才比较缺乏，因而人才带头示范效应仍然不够明显、作用发挥也仍有待挖掘，“仍呈零星式、松散型分布，人才资源无法优化整合，人才的示范辐射、领头带动等作用还不能充分发挥”。[①] 也正是因为如此，各级地方政府有必要建构农村能人队伍建设和发展的标准化的评价指标，使对农村先富能人的行政吸纳以及农村劳动力、实用人才的培育和开发都更具操作性、应用性，形成一系列规范、有序的农村能人队伍吸纳、培育和开发措施，以及相应的政策支撑、监管体系，充分发挥农村能人队伍在农村、农业发展和农民增收中的作用，优化基层治理绩效，为建设美好的社会主义新农村寻求内生增量并提供更大的助力。

---

① 金华市统计局课题组：《金华市农村实用人才队伍建设探索》，《统计科学与实践》2010年第6期。

第五章　农村能人队伍建设的指标体系建构与培育路径

《国家中长期人才发展规划纲要（2010—2020年）》指出，“要全面建设小康社会、实现中华民族伟大复兴，必须坚定不移地走人才强国之路，大力提高国民素质，逐步实现由人力资源大国向人才强国转变。……重视培养领军人才和复合型人才，培养造就数以亿计的各类人才，数以千万计的专门人才和一大批拔尖创新人才，为全面建设小康社会提供坚强的人才保证和广泛的智力支持”。[①] 在农村人才队伍建设方面，《纲要》指出要围绕社会主义新农村建设，以提高科技素质、职业技能和经营能力为核心，以农村实用人才带头人和农村生产经营型人才为重点，着力打造服务农村经济社会发展、数量充足的农村实用人才队伍。到2015年，农村实用人才总量要达到1300万人；到2020年，达到1800万人，平均受教育年限达到10.2年，每个行政村主要特色产业至少有1—2名示范带动能力强的带头人。[②]

关键是怎么建构起比较系统的指标体系，用它指导实际的人才队伍建设和实践工作，实现管理的科学化、标准化、精细化，实现资源的优化配置和高效利用。就农村能人队伍建设而言，特别是其评价标准和指标体系的建构，既要充分考虑到人才评价标准和指标体系的共性，也要突出其涉农的特性、经济社会发展、乡村治理、矛盾调处等功能的多元性，增强农村人才队伍建设的针对性和可操作性。唯有遵循人力资源管理和开发的基

① 《国家中长期人才发展规划纲要（2010—2020年）》，中华人民共和国政府网，http：//www.gov.cn/jrzg/2010－06/06/content_1621777.htm，2010－06－06。

② 同上。

本原则，建构起科学评价农村能人的标准和指标体系，才能为基层政府行政吸纳经济能人和农村能人建设提供可操作的规范体系，才能体现农村能人队伍建设的公正性、公平性、长效性和战略性，充分挖掘农村能人队伍的增长潜力，使其真正成为解决“三农”问题的内生增量。

一　农村能人队伍建设的评价标准

人才是我们事业成败的关键，农村能人队伍则是农村各项事业发展和成败的关键。在人才队伍建设问题上，核心是用什么样的标准体系去评价、选拔、培养、开发和使用人才。农村能人队伍建设的评价标准是指为评价农村能人各项能力和政策实施的需要，准确反映人才综合素质水平而设置的评估原值、具体评估项目和指标，它是农村实用人才评估体系中最重要、最关键的一个环节。[①] 近些年，随着《中共中央、国务院关于推进社会主义新农村建设的若干意见》、《中共中央、国务院关于进一步加强人才工作的决定》等重要文件的出台，中共中央和国务院对统筹城乡发展、解决“三农”问题的重视程度达到了空前高度。为了进一步增强农业农村、发展的内生增量，挖掘农村农业发展和农民增收的潜力，中共中央办公厅和国务院办公厅还制定了《关于加强农村实用人才队伍建设和农村人力资源开发的意见》（中办发〔2007〕24号），这是我国关于农村实用人才队伍建设和农村人力资源开发最高级别的专门性政策。该文件指出，加强农村实用人才队伍建设和农村人力资源开发是一项重大而紧迫的战略任务，要建设社会主义新农村，关键是要提高广大农民群众的整体素质，培养造就数以亿计有文化、懂技术、会经营的新型农民，充分发挥他们建设社会主义新农村的主体作用。要……扩大规模，提高素质，优化结构，使农村实用人才的培养、服务、评价、激励机制更加健全，配套措施更加完善，……农村实用人才运用先进科学技术和经营管理知识带头致富、带领群众致富的能力显著提高。[②] 不过，非常遗憾的是，尽管这是针

---

① 浙江省农办：《浙江省人才队伍建设中长期规划纲要农村实用人才队伍建设课题研究》，浙江三农网，2011－12－06。

② 中共中央办公厅、国务院办公厅：《关于加强农村实用人才队伍建设和农村人力资源开发的意见》，中办发〔2007〕24号，2007年11月8日。

对农村实用人才队伍建设的专项文件，但文件除了提出以知识、技能、业绩、贡献为主要内容的农村实用人才认定标准之外，对更具体的评价标准却缺乏深入的论述。由此导致的一个问题是，在对农村实用人才的评价和建设方面存在一定的空白，也凸显了农村实用人才评价标准和指标体系建构的必要性。

胡锦涛总书记在2003年12月中央第一次人才工作会议上，明确提出了衡量人才的科学标准，强调要“坚持德才兼备原则，把品德、知识、能力和业绩作为衡量人才的主要标准，不唯学历，不唯职称，不唯资历，不唯身份，做到不拘一格选人才。”① 在2010年5月召开的全国第二次人才工作会议上，他再次指出：“要不拘一格、广纳群贤，破除论资排辈、求全责备观念，在实践中发现人才、培育人才、锻炼人才、使用人才、成就人才。”② 这些重要论述无疑为农村能人评价标准体系的建构提供了重要参考。要提升农村实用人才队伍建设和人力资源开发的有效性，加强农村能人队伍建设的针对性、导向性和精确性，关键就是要形成具有可操作性的评价标准。因此，尽快完善农村能人队伍建设的评价标准是加强农村能人队伍建设的首要问题。农村能人队伍评价标准和指标体系的建构和完善有利于当前农村高素质、高层次、拔尖的复合型人才队伍的建设，也有利于基层政府对农村先富能人的吸纳、选拔、开发、考核和监督约束，有利于发现农村能人在治村过程中存在的问题并妥善解决当前农村社会可能遇到的各类突出社会问题。

在如何评价人才一方面，目前无论是学界还是政界都没有形成比较系统的评价标准，在其构成要素上仍然存在很大的差异。各地政府在实践中往往突出强调经济带动能力而弱视其他因素，如河北保定在实施“能人治村”战略时，提出了经济带动、组织协调、政策精通、攻坚克难四类农村能人认定标准，其中经济带动是放在第一位的，③ 这点对经济后发的农村地区来说无可厚非，毕竟“发展才是硬道理”，是党执政兴国的“第一要务”。然而，在评价农村能人的标准上“不能一叶障目不见泰山”，

① 《十六大以来重要文献选编（上）》，中央文献出版社，2005年，第575页。

② 胡锦涛：《在全国人才工作会议上的讲话》，《人民日报》，2010-05-27。

③ 王煜、崔玉兰：《安国大力实施“能人治村”战略——今年新建企业52家实现利税500多万元》，《保定日报》，2008-09-09。

既要评判能人们的经济建设和社会发展能力，也要统筹兼顾的评判他们的道德素质和回报乡里的朴素情感。恰如《中共中央、国务院关于进一步加强人才工作的决定》所指出，要“完善人才评价标准……根据德才兼备的要求，从规范职位分类与职业标准入手，建立以业绩为依据，由品德、知识、能力等要素构成的各类人才评价指标体系”。有鉴于此，课题组认为，农村能人队伍建设的评价标准不仅要评价农村能人的知识、能力和业绩指标，也必须评判其道德素质，换言之对农村能人的评价至少应包含品德、知识、能力和业绩四大标准，即必须坚持德才兼备的原则，把品德、知识、能力和业绩作为衡量农村能人或实用人才的主要标准，不唯学历、不唯职称、不唯资历、不唯身份，不拘一格吸纳、选录、培训、开发、使用和建设一支高素质、高层次的农村能人队伍。

（一）品德标准

在农村能人队伍建设和农村实用人才选拔、培训和开发过程中必须始终强调人才道德素质的重要性，把道德品质的考核作为一项关键性指标甚至置于首位，对人力资源进行全面的考核。

1. 品德是才能的灵魂和统帅，在农村能人队伍建设中必须高度重视能人德性的统率作用。首先，就德与才之间关系而言，品德乃是才能的统帅，对才能作用的发挥起着统率和导向作用。《资治通鉴》曾指出，“才者，德之资也；德者，才之帅也”，德是排在第一位的，是统帅，而才能乃是品德之辅助或凭借。这点时至今日仍然是非常重要的人才管理智慧，揭示了人才选拔、任用和人力资源管理开发的一般性规律。其次，道德既是重要的社会生产力，也是一种重要的资本。王小锡教授认为，“人的素质是生产力水平的决定性因素”，[①] 只有具备崇高的道德精神和正确价值取向的人，才有可能以饱满的热情投入到社会主义社会建设大潮中去，为社会发展做贡献。因此，他主张，“道德不仅是重要的生产力，而且是‘动力’生产力”。[②] 最后，道德是调节社会关系的重要伦理维度，也是社会和谐有序的基本法则。在社会交互行为中，德性匮乏的人关注的往往仅

---

① 王小锡：《论道德资本》，《江苏社会科学》2000 年第 3 期。

② 王小锡：《中国经济伦理学》，中国商业出版社，1994 年，第 130 页。

是自己的私人利益，自私自利，不敢承担公共责任或不屑于履行公共道德却企图获得与其自身贡献不匹配的社会收益。个体道德溃败甚至会违背社会基本的伦理规范和道德底线侵吞他人利益、破坏社会秩序。因此，德性溃败的人往往越是掌握了先进科学技术对社会潜在的风险越大，所可能造成的危害越大。换言之，在人才招募、使用、培训、开发过程中应始终坚持德才皆备的原则，而且在价值排序上应“美德至上，才能次之”。同理，美德在农村能人队伍建设或农村实用人才的选拔、任用、开发、使用过程中也扮演着非常重要的角色。恰如西方美德伦理学所主张的，“美德是成为完全意义上的人的必需”，“人不可能成为真正意义上的人除非他有美德”,[①] 即“人而无德，非人也”。无德之人可谓尚未脱离禽兽之本能，不可能遵循社会交互行为的伦理规范，更不可能自己为自己立法，而这对他人乃至整个社会而言都是非常危险的。

2. 把品德作为农村能人评价指标体系的支撑要素，建构起可操作的德性指标。从品德、知识、能力和业绩等指标之间的关系来看，“品德是人才评价指标体系的支撑要素”,[②] 它具有经济功用，是一种精神力量的人力资源；真正的人才应该是一个品德高尚者；德才兼备才是完备而充分的人才资源，因此，品德是人才评价标准基础中的基础。但一直以来，人们倾向于认为道德是虚无缥缈的，很难具体化为可操作的指标体系，这也是人们往往忽略人才德性的重要原因。实际上，道德虽然主要依赖人内心的信念、信仰、良心和良知起作用，但内隐于人的德性总是会通过具体的行为而显性化，可以通过其具体的价值取向、立场以及是否具备奉献精神等表现出来。

就农村能人队伍建设来看，在德性方面既要强调先富能人们的政治立场、政治态度、事业心和责任心，确保先富能人突出的才能在正确的轨迹上运行；也要突出强调他们的奉献精神和带动能力，如此才能实现先富带动后富并最终实现共同富裕的战略目标。因此，在德性指标上，更应突出

① David Kirkwood Hart, “Administration and the Ethics of Virtue: in All Things, Choose First for Good Character and Then for Technical Expertise”, *Handbook of Administration Ethics* , edited by Terry Cooper, New York: Marcel Dekker, Inc. , 1994, pp. 107 – 121.

② 张丽、孔春梅：《关于我国人才评价指标构成要素的思考》，《内蒙古统计》2005 年第 2 期。

强调他们的奉献精神，即为社会、集体和他人无私捐献自己富余物质和提供公共服务的精神。当然，必须明确的是，强调奉献精神并不排斥他们的个人利益，而是要求他们在增进社会利益、集体利益、他人利益的过程中实现个人利益，唯有如此才能处理好先富能人个人利益与集体利益、短期利益与长期利益之间的关系，确保其回流乡村社会的积极性和回报乡里的热情。

（二）知识标准

尽管选拔人才不应唯学历、唯职称、唯资历、唯身份是举，但在选拔、开发、使用和建设一支高素质、高层次的农村能人队伍之际，毫无疑问必须要考虑其知识水平。知识是人才评价指标体系的基础要素之一，而衡量知识多少的重要标准就是人才曾经接受过的教育或培训情况，具体化为学历、文凭和职称，这是可以直接衡量的标准。在对农村人才选拔和人力资源开发之际，可以适当放宽对学历、文凭、职称的硬性规定，可通过追加测试的方式评定其基本文化素养和知识水平，如适当考核其科学知识、人文知识和专业知识，然后根据考核的结果确定其职业发展的长期规划和可能达到的高度，采取对应的培养策略。这样既能保证农村实用人才培养的针对性、有效性，一定程度上又可防止某些人滥竽充数、鱼目混珠。

不过，从当前浙江各地的实际情况来看，现在对新农村建设而言，最关键的问题是高素质、高层次的人才不仅在质上远远低于经济社会发展的需要，而且在量上也达不到最基本的要求。以浙江省第十届当选的村委会干部学历为例，全省 27763 名村委会主任中，大专及以上学历占比仅为 18.1%，初中及以下学历占比 38.4%，全省范围内仅有 54 名大学生村官当选村主任，占比只有可怜的 0.19%；全省 102580 名村委会副主任及委员中，大专及以上学历占比仅为 14.8%，初中及以下学历占比高达 43.9%，大学生村官占比仅为 1.1%，较之第九届还下降了 0.8%（详见表 5.1）。从表 5.1 来看，第十届村委会主任大专及以上学历占比较第九届提升了 3.1%，初中及以下学历则下降了 6.3%；村委会成员中大专及以上学历占比较第九届提升了 4.6%，初中及以下学历则下降了 10.1%，总体而言，村干部的文化素质在提升。另外，从村委会主任与村委会副主任及委员的学历比较来看，虽然村干部们的学历总体上偏低，但作为村庄“领头羊”的村委会主任的学历总体上要高于村委会副主任及委员。不过，从全省范围内看大学生村官当选村委会主任的寥寥无几、屈指可数，总体占比仍然偏低，而且大学生村官当选村委会委员的数量还有一定程度的下降。这首先说明大学生在村级事务中直到目前为止主要还是作为人才储备力量，还很难发挥“领头羊”的作用。其次，村干部的竞争性选举非常激烈，在很多先富能人捐资竞选的情况下，光有学历的大学生各方面的积累并不充分，他们与拥有丰富人生经历、财富累积的先富能人们根本不在同一起跑线上。最后，也说明很多大学生村官到农村之后，很难扎根农村，真正发挥其高学历、高素质和知识渊博的优势，反而不如很多土生土长的乡村人才更适应乡村的发展。由此可见，知识、学历、文凭虽然重要，但是在农村经济社会发展过程中，单纯的知识远不如能力来得关键。

表 5.1　　浙江省第九、十届村委会干部学历情况统计①

市		村主任数	大专及以上学历	初中及以下学历	大学生村官	副主任及委员数	大专及以上学历	初中及以下学历	大学生村官
杭州	九届	2068	566	428	8	4660	1186	1008	242
	十届	2035	590	268	9	6350	1697	1080	159
宁波	九届	2502	393	780	7	6050	931	1960	87
	十届	2458	485	774	9	8342	1680	2683	121
温州	九届	5368	469	2962	6	16126	1319	9803	320
	十届	5376	543	2341	7	21998	2273	9814	168
嘉兴	九届	790	372	73	3	1781	905	146	130
	十届	792	517	23	10	2509	1734	63	153
湖州	九届	982	209	265	3	2440	494	773	92
	十届	981	275	190	3	3321	972	674	56
绍兴	九届	2150	392	1002	1	5943	357	3749	24
	十届	2116	340	898	1	8015	787	4106	38

① 浙江省民政厅：《浙江省第十届村委会换届选举报表》，内部资料，2014－03－21。

续表

市		村主任数	大专及以上学历	初中及以下学历	大学生村官	副主任及委员数	大专及以上学历	初中及以下学历	大学生村官
金华	九届	4794	535	1814	2	12484	630	6583	99
	十届	4795	759	1967	9	16211	2032	8244	154
衢州	九届	1732	253	962	2	4164	289	2786	142
	十届	1465	257	601	1	4665	430	2378	67
舟山	九届	343	81	135	0	1131	226	512	17
	十届	341	106	117	1	1497	398	538	30
丽水	九届	2838	225	1869	1	8854	416	6650	166
	十届	2719	272	1556	1	10147	617	5837	85
台州	九届	4983	780	2484	2	17293	1493	9695	239
	十届	4685	871	1917	3	19525	2565	9649	92
合计	九届	28550	4275	12774	35	80926	8246	43665	1558
	十届	27763	5015	10652	54	102580	15185	45066	1123
占比	九届		15.0%	44.7%	0.1%		10.2%	54.0%	1.9%
	十届		18.1%	38.4%	0.19%		14.8%	43.9%	1.1%

（三）能力标准

能力是评价人才的核心要素，就农村能人而言，不但要有一定的文化知识和素养，更应具备较强的综合性实践技能，强调能力或技能的“实用”性。那么农村能人都应该具备哪些能力才能够称之为能人呢？这点，《关于加强农村实用人才队伍建设和农村人力资源开发的意见》指出，“着力培养一大批适应社会主义新农村建设要求的乡村教师、乡村医疗卫生人员、乡村科技服务人员、乡村文化工作人员、生产能手、经营能人、能工巧匠等各方面实用人才”。[①] 由此可见，根据中办文件，农村实用人才主要包括生产能手、经营能人、能工巧匠、科技服务型人才和社会服务型人才，农村能人的能力也主要由较突出的生产能力、经营能力、技能带

① 中共中央办公厅、国务院办公厅：《关于加强农村实用人才队伍建设和农村人力资源开发的意见》，中办发〔2007〕24号，2007年11月8日。

动能力、示范能力和服务能力等构成。不过，基于乡村治理的复杂性、矛盾纠纷的多发性，化解矛盾纠纷、对村庄公共事务进行有效治理也是对主政乡村的先富能人的必然要求，因而课题组认为农村能人的能力标准应该是个综合性标准，不仅包括上述生产、经营、技能和服务能力，也应包括基本的村庄公共事务管理或治理能力以及必要的创新创业能力（具体可参见图2.1）。在实践中，必须克服片面的能力观。特别是现在很多基层政府为了追求农村、农业的发展或更快地建设社会主义新农村，无论是对农村先富能人的行政吸纳或者农村实用人才的培养、使用上皆突出强调人才的经济发展能力，而忽略了被选拔人才的德性表现或其他方面的能力，反而不利于农村社会协调、均衡、有序地发展。

（四）业绩标准

业绩是评价人才的导向要素，它通常指某一组织或个人通过优化配置自身所拥有的有限资源达成目标的程度。评判农村能人业绩关键看其在农村经济社会发展、基本公共服务供给、社会矛盾调处、公共事务治理和公益事业发展等方面所发挥的积极作用。但由于他们往往是在市场经济大潮以及农村生产实践中自学成长的乡土人才，很少拥有专业的学位、职位、职称等头衔，因而在实际评价过程中，更应注重他们的经营管理、技能技巧对农村经济社会发展所产生的正面效果。对于农村能人而言，业绩自然重要，但相对来说，对他们业绩的评价或考核并没有必要那么复杂，既要遵循简单、易操作原则，也要坚持基本的目标导向，特别是很多能人村官既是经济精英又是村务管理者，必须强调实际业绩评价特别是社会效益对农村能人的促进作用。

在评价先富能人治村绩效方面，卢福营提出主要由农村基层民主、农村社区和谐、农村社会发展三方面组成。[①] 课题组认为对于农村能人的业绩评价可以从新农村建设的核心目标“生产发展、生活富裕、乡风文明、村容整洁、管理民主”着手，从经济发展、居民生活水平影响、社会效益、管理绩效和乡风文明建设等几个方面衡量：

---

① 卢福营：《能人政治：私营企业主治村现象研究——以浙江省永康市为例》，中国社会科学出版社，2010年，第211页。

1. 在生产发展方面，应重点评价农村能人致力于农村、农业发展，在农村经济社会发展中取得的成效。即首先必然评估其直接或间接对农村社会经济发展的正面推动作用，集中体现在他能否带动当地农村、农业的发展，取得良好的经济成效。

2. 在生活富裕方面，应着重评价农村能人带领广大村民共同富裕的成效。“一人富了不算富，大家富了才是富。”关键是怎么样让这些率先富裕的经济能人与更广大的村民共享所拥有的技能、技巧、资源、方法和社会关系网络，发挥其带动和辐射作用。而且，不容忽视的是，一旦在外打拼、创业有成的先富能人回流乡村社会，其创业过程所产生的经济正外部效应也必然对农村、农业发展和农民增收产生积极作用。因此，在乡村社会发展过程中，应建立相应的评价标准，发挥农村能人的“双创双带”能力，努力促进农村经济社会发展共享共荣的共同富裕之路。这在当前我国两极分化、贫富分化、收入分配不公问题凸显的背景下尤具重大的现实意义。

3. 在管理民主方面，应重点评价先富能人在推进村庄治理民主化、制度化和规范化过程中的影响和作用。如前文所指出的，课题组的访谈和问卷调查结果显示大多数的被调查者总体上是比较认同农村先富能人参政的，对农村社会的发展总体上是利大于弊，也更有利于农民利益诉求的实现。

而且，民主本身是需要实践训练的，村民自治对村民的民主训练特别是竞选民主激发了村民参与的积极性，一旦村民权利意识、民主意识和参与意识形成，就会形成民主的示范效应。农村先富能人的竞选行为在相当程度上就发挥了民主的示范效应，使民主、选举、竞争等突破和超越了抽象的概念，村民们在选举参与中自觉不自觉地得到了民主训练，增强了民主意识，丰富了民主知识，提升了民主技能，村民的民主素质也得到了相当大的提升。此外，农村先富能人在民主选举制度提供的相对公平的环境下展开竞争性选举，客观上有利于实现村庄公共权力的竞争性配置和优化，从而建构起一种民主的村庄领袖择优机制。[①] 不过，民主选举只是村

① 卢福营：《能人政治：私营企业主治村现象研究——以浙江省永康市为例》，中国社会科学出版社，2010 年，第 213 页。

民自治制度的一个环节，最关键的是先富能人主政的村庄公共事务治理在决策、执行上能否持续的公开、规范、透明，实现村务治理的民主化、制度化、规范化、公开化、透明化。这既是评价先富能人治村绩效的核心标准，也是评价其秩序效应的重要指标，即能否通过其民主化、制度化、规范化、公开化、透明化的村庄公共事务治理实现乡村社会持续地有序、和谐。

4. 在乡风文明方面，应着重评价先富能人移风易俗，推进乡村公共文化建设的作用。新农村建设不仅要物质富裕，更要精神富有，其中很重要的一点即是乡风文明的要求。农村先富能人的技术、经营、管理能力和吃苦耐劳、开拓创新精神对村民有着强烈的示范效应，[①] 而乡村外出精英的回流则使得社会意识、制度的导入和创新成为可能。这种创新一方面可移风易俗，在意识形态方面实现与时俱进；另一方面更重要的则是通过制度导入和创新，实现村级治理的公开化、透明化和规范化，对于乡村社会的发展具有较大的现实意义，而且社会效益明显。实践表明，一般经济发展较好的村庄，其精神文明、乡村公共文化建设亦比较突出。

简言之，在评价农村能人的时候，除了经济发展效益之外，还应综合评价能人治村的规范性、治村的绩效、能人在社会发展中所发挥的各种作用和产生的各种社会效益，这是评价农村能人的重要标准，也是评价其业绩的重要指标。毕竟，无论个人有多大才能，如果不能产生社会效益，甚至是负效益，那对社会而言就是弊大于利，这样的才能对于社会而言反而不是什么好事。当然，在评价农村能人业绩的时候，还应评价先富能人在村庄整治、村庄生态环境建设方面所发挥的作用，这些也应该纳入对先富能人治村的业绩考核之中。

二　农村能人队伍建设的指标体系

促进农村能人队伍建设和农村人力资源开发，应形成比较完善的人才评价标准，更要健全科学的素质与技能分类体系，建立能力素质的指

① 旷宗仁、杨萍：《乡村精英与农村发展》，《中国农业大学学报》（社会科学版）2004年第1期。

标体系，使其具体化为政策方案、评价标准和操作细则，并在此基础上形成农村人才发展规划体系，充分挖掘农村人力资本的存量资源和潜能，为解决“三农“问题寻求内生增量。在具体的人才评价指标上，目前国内的相关研究主要集中在对高层次人才评价指标的建构上，对于究竟该如何评价农村能人的研究却很少见。无疑，对农村能人的评价也应该建构起多维度、多层次的综合性指标，全面衡量农村能人的品德、知识、能力和绩效，特别是在农村“空心化”、农村人才匮乏的背景下，对农村能人的评价与衡量，不仅要衡量其质量，也要衡量其基本的数量。有鉴于此，课题组认为应建构起农村能人队伍建设的数量指标和质量指标，并按照精准性、科学性和可操作性原则将其细化成三级指标，力求全面、客观地反映和描述农村能人队伍建设的现实需要并为地方政府的决策和政策实施提供参考。

（一）农村能人队伍建设的数量指标

农村能人队伍建设的数量指标既要衡量其存量情况，也要衡量其变量情况，而且在能人的具体目标对象上还要有明确的区分，从现行的政策操作层面看或农村实用人才和人力资源开发视角出发，这个群体又可细分为农村的生产能手、经营能手、技能带动型人才、服务型人才和管理型人才。具体的指标分析如下：

1. 农村能人的数量结构。主要衡量农村能人总量及其变化情况，从分级指标来看，课题组把农村能人的数量结构作为一级指标，二级指标主要包括区域内人口总量、区域内农村能人总量、农村能人占人口比例、农村能人从业结构以及农村能人变化情况，其中农村能人的变化情况还可以衡量地方政府行政吸纳经济能人的绩效，而三级指标主要包括不同类型的能人比例构成及其变动情况。

2. 农村能人的年龄结构。课题组把农村能人的年龄结构作为一级指标，二级指标主要包括区域内人口年龄分布、农村能人年龄分布、农村能人年龄结构变化趋势，三级指标主要包括不同类型的能人的年龄构成及其变化趋势。农村能人年龄结构衡量的主要是农村能人老龄化趋势以及新生力量的替补可能，从当前农村实用人才的统计来看，农村实用人才的老龄化趋势非常明显，如余杭区 50 岁以上的农村实用人才有 7033 人，占该区登记在册的实用人才总量的36%,① 总体占比是比较高的，而且这种老龄化现象还有加强的趋势。

3. 农村能人的劳动参与率。劳动参与率代表的是人力资源的实际利用率，与人力资源的数量有着密切的关系。农村能人的劳动参与率主要衡量的是农村能人资源的实际利用率，可通过区域内劳动参与率、农村能人劳动参与率、农村能人劳动参与率变化情况等二级指标进行确认，三级指标主要包括不同类型的能人的劳动参与率及其变动情况，从而形成如表5.2所示的农村能人队伍建设的数量指标。

表5.2 农村能人队伍建设的数量指标

一级指标	二级指标	三级指标
农村能人数量结构	1. 区域内人口总量 2. 区域内农村能人总量 3. 农村能人占人口比例 4. 农村能人从业构成 5. 农村能人变化情况	（1）生产能手占比及变化趋势 （2）经营能手占比及变化趋势 （3）技能型人才占比及变化趋势 （4）服务型人才占比及变化趋势 （5）管理型人才占比及变化趋势
农村能人年龄结构	1. 区域内人口年龄分布 2. 农村能人年龄分布 3. 农村能人年龄结构变化趋势	（1）生产能手年龄结构及变化趋势 （2）经营能手年龄结构及变化趋势 （3）技术能人年龄结构及变化趋势 （4）服务型人才年龄结构及变化趋势 （5）政治精英年龄结构及变化趋势
农村能人的劳动参与率	1. 区域内劳动参与率 2. 农村能人劳动参与率 3. 农村能人劳动参与率变化情况	（1）生产能手劳动参与率及变化趋势 （2）经营能手劳动参与率及变化趋势 （3）技术能人劳动参与率及变化趋势 （4）服务型人才劳动参与率及变化趋势 （5）政治精英劳动参与率及变化趋势

从数量指标来看，浙江全省农村能人队伍建设存在一些比较明显的

① 庞法松等：《余杭区农村实用人才调查与思考》，《调查研究》2012年第3期。

特征。一是农村实用人才总量偏低，而且存在比较明显的地域差别。浙江作为民营经济的先发地区，农村大量人口外流经商、打工、创业，向城市和其他地区流动，其导致的一个直接结果是稍微有点天赋、能力突出点、能有一技之长的都很难扎根农村。以农村实用人才为例，如从农村实用人才占人口比例这项指标来看，占比最高的湖州市农村实用人才也仅占该市人口总量的 5.36%，而最低的杭州更低至 1.33%，全省的比例也仅为 1.97%。二是在能人的从业结构上，生产能手占比最高，全省生产能手占农村实用人才的比例达到了 50.89%，舟山和温州的比例最高，都超过了 60%，分别达到了 60.63% 和 60.28%，最低的金华和丽水分别只有 42.26% 和 40.5%；全省经营能手占农村实用人才的比例为 32.11%，能工巧匠占比 16.97%。不过很遗憾，该表忽略了对服务型人才、管理型人才和治理型精英的统计，甚至没有把这方面的人才纳入统计视野，这点无疑是个很大的缺陷。三是 40 岁以下青壮年能人资源占能人总量比例偏低，全省的比例为 36.97%，最低的绍兴和宁波分别只有 26.32% 和 28.85%，最高的丽水和金华也仅有 46.02% 和 45.96%（详见表 5.3）。从中看出，总体而言，在杭州、宁波、温州、绍兴等相对发达地区，40 岁以下农村实用人才的比例都偏低，青壮年特别是有一技之长的能人扎根农村、从事农业生产的比例是最低的。而且，另一个值得关注的问题就是农村实用人才的老龄化问题。以余杭区为例，该区实用人才年龄结构 41—50 岁之间的最多，占总量的 40.6%；其次是 51—60 岁，占总量的 28%；61 岁及以上占总量的 8.1%；31—40 岁占总量的 16%；30 岁及以下的农村实用人才占总量的 7.3%。[①] 按照这个年龄结构演变，那么毫无疑问整个余杭区农村实用人才将面临青黄不接的尴尬境地，农村、农业发展将面临后继无人的困境，必将进一步加剧农村空心化现象，导致农村区域经济社会功能的整体退化。

① 汤秋：《加强农村实用人才队伍建设，为现代都市农业发展注入新活力——浙江省杭州市余杭区农村实用人才调查与思考》，《农民科技培训》2013 年第 3 期。

表 5.3　　**浙江省农村实用人才构成情况**①

单位	人才资源总数（万人）	样本村数（个）	人才比例（%）	农民技术职称总数（人）	技术职称比例（%）	生产能手比例（%）	经营能手比例（%）	能工巧匠比例（%）	40 岁以下比重（%）	女性比重（%）
全省	45.825	3741	1.97	59489	12.98	50.89	32.11	16.97	36.97	7.53
杭州	3.358	459	1.33	5416	17.7	53.7	31.6	14.7	33.3	6.8
宁波	4.588	305	1.54	6395	13.93	49.74	40.05	10.2	28.85	5.64
温州	4.398	574	3.96	4266	9.7	60.28	31.73	7.98	31.53	2.97
嘉兴	5.255	97	3.56	10094	19.2	44.97	30.05	24.97	36.54	10.6
湖州	6.07	116	5.36	5234	6.03	50.3	41.96	7.72	39.08	12.5
绍兴	2.985	483	1.38	2216	7.40	51.73	31.42	16.84	26.32	3.36
金华	6.543	505	2.73	6481	9.91	42.26	31.69	26.03	45.96	9.3
衢州	3.446	272	2.94	3125	9.01	46.82	24.48	28.65	41.76	4.08
舟山	0.977	63	2.5	338	3.46	60.63	27.1	12.25	37.13	5.91
台州	5.238	519	1.71	9308	17.90	58.9	31.28	9.81	40.22	3.56
丽水	2.966	348	2.56	6616	22.3	40.5	31.9	27.32	46.02	18.08

因此，仅从数量指标来衡量，全省农村人才资源总量偏低问题依然突出。如果不能得到有效解决，那么势必制约农村、农业的进一步发展，不利于全面建设小康社会。所以，加强农村能人队伍建设，要解决的第一个问题就是如何尽量把这支队伍的总量做大，然后才能够采取相应的措施提升农村能人队伍建设的质量问题，数量指标无疑是基础。

（二）农村能人队伍建设的质量指标

在农村空心化的背景下，农村能人队伍总量大小对农村发展意义重大，但比较而言，农村能人队伍的质量标准较之数量标准更关键。课题组针对评价农村能人的最主要指标做了问卷调查，在回收的 2307 份有效问

① 浙江省农办：《浙江省人才队伍建设中长期规划纲要农村实用人才队伍建设课题研究》，浙江三农网，2011－12－06。

卷中，共有2008位被调查者对这一问题作了回应，其中高达59%的被调查者认为评价农村能人的最主要指标是“促进地方经济发展的能力”；18%的被调查者认为是“沟通、协调和调解纠纷的能力”；14%的被调查者认为是“促进公益事业发展的能力”；9%的被调查者认为是经营管理能力（具体见图5.1）。

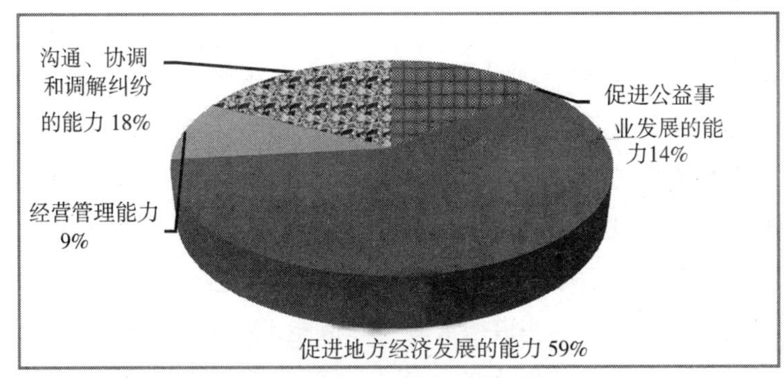

图5.1　评价农村能人的最主要指标

从问卷统计情况来看，在农村能人评价指标建构方面，大多数的被调查者支持以经济指标作为最主要的评价指标，而处事公正、善于调解纠纷、促进公益事业发展和经营管理能力则处于相对偏弱的位置。由此可见，在评价标准的选择上，实际上大多数被调查者关心的还是农村能人促进地方经济发展的能力，发展仍然是农村面临的第一要务。

不过，经济发展能力虽然重要，但是农村能人队伍建设不能单纯衡量先富能人的经济发展能力，而应根据德才兼备的要求，建立以业绩为依据，由品德、知识、能力等要素构成的人才评价指标体系。课题组认为，农村能人的素质指标，应包含以下几方面：

1. 能人的身体素质。人力资源是人体所蕴含的体力和智力因素的统一，其中身体素质是智力因素得以发挥的物质基础。在舒尔茨看来，对提升个人的知识、技能和保证个人劳动能力的投资显然不仅仅局限在教育或培训上，卫生保健也同等重要，健康也是重要的人力资本构成，因为如缺乏良好的身体素质或健康就无所谓社会财富的创造和社会服务的参与。因而，身体素质无疑是衡量农村能人的第一个关键性质量指标，是其参加一切财富创造、乡村治理、社会管理和创新活动的物质基础。衡量身体素质既要衡量人体肌肉活动的基本能力，如力量、耐力、速度和柔韧性等，也要衡量人体最基本的健康和活力系数，后者主要指人力资源参与社会财富创造创新活动的活力和主体能动性。因此，课题组认为可以把健康系数、活力系数作为衡量能人身体素质的二级指标。三级指标则可由生产能手、经营能手、技能带动型人才、服务型人才、治理型精英各自的健康和活力系数构成。

2. 能人的道德素质。如前所述，真正的人才应德才兼备，品德是人才评价指标体系的支撑要素，它既具有经济效用也具有正外部效应。课题组认为，衡量农村能人的道德素质，首先应强调其政治立场、政治态度、事业心和责任心；其次要突出强调他们的个人品格，如为人正直、大公无私、诚实守信等；最后是能人们的精神品质，如敬业精神、合作精神、诚信精神、奉献精神等，这些道德素质是确保能人能力发挥符合既定价值导向和政策目标，也是先富能人的才能发挥正能量和正外部效应的内在保证，唯有如此才可能有助于先富带动后富并最终实现共同富裕的战略目标。因此，就农村能人的道德素质而言，可以建构起政治立场、个人品格、精神品质三个二级指标，然后再把这三个指标细化，如热心公益、善于奉献等，从而构成比较严谨的道德素质指标，使之细化并具有可操作性。

3. 能人的文化技术水平。文化和知识是人才评价指标体系的基础要素之一，在评价农村能人的质量之时，文化知识或者文凭是必要的但却不是必须的，事实上很多农业生产知识或技术并非书本知识或者学历教育可以获得的。因此，在衡量农村能人的基本文化素质之时，可以适当放宽对学历、文凭、职称的硬性规定，可以建构起学历结构、职业培训情况、能力培训情况、职称占比等二级指标，然后具体衡量不同能人群体的学历结构、培训情况、职称占比等，在此基础上形成比较完善的人力资源培训和开发规划，提升农村能人的文化素质。事实上，如果按照目前的学历体系来衡量农村能人的文化素质，那结果是令人泄气的，如余杭区农村实用人才初中及以下文化程度的有 14086 人，占人才总量的 72%。[①] 而且，如前

① 汤秋：《加强农村实用人才队伍建设，为现代都市农业发展注入新活力——浙江省杭州市余杭区农村实用人才调查与思考》，《农民科技培训》2013 年第 3 期。

所述，浙江省第九届、十届当选的村委会主任和村委成员大专以上学历的占比仍然很低。这一方面说明加大农村人力资源开发和人力资本投资力度的客观必然性；另一方面也说明，农村人力资源有着浓厚的乡土气息，不能单纯地以学历、职称论英雄，从人力资本的视角出发，积聚在其身上的人生经历、实践经验、技术技能都是人力资本，都是经济社会发展中的积极因素，而且较之基础文化知识更重要的恰是这种实践所累积起来的技术和能力。

4. 能人的能力指标。就人才资源开发和管理而言，能力建设或质量提升是人才培养的核心。农村能人很多都是土生土长的实践者而非理论家，很多技术和能力都是靠实践摸索的，因此对农村能人能力的衡量，需要结合农村、农业的实践，也要从农村能人作为农村具有突出才能的人才资源出发，衡量其在农村、农业和致富方面的示范效应。从图 5.1 来看，绝大多数的被调查者认为评价农村能人的最主要指标是促进地方经济发展的能力，有鉴于此，课题组认为致富能力是衡量农村能人能力的关键指标，与之相应的是其致富之后的示范、辐射和带动能力，代表着先富能人的人才贡献率。二是能够起到示范和带动作用，这是成为农村实用人才的基本要求。三是对本地农村经济社会发展作出贡献，这是成为农村实用人才的重要标准。当然，衡量农村能人能力的指标应该是综合的，因此，课题组认为也应重点衡量农村能人的经营管理能力、村庄治理能力以及具有良好的学习和创新创业能力。在指标设计上，可以把致富能力、经营能力、村庄治理能力、辐射能力、创新能力作为二级指标，然后把这些能力细化形成三级指标，如市场开拓能力、双创双带能力、学习能力、团队合作能力、创新能力等，由此构成比较完整的农村能人的能力指标体系（参见表 5.4）。

相对于当前各级政府对农村实用人才的统计和“双创双带”项目来说，课题组提出的农村能人队伍建设的数量和质量指标体系，一是更加系统、全面，既注重农村能人队伍量的变化情况，也注重其质的变化和提升情况。二是既注重农村能人评价的基础素质，也注重评价农村能人的能力素质、道德素质，在质的评价方面，更加系统、综合，等方面的评价才能够有效防止其在治村过程中违背以权谋私、中饱私囊。三是既要评价农村能人的经济发展能力，也要评价其“双创双带”能力，引导其为实现农

5.4　　**农村能人队伍建设的质量指标**

一级指标	二级指标	三级指标
农村能人身体素质	1. 健康系数 2. 精力系数	(1) 各类能人身体健康状况； (2) 各类能人患病比例； (3) 各类能人精力充沛情况
农村能人道德素质	1. 政治态度、政治立场 2. 个人品格 3. 奉献精神	(1) 拥护党的路线方针政策； (2) 为人正直、处事公正； (3) 诚实守信； (4) 热心公益、善于奉献
农村能人文化技术水平	1. 学历结构 2. 职业培训情况 3. 能力培训情况 4. 技术水平 5. 技术职称	(1) 各类能人的学历教育； (2) 各类能人的职业培训； (3) 各类能人的能力培训； (4) 各类能人的技术等级获得技术职称占比； (5) 各类获得技术职称的能人占比
农村能人能力指标	1. 致富能力 2. 经营管理能力 3. 村庄治理能力 4. 辐射能力 5. 创新能力	(1) 市场开拓能力；(2) 经营管理能力； (3)"双创双带"能力；(4) 民主决策能力； (5) 团队合作能力；(6) 矛盾化解能力； (7) 学习和创造性思维能力

村的共同富裕贡献聪明才智、社会资本和物质资本；还要评价其村务治理尤其是民主决策、民主管理的能力，在当前社会矛盾纠纷日益频繁的背景下，还应突出强调其沟通、协调和纠纷调解、矛盾化解能力，确保农村社会和谐有序。四是从农村社会发展的长远战略角度出发，还必须评价农村能人的创新能力和创新潜力，如创新人格要素、知识管理要素、创新能力要素和创新业绩要素，特别是洞察力、想象力和创造性思维能力是创新型人才进行创新的有力工具，[①] 应加大对农村能人这方面人力资本投资的力度，这对于提升农业、农村的现代化水平，实现农业的转型升级和跨越式发展都具有很强的促进作用。

① 赵静杰、王慧娟、徐一畅：《企业创新型人才评价指标研究》，《企业天地》2009年第3期。

三　农村能人队伍建设的路径分析

近些年随着城镇化的加速推进，我国城镇化率已经超过50%，其导致的一个必然结果就是大量农村人口向城镇人口转化、集聚，这是工业化、现代化过程中必经的历史阶段。问题是城镇化过程中，农村逐渐空心化，农村人口中头脑活络、能力突出的青壮年精英更是流动的主力。因而，要建设社会主义新农村，解决“三农”问题，农村能人队伍建设刻不容缓，在如何建设农村能人队伍问题上，一方面，必须强化政策扶持、引导，通过政府有形的手和乡村亲缘、地缘、血缘等无形的社会网络结构，即通过形式多样的行政吸纳、社会吸纳方式，吸引乡村外流精英积极回流；另一方面，应建立健全农村人力资源开发和能人培训的机制体制，强化对农村现有人力资源的开发利用和人力资本投资，把农村能人队伍总量做大，不断增强农村农业发展、农民增收的能力和潜能。

（一）强化行政吸纳，吸引乡村外出经济精英回流

人才战略实施的关键是造就一支宏大的高素质人才队伍，加强农村能人队伍建设实质上就是建设一支高素质的农村人才队伍，解决农村农业发展的人力资源要素制约问题。首先，应加强农村能人的引进工作，着力打造农村社会经济发展的人才集聚平台，多渠道、多形式吸引优秀人才到农村创业创新，充分发挥人才作用。其次，应建立健全农村能人评价指标体系，形成完善的农村能人选拔标准和选拔的机制体制，制定和完善《农村实用人才选拔认定管理办法》等相关法律法规，严格按照规定的选拔范围、基本条件、评价指标体系、选拔认定程序来选拔，真正选拔出一批基本素质过硬、能力突出、品行端正、热心公益、善于奉献，具有饱满的工作热情和人格魅力，并能发挥示范带动作用的农村能人。最后，可通过选拔、招募、招考或者下派、下挂等多种形式进行行政吸纳，促使农村先富能人等优秀人才回流乡村或扎根农村，为社会主义新农村贡献力量。基层政府对先富能人的行政吸纳措施大致可分为以下三种模式：

1. 通过基层党组织吸纳先富能人担任村支书，以党支部书记＋龙头企业的先锋带头作用或党支部＋农业经济协会的整合作用带动广大农村居

民致富。[①] 根据《村组法》，党支部特别是党支部书记是村庄的领导核心，是村庄规划、建设、发展以及村民自治的“领头羊”。但如果“领头羊”本身能力不突出，其先锋模范作用无法发挥，那么势必影响新农村建设进程，也可能影响到“三农”问题的解决，更会影响执政党在基层社会的威信与治理的合法性基础。因此，很多基层政府往往出台政策或想尽办法支持、鼓励农村先富能人回流乡村社会或就地提拔任命其担任村支书、充当乡村社会的“领头羊”、带领广大村民建设新农村。

从全国各地的情况来看，通过把经济能人、致富能手或管理精英培养成村干部带领群众发家致富，是各地政府比较普遍的做法。如四川省汉中市留坝县、凉山市会东县，重庆市渝北区、巴南区就采取全县、全区公开选拔的方式，打破行业、身份、地域界限，通过严格测试、全面考察、“阳光”公选等方式，选拔经济能人担任村干部，[②] 希望通过经济能人带动村庄的发展。四川省凉山市会东县还通过“个人自荐和组织推荐相结合、竞职演讲和即席问答相结合、群众测评和领导考评相结合、综合素质和发展潜力相结合、干部公认度和组织认可度相结合”等“五个相结合”的选人程序，公开选人、公正评人、公平定人，选派机关干部驻村担任村支部书记。[③] 四川威远县则创新思路，突破一村一支部模式，试点建立联合党支部的做法，[④] 通过支部联建，优化经济能人在不同村庄的配置，实现人才资源的优化配置，而最终的落脚点都是依靠经济能人、致富能手、管理精英带领农村、农业发展、增加农民收入，为解决“三农”问题积极创造条件。

从各地实践来看，首先，“能人治村”已经成为很多地方政府施政的

---

① 顾金喜：《发挥农村先富村支书作用的长效机制研究——以浙江台州的个案为例》，《西安电子科技大学学报》2007 年第 3 期。

② 参见范根材：《公选“领头雁”实现“能人”治村——留坝县公选村党支部书记工作开展情况侧记》，《汉中日报》，2007 - 03 - 08；谢英渡、刘泱：《能人治村　能人带村　能人兴村——会东县选派机关干部担任村支部书记的实践和启示》，《凉山日报》，2007 - 05 - 12；吴红缨、姚伟：《重庆亿万富翁的新农村试验》，《21 世纪经济报道》，2006 - 05 - 29。

③ 谢英渡、刘泱：《能人治村　能人带村　能人兴村——会东县选派机关干部担任村支部书记的实践和启示》，《凉山日报》，2007 - 05 - 12。

④ 杨长君、彭丽：《威远县突破一村一支部模式，试点建立联合党支部——支部联建 放大能人治村效应》，《四川日报》，2007 - 06 - 18。

一个重大战略。其中所谓的“能人”或能力核心就是“能否带头致富”，前提标准就是“自己是不是先富起来了”，是否有项目、是否具备带领广大村民共同富裕的能力。唯有具备这样的标准或能力之后，才能够通过地方政府设立的种种排他性条件被吸纳到村庄担任村干部，成为农村发展的“领头羊”。其次，为了实现“乡乡有产业、村村有大户”的战略目标，有些地方政府在对先富能人的吸纳上不断突破成规、创新方式，如上述四川会东县的公开竞聘、威远县的支部联建，重庆渝北区、巴南区的全社会公开招募都是对《村组法》等现行法律法规中一些相应条款的突破。最后，从实际效果看，基层政府对经济能人、致富能手或者管理精英的行政吸纳产生了积极的社会效果，无论是村庄的经济发展、村庄的治理规范以及群众对村干部的满意度都明显地上升。

2. 引导先富能人积极参与基层选举并主政村庄。基层党委通过党支部对农村先富能人实现行政吸纳，实施起来相对比较容易。相对而言，基层政府要引导先富能人参选村委会主任并主政村庄、带动村庄发展更有难度。

首先，在基层政府层面上，地方政府往往需要开展大量的游说，甚至要给出诸多的优惠政策和很大的政策扶持力度才能够劝导乡村社会外流的先富经济精英回流乡村。最典型的就是浙江各地开展的“回归工程”，大打乡土牌，努力实现浙商的回归。浙商回归工程通常由县级或以上政府主导，战略层次明显高于乡村社会精英的回流工程，但这并不妨碍很多基层乡镇政府开展积极的行政吸纳，引导农村先富能人积极参与基层选举并主政村庄，描绘农村社会发展蓝图，促进社会主义新农村建设。上述四川、重庆等地开展的面向全社会招募经济能人、致富能手或者机关干部任职农村，说到底也是精英回流或促使精英向农村流动的一种方式，但这种流动哪怕是亿万富翁也是需要经过民主的选举程序，获得广大村民的认同之后才能够担任村委会主任的。

其次，在农民层面上，要想改变农村、农业以及农民的落后现状，他们也需要强有力的领导核心和发展的“领头羊”带领他们走上富裕之路，共享经济社会发展成果。因此他们对村里外出经济精英回流乡村社会带有更加迫切的需求。最典型的案例如本书引言里就提及的裴寨新村的村主任裴春亮，尽管他之所以回乡担任村主任并非地方政府劝导的结果，而是村民代表跪求的结果，在浓厚乡情和亲缘、地缘、血缘关系的感召下他最终还是答应了村民的请求，并回村担任村主任。但毫无疑问，他的回归确实给裴寨新村的村民们带去了很大的实惠，每个村民因此而住上了现代化的别墅，无论是当地村庄还是村民的生活水平尽皆实现了跨越式的发展。由此可见，基层社会对外流经济精英或先富能人的行政吸纳往往还需要借助乡村社会的亲缘、地缘、血缘关系才能够成功。

3. 引导先富阶层积极贡献自己的财力、物力，优化村庄公共产品和公共服务供给。从各地实践来看，具有丰富资源的富人事实上也是基层政府所依赖或行政吸纳的对象。基层政府依赖先富能人，其基本的运作方式就是将其吸纳进体制内，使其成为村干部。在其成为村干部之后，压力型体制下，先富能人很多时候就会主动或者被动地承担农村社会基础设施建设或者公共服务供给的责任。像浙江这样的民营经济先发地区，农村先富群体参政，为了顺利当选，其策略往往都涉及经济利益的捐赠或捐献。此类现象，在浙江农村地区已经具有一定的普遍性，这对基层政府来说自然是乐见其成的。而先富群体一旦当了村支书之后，贡献自己的财力、物力，兴办村公益事业，协助解决农村面临的问题，维护农村的稳定和谐，往往就成了他义不容辞的责任。

由此可见，行政吸纳经先富能人对完善农村基本公共服务，解决农村、农民面临的现实问题，维护农村的稳定和谐，是有很大助益的。关键问题是，如果先富能人缺乏这样的动力，那么地方政府该通过怎样的政策进行积极引导。课题组针对如何吸引先富能人参与新农村建设做了问卷调查，在“您认为那条措施最能吸引先富能人参与新农村建设”一项的选择上，在回收的2307分有效问卷中共有2077人作了回答，其中33%的被调查者认为政府可“在政治参与方面，提供有力的支持”；30%认为应“给予财税制度的优惠、照顾”；21%认为“政府加大出资培育先富能人的力度”；16%认为应“授予荣誉称号、颁发荣誉证书，并给予适当的物质奖励”。

在频率分析的基础上，课题组还对不同的群体做了交叉分析，结果显示，公务员群体认为最应“给予财税制度的优惠、照顾”，占比高达39.9%，这个比例甚至高过了企业主的34.8%；种养殖大户认为最应“在政治参与方面提供有力支持”比例，占比达到了38.1%，36.7%的人大代表、34.2%的村干部、33.1%的普通村民和31.8%企业主选择了这一项上，除了企业主之外，这些群体在这项上的选择都是最高的；普通村民在“政府加大出资培育先富能人的力度”一项上的选择是最高的，达到了22.4%，由此可见，普通村民对政府出资加强农村“领头羊”的吁求是最强烈的，从侧面反映出普通村民对村庄“领头羊”的渴望；人大代表在“授予荣誉称号、颁发荣誉证书，并给予适当的物质奖励”一项上的选择是最高的，达到了24.5%（详见表5.5）。

表5.5　吸引先富能人参与新农村建设最有效措施的交叉分析

		给予财税制度的优惠、照顾	在政治参与方面，政府可提供有力的支持	政府加大出资培育先富能人的力度	授予荣誉称号、颁发荣誉证书，并给予适当的物质奖励	总计
身份[a]	公务员	39.9%	29.5%	14.5%	16.2%	173
	普通村民	28%	33.1%	22.4%	16.5%	1113
	种养殖大户	25.6%	38.1%	21%	15.3%	176
	企业主	34.8%	31.8%	15.9%	17.4%	132
	村干部	29.3%	34.2%	19.0%	17.5%	348
	人大代表	24.5%	36.7%	14.3%	24.5%	49
总计	计数	560	627	386	299	1872

a. 值为1时制表的＿分组。

从表5.5的交叉分析可以看出，不同的群体在如何激励先富能人参与新农村建设的方式选择上存在较大的差异，其中企业主对给予财税制度的优惠、照顾和在政治参与方面提供有力支持的呼声是最高的。这一方面说明在激励先富能人参与新农村建设的方式应该是多元的，不同的人由于其成长背景、社会经济地位、个人品格、亲缘血缘地缘关系等主客观激励因素的不同，其所能接受的激励方式也是不同的，基层政府应针对这种差异化的激励因素提供相应的激励措施才能有效激发先富能人参与新农村建设的热情。另一方面，从有效激励企业主的视角出发，地方政府还应尽可能地在先富能人创新创业之时给予财税方面的优惠、照顾，通过政策层面的支持、引导、放大，使有限的政策资源发挥“四两拨千斤”的作用，并在先富能人参与政治之时创造相应的机会、提供有力支持，从而形成“各尽其能、各得其所”的政治联合结构和社会发展格局。

（二）加强农村人力资本投资，推进农村能人队伍建设

通过政策引导、扶持吸纳乡村外流的经济精英回归农村，或选聘优秀人才到农村工作，是推进农村能人队伍建设的可行路径，更重要的是通过强化对农村实用人才的培训和人力资源开发，挖掘农村、农业发展的内生增量。而要强化农村人力资源开发，应建构并完善多元化的农村人力资源开发和农民能人培训服务体系，通过义务教育、职业教育、在职培训以及社会学习等方式增加农村人力资本投资，培育新型农民，全面提升农民素质。教育培训服务是解决“三农”问题和促使农村、农业发展的基础性公共服务，因此政策上必须予以高度重视，必须不断加大公共财政投入和支持，建构多元化的投入和培训服务体系，提升农村人力资本投资收益。

作为人力资本投资的主要方式，对农村劳动力的培训可产生多方面的积极影响，课题组针对这一问题展开了相应的问卷调查，在“您认为当前我省农村劳动力培训最主要的作用是什么”一题的回答上，35.8%的被调查者认为可“提高农村剩余劳动力技能、素质，为农民创收奠定基础”；30.7%的被调查者认为可“有力地促进农民增收，为解决‘三农’问题创造条件”；24.5%的被调查者认为“有利于缩小日益扩大的城乡收入差距，实现全省的协调、均衡发展”；9%的被调查者认为可以“为和谐浙江建设创造积极条件”（详见图5.2）。

由此可见，在多数被调查者看来，针对农村劳动力的培训作用是比较积极正面的，因此更重要的是采取什么样的措施提升针对农村劳动力和农村能人培训的效果，课题组认为可从以下几方面着手：

1. 巩固农村九年义务教育发展成果，为农村能人队伍建设奠定必要的文化基础。近些年来，随着九年免费义务教育的推行，我国在教育领域的投入力度加大，农村九年免费义务教育成效显著。从公平的角度来讲，应按照比例平等原则，对发达地区与后发达地区，按照财政收入状况，确定一定的比例进行补贴，既有助于实现义务教育服务的均等化，又可从实际出发，解决欠发达地区义务教育发展所面临的难题。但由于撤点并校，尽管学杂费减免了，农村孩子上学的交通、时间等成本却相应地增加了，

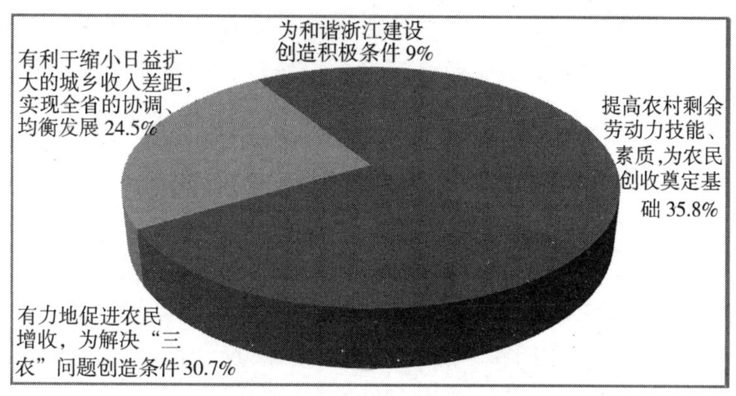

图 5.2　农村劳动力培训的作用

而且目前教育资源有向城市倾斜、向中心乡镇集中的趋势，这导致的结果是城乡教育的不公平趋势仍在扩大，特别是城乡孩子上大学的机会比例在逐渐扩大。

此外，由于城乡非均衡的公共产品供给体制以及城乡二元体制还牵涉到大量的社会福利，导致许多来自农村的大学生大学毕业之后往往宁可留在城市而不愿回到农村，农村知识精英外流现象非常明显。因此，要推进农村能人队伍建设、加强农村人力资源开发，各级政府必须促使公共财政、教育资源向农村和欠发达地区倾斜，改造农村和欠发达地区薄弱学校，建立和完善城镇教师到农村任教服务制度，加强农村学校的硬件设施和教师队伍建设，进一步巩固农村九年义务教育发展成果。“让所有的农村孩子都能上学读书，与城市的孩子在同一片蓝天下，共同成长进步”，从而达到全面提升农村居民文化知识水平和农村人力资源开发的基本战略目标，为农村造就一支宏大的高素质人才队伍并为新农村建设奠定必要的文化基础。

2. 理顺涉农培训的机制体制，提升政府涉农公共培训服务的绩效。《关于加强农村实用人才队伍建设和农村人力资源开发的意见》指出加强农村实用人才队伍建设和农村人力资源开发是一项重大而紧迫的战略任务，2007 年中央的“一号文件”也明确提出要建设社会主义新农村就“必须发挥农村的人力资源优势，大幅度增加人力资源开发投入，全面提高农村劳动者素质，为推进新农村建设提供强大的人才智力支持”，要“培养新型农民，造就建设现代农业的人才队伍……努力把广大农户培养成有较强市场意识、有较高生产技能、有一定管理能力的现代农业经营者”。[①] 问题的关键是该如何做好新型农民培训，即在短期时间内，如何以最小的投入快速有效提高农村能人的整体素质、技术和能力，使之具备某一方面特长并充分发挥能人的示范带动作用。

课题组针对公共培训服务的必要性做了问卷调查，在“加强农村能人队伍建设，必须由政府提供公共培训服务”这一问题上，SPSS 软件描述分析的结果显示，李克特量表的均值为 3.69，处于中等较偏上水平，可见多数被调查者倾向于认同这一观点；频率分析的结果则显示，17.7% 的被调查者表示非常认同，47.8% 的被调查者表示认同，23% 的被调查者表示一般，8.7% 的被调查者表示不认同，2.8% 的被调查者表示非常不认同（详见图 5.3），总体认同度达到了 88.5%，印证了描述分析的结果。

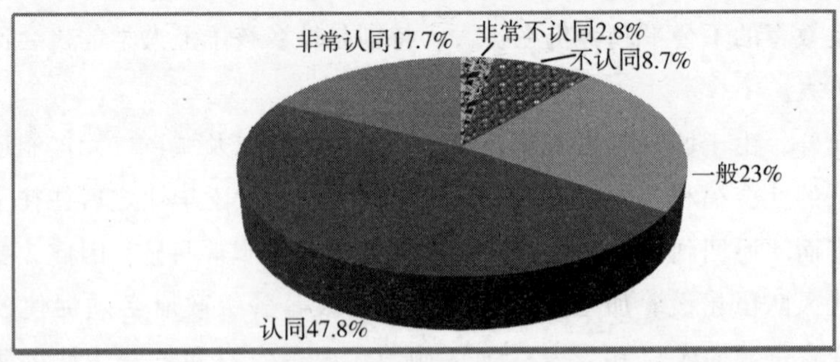

图 5.3　农村能人队伍建设，公共培训服务的必要性

可见多数被调查者认同在农村能人队伍建设过程中，必须由政府提供公共培训服务。然而，仅由不同的政府部门及其附属机构提供公共培训服务不可避免地会产生诸多问题：政出多门、资源分散、重复培训、效率低下，因此，要解决这些问题，首先，必须进行顶层设计，理顺涉农培训的不同政府机构和管理部门之间的权责体系、改革农民教育培训管理体制。其次，在农民教育培训和农技推广等方面，形成层次分明、分工明确、职责清晰、相互衔接的农民教育培训体系，既要防止职能的交叉重叠，也要防止教育培训内容的简单重复，整合有限的培训资源，优化资源配置，从

① 中共中央国务院关于积极发展现代农业扎实推进社会主义新农村建设的若干意见，http：//news. xinhuanet. com/politics/2007－01/29/content_ 5670478. htm。

制度和机制体制上保障农村实用人才培训的绩效。最后，应尽快建立健全农民培训的等级证书制度和学历、职业资格证书的“双证书”制度，由政府职能部门和技术推广单位组成农民职业技术培训等级证书发放管理体系，尽快将农村实用人才培训纳入制度化轨道；[①] 尽快实现农民职业教育的五个对接，即专业与产业、职业岗位对接，专业课程内容与职业标准对接，教学过程与生产过程对接，学历证书与职业资格证书对接，职业教育与终身学习对接。这既是当前我国职业教育改革的必然要求，也是大力推行提升农村能人队伍和实用人才培养针对性的必然要求，有助于现代农业产业发展和农村技能型人才的成长需要，为农村人才可持续发展和人力资源开发提供必要的制度支撑。

3. 提高培训的针对性、实用性，提升农村能人的各项能力指标。欧美发达国家的农业职业教育往往都侧重于对学员实际操作技能的培养，各校拥有设施先进、相当规模的实习农牧场、农机实习车间和自动化管理的温室大棚。无论是何种训练，学员都要先操作，后接受考核；考核合格之后发给相应的职业资格证书或技能等级证书。培训过程中实践训练要求全面，学员实践操作时间保证，实习设备先进、充实，与职业岗位紧密结合是欧美国家农业职业技术教育取得成功的重要原因。[②]

这一点恰是当前我国农业职业教育培训中所缺乏的，如诸暨市的调查结果显示85%的受访农户表示对各级政府组织的培训已不再感兴趣，内容重复率高甚至几年来根本没有变化，80%的农户表示培训对致富没有多大帮助。而且，张洪霞的问卷调查结果显示，农村实用人才期望参与的培训方式与现实的培训方式有较大差异，70.8%的受访者期望参与的培训形式为得到实际的操作指导，期望得到现场讲授的占55.4%，选择参观学习这一培训形式的占35.9%，期望师带徒这一培训形式的占28.5%，期望远程授课的受访者占11.6%。[③]

① 易红郡、谭建平：《新型农民与农民工的教育培训》，湖南人民出版社，2009年，第250页。

② 顾金喜、李继刚：《农村公共产品供给与治理的国际经验与借鉴——基于多中心治理机制的探讨》，《中共浙江省委党校学报》2008年第3期。

③ 张洪霞：《基于需求视角的农村实用人才培训体系探究——以天津市为例》，《职教论坛》2013年第10期。

因此，农村能人队伍建设和农村劳动力培训无论在培训内容还是培训方式上都有亟待改善之处，必须提升培训内容的针对性、实用性和时效性，无论内容、知识、技能、体系都应以实践、市场、需求为导向。将强化农民技术培训与增强农民的基本文化素质、道德素质、职业和综合能力，甚至创业创新、团队合作能力结合起来。而且，在培训方法上，既要简明扼要、易懂易学易用易操作，也应采取丰富多彩的教学形式，适应农民需要采取短期培训、学历教育、函授、夜校等形式灵活办学，做到寓教于乐，全面提升对农村能人培训的效果。

课题组就如何完善农村能人队伍培训效果做了问卷调查，在“加强农村能人队伍培训最重要的措施”一项上，53%的被调查者认为应“提升培训内容的针对性、实用性”；18%的被调查者认为应加大资金投入力度；15%的被调查者认为应理顺不同管理部门之间的关系；14%的被调查者认为应选择好的培训机构（详见下图5.4）。

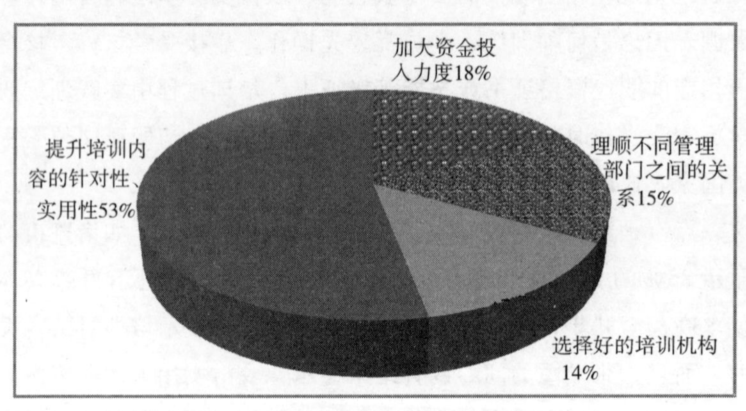

图5.4　加强农村能人队伍培训最重要的措施

4. 建构多元化的社会培训服务体系。各级政府应通过有效的人力资本投资不断提升农村劳动力的知识存量和技能水平，实践证明政府越来越难以满足农村实用人才培训的多样化服务需求，农村能人培训迫切需要改革、创新其服务供给模式与治理机制。在政府无法直接提供优质高效培训服务时，可以通过建构多元的社会培训服务体系，积极吸纳社会力量参与农村能人和人力资源开发、培训服务，逐步形成“政府统筹、农业牵头、部门配合、社会参与”的新型农民教育培训体制。

（1）培训体系上，可以建构分类指导、分层次培训、学历教育与职业教育、业余学习、社会培训对接的教育培训体系。农村能人队伍建设的着力点在于培养一批致富带头人、科技带头人、精英带头人，这是新农村建设的中坚力量。因此，各级政府在完善农村能人学历教育、职业教育的基础上，应大力实施“农村实用技术培训工程”、“绿色证书培训”、“农村领头雁技能提升工程”、“农村实用人才带头人素质提升计划”、“百万农村创业创新实用人才培训工程”等培训服务，加强以农村专业合作社和农业龙头企业的领办者、行业协会带头人、家庭工业创办人、乡村旅游经营业主、农村经纪人等为重点的农村创业创新人才培训。建构层次分明、门类齐全的教育培训体系，加大素质、技能培训和公共服务的支持力度，大幅度提高农村能人的品德和文化素质、经营管理、创新创业等各方面的能力，重点培养一批善于经营、精于管理、勇于创业、乐于奉献并能够带领群众致富的复合型人才，大范围地为农村、农业发展培养实用型、拔尖型人才和积聚足够的人力资本。

（2）改善农村能人培训服务供给结构，形成多中心的服务供给和治理机制。政府独揽农村公共服务的供给与治理很可能造成公共服务高成本、低效率、劣质量，[①] 甚至简单的重复浪费。因此，如何克服政府这种排他性垄断所导致的诸多问题是公共培训服务必须克服的。大量的研究表明，在一定的条件下，实现包括市场化供给在内的公共产品多元化供给是完全可能的，[②] 而且农村公共服务供给与治理的多中心趋势日益明显，为解决垄断性公共培训服务存在的问题提供了非常有益的借鉴。

在农村实用人才与人力资源开发培训服务中，首先，应健全农村人力资本的多元投入机制，政府、社会、用人单位和个人共同投入并分享投入所产生的收益。其次，各级政府可鼓励企业、农业行业协会和培训机构开展定向、订单培训，既适应市场和经营发展需求，也有助于从农村实用人才中培育一批更拔尖的能人队伍。最后，依托职业院校、现代远程教育、电大、农广校、农函大、成人文化技术学校（社区学院）、科研技术推广单位、农业科研院所、中高级职业技术学校和基层党校等社会培训机构的

---

① 吴业苗:《“一主多元”：农村公共服务的供给模式与治理机制》,《经济问题探索》2011年第6期。

② 林万龙：《农村公共服务市场化供给中的效率与公平问题探讨》,《农业经济问题》2007年第8期。

力量，建立覆盖全国农村的职业教育和培训网络，实现教育培训机构和师资力量的多元化，鼓励和支持他们主动拓展为农村服务的渠道和方法、提高为农村服务的能力，形成农村能人培训服务的多中心供给机制。而且可通过和高校、农业科研院所的合作，推进产学研一体化，促进农业科研成果向现实生产力和经济效益的转化，提升农业的核心竞争力，为农民增收开辟新的道路。

（3）采用“农民点菜、专家下厨、政府买单”的市场化方式提升农村能人培训和人力资源开发的实际效果。市场是优化资源配置的最有效机制，事实证明，单纯依靠政府的力量实现农村人才培训的需求导向和实践导向是有难度的。公共培训服务的市场化及其竞争机制的建构无疑是一个比较有效的解决之道，特别是不同市场培训机构之间的竞争机制可有效促进公共培训服务的需求导向和培训绩效的提升。而只要有竞争机制的存在，无论是政府供给还是市场竞争主体或其他非政府机构参与都能实现我们所追求的培训效率和社会效益，这无疑也为农村能人培训的公共服务供给与治理提供了一个多元化视角。因此，在市场经济背景下，农村能人培训服务应该由传统的政府排他性垄断模式逐渐向政府、社会、市场多元互动的多中心模式转变，而且政府完全可以通过“农民点菜、专家下厨、政府埋单”的模式提升培训的需求导向、实践导向和培训效果。

4. 推进农村人才培训的法制化进程，完善培训的各项规章制度。从国际范围来看，通常通过立法使农村人才的教育培训制度化、规范化。如美国最早在1862年就通过了《赠地法案》，其中规定，各州可以从联邦政府那里获得一些公用土地，但必须以出售土地所得创办至少一所农业与机械学院，即美国著名的赠地学院；1887年，美国还通过了《哈奇法案》，仍以出售公用土地的方式支持农业试验研究，以此为契机，在各州普遍建立了农业试验站，并借助短期培训班、巡回讲习班、函授教育及农村“流动图书馆”等方式开展对农民的教育培训和农技推广服务。[①] 由此可见，美国有关农民职业教育和培训的立法由来已久，并建立了系统、完备的农民教育培训和农业推广服务体系，联邦政府农业部甚至设有专门的

① 易红郡、谭建平：《新型农民与农民工的教育培训》，湖南人民出版社，2009年，第238页。

农业合作推广局，负责农技推广。可见，在农民教育培训和农村人力资源开发方面，国际上的立法由来已久，制定了一系列有效的农民教育培训政策法规，并使之制度化、规范化。

不过，我国在农民职业教育培训方面的立法却相对滞后，尽管近些年来中央的“一号文件”等多次提到了要“提高农民整体素质，培养造就有文化、懂技术、会经营的新型农民”，但迄今为止中央颁发的有关农村实用人才队伍建设和人力资源开发的最高文件就是《中共中央办公厅国务院办公厅关于加强农村实用人才队伍建设和农村人力资源开发的意见》，并未形成专门性的立法。另有个别省市出台了地方性法规，如天津市和甘肃省分别于2010年和2011年颁发了《天津市农民教育培训条例》、《甘肃省农民教育培训条例》，为我国最早出台的相关地方性法规；浙江省则由中共浙江省委办公厅、浙江省人民政府办公厅联合颁发了《中共浙江省委办公厅、浙江省人民政府办公厅关于加强农村实用人才队伍建设和农村人力资源开发的实施意见》（浙委办〔2008〕37号）。但这个地方性法规充其量只是厅级单位出台的地方性政策文件，甚至连地方性法规都算不上，层级都太低。

因此，借鉴西方发达国家经验，我国有必要在国家层面上制定《农民教育培训法》，规范农业实用技术培训、农村劳动力职业技能培训和农民成人学历教育等教育培训活动，使农村能人队伍建设和农村人力资源开发制度化、规范化、法制化发展。确立农民教育培训的基本制度，如农民教育培训分管的行政部门以及不同部门之间分工合作、统筹协调、监督管理的权责体系，确定各职能部门的权责关系，防止培训的低级重复和资源浪费；农民职业教育培训的财政投入和转移支付制度以及农民教育培训经费使用范围、程序，立法规定农民职业教育培训的现代财政投入和转移支付制度，设立相关专项资金、专款专用，确保财政对农民教育培训特别是农村拔尖能人素质提升工程的投入每年以不低于GDP增长率的速度增长；农民教育培训体系建设、农村能人评价、选拔任用、培养开发、流动配置和激励保障机制等，使之有序、规范、可操作。

总之，农村能人队伍是社会主义新农村建设的中坚力量。在城乡二元体制和大量农村人口外流导致农村空心化的社会背景下，一方面，各级地方政府可通过政策引导、积极有效的行政吸纳壮大农村能人队伍，增加农村能人的总数量；另一方面，通过完善农民教育培训服务，建构多元化的农民教育培训服务特别是农村拔尖人才的培育，借助“绿色证书培训”、“农村领头雁技能提升工程”、“农村实用人才带头人素质提升计划”等培训服务，加强以农村专业合作社和农业龙头企业的领办者、行业协会带头人、家庭工业创办人、乡村旅游经营业主、农村经纪人等为重点的农村创业创新人才的素质和能力，加大农村人力资本投资力度，为农村发展奠定扎实的人力资源基础，挖掘农村、农业发展的内生增量。

第六章　完善农村能人队伍建设的政策支持体系

戴维·伊斯顿认为公共政策是“政治系统权威性决定的输出，是对整个社会所作的权威性价值分配”。[①] 在全能主义政治框架中，强有力的政治机构或政党利用其组织形式、力量和社会控制网络，深入控制社会每一个阶层和每一个领域，政治权力几乎成为无所不能的东西。尽管改革开放30多年来，我国的政治体制改革取得了很大进步，但政治体制中的全能主义倾向仍比较明显，政治权力对社会价值的权威性分配仍扮演着重要的角色。城乡二元体制的形成实质就是政治权力或公共政策的权威性分配汲取农村经济社会资源支持城市、工业发展格局的结果，在特定的历史时期，这样的政策服从于国家战略需要无可厚非。然而不容否认的是，城乡二元政策的实施及其体制的形成对农村、农民都是不公平的，在体制内农民被人为地划分为“二等公民”，失去普通公民所应具备的平等地位、权利、发展机遇和社会福利。我国当前经济社会发展中出现的城乡差距、贫富分化、两极分化说到底也与这种城乡二元体制关联密切，归根结底是公共政策对社会价值权威性分配持续不公的结果。特别是地方政府片面追求GDP而忽略社会公平引起的“分配性冲突”不断增加，极其容易诱发社会矛盾或者群体性事件，消耗着社会发展的动能，甚至成为社会进一步发展的阻碍。

从发展阶段来说，目前我国已进入城乡统筹发展阶段，要解决历史遗留下来的制度不公、贫富分化、两极分化和社会矛盾冲突尖锐化问题，以工业反哺农业、城市反哺农村是题中的应有之义。鉴于公共政策在社会价值分配过程中的权威性作用，各级政府有必要通过公共政策的调整，促使

① 伍启元：《公共政策》，香港商务印书馆，1989年，第4—5页。

公共财政和社会资源流向农村、农业，为农村、农业发展奠定物质基础。其中，农村能人队伍作为农村、农业发展的中坚力量，加强农村能人队伍建设具有一定的客观必然性，更应是公共财政和公共服务投入的重点。因此，地方政府应转变传统的人才观，采取切实可行的措施推进农村能人队伍建设，形成完善的政策扶持体系加以重点扶持，加大农村人力资本投资和人力资源开发力度，为农村能人提供良好的创业环境；也应借助亲缘、血缘、地缘和熟人社会的关系网络动员他们回乡创业或工作，为家乡建设做贡献，做到以乡情感召人、以事业吸引人、以自我价值实现打动人。充分挖掘农村能人在乡村政治、经济、社会、文化和生态文明建设过程中的引领、示范作用，为建设“生产发展、生活富裕、村容整洁、管理民主、乡风文明”的社会主义新农村奠定人才基础。

一　实施农村人才投资优先保证的财政金融政策

公平正义是社会制度的首要价值，也是公共政策的首要价值。根据罗尔斯的观点，“公平正义是一种应用于政治和社会制度结构的政治观念”，其中基本结构正义是“政治正义的首要主题”，[①] 因此倘若要实现社会的公平，前提条件是社会基本结构（即基本政治、经济和社会制度）、制度设计以及公共政策对社会价值的权威性分配都遵循正义原则，实现人人自由平等、机会平等和竞争平等。当前，政府唯有以公平为首要价值，特别是公共政策尽最大可能向社会最不利者倾斜，增进社会最不利者的利益（即遵循罗尔斯著名的差别原则），才可能消弭社会发展中出现的不平衡、不协调、不可持续和社会矛盾纠纷激增等突出问题，夯实社会良性发展的基础，实现“人人受益，普遍共享”的战略目标以及整个社会协调稳定均衡的发展。而要解决“三农”问题、解决欠发达地区与区域的发展问题，更需要调整公共政策对社会资源的配置，加大向农村、欠发达地区倾斜的力度，完善公共财政、税收和金融制度，加大对农村能人队伍建设的政策扶持力度，以此为抓手，更快更好地建设社会主义新农村。

① 罗尔斯：《作为公平的正义——正义新论》，三联书店，2002年，第21页。

（一）加大公共财政对农村人力资本投资的力度

非均衡的城乡公共产品和公共服务供给体制是城乡二元体制的主要内容，也是导致城乡差距、农村社会发展滞后于城市的关键原因。因此，从统筹城乡发展的角度出发，公共财政投入应适当增加对农村和西部等欠发达地区的一般性转移支付，加大向农村和欠发达地区的倾斜力度，实现公共财政对农业生产各个环节的政策扶持。这既是实现基本公共服务均等化的必要条件，也是解决“三农”问题的基本条件。

其次，人才资源是第一资源，人才战略是第一战略，要实现人才强国的战略目标，必须实施人才投资优先保证的财政政策，公共财政对农村的投入则应突出农村人才投资优先保证的策略。各级政府应优先保证对农村人才发展的投入，确保财政支出中对农村教育、科技支出和公共卫生投入增长幅度高于财政经常性收入增长幅度。唯有对农村地区公共服务、人才教育培训的财政投入力度及其增长速度超过城市，城乡之间日益扩大的鸿沟才可能逐渐弥合，广大农村居民才可能共享改革开放与经济社会发展的成果，从而过上尊严、体面的幸福生活。

（二）财政支出突出对农村能人队伍建设的结构性扶持

当前各级财政投入中有种热衷于基础设施等公共产品供给的倾向，客观上忽略了对教育、人才、科技推广、社会保障等投入周期长、见效慢的公共服务，财政投入不可避免存在结构性失衡问题。因此，中央和地方财政的投入在对农村基础设施等公共产品投入保持持续增长之际，更应把供给的重点逐渐转移到诸如农村社会保障、农村能人教育培训（如“农村领头雁技能提升工程”、“农村实用人才带头人素质提升计划”）等公共服务上，不断提升以乡村社会精英、科技与社会服务人才为重点的农村创业创新人才的素质和能力，逐步改善农村经济社会发展的要素投入结构，大幅度增加农村人力资本投资比重，提高投资效益。在公共财政投入体制上，应从国家层面设立农村实用人才开发服务专项资金，并列入各级财政预算，做到专款专用。各级政府每年在实施农业发展项目资金投入时，应按财政收入的一定比例提取农村能人队伍建设资金，专门用于对农村人才的培养、培训、奖励有突出贡献的人才以及强化农村人才培训基础设施的建设等，改善培养、培训条件和手段,[①] 提升农村能人队伍培养绩效。这也意味着各级政府还应积极调整财政支出结构，进一步加大农村人才发展专项资金投入，科学配置政府对农村人才投入的财政与公共服务资源，满足农村能人队伍建设的现实需求。

（三）实施农村人才投资优先保证的税收和金融政策

1. 设立农村能人创业启动基金，为农村能人创新创业提供金融支持。各级政府在推进农村能人队伍建设的同时，既可在设立的农村能人队伍建设专项资金中划拨部分用于扶持农村能人创业，也可由财政部门、农村金融机构根据政府扶持原则，对特色农业开发、经济效益好的现代农业建设项目，实力强、信用好的农业龙头企业等，给予积极的金融支持。如引导金融部门对农村能人优先给予低息甚至无息贷款支持，简化贷款审批手续，扩大贷款额度，延长贷款期限，从而提高贷款效益，减小贷款风险。建立贷款利息补贴制度，由地方政府根据地方经济发展实力适当提供利益补贴，从而使农业贷款向农村能人的创新创业项目倾斜，提升农村能人的创业示范效用。

2. 对农村能人的创业项目给予政策和税收优惠。加大对农村能人的政策扶持力度，支持具有创业能力的农村能人兴办农村经济合作组织、农技推广机构，以“公司＋基地＋农户”的经营服务模式，促进农村、农业发展和农民增收，并对科技含量高、有利于扩大就业的农村经济合作组织和区域性农业生产龙头给予税收方面的优惠待遇。既可为农村能人的创业发展解决后顾之忧，也可增强农村经济能人扎根农村，把事业做大做强的信心，而且可以更有效地发挥农村能人在创业过程中的经济发展和辐射能力。如前所述，这也是基层政府吸引农村外出经济精英回归农村社会的主要途径之一。

3. 建立健全农户信用联保、互保和政府担保机制，完善农村能人创业的金融支持体系。在传统城乡二元体制格局下，农村各种资源包括金融都被汲取以支持城市发展，农村、农业发展面临的一个瓶颈就是集约化、规模化、产业化发展所需的资金大量缺乏。而且由于银行“嫌贫爱富”

---

① 陈文权：《我国农村实用人才资源开发服务机制探索》，《行政论坛》2009年第6期。

的策略，当前农村实施的小额贷款所能够提供的贷款也难以满足农村能人创新创业需求，很多农村经济能人特别是中小企业主往往因资金的限制而无法扩大生产，制约了农业标准化、规模化、集约化发展，也就束缚了农业核心竞争力的提升。因此，支持农村能人创业，除了设立创业基金、给予财税优惠政策，还应建构更加完善的金融服务体制，积极引导各类金融机构为农村能人创业兴业提供金融支持。如建立健全农户信用担保、联保和互保制度，进一步推动农地流转，允许农村能人以农地、宅基地抵押贷款，也可由地方农业或财政部门成立农信担保公司为农村能人提供担保，或由农村经济合作组织、村民自治组织或村民之间互保；还可进一步推进农村金融体制改革，稳步推进和积极规范民间借贷，引导农村能人创办资金互助组织、信用社和民营银行，降低贷款门槛，使有限的金融资源优化配置。

4. 建立并完善多元化的农村能人创新创业投资模式，鼓励社会多元力量和资本进入农村人力资本投资领域。首先，应“建立以政府支持为主导，社会、用人单位和个人共同参与的多元投入机制，进一步拓宽融资渠道”，[①] 引导和鼓励更多的民营企业、社会投资机构参与农村能人的创业创新活动，以“社会化资本 + 人才创业”模式实现多元化投入，促进社会力量、资本投入和农村能人培育有机结合。地方政府还可设立农业创业投资引导基金、创业投资服务中心，制定优惠政策，为农村能人创业以及参与创业的社会多元资本提供项目启动资金、贷款贴息、融资担保等金融服务，积极引导和鼓励乡村外出精英回乡进行“二次创业”。让农村能人在农村经济结构的调整中“唱主角”，在充分保障农民土地承包经营权的同时，允许农民以多种形式流转土地承包经营权，并引导农地的适当集中，提升农业规模经营水平和核心竞争力。此外，在创业培训、项目审批、土地使用等方面也应加大政策支持力度，形成完善的政策扶持体系，积极扶持农村能人创新创业，为解决“三农”问题注入新的活力。

课题组就加强农村能人队伍建设的措施做了问卷调查，在“加强农村能人队伍建设最重要措施”一项上，44% 的被调查者认为应加大农村创新创业型人才的培养；24% 的被调查者认为应加大对农村能人经营管理

---

① 高义海：《辽宁省农村实用人才素质提升的对策与建议》，《农业经济》2011 年第 4 期。

能力的培训；19%的被调查者认为应加大对农村能人的技术培训；13%的被调查者认为应给予财政、税收政策扶持（详见图6.1）。可见，被调查者高度认同当前加强农村能人队伍建设最重要的措施是“加大农村创新创业型人才的培养”，在具体的措施上多数认为应加大对农村能人经营管理能力和技术的培训，但对财政、税收政策扶持的关注度反而是最小的。

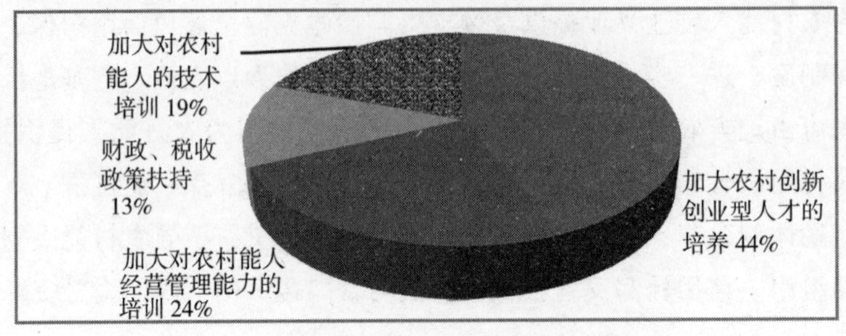

图6.1 加强农村能人队伍建设最重要的措施

那么这些被调查者究竟如何看待政府对农村能人提供的财税扶持政策呢？为了更深入地分析这个问题，课题组针对政府可以采取的财税扶持政策做了问卷调查，在“扶持农村能人的财税政策方面，政府可以采取的最主要措施”一项上，36%的被调查者认为应“对突出贡献者进行奖励、减免税费”；34%的被调查者认为应“畅通投融资渠道，满足其融资需求”；19%的被调查者认为应“对所有农村能人适当减免税费”；也有高达11%的被调查者认为“没有必要出台特别的税费政策”。

从问卷调查结果来看，多数被调查者倾向于支持对作出突出贡献的农村能人进行奖励并减免税费，对“畅通投融资渠道，满足其融资需求”的认同度也比较高。不过在“对所有农村能人适当减免税费”一项的认同度上则明显降低，甚至有一定比例的被调查者认为没有必要出台特别的财税政策扶持农村能人发展，可见仍然有部分被调查者对政府为农村能人出台普惠性的税费减免政策存有疑虑。农村能人作为乡村精英本身在经济发展方面取得了一定的成效，如再享有特别的税费政策更像是“锦上添花”而非“雪中送炭”，因此有部分人不认同也是可以理解的。关键还是坚持业绩考核，把有限的财政扶持政策和资金用到刀刃上，奖励或扶持那些真正作出突出贡献的农村能人，这才是获得广大村民认同的前提。

为了更深入地分析不同群体在这一问题上的态度，课题组借助 SPSS 19 做了交叉分析，从分析的结果来看，在“畅通投融资渠道，满足其融资需求”一项的选择上，比例最高的是企业主群体，达到了42.0%，最低的是种养殖大户，仅有27.9%，具体排序为企业主42.0% >人大代表40.0% >村干部38.1% >公务员33.0% >普通村民32.8% >种养殖大户27.9%；在“对突出贡献者进行奖励、减免税费”一项的选择上，比例最高的是公务员，占比40.3%，最低的是人大代表，为30.0%，具体排序为公务员40.3% >村干部38.1% >普通村民37.4% >种养殖大户35.2% >企业主32.1% >人大代表30.0%；在“对所有农村能人适当减免税费”一项的选择上，种养殖大户的选择比例最高，达到了26.3%，最低的公务员只有14.2%，具体排序为种养殖大户26.3% >普通村民18.4% >企业主17.6% >人大代表16.0% >村干部15.0% >公务员14.2%；在“没有必要出台特别的税费政策”一项的选择上，人大代表的比例最高，达到了14%，最低的是企业主8.4%，具体排序为人大代表14% >公务员12.5% >普通村民11.4% >种养殖大户10.6% >村干部8.8% >企业主8.4%（详见表6.1）。

表6.1　“政府扶持农村能人所能采取的最主要措施”的交叉分析

		对所有农村能人适当减免税费	畅通投融资渠道，满足其融资需求	对突出贡献者进行奖励、减免税费	没有必要出台特别的税费政策	总计
身份[a]	公务员	14.2%	33.0%	40.3%	12.5%	176
	普通村民	18.4%	32.8%	37.4%	11.4%	1125
	种养殖大户	26.3%	27.9%	35.2%	10.6%	179
	企业主	17.6%	42.0%	32.1%	8.4%	131
	村干部	15.0%	38.1%	38.1%	8.8%	341
	人大代表	16.0%	40.0%	30.0%	14.0%	50
计数		349	637	691	206	1883

百分比和总计以响应者为基础。

a. 值为1时制表的二分组。

由此可见，在所有的被调查者中，企业主对满足农村能人融资需求的支持度是最高的，对奖励和减免税费的支持度倒并不高，相应的在“没有必要出台特别税费政策”的支持度上却是最低的，总体而言他们对政府出台特别措施满足其融资需求的认同度是最高的；公务员在“对突出贡献者进行奖励、减免税费”一项上的支持度最高；种养殖大户在“对所有农村能人适当减免税费”一项的支持度最高，在“畅通投融资渠道，满足其融资需求”一项的支持度却最低，由此可见种养殖大户对减免税费的关注度比较高，但对融资或金融服务的需求度并不大；而在“没有必要出台特别税费政策”一项上，人大代表的支持度最高，公务员次之，然后是普通村民，可见人大代表、公务员、普通村民在出台特别的税费支持农村能人发展的认同度方面是最低的。不过，总体而言，要加强农村能人队伍建设，必须调整、完善公共财政投入机制和政策扶持体系，被调查群体也都认同应对作出突出贡献的农村能人进行奖励或减免税费，同时畅通投融资渠道，满足其融资需求，以多种方式激励农村能人积极贡献聪明才智、发挥其突出才能投身于社会主义农村、农业的发展。

二　畅通农村先富能人参政渠道

当前我国农村先富能人政治参与仍存在诸如观念、制度、技术和效率等因素的制约，基层民主政治发展和先富能人的政治参与在深度和广度上仍然存在一定的问题，其公开化、制度化、规范化仍有待加强。原因就在于社会多元主体介入政府决策或具体行政管理活动之后极可能降低决策者对政府决策的控制力和暗箱操作的可能，因此，很多基层官员存在怕公开、怕失败、阻遏公众参与的心态，对推进基层治理的公开化、规范化和民主化缺乏动力，这无疑是当前我国公民政治参与有序化发展的重大障碍，也制约了农村能人通过体制内的渠道有序参与地方政府管理和决策活动。诚如珍妮特·登哈特等指出的，“发展中国家政治参与的突出障碍之一就是缺乏民主文化以及公民社会，敌视民主治理的其他文化规范与价值通常占据主导地位”。[①] 正是由于这种心态、价值规范和缺乏政治体制改革的勇气而导致体制内人民群众利益诉求、表达和参与渠道匮乏，因此一旦遭遇权益侵害事件便会采取各种过激形式维权。

课题组针对农村先富能人的政治参与途径做了问卷调查，统计结果显示，44.1%的被调查者认为农村先富能人政治参与的途径主要是“通过地方政府主持的公共论坛或者民主协商会议，促使基层政府公共政策的完善”；23.7%的被调查者认为主要是“通过‘两会’参政议政，影响政府决策”；13.9%的被调查者认为“基本没什么参与途径”；13.3%的被调查者认为主要是“通过与政府官员的私交，拉拢政府官员，借以影响或者改变政策”；5.1%的被调查者认为主要是“以非正式的途径集会、请愿或抗议，迫使政府改变不合理的既定政策”（详见图6.2）。

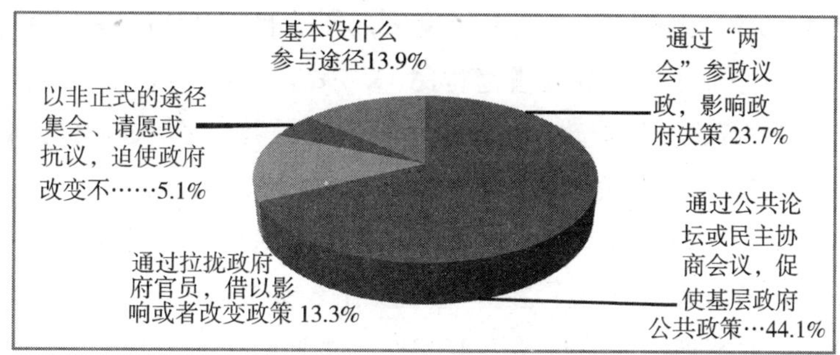

图6.2 农村先富能人的政治参与途径

从频率分析的结果看，多数被调查者认为当前农村先富能人政治参与的途径主要是地方政府主持的公共论坛或民主协商会议，反映出当前浙江各地开展的民主恳谈与民主协商会议日益成为农村先富能人参政的主渠道，这是非常可喜的现象；随着农村先富能人参选人大代表、政协委员的热情不断高涨，也有23.7%的被调查者认为其政治参与的途径主要是“通过‘两会’参政议政，影响政府决策”，还有部分认为主要是凭借与政府官员建立良好的私人关系或拉拢政府官员，借以影响或者改变政策，

① Janet Denhardt, Larry Terry, Edgar Ramirez Delacruz and Ljubinka Andonoska, “Barriers to Citizen Engagement in Developing Countries”, *International Journal of Public Administration*, 32, 2009, pp. 1274 – 1275.

另有少数被调查者认为是“以非正式的途径集会、请愿或抗议，迫使政府改变不合理的既定政策”。值得我们关注的是，13.9%的被调查者认为农村先富能人“基本没什么参与途径”，在五个选项中排在第三，可见仍有不少的被调查者认为农村先富能人的参政途径比较匮乏。另外，从问卷调查结果来看，仅有少数被调查者认为农村先富能人群体的主要参政途径是“以非正式的途径集会、请愿或抗议，迫使政府改变不合理的既定政策”。可见，多数被调查者认为农村先富能人应遵循体制内的途径参政，但也有少数人选择了以非制度化的方式如集会请愿或抗议的方式参政以维护自己的权益。

课题组再借助 SPSS 19 做了交叉分析，统计结果显示，在“通过地方政府主持的公共论坛或者民主协商会议，促使基层政府公共政策的完善”一项的选择上，比例最高的是人大代表，达到了48.0%，最低的是公务员，为41.0%，具体排序为人大代表48.0% >村干部46.0% >种养殖大户45.3% >企业主44.7% >普通村民43.6% >公务员41.0%；在“通过‘两会’参政议政，影响政府决策”一项的选择上，比例最高的是村干部达到了29.1%，最低的是普通村民，为21.8%，具体排序为村干部29.1% >公务员27.7% >人大代表26.0% >企业主25.0% >种养殖大户23.8% >普通村民21.8%；在“基本没什么参与途径”一项的选择上，比例最高的是普通村民，达到了16.3%，最低的是人大代表，为8.0%，具体排序为普通村民16.3% >村干部11.6% >企业主11.4% >种养殖大户9.9% >公务员9.8% >人大代表8.0%；在“通过与政府官员的私交，拉拢政府官员，借以影响或者改变政策”一项的选择上，比例最高的是公务员，达到了16.8%，最低的村干部为9.3%，具体排序为公务员16.8% > 种养殖大户15.5% > 普通村民13.2% > 企业主12.9% >人大代表12.0% >村干部9.3% > ；在“以非正式的途径集会、请愿或抗议，迫使政府改变不合理的既定政策”一项的选择上，比例最高的是企业主，为6.1%，最低的是村干部，为4.0%，具体排序为企业主6.1% >人大代表6.0% >种养殖大户5.5% >普通村民5.2% >公务员4.6% >村干部4.0%（详见表6.2）。

从表中可以看出：（1）人大代表对“通过地方政府主持的公共论坛或者民主协商会议，促使基层政府公共政策的完善”是农村先富能人主要参政途径的认同度最高，对“通过‘两会’参政议政，影响政府决策”是农村先富能人主要参政途径的认同度较高，但对“基本没什么参与途径”的认同度最低。可见，人大代表总体上倾向于认同农村能人拥有较多参政途径。（2）公务员对“通过与政府官员的私交，拉拢政府官员，借以影响或者改变政策”是农村先富能人参政主要途径的认同度最高，对“通过‘两会’参政议政，影响政府决策”的认同度较高，对“通过地方政府主持的公共论坛或者民主协商会议，促使基层政府公共政策的完善”的认同度最低。可见在公务员看来，农村先富能人参政更多的是通过非制度化的途径，如拉拢基层政府官员，凭借与基层政府官员良好的私人关系达到影响公共政策的目的，作为体制内的他们对制度化参与途径的认同度反而是最低的，这是值得各级政策制定者关注的一个现象。（3）村干部对“通过‘两会’参政议政，影响政府决策”一项的认同度最高，对“通过地方政府主持的公共论坛或者民主协商会议，促使基层政府公共政策的完善”的认同度较高，对“通过与政府官员的私交，拉拢政府官员，借以影响或者改变政策”和“以非正式的途径集会、请愿或抗议，迫使政府改变不合理的既定政策”的认同度最低。（4）普通村民对“基本没有什么参与途径”的认同度最高，对“通过地方政府主持的公共论坛或者民主协商会议，促使基层政府公共政策的完善”认同度较低，对“通过‘两会’参政议政，影响政府决策”的认同度最低。其中值得关注的是，普通村民、村干部、企业主、种养殖大户对“基本没有什么参与途径”的认同度明显高于公务员和人大代表，可见体制外甚至包括可以称之为基层政府在乡村社会代理人的村干部对当前农村先富能人参政途径匮乏的认同度都比较高，反映出乡村社会以企业主、种养殖大户为代表的先富能人、以村干部为代表的治理精英以及普通村民对畅通政治参与渠道，让他们更好参与政治、对政治施加影响力实现自己当家做主的呼声很高，而体制内的公务员和人大代表更倾向于认同农村先富能人拥有较多的参政途径，两者之间形成了比较明显的对比，反映出了社会经济地位和身份的差异对具体问题、态度和立场的影响也具有明显的差异。

表 6.2 农村先富能人参政途径的交叉分析

		通过“两会”参政议政，影响政府决策	通过地方政府主持的公共论坛或者民主协商会议，促使基层政府公共政策的完善	通过与政府官员的私交，拉拢政府官员，借以影响或者改变政策	以非正式的途径集会、请愿或抗议，迫使政府改变不合理的既定政策	基本没什么参与途径	总计
身份[a]	公务员	27.7%	41.0%	16.8%	4.6%	9.8%	173
	普通村民	21.8%	43.6%	13.2%	5.2%	16.3%	1138
	种养殖大户	23.8%	45.3%	15.5%	5.5%	9.9%	181
	企业主	25.0%	44.7%	12.9%	6.1%	11.4%	132
	村干部	29.1%	46.0%	9.3%	4.0%	11.6%	354
	人大代表	26.0%	48.0%	12.0%	6.0%	8.0%	50
计数		451	836	254	100	266	1907

百分比和总计以响应者为基础。

a. 值为 1 时制表的二分组

因此，要解决这样的问题，应努力实现基层政府职能的转变，创新基层治理结构和机制，扎实推进基层民主政治建设，畅通农村先富能人的政治参与渠道。后农业税时期，基层政府职能慢慢从服务上级政府、“管住农民”、汲取资源向“服务农民”转变，基层政府的职能定位、治理结构和机制的创新无疑都应建立在这个核心转变之上。恰如吴理财所指出的，乡镇改革的根本目的在于通过相关的制度或机制创新，实现乡镇政府职能从“管治”到服务的根本性转变，① 这无疑是基层政府变革和治理创新的基本目标。而要实现这样的目标，特别是在社会阶层分化和多元化的背景下，在分税制体制下“财权上移，事权下沉”，乡镇政府承担了太多与其能力难以匹配的职责，基层治理举步维艰的情况下，必须推进乡镇治理变革，建构起社会多元主体共同参与的协作治理结构和机制，即从创造性政治的理论范式出发，实现从“汲取式整合”向“治理型整合”转变，以适应时代发展和治理变革的需要。

① 吴理财：《从“管治”到“服务”——乡镇政府职能转变研究》，中国社会科学出版社，2009 年，第 5 页。

这就意味着基层政府需要重构公共事务的治理规则、加速推进治理结构、机制的创新，加快职能和角色转变进程，推进基层治理的民主化，为农村能人的政治参与创造积极的条件。

（一）基层政府治理结构和机制创新

传统的政府治理结构下，绝大多数的公共资源和公共服务由政府占有、实施排他性供给。随着经济市场化和政治民主化的加速推进，公共服务的政府垄断供给模式已经难以为继；相反，原先由政府独自承担的责任正逐渐转移给非政府部门，各种非营利组织、私人部门、社会团体、社会精英正在承担越来越多的原先由国家承担的责任。罗伯特·阿格兰诺夫与迈克尔·麦圭尔认为，"由于复杂性与日俱增，非政府的参与者成为地方公共物品与服务提供系统的必要组成部分。多个参与者在政府行动的许多领域进行协作，建立长期的联盟关系而且努力促成制度，以从事政府不能独自完成的工作……这些特征有助于城市治理能力的提高。政府必须将它们的能力与不同的非政府参与者相融合以变得有效，而且通过把合作伙伴用非政府的和政府的适当资源连接起来，政府能力才得以产生和维持"。[①] 而且，"区域经济的成功部分地取决于公民和公民领导者规划和发展公民网络的能力，协作性的领导技能对阶级暧昧的问题和所关切的事情非常必要"；反之，"规范和网络缺乏的地方，集体行动的前景就很黯淡"。[②] 实践中，公共权力的行使亦不再单纯地依赖于政府，而是更加强调社会网络的规范、信任以及多元主体的沟通、互动和合作，从而实现有效的社会整合和互信互惠互利。因此，在这种情况下，基层公共事务的治理主体、治理结构和机制也必然随之发生改变。在治理结构上，基层治理主体已由一元向多元转变，基层政府在公共事务治理过程中积极吸纳农村各类公共组织、私人组织、乡村精英以及普通村民，形成立体多元的治理机构和模式，共同致力于公共利益的最大化。这种治理结构的变迁，按照方柏华和董明等学者的观点，首先应实现更加多元化的精英主导的治理模式，即不

---

① 罗伯特·阿格兰诺夫、迈克尔·麦圭尔：《协作性公共管理：地方政府新战略》，李玲玲、鄞益奋译，北京大学出版社，2007 年，第 24 页。

② 同上。

仅限于通过公开、公正的选拔程序吸纳经济精英，而且要吸纳文化精英或其他类型社会精英；其次应实现精英与大众均等主导的治理模式。[①] 但笔者认为，这种治理结构变迁并不必然导致精英与公众参与或民主的“不协调”，在基层民主政治发展的历史大趋势下，精英治理无论在治理结构还是机制上都很难排斥公众参与，更不会成为民主政治的主要威胁；相反，这种治理结构的变迁，是民主政治发展的必然结果，引领民主发展，也是民主政治的保障，而且可防止极权主义的威胁，[②] 最终的发展趋势必然是精英治理与公众参与有机结合的基层自治模式。最后应在治理机制变迁上，基层政府与基层自治组织、乡村精英、村民之间举行的“民主恳谈”在良性沟通、互动与协商的基础上逐渐形成了良好的基层协作治理模式，这种模式客观上也不可能单纯地由精英主导而摒弃公众参与。因此，基层治理结构再造和机制创新是优化基层治理、提升公共事务治理绩效的必然要求，是创造性政治建构的现实路径，更是基层政府行政吸纳农村先富能人等社会精英形成政治联合结构的现实表现，有利于统筹优化基层治理的各类资源，提升公共治理绩效。

（二）基层治理规则重构，嵌入农村能人的参政要素

农村能人参政活动的兴起是国家宏观政策引导下的诱致性制度变迁的结果，也是社会阶层结构分化和利益多元化的结果。在经济市场化和政治民主化过程中，公共部门、私人部门、民众相互之间立体交叉的沟通和依赖性不断加强，诚如俞可平所指出的，“致力于集体行动的组织不得不与其他组织相互依存，资源与利益的交换不仅取决于各参与者的资源，而且取决于游戏规则及进行交换的环境”。[③] 实质上表明了公共事务治理主要取决于治理规则及其制度环境，后者才带有根本性、全局性和长期性的意义。因此，基层政府要实现对农村能人的有效吸纳，必须与时俱进地重构治理规则，反映经济与社会变迁的进程，使上层建筑与经济基础相互适应、相互促进。这种规则重构至少包含两方面内容：（1）社会公平合作

---

① 方柏华、董明等：《政治社会学视野下的先富参政与民主恳谈现象研究》，人民出版社，2009 年，第 245 页。

② 郎友兴：《精英与民主：西方精英主义民主理论述评》，《浙江学刊》2003 年第 6 期。

③ 俞可平：《治理和善治：一种新的政治分析框架》，《新华文摘》2001 年第 12 期。

体系的建构。① 即建构起从权利自由平等到机会和竞争平等，再到按比例平等或贡献分配社会合作所产生的利益共享原则，这些都是政治共同体能够世代相继并实现长治久安的必要原则和核心要素，也是推进多中心的协作治理所必需的。基层政府对农村能人进行吸纳之际，应遵循这些最基本的社会公平合作与和谐治理的正义法则，并把这些原则应用到具体的公共事务治理中，特别是应确保农村能人参政所可能获得的权利和义务的一致性，唯有如此才可能建构起对农村能人行政吸纳的长效机制，真正吸纳外流的农村精英回流乡村社会，为农村、农业的发展贡献力量。（2）基层治理规则的重塑。基层政府应确立和完善公共事务治理特别是公共政策制定过程中民主协商或民主恳谈的基本制度，建构起保障政府与社会、社会精英和普通公民之间良性沟通与互动的公共协商体系，并使之制度化、规范化，以政治民主化的方式拓展农村能人参政的渠道，也是以程序正义确保公共政策对社会价值分配所做权威性分配结果的正义性。地方政府为了农村社会更快更好地发展，在基层治理转型和规则的重塑中嵌入经济精英参政的因素，畅通农村先富能人参政的渠道，这是激励农村经济精英参与新农村建设的必然要求，无可非议。然而无论如何，对农村先富能人的吸纳，包括在农村能人参政的过程中积极重塑相应的治理规则、结构和机制，都必须坚持最基本的社会公平原则，确保最基本的程序正义，实现公共政策的民主化、科学化、公开化和透明化。

（三）基层政府职能转变和角色重塑

市场经济背景下，从封闭、僵化、专权的政府向开放、灵活、回应的责任型政府和服务型政府转变是政府治理变革的一种必然趋势。基层协作治理机制的建构则是政府这种治理变革的生动体现，在公共事务的治理过程中，地方政府既要努力促进社会多元主体之间持续的公平合作，也要实现社会的长治久安和社会发展的系统优化。在此过程中，政府自身即是社会合作之一员，基层政府在吸纳农村先富能人形成政治联

---

① 根据罗尔斯的观点，社会基本结构是指“社会的主要政治制度、社会制度和经济制度，以及它们如何融合为一个世代相传的社会合作之统一化系统”，而这个系统乃是“公平正义之基本组织化理念，是一种世代相传的、长期的公平合作系统（a fair system of justice）”，即社会公平合作体系。参见罗尔斯《政治自由主义》，译林出版社，2000年，第12页。

合结构之时，必须扮演并适应这种平等合作者的角色。而且在就具体的公共事务进行民主协商的过程中，必须存在一个超脱于利益诉求之外的为所有参与者都能够信服的组织者或主持人。因此，在协作治理过程中，除了规则制定者、宏观调控者、公共服务供给者等角色之外，政府显然还必须扮演社会合作者、公共协商的组织者和主持者角色以及裁判者的角色。否则，没有组织者，一团散沙，公共协商势必难以为继；没有裁判者，一旦出现利益纠纷，矛盾势必激化。所以，要实现良好的协作治理，政府居中组织、协调、主持和化解矛盾纠纷都是必不可少的。而这显然是传统的管制型政府所缺乏的，从而使得政府职能转变和角色的重塑就成了一种必然。而且，唯有政府职能转变创新，才能为农村先富能人参政及其作用的发挥创造更好的条件，这也是当前基层政府治理创新的当务之急。

三　实施现代农业和新农村建设人才支撑计划

（一）完善促进农村人才发展的公共服务体系

“管理就是服务”，公共服务是政府的核心职能，加强农村能人队伍建设，除了公共政策借助公权力对社会价值的权威性价值分配、加大公共财政、税费政策对农村能人的扶持力度之外，还应“探索建立政府主导、上下协调、功能完善、综合配套的农业农村人才公共服务体系”，[①] 为农村能人队伍建设创造良好的外部环境。

基层政府在建构农村人才发展的公共服务体系之时，应做到如下方面：（1）政府管理理念应实现从管理管制农民、汲取农村资源向为农民服务转变，并树立公共服务均等化理念，[②] 大力推进农村人才服务体系向农村延伸、下沉。（2）应成立专门的农村人力资源开发或人力资本投资机构，统筹优化农民教育培训的职能，并与组织、人事、农业、教育和科技等政府部门各司其职、各负其责，整合社会力量参与农村能人队伍培

① 农业部农业农村人才工作领导小组办公室：《〈村实用人才和农业科技人才队伍建设中长期规划（2010—2020年）〉解读》，《农村工作通讯》2011年第20期。

② 伍梅：《构建广西人才公共服务体系的探讨》，《广西社会科学》2010年第9期。

育，“形成全社会共同开发农村实用人才资源的工作格局，保证农村实用人才资源开发工作顺利有序推进”。[①]（3）建立和完善促进我国农村人才服务的法律体系，为农村人才服务提供政策规范和制度保障。如明确农村人才服务机构的权责体系、运行规范；农村人才服务市场运行、服务管理的政策法规以及人才有序流动的规则和争议解决的政策法规等，建立公开、平等、规范的农村人才服务制度和标准体系，推进我国农村人才服务产业的健康、规范、有序发展。[②]（4）完善农村人才公共服务体系，建立一体化的服务网络。作为公共服务体系的有机构成，我国的人才服务体系及服务机构也存在比较明显的城乡分割和行政分割现象，城乡之间、区域之间的分割难以满足经济一体化的需要，对农村能人队伍建设和人力资源开发也是不利的。因此，应推进人才服务体系在城乡之间的均等化发展，冲破城乡和行政区域等因素的束缚，“积极推进农村人力资源市场建设，逐步形成以市县人才市场和劳动力市场为依托，以乡镇人才服务站和劳动力服务站为网点，辐射广大农村、贯通城乡的农村人力资源市场体系”，[③]在此基础上建构起城乡统筹的人才服务网络和一体化的配套服务体系；加强和推进人才信息网络基础设施建设，通过网络信息技术等新载体、新平台整合全省人才服务资源，“鼓励和支持农村实用人才合理流动，真正形成辐射农村的人才市场网络体系”，[④]优化农村人才资源配置。（5）大力发展层次丰富、形式多样的人才中介组织，推进村级服务中心建设。充分发挥这些中介服务组织在农村人才供求信息服务中的作用，并借助村级服务中心平台，促使人才中介服务不断下沉，构建“横向到边，纵向到底”的服务网络，为农村人才提供更加便捷完善的公共服务，进一步健全农村人才发展的公共服务体系，为农村人才发展和能人队伍建设提供全方位服务，满足农村人才发展的多样化需求。

---

① 陈文权：《我国农村实用人才资源开发服务机制探索》，《行政论坛》2009 年第 6 期。

② 参见翁坤海：《我国人才服务业发展研究》，福建师范大学硕士学位论文，2008 年，第 49 页。

③ 中共中央办公厅：《中共中央办公厅国务院办公厅关于加强农村实用人才队伍建设和农村人力资源开发的意见》（中办发〔2007〕24 号），2007 - 11 - 08。

④ 谢来位、陈文权：《论农村实用人才资源开发激励机制的建构》，《探索》2009 年第 3 期。

（二）实施现代农业和新农村建设人才支撑计划

要实现农村、农业更好地发展，政府应搭建平台、畅通渠道，加大政策引导和扶持力度，实施现代农业和新农村建设人才支撑计划，吸引更多高素质人才关心关注农村，扎根农村，为农村农业的发展提供更多的人才、技术和项目支撑。根据农业部颁发的《现代农业人才支撑计划实施方案》（农人发〔2011〕6号），2011—2020年间，我国将重点扶持培养一批农业科研杰出人才、扶持培养1万名有突出贡献的农业技术推广人才、3万名农业产业化龙头企业和农民专业合作组织负责人、7万名农村生产能手、3万名农村经纪人。[①] 这是我国颁布实施的第一个农业农村人才中长期规划，其重点是组织实施“高层次农业科研人才推进工程、农业技术推广人才支持工程、农村实用人才带头人能力提升工程、农村实用人才创业兴业工程、农村实用人才技能开发工程”五大工程。[②]

各级政府在实施这五大工程时，既要确立人才投资优先的观念，建立健全政府主导的多元化投入机制，加大农村人力资本投资力度，给予必要的财政、金融和税收扶持，为农村能人的创新创业提供必要的条件，也要完善农业农村人才的公共服务体系，提供更完善的教育培训、信息服务，强化农村人才工作的机制体制等。但这些主要是侧重于农村现存的人力资源开发利用，实际上政府还可出台灵活的人才柔性引进和使用的政策，“借智”或“引智”发展。如五大工程中的“高层次农业科研人才推进工程”，地方政府既可加大公共政策倾斜力度，重点扶持、资助本地农业科研人才，也可加强与高校、农业科研院所和农业生产企业建立以企业为主体、市场为导向、多种形式相结合的产学研战略联盟，合作联合培养造就一批农业科研杰出人才和高水平的农业技术带头人、技术创新人才，形成一批与地方特色农业产业结合密切的技术创新，然后结合农村农业发展重点项目和农业科技创新推广平台，以农业发展专家或科技特派员、农村指导员等方式，引导这支农业技术带头人和科技创新人才扎根农村。通过产

---

① 农业部：《现代农业人才支撑计划实施方案》（农人发〔2011〕6号），《中华人民共和国农业部公报》，2011-11-20。

② 农业部农业农村人才工作领导小组办公室：《〈村实用人才和农业科技人才队伍建设中长期规划（2010—2020年）〉解读》，《农村工作通讯》2011年第20期。

学研合作联盟共建科技创新平台、开展合作教育、共同实施重大项目等方式，建立高校、农业科研院所、企业人才双向交流与合作制度，推行产学研联合培养农业科研和技术创新人才的“双导师制”，实现产学研一体化发展，促进农业农村更好的发展。如浙江龙泉的“畜牧业循环经济模式”以及该市的竹产业、茶产业的发展，都是这种“借智”或“引智”发展模式的体现。该市的“金观音”茶就是在浙江大学茶学系副教授汤一的指导下培育而成，并迅速形成特色茶产业。“如今，金观音茶园亩产值超万元，种植当年即可产生收益，是原先绿茶收益的3—5倍。全市已发展金观音茶叶基地6000余亩，官埔洋金观音茶叶专业村和兰巨金观音之乡远近闻名。”①这种“借智”或“引智”发展模式，对很多并不具备培养和造就一批高水平农业科研人才的欠发达地区而言，更加灵活有效，可以让有限的公共财政投入产生更大的社会效果，而且有助于提升欠发达地区农业的科技含量和发展水平。

因此，各级地方政府在大力实施现代农业和新农村建设人才支撑计划之时，还应提升农业科研、技术人才引进和支持策略的灵活程度，并通过农技推广系统大力推进具有真正创新意义的农业种养殖技术、循环经济模式，实现产学研的一体化，促使高水平的农业生产技术转化为现实生产力，提升农业的产业化、规模化和标准化水平。而且，还可以通过与高校和农业科研院所合作，建设一批特色农业示范基地，作为现代农业技术和精英人才的培训实践基地，最大可能地利用社会资源为现代农业发展和新农村建设培养各类人才。

（三）引导和鼓励大学生到基层创业就业

近些年随着高校扩招，大学生就业问题越来越严重，刚毕业即失业使得“读书无用论”再度甚嚣尘上。其背后则是社会流动渠道变窄、社会结构固化，特别是贫富代际传承的增强，为社会所关注，产生了比较恶劣的社会反响。因此，解决好大学生的就业问题既是建设人力资源强国重大战略的体现，也是重要的民生问题。近些年，各级政府为了解决大学生就

① 参见顾金喜：《经济转型升级与生态文明发展之路——基于龙泉“山上浙江”建设的调研分析》，《行政与法》2011年第2期。

业问题制定了很多政策，其中一个就是引导和鼓励大学生到基层、到西部、到欠发达地区创业就业，大学生村官政策的实施就是其中的重要举措。

如前所述，大学生村官制度的实施近些年来已经取得了一些成效，但仍然存在不少的问题：（1）待遇偏低。尽管现行政策规定大学生村官的待遇不低于上年度本地城镇职工平均收入，但根据笔者与浙江台州等地大学生交谈获取的信息，浙江台州某区的大学生村官，本科村官一个月1800元的待遇，专科是1500元；扣除公积金等费用，本科村官每月就剩1400元，专科村官则仅剩1200元，明显低于浙江省上年度城镇居民人均收入。而且因为他们不能同等享受有些村里的补贴，这基本就是他们的全部收入，其实际收入甚至低于村“两委”干部。如此低的待遇，要让大学生村官扎根农村、为农村经济社会发展贡献自己的聪明才智是非常困难的。（2）政策瓶颈。根据现有政策规定，大学生村官签订的工作合同一次3年，至多续聘一次，总聘期不超过6年；如果第二个聘用期满后愿意继续留村工作且当地需要的，由所在村自行聘用并签订聘用合同，不再纳入大学生村官管理。实际情况是，多数大学村官都并非该村人员，村里续聘的可能性不大。而且如前所述，从浙江省第九届村民委员会选举的结果来看，大学生即便能够进入村两委，但晋升渠道也非常有限。这不仅打击了大学生村官工作的积极性，而且不利于农村留住人才。①（3）专业和素质瓶颈。不少大学生村官所学专业与农村工作关联不大，最后只能被动的拎包、管远教、写材料，单纯的文字工作使其得不到实际锻炼。而且，由于待遇、政策支持和职业发展等问题，不少大学生难以真正扎根农村，缺乏主动与村民沟通的积极性，无法深入了解民情社意，因此工作开展针对性不强，能力锻炼不足。甚至相当一部分大学生村官把村官工作仅仅作为一个暂时的过渡阶段，却把主要精力放在考取事业单位、公务员等职位的准备上。②

因此，着眼于解决基层特别是农村人才匮乏问题，有必要继续实施一

---

① 宁波市委办：《大学生村官战略实施4年成效明显但尚存三方面不足盼政策完善》，内部汇报资料，2012年6月21日。

② 同上。

村一名大学生计划，着力解决当前大学生村官计划实施过程中存在的问题，进一步引导和鼓励大学生到基层就业创业，为新农村建设培养锻炼后备人才。（1）不断提高大学生村官的收入待遇水平。提高中央财政转移支付比例，或设立专项资金，把大学生村官的待遇纳入中央财政支出范围，编制年度预算，并形成中央、地方财政各自承担的比例结构，提高农村和艰苦边远地区的津贴标准，改善大学生村官工作的收入待遇和生活条件。（2）不断完善支持高校毕业生到基层创业和就业的政策扶持体系。首先，制定高校毕业生到农村和艰苦边远地区创业就业的扶持办法，形成完善的政策法规体系，明确大学生到农村、艰苦边远地区工作满一定年限后在考研究生、公务员、事业单位岗位时所能够享有的优惠条件以及在工资、职务、职称晋升等方面的倾斜政策。其次，加大对农村贫困大学生学费减免和助学贷款的资助力度，为那些志愿到农村、欠发达地区或艰苦边远地区工作的大学生提供助学贷款代偿、创业基金、贷款贴息、税费减免等政策扶持，引导高校毕业生到这些地方服务、就业和自主创业，鼓励他们扎根农村，带领广大农民创业致富。最后，制定大学生村官有序流动的政策，不断提高中央、省级和市级以上党政机关每年从基层招考和选录公务员的比例，并明确对在农村或欠发达地区服务满一届以上大学生村官的优惠办法；开发基层社会管理和公共服务岗位，为大学生村官的晋升和职业发展创造良好的机会。（3）加大对大学生村官的培养和开发力度。不断完善农村人才评价、选拔、培训和使用机制，通过多种途径公开招考、选拔或选聘大学生到农村任职，加大培养和开发力度，全面提升大学生村官的实际工作能力，为他们竞选村两委干部、农村经济合作组织负责人等职位和参加公务员招考创造积极的条件，为他们长期的职业发展和晋升创造良好的条件。唯有如此，才能让大学生村官真正把心留在农村，发挥大学生村官的积极作用，解决新农村建设人才匮乏问题。

第七章　创新乡村治理模式
规范能人治村行为

农村先富能人作为新农村建设的中坚力量，其在新农村建设中扮演着重要角色。“以经济能人为主导的能人治村是经济与社会转型时期的特殊产物，是对中国传统村级治理方式的辩证继承，其存在具有历史合理性与现实客观性”，① 这是宏观政治生态环境或多种内外部因素系统作用的结果。如前所述，对基层政府来说，最理想的村干部就是率先走上富裕并具有一定经济辐射能力的农村先富能人。基层政府更倾向于以各种方式对农村先富能人进行行政吸纳，达致某一程度的“精英整合”，或通过相应的制度架构吸纳先富能人（社会精英）和社会组织参与公共决策、优化公共服务供给，或与社会组织、公民社会以及社会精英阶层形成稳固的政治联合结构。但行政吸纳精英会导致很多问题，甚至可能导致乡村政治的塌陷。特别是一旦作为公权力代表的基层政府与资本代表的先富能人结成稳固的联盟之后，在主政乡里的先富能人以权谋私、中饱私囊或者处事不公侵害普通村民利益之际，很可能引发乡村社会的矛盾冲突。而地方政府如果偏袒治村能人，则可能导致上访、演变成持续的社会冲突，典型的如广东“乌坎事件”等，矛盾冲突持续几个月甚至几年。

恰如方柏华等指出的，“‘先富参政’的经济绩效迎合了压力型体制的要求才得到广泛推广，但同时需要明确的是，大多数官员并没有认识到这种治理模式在‘公正性’方面乏善可陈。所以，当缺乏能够促

① 黄河：《农村经济能人对村级治理的影响和作用——以临武县K村为例》，湖南师范大学，硕士学位论文，2008年，第44页。

进‘公正性’绩效提升的配套制度时，‘先富参政’往往走向制度设计初衷的反面”。[①] 毋庸置疑，能人治村仍存在很多问题，但其是否会走向制度设计初衷的反面这点目前无论是学界还是政府都难以轻易断言。至少从课题组的调查和访谈来看，先富能人治村发挥出了很多积极正面的作用，因此，笔者更倾向于主张能人治村“是一种普遍存在的且长期有效的村级治理模式；讨论的焦点不在于是否应该消除这种能人治村模式，而在于如何改革与完善此种模式，使其与现代社会的村庄民主法制建设相切合”。[②] 基于这样的认识，课题组认为对于能人治村更关键的是从创造性政治的视角出发，把能人治村置于中国特色社会主义基层民主发展和乡村治理现代化的伟大历史进程中考察，通过一系列机制体制的建构与完善，推进村民自治制度的变革创新，提升村民自治的民主化、制度化、规范化程度。如此才能以基层民主政治发展、制度创新和乡村治理现代化来规范并超越乡村精英治理模式，使先富能人发挥自身的聪明才智和所拥有的经济社会资源，致力于社会主义新农村建设，带领更广大的村民共同富裕，并实现农村经济、社会、政治和生态文明协调有序地发展。

一　建构公平的乡村治理结构，夯实乡村和谐治理的基础

从和谐社会建设的重大战略来看，和谐治理是政府治理范式变革的必然选择。社会和谐的前提是社会发展的成果由绝大多数社会成员共享，即每个社会共同体成员的基本生活需求能得到持续的满足并过上尊严体面的生活且没有任何弱势群体会被排挤或剥夺。反之，如果经济社会发展成果以及社会财富的分配由少数群体或个体独享，那么这样的发展形成事实上的对更大多数人的排挤和剥夺，必然无法实现社会和谐。因此，乡村社会唯有努力建构起公平的治理结构和制度，夯实社会公平合作与共享的制度基础，确保权利的平等与社会价值的公平分配，并保障弱势群体最起码的

---

① 方柏华、董明等：《政治社会学视野下的先富参政与民主恳谈现象研究》，人民出版社，2009 年，第 244 页。

② 参见杨小柳：《乡村权力结构中的经济能人型村治模式——基于 5 个村庄个案的分析》，《中南民族大学学报》（人文社会科学版）2005 年第 3 期。

底线生存，才可能实现真正意义上的和谐。[①]

（一）正义的社会基本结构是乡村社会和谐的前提

社会的稳定和谐最终必须凭借正义的社会基本结构——社会分配基本权利和义务的主要制度以及决定由社会合作产生的利益之分配的方式[②]——才能得到保障。社会基本结构即社会基本政治、经济、社会制度，更具有全局性、战略性、根本性、长期性意义，“不仅能够为社会互动建构途径，降低经济与政治交易的不确定性；为不同社会群体表达自身偏好创造平等的参与条件，而且能够限制公民以牺牲他人为代价追求自身利益”。[③] 正是由于正义的社会基本结构以及社会合作产生的利益分配方式保证了社会共同体成员各自行为的正义性，限制社会强势群体以牺牲他人为代价追求自身利益，才使得和谐治理成为可能。无论理论还是实践都表明，任何社会只要存在对公民权益的排挤或剥夺，势必产生持续的矛盾冲突，马克思的经典论述“哪里有压迫哪里必然有反抗”很早就证明了这一点。因此，正义的乡村社会基本结构——乡村社会正义的基本政治、经济与社会制度、平等的公民权利、程序正义、切实有效的财产所有形式、充分有效的竞争性体系——无疑是消除乡村社会排挤或剥夺，也是实现乡村和谐治理的客观必要条件，更是乡村治理现代化的核心标志和制度保障。

（二）公平分配是乡村和谐治理的保证

利益和谐是社会和谐的基础，离开了利益和谐，社会和谐是难以想象的。因此，要实现乡村社会的和谐治理，关键是通过正义的社会基本结构实现村民基本权利的平等以及对乡村社会公平合作所产生的社会收益如基础设施建设、公共服务供给、公共财政对农业生产、农民教育培

---

① 顾金喜：《乡村和谐治理的内在逻辑——两种不同基层治理现象的思考》，《中共浙江省委党校学报》2011 年第 1 期。

② 罗尔斯：《正义论》，中国社会科学出版社，1988 年，第 7 页。

③ Janet Denhardt, Larry Terry, Edgar Ramirez Delacruz and Ljubinka Andonoska, “Barriers to Citizen Engagement in Developing Countries”, *International Journal of Public Administration*, 32, 2009, p. 1281.

训补贴、集体经济收入等公平分配，让尽可能多的人共享。这是公平正义对和谐治理的必然要求，也是确保乡村社会保持公平合作、防止乡村社会不同群体之间出现纠纷的必要前提，更是乡村治理现代化的核心内容。

从奉化滕头村、东阳花园新村、湖州吴兴区章家埭村、长兴月明村等强村的发展路径来看，其繁荣、共享与和谐拥有类似的发展模式。即在傅企年、邵钦祥等致富能人的带领下，充分发挥他们所掌握的致富途径、经济社会资源以及社会资本积极开拓市场，壮大村庄集体经济，然后实现利益分享，最终实现村庄的繁荣昌盛、共同富裕与和谐有序。其基本路径是，在村域内熟人社会的影响下，村庄内形成良好的互信、互惠的社会网络结构，在保障基本公平正义的前提下，由少数能人治村、带头致富，再逐渐形成良好的传帮带和共同富裕的机制体制。然后通过村域范围内的二次或三次分配，即实现了广大村民之间持续、广泛的公平合作与收益的公平共享，从而实现乡村的和谐治理与共享共荣（参见图 2.2）。

（三）保障所有村庄成员正当权益和弱势群体的尊严底线

生存权是最高人权，在任何情况下都具有神圣的意义和正当性，无论如何都应得到有效满足。迈克尔·沃尔泽认为，“公民的基本需要产生了一个特殊的分配领域，其中需要本身就是正当的分配原则”。[①] 每个公民由于其建构政治共同体的贡献以及其作为“人”类的本质特征，其基本需要的满足天然就是一种“应得”权利，这亦是国家治理现代化以及实现和谐治理的必备条件。因此，要实现社会和谐，首先应把社会弱势群体或社会最不利者纳入社会治理结构中，建构并完善社会最不利者的利益诉求、表达和实现的机制体制，特别是在贫富分化、两极分化的社会格局下，这种弱势群体在社会治理结构中的嵌入显得尤为重要。珍妮特·登哈特等指出，“公共政策的制定与执行对社会最不利者与最贫困者的吸纳，比历史以往任何时候都更加迫切，……对贫困者及被歧视者的赋权是消解

① 迈克尔·沃尔泽：《正义诸领域——为多元主义与平等一辩》，译林出版社，2002 年，第 31 页。

贫困恶性循环的唯一出路"。① 其次应通过公共权力对社会价值的再分配，形成完善的社会救助体系，加强对弱者的救济力度。唯有如此，社会正义原则才能切实维护公民基本自由和生存的权利，保障弱者过上尊严体面的生活，而且有助于防止社会中某种强势权力或群体支配其他社会善良及他人自由，从而使得社会公平合作与和谐治理在人性光辉的闪耀之下世代相继。

对乡村治理而言，要始终和谐有序，除了正义的社会基本结构之外，公共事务治理还必须保障所有村庄成员的正当权益和弱势群体的尊严底线。如笔者曾经调研过的长兴月明村，该村生态环境优美、村庄道路整洁、村民都住进统一规划建立的别墅，呈现了经济、社会、生态环境系统发展的可喜局面，拥有省级小康示范村、绿化示范村、民主法治示范村、文明村、卫生村等诸多荣誉。该村支书薛成坤自 1986 年开始担任村支书，一心为公，处事公正，在村民中享有较高威望。期间两次骨折都持之以恒地扑在村集体事业上，处事公正，在他的带领下，村庄既实现广大村民之间持续、广泛的公平合作与收益的公平共享，又保证弱势群体在其中的基本生存权、发展权，甚至向弱势群体倾斜、给予充分的照顾。在村庄别墅统一的规划和建设过程中，作为村庄精英代表的村支书和村主任，仅协调各方利益诉求和做通思想工作就召开了 100 多次会议协商。而且充分照顾弱势村民的利益，在宅基地复垦规划与旧房拆迁补偿过程中提高他们的享受标准与实际补偿额度，使弱势村民也轻松住上统一规划的乡村别墅，最终实现村庄的整体优化、均衡发展与和谐共享。由此可见，正是乡村治理过程中，在熟人社会的互信、互惠网络中，能人带领村庄形成了规范、持续的公平合作与共享机制，在推进乡村治理现代化、提升治理能力的同时，确保了弱势群体的基本权益和底线生存，让所有人过上尊严体面的生活，乡村社会才实现了持续的和谐。

---

① Janet Denhardt, Larry Terry, Edgar Ramirez Delacruz and Ljubinka Andonoska, "Barriers to Citizen Engagement in Developing Countries", *International Journal of Public Administration*, 32, 2009, p. 1274.

二　完善村级选举制度，选举德才兼备的先富能人担任村庄“领头羊”

民主选举是村民自治制度和基层民主发展的起点，也是重要的评判标准。为了确保村民选举真实有效，自1988年《村组法（试行）》正式颁布实施以来，从中央到地方出台了一系列的法律法规，形成了配套比较完善的当代乡村治理的制度体系。这些法律法规明确规定了村民委员会选举的基本原则、选民和候选人资格、方法、程序、选举机构职责、罢免、辞职、终止、补选等规定和一系列配套制度，为确保村级选举规范有序开展提供了重要的制度保障。但事实表明，每次村级组织换届选举中都仍然会出现一些违法乱纪行为，而且从品德、知识、能力、业绩等标准衡量，有些村庄并没有选出德才兼备、称职的干部，有些当选的干部“双创双带”能力并不明显，责任心、事业心、公益心匮乏。因此，有必要从民主选举这个初始环节开始，扎紧制度的篱笆，严防违法乱纪、品德低下者当选，也应创新选举模式，推行承诺选举等制度创新，选出德才兼备、富有奉献精神的能人型村官。

（一）扎紧制度的篱笆，严防违法乱纪与品行恶劣者当选

在村级民主选举过程中，为了杜绝违法乱纪者当选，浙江省通过《浙江省村民委员会选举规程（试行）》等法律法规，已经形成了比较明确的制度规定，其中第25条规定，“有严重违法违纪行为的人员，以及丧失行为能力的人员，不能确定为村民委员会成员的候选人（自荐人）”。[①] 但这条法规在何谓严重违法违纪行为上的界定却留了空白，浙江省委组织部在第九届村民委员会换届选举中进一步作了明确的“五不能”规定，严禁“五类人员”当选，即（1）被判处刑罚未执行完毕或者刑满释放未满5年（或被判处缓刑考验期满后）；（2）被劳教或者解除劳教未满3年；（3）违反计划生育未处理或受处理后未满5年；（4）涉黑涉恶受处理未满3年等违法违纪人员；（5）丧失行为能力等五类人员不能确

① 浙江省民政厅：《浙江省村民委员会选举规程（试行）》，新华网，2011－05－16。

定为村民委员会成员和其他村级组织班子候选人（自荐人），[①] 即便当选也无效。在浙江第八届村民委员会换届选举中，共有95位“五类人员”和275位“五类人员”分别当选村委会主任、副主任及委员，由于制度规则存在缺陷，基层政府和人民群众也拿他们没办法。在第九届村民委员会换届选举中，浙江全省共有114位、89位“五类人员”分别当选村委会主任、副主任及委员，都被宣布当选无效，[②] 从而在制度上确保“五类人员”无法当选村干部，有助于完善村级选举、防止违法乱纪和品德低下者当选村干部，有利于促进农村社会的稳定和谐。但这样的规定仍然存在一定的缺陷，特别是对违法违纪行为的界定仍然存在空白，对违法违纪人员当选村支部成员的规定缺乏，对竞选或当选者的道德指标没有具体纳入。

因此，有必要进一步增加并细化违法违纪行为类别，筑好制度的“防火墙”，杜绝违法乱纪和品行恶劣者当选，更好地维护农村社会的和谐稳定。具体可以考虑把“五不能”修订为“十不能”，再把下列五类人员列为不宜确定为候选人的范围：（1）有严重违法违纪行为正在接受立案调查的；（2）组织、策划、参与非正常上访、煽动群众闹事等造成严重不良影响的；（3）因妨碍公务被拘留未满2年，或因赌博、寻衅滋事被处10天以上拘留未满2年的；（4）长期外出不能履行职务的；（5）有辞职承诺而又不主动辞职的。[③] 其次，应明确规定涉及上述“十不能”规定的基层党员不能确定为村党组织班子成员候选人。再次，实践中部分村干部在履职期间发生违法乱纪行为但因罢免程序复杂而继续占着村干部的位置，使村民误以为基层政府与村干部相互勾结、袒护违法违纪的村干部从而引发村民上访，法律法规对这一现象并没有明确规定。因此，还应规定在履职过程中，村干部如严重违法违纪被立案调查，那么就应停止一切

---

① 参见郑国志：《当前村民委员会在运行中的问题与对策思考——以仙居县田市镇第九届村民委员会运行情况为例》，浙江省委党校，硕士学位论文，2013年，第26页；杨欣欣：《全市村级组织换届开始试点　坚持“四要五不能五不宜”打击九种贿选行为 选好“当家人”》，《温州日报》，2013-09-05。

② 浙江省民政厅：《浙江省第九届村委会换届选举报表》，内部资料，2011-06-06。

③ 参见杨欣欣《全市村级组织换届开始试点　坚持“四要五不能五不宜”打击九种贿选行为 选好“当家人”》，《温州日报》，2013-09-05。

职务并通过合法的途径予以罢免、补选。唯有如此，才能从制度上排斥违法乱纪和品行恶劣者当选村干部，杜绝村干部违反乱纪行为的产生，从而防止因选举不公而导致的各种信访、上访现象的出现。最后，应再次修订《中华人民共和国村组法》、《浙江省村民委员会选举办法》、《浙江省村民委员会选举规程》等法律法规，提升"五不能"或"十不能"等操作细则的法律层级，以法律法规的方式防止严重违法乱纪和德性败坏者当选，并梳理不同法律之间的相似条款，防止法律法规之间出现冲突。

（二）完善竞选承诺制，选贤与能

"火车跑得快，全靠车头带"，对于农村经济社会发展而言，最重要的就是选好带头人。这样的带头人应符合品德、知识、能力、业绩的标准，方能带领广大村民走上共同富裕之路。在村庄带头人标准方面，《村组法》有明确规定，该法第 24 条规定，"村民提名村委会候选人，应当从全体村民利益出发，推荐奉公守法、品行良好、公道正派、热心公益、具有一定文化水平和工作能力的村民为候选人"。①《浙江省村民委员会选举办法》第 15 条则规定，"选民提名的候选人或自荐人应当奉公守法、品行良好、公道正派、热心公益、具有一定文化水平和工作能力"。② 由此可见，法律其实已经规定了村庄"领头羊"基本的品德、能力、知识和技能要求，这一方面为排斥违法违纪、品德低劣者当选提供了法律支撑；另一方面更重要的是为推选德才兼备、处事公正、热心公益的村庄领头羊提供了政策导向和法律规范。而这个导向最终必须依靠民主选举制度才能得以实现。马克斯·韦伯认为，"现代代议制民主是'公民投票的领袖民主'，在选举中，至关重要的是特定的领袖集团，即政治精英的声望和信誉。民主至多只能被看作确保政治和国家领袖富有效率的关键机制"。③ 尽管我们并没有实施西方意义上的代议制民主，但基层民主选举在确立具有相对突出才能、能够并愿意为保持权力和声望作出不懈努力的

① 《中华人民共和国村组法》，新华网，http：//news. xinhuanet. com/politics/2010－10/28/c_ 12713735. htm，2010－10－28。

② 《浙江省村民委员会选举办法》，《浙江日报》，2012－04－28。

③ 戴维·赫尔德：《民主的模式》（最新修订版），燕继荣译，中央编译出版社，2008 年，第 159 页。

乡村领袖的过程中发挥着关键作用。

在基层民主选举制度创新的推动下，这种确保乡村领袖关键机制的作用更加明显。如浙江省村民委员会选举就大力推进自荐竞选，即在不确定候选人的情况下，由有意参与村干部竞选的村民自荐展开竞选。《浙江省村民委员会选举办法》第20条规定，“实行无候选人自荐直选的，村民选举委员会应当组织选民自荐竞职”，第23条对自荐竞选的程序作了明确的规定，“村民选举委员会应当在选举日前组织候选人或自荐人与选民见面，按照平等、客观、公正的原则介绍候选人或自荐人的情况，并可以组织候选人或自荐人发表竞职演说，回答村民的询问。”[①] 从而在法规上确定了村民委员会的竞选程序，为了确保当选者能够致力于农村经济社会和公益事业的发展以及强化绩效考核导向，《浙江省村民委员会选举规程》第32条又规定“村民选举委员会应当组织候选人（自荐人）进行竞职承诺、创业承诺和辞职承诺”，[②] 即竞选承诺制。

竞选承诺制的推行，使得有志于担任村干部的候选人或自荐人，在选举之时当众作出竞职、创业和辞职承诺，为了顺利当选，竞职者所作出的竞职和创业承诺必然是有利于广大选民的；其次，竞职和创业承诺等同于竞选者的施政目标，为村民评估其治村和带领村庄发展的业绩预设了标准；最后，竞职、创业和辞职承诺都是当众作出，为了维持自己在村庄和熟人社会中的形象与声望，这些承诺对承诺人本身就具有激励和约束作用，而且便于广大村民监督。从浙江省第九届村民委员会选举统计情况来看，自荐直选或竞选的比例在直线上升，并占了大多数。浙江省民政厅的统计数据显示，全省28659个村庄中自荐直选村数达到了25336个，占比为88.4%，其中嘉兴、绍兴、衢州自荐直选的比例最高，都达到了100%。[③]

（三）推行“协议村官”制，确保履行竞选承诺

最早在2002年，浙江瑞安就开始推进“协议村官”制度。核心一条就

① 《浙江省村民委员会选举办法》，《浙江日报》，2012-04-28。

② 浙江省民政厅：《浙江省村民委员会选举规程（试行）》，新华网，2011-05-16。

③ 浙江省民政厅：《浙江省第九届村委会换届选举报表》，内部资料，2011-06-06。

是先富能人就任村官后，如果暗箱操作、违规决策、管理或权力寻租、以权谋私，存在违反规定报销、公款私存或违反现金管理规定等行为造成村集体经济损失，将承担赔偿责任，从而以契约的方式建立起“村干部过错行为民事赔偿制度”。[①] 这种制度的推进把因管理、决策以及经济问题引发的村民和村干部之间的矛盾纳入社会契约和法律诉讼的程序，对于强化能人治村行为的规范性，促进村民自治制度的有序发展皆有积极意义。

“协议村官”对于完善当前浙江各地推行的村委会竞选承诺制也有重要的启发意义。原因就在于单纯的承诺很可能因空口白话或漫天许诺最终沦为对广大选民的“忽悠”，而且村委会竞选时的承诺很多都是粗线条的，像违法违规操作等具体行为很难在竞选承诺中得到充分体现。因此，在竞选承诺的基础上推进“协议村官”制度实现两者的有机结合有助于村官竞选承诺制的完善并促使参与竞选的先富能人当选后促进村庄公共利益的最大化。因此，可以从以下两方面完善竞选承诺制，确保当选的先富能人发挥积极正面的作用。

1. “协议村官” + 量化考核制度。即在选举前，基层政府加强政策规范和引导，鼓励、引导先富能人以公开竞选的方式如发表竞选演说、回答选民询问的方式作出创新创业、为村庄发展以及公益事业贡献力量的承诺。然后就承诺的内容签订相应的协议，约定先富能人带领村庄发展经济、政治、公共服务及社会公益事业的可行性目标，如带动村民共同致富、协助解决村里孤寡老人、低保户的生活困难以及寒门学子的读书费用之类的公益事业等，把这些目标具体化，建立量化考核机制，促使先富能人挖掘自身潜力，通过各种方式为广大村民谋利益、促发展，实现村庄公共利益的最大化。[②] 这项制度的建构就在于通过承诺契约化和契约制度化的途径，促使公序良俗的形成，并促使那些竞选村干部的农村先富能人当选村干部之后积极发挥其中坚力量的作用，贡献自己富余的财力、物力以及所拥有的社会关系网络协助基层政府优化农村公共服务供给，带领广大村民走上共同富裕的道路，更好地建设社会主义新农村。

---

① 章敬平、张奇志：《经济和政治的双重考量：新富参政 协议村官登台》，《南风窗》，2002 - 11 - 11。

② 顾金喜、林奇凯：《发挥先富村支部书记作用的长效机制研究——以浙江台州的个案为例》，《西安电子科技大学学报》（社会科学版）2007 年第 3 期。

2. “村干部过错行为民事赔偿制” +问责制。也即在竞选承诺和签订村官履职协议之时，对当选村官可能违法违纪的各方面作出明确的禁止性规定，如果因决策、管理不当侵害或损害村集体利益则承担相应的民事赔偿或法律责任，而且如果存在违法乱纪被处分或立案侦查、消极不作为、长期外出不能有效履行职务等现象必须引咎辞职，并在村庄显要位置张榜公布，接受广大村民的监督和鞭策。这项制度的建构与实施有助于提升村干部治村行为的规范性，防止村庄公共权力的异化，也有助于强化对村干部的激励、监督，更重要的是使对村干部的责任追究制度规范化，而且“村干部过错行为民事赔偿制”把村民与村干部之间的矛盾纠纷的调节纳入制度化的范畴，有助于防止乡村社会出现纠纷之际村民动不动就上访或越级上访的行为习惯，一定程度上有助于维护和实现农村社会的公平，实现农村的稳定和谐。

三 决策民主化、科学化，防止能人治村的决策变异

在治理转型过程中，由于现有的制度缺陷和强势的能人政治，乡村权力异化腐败现象并不鲜见，如保定市曲阳县七里庄原村支书刘会民自2001年任村主任、2003年任村书记以来，通过非法手段操纵基层选举，把持基层政权，通过发补助、发奖励、安排入党等手段拉拢、控制多名被告人，逐渐形成了黑社会性质犯罪组织，并受贿5270万外加20斤黄金，最终被判处死刑。[①] 这种乡村权力异化贪腐现象既是村官长期霸占村庄权力久而久之成为乡村“土皇帝”的结果，也是乡村治理制度不完善和有关制度贯彻不力的结果。徐勇指出，“能人治理和能人政治只是社会转型时期一种过渡性产物，其内在的、难以克服的缺陷亦显而易见。因此，随着依法治国原则的确立以及社会快速转型，农村基层社会的能人治理模式也要逐步实现创造性转换”。[②] 赵爱庆等认为，“现实中出现的乡村权力异化腐败现象让人们更加清晰地看到，把希望寄托在少数人身上的理想终归

① 石英杰、李宏：《河北涉黑村支书获死刑 受贿5270万20斤黄金》，《北京青年报》，2013-09-02。参见新华网 http：//news. xinhuanet. com/fortune/2013-09/02/c_ 125299792. htm。

② 徐勇：《由能人到法治：中国农村基层治理模式转换——以若干个案为例兼析能人政治现象》，《华中师范大学学报》（哲社版）1996年第4期。

是一厢情愿的空想，只有通过设置标准化、程序化、流程化、透明化和可操作化的制度才能真正防止精英治理模式的蜕变和异化。制度创新成为人们超越乡村精英治理模式的政治抉择”。[①] 黄河也认为“经济能人治理模式都存在着权力不断自我集中、强化权威而忽视决策和执行的透明性、公开性的趋势……鲜明地表明了其与法治相背离的特征，并不符合现代管理中民主法治和现代治理的要求，从而具有局限性和过渡性。因此，有必要对能人治村进行合理的改造、引导它健康发展，使之民主化、法治化，乡村治理由经济能人治理转向法治治理与民主治理是未来发展的必然”。[②] 可见，在众多学者看来，能人治村或能人政治有其内在的缺陷，必须以创造性政治的思维加快推进乡村治理现代化和实践创新，完善村民自治的法律法规，通过设置标准化、程序化、透明化的制度，强化制度的贯彻执行，才能防止并克服能人治理的局限性。

就防止并克服能人治理或能人政治的局限性而言，核心在于如何实现村庄重大事项决策的创新，以公开化、透明化、民主化、制度化的方式防止村庄公共权力在决策过程中的变异，从而达到以现代民主、法治的方式防止治村能人的权力异化，提升治理能力和绩效的目的，实现对乡村精英治理的超越。

（一）完善村庄重大事项决策程序，强化对村庄决策制度的贯彻落实

为了确保村民重大利益不被侵害，《村组法》第 24 条特别规定九个涉及村庄或村民利益的重大事项须经村民会议讨论决定方可办理。[③] 由此可见，在村级重大事务决策方面，《村组法》作了明确的规定，即必须经过村民会议讨论决定才可执行。

实践中经常出现的问题是，村庄重大事项决策制度形同虚设甚至被完全架空，村民的知情权、参与权、表达权、监督权被完全剥夺。所以，必

---

① 赵爱庆、孙建军、赵佳维：《超越乡村精英治理模式的政治抉择》，《中共浙江省委党校学报》2008 年第 1 期。

② 黄河：《农村经济能人对村级治理的影响和作用——以临武县 K 村为例》，湖南师范大学，硕士论文，2008 年，第 44 页。

③ 《中华人民共和国村组法》，新华网，http://news.xinhuanet.com/politics/2010-10/28/c_12713735.htm，2010-10-28。

须强化《村组法》中有关村庄重大事项决策制度的落实，完善村庄公共决策的民主程序，以公开化、透明化的程序正义防止村庄公共权力的异化。在具体决策过程中，首先，应明确规定村庄重大事项决策的倡议者，即决策议题进入决策议程的机制。根据公共政策学者安德森的观点，政策问题进入政策议程的机制主要有四种，即政治领袖、危机事件、抗议活动和通讯媒介的触发机制。[①] 在涉及村民重大利益事项决策的触发机制中，把普通村民纳入其中并赋予其一定的权利和资格，才能从源头上保障广大村民的知情权、表达权与参与权。因此，村庄重大事项的决策既可由村支书、村委会主任等乡村的政治精英倡议，也应可由村两委成员或村庄 1/5 以上享有选举权的村民或者 1/3 以上的村民代表联名动议，特别是村民提出的动议，村两委必须组织决策讨论，在决策议题的选择上积极吸纳民意。其次，村庄重大事项决策动议之后，村支部与村委会分别讨论，然后村党支部和村委会召开两委联席会议，确定决策的基本方案。最后，决策方案提交村小组长会议、村民代表会议讨论，在充分征询各方意见建议的基础上进一步完善，形成更完善的决策方案，然后再提交村民代表大会讨论，在讨论过程中，各方围绕决策方案展开进一步的辩论，最后达成各方都能够接受的决策方案，最终由村民会议表决通过，成为村庄的公共决策。这样的决策流程遵循决策科学化、民主化的原则，从决策议题提出、设置到决策方案的形成，再到决策方案的择优和论辩，到最终决策的确定，形成了村庄重大事项决策的民主程序，贯彻了《村组法》中村庄重大事项决策的制度规定。

但实践中，特别是决策者往往对这样的程序存在一定的排斥，原因就在于因其烦琐、漫长而减低决策效率、影响时效性。因此，决策者往往基于效率或时效性的考虑而反对决策的民主化程序，从而形成对社会参与的排斥。如弗鲁姆和耶顿就认为，“时间的约束性会压缩决策预期的公民参与规模，尽管这不会威胁到最终决策的有效性”。[②] 但时间的约束性说到底仅是管理者证明自己独断专行行为方式合理性或理性化的借口而已，约

---

① ［美］安德森：《公共决策》，唐亮译，华夏出版社，1988 年，第 72—75 页。

② ［美］约翰·克莱顿·托马斯：《公共决策中的公民参与：公共管理者的新技能与新策略》，孙柏瑛等译，中国人民大学出版社，2005 年，第 78 页。

翰·克莱顿·托马斯就主张，“简单的时间约束本身并不能构成限制公民参与的理由”，[①]显然也无法构成摒弃民主程序或利益相关者表达利益诉求的借口。更重要的是，决策者不仅会在决策制定过程面临时间与效率的双重制约，他们在决策执行过程中也必然会面临时间因素的制约，而且这两个时间因素的制约成反比关系。如果决策者花大量时间吸纳社会精英、乡村权威和利益相关者参与决策，那么就会因赢得广泛的支持而加速决策执行的速度，决策所费时间与决策执行所花时间恰好成反比关系。关键就在于决策过程的广泛参与充分征询了广大村民的利益诉求，以程序正义提高了决策质量、保证了决策的结果正义，有助于减少村庄公共决策冲突；而且决策的广泛参与本身就是决策动员的有机构成，有助于提高决策的执行效率。更关键的是，公开化、透明化的决策及其执行过程是防止乡村公共权力异化和村官贪腐的最好“防腐剂”，而且是防止村庄公共权力异化的必要条件。

（二）大力推进民主恳谈，促进村庄的有效整合与持续的稳定和谐

市场经济的纵深发展促使社会结构分层化，随之而来的就是利益、文化和道德的多元化，导致不同阶层、群体及个体在公共事务治理过程中的诉求多元化，从而对社会整合提出了更高要求。这也就意味着在公共事务治理特别是决策形成的过程中必须大力推进协商民主，建构村庄有效整合与和谐治理的长效机制。

1. 完善村庄重大事项决策的民主协商制度。詹姆斯·博曼认为，“民主就意味着某种形式的公共协商。如果决策不是强加给公民的话，他们之间的协商肯定是必不可少的……公民给自己制定法律，不但使得法律具有合法性，而且给公民提供了他们义务遵从的理由”，[②] 这也是协商民主的优势所在。协商民主作为一种民主理论分析范式，是对西方代议制民主的继承与发展。但究竟何谓协商民主，西方很多民主理论家的认识可谓“仁者见仁”。根据罗尔斯的观点，政治共同体成员在公共

---

① ［美］约翰·克莱顿·托马斯：《公共决策中的公民参与：公共管理者的新技能与新策略》，孙柏瑛等译，中国人民大学出版社，2005 年，第 79 页。

② ［美］詹姆斯·博曼：《公共协商：多元主义、复杂性与民主》，黄相怀译，中央编译出版社，2006 年，第 2 页。

理性与政治正义理念的规范与指导下，“坚持最基本的互惠准则和相互性标准参与公共论坛，自由而平等地对公共政治问题交换看法并进行辩论。在具体的论辩中，所有人凭借各自观点的力量，通过论辩修正自己的政治见解、利益诉求，改变个人显失公平的偏好，最终在合理的诸方面达成一致，这就是协商民主”。[①] 从罗尔斯的协商民主理论来看，协商民主其实与公共政策的形成过程有非常密切的内在关联，实际上这也代表着协商民主的一种主要观点，即协商民主是一种决策体制。如乔治·M. 瓦拉德兹也认为，“公共协商是政治共同体成员参与公共讨论和批判性地审视具有集体约束力的公共政策的过程”。[②] 尽管瓦拉德兹的论述非常精练，但这句话无疑是有关协商民主概念的一个比较经典的表述。就决策过程中该如何贯彻协商民主理论，秦燕指出，“作为一种决策形式，协商民主要求在其中容纳每个受决策影响的公民，实现平等参与的实质性政治平等以及决策方法和确定议程上的平等，自由、公开地进行信息交流，以及赋予理解问题和其他观点的充分理由。只有满足这些条件的协商过程才能够形成具有民主合法性的决策”。[③] “当政策通过公共商讨和辩论的途径制定出来，且参与其中的公民和公民代表超越了单纯的自利和有局限的观点，反映的是公共利益或共同利益的时候，政治决策才是合法的”。[④] 换言之，公共政策只有经过公共协商和平等、理性的辩论过程，秉持自由平等原则、充分的理由或观点决定原则凝聚成“公共意志”，在有效的社会整合的基础上达成，才可能具有集体约束力与合法性基础，这对实践也非常有启发意义。

因此，在乡村社会治理过程中，特别是涉及村民切身利益的重大事项的决定中，应该以协商民主的形式达成公共决策，并使之制度化、规范化，实现村庄有效的整合和持续的稳定和谐。在乡村治理中推行协商民主，必须以社会基本结构正义为前提，夯实不同群体、阶层以及个体充分

---

① 顾金喜：《社会公平合作体系与农村公共产品供给的优化》，浙江大学，博士学位论文，2009 年，第 75 页。

② 乔治·M. 瓦拉德兹：《协商民主》，《马克思主义与现实》2004 年第 3 期。

③ 秦燕：《协商民主：从价值到经验》，中央党校硕士毕业论文，2007 年，第 1—2 页。

④ ［美］詹姆斯·博曼：《公共协商：多元主义、复杂性与民主》，黄相怀译，中央编译出版社，2006 年，第 2 页。

表达以及投票自由平等的权利，特别强调的是，在乡村民主恳谈以及公共协商中公民的平等权利、公民对村庄公权力和村官的制衡首先体现在协商中的平等投票权上，没有投票权就很难形成有效的社会整合和制约。

2. 确保乡村多元社会力量的政治参与权，完善公共参与和民主协商的渠道。林尚立认为，“协商政治作为民主政治的一种形式，其存在和发展的政治和社会前提应该是：实行宪政民主，允许社会结构多元分化，承认社会多元力量合法的政治参与权利”。① 可见，在他看来，社会多元力量合法的政治参与权是协商政治的政治和社会前提，而公众参与的实现则是民主政治发展的标志，公民政治参与深度和广度的不断扩展是民主发展的核心指标之一。当前，浙江乡村治理过程中的公共参与取得了很大的进步，但就乡村公共事务的协商和涉及村民重大利益的决策参与来说，仍然还有很多值得完善的地方。类似上文提及的余乾寿案，在涉及村民重大利益的决策中，以村民代表会议授权给村两委的方式排斥了普通村民的平等协商和参与，最终使得村庄公共权力沦为其个人敛财的工具。因此，关键不在于是否承认社会多元力量的合法政治参与权，而在于能否把这种承认以及公民合法的平等的政治权利转化为现实的政治规则和政治制度，也即必须完善公共参与和民主协商的渠道和公共领域，为乡村多元社会力量的政治参与打下扎实的基础，民主、平等的公共协商才可能实现。

3. 以公共性和公共理性作为公共协商的思辨与行为规范，在互惠互利中实现乡村社会的有效整合与和谐。从逻辑上分析，承认社会多元力量合法的政治权利最多只能算一种符号表征，类似于行政生态学所主张的“政治神话”。“政治神话”作为更高级别的政治法则必须通过一定的媒介才能够为公民在公共领域的论辩、推论以及行为提供理性和规范，即必须诉诸公共性与公共理性的路径，才能确保人人平等的政治神话成为现实。公共性“构成和主导民主协商所必需的社会空间”，② 即公共领域。按照哈贝马斯的界定，“所谓公共领域是指介于市民社会和国家之间进行调解的一个领域，在这个领域中，有关一般利益问题和批判性公共讨论能够得

① 林尚立：《协商政治：对中国民主政治发展的一种思考》，《学术月刊》2003 年第 4 期。

② ［美］詹姆斯·博曼：《公共协商：多元主义、复杂性与民主》，黄相怀译，中央编译出版社，2006 年，第 34 页。

到体制化的保障，形成所谓的公共意见”。[①] 公共领域的作用并非仅仅限于以体制化的方式保障公共讨论形成公共意见，而且可以明确的是通过公共领域的自由对话、公共交往、公开表达意见和民主协商机制，它“所形成的公共意见（舆论）构成了国家权力运作的合法性基础，进而使得公众能够对国家活动实施民主控制”。[②] 可见，公共领域乃是民主协商的重要场域，其有效运作是民主得以真正运转起来的重要保证。在乡村公共事务治理特别是公共决策的形成过程中，必须着力建构起公共协商的公共领域，凝聚公共意志和公共理性，为乡村治理提供合法性基础。“公共理性是一种通过公共的正当证明以寻求确定合作原则的过程，它关注的恰是我们集体联合决策的基础……因而构成了伦理观与宗教观分歧深刻的人们之间共存的共同基础”[③]，也规定着协商民主中公民推理、论证以及互相接受的本质特征。而且，在公共理性的规范与引导之下，有助于公民之间形成互惠互利的合作关系以及彼此之间换位思考的能力。互惠互利不仅是公民间维持持续的伙伴关系并实现持续性合作的必要条件，而且还能有效防止社会排挤和社会剥夺，从而从根本上防止社会冲突的产生。恰如罗纳德·奥克森所指出的：“互惠的重要性在于，确保发展使有关的人和共同体都相互受益。没有互惠，政治就成为零和竞赛，就很容易形成‘其和为负’的悲剧性结果，从而导致贫困、暴力和革命的逐步升级。”[④] 因此，在乡村公共事务的民主协商过程中，应坚持以公共性和公共理性作为公共协商的思辨与行为规范，坚持互惠原则，改变个人显失公平的利益诉求或价值偏好。唯有如此，在乡村公共域参与协商的广大村民才可能形成公共责任和公共精神，在反复协商、论辩、修正的过程中最终实现公共意志，其所提供的决策方案才可能为其他同样秉持公共性的理性公民所认同和接受，从而达成有效的社会整合，为乡村治理的规范有序以及村庄的和谐稳定奠定基础。

---

① ［德］哈贝马斯：《公共领域的结构转型》，曹卫东译，学林出版社，1999年，第2页。

② 马长山：《法治的社会根基》，中国社会科学出版社，2003年版，第265页。

③ Charles Larimore：“Public Reason”，载塞缪尔·弗里曼主编：《罗尔斯》（英文版），生活·读书·新知三联书店，2006年，第368页。

④ 参见［美］V. 奥斯特洛姆等编：《制度分析与发展的反思——问题与抉择》，王诚等译，商务印书馆，2001年，中译本序言。

四　强化乡村治理制度的贯彻落实，提升能人治村行为的规范性

制度问题是一切问题的根本，更具有全局性、战略性、长期性作用。如前所述，课题组的调查结果显示，多数被调查者倾向于认同农村先富能人竞选村官主政乡村能提升村庄治理的规范性，特别是近些年来随着乡村权力结构以及治理制度的完善，乡村治理民主化、制度化、规范化程度不断提高，基层自治、民主建设和新农村建设都成效显著。然而，仍然有不少的案例表明，由于村民自治制度贯彻不力，乡村治理创新没有适时推进，有些地方少数村官把持村政，给广大村民和村集体造成了极大的损失，影响非常恶劣，甚至使村庄陷入持续的冲突对峙。像浙江永嘉的余乾寿、广东乌坎的薛昌这样的"乡村能人"绝不是个案，因而，为了防止农村先富能人在实现经济能人和政治精英的合二为一之后操纵、把持村庄公共事务，给广大村民造成不必要的损失，有必要进一步强化制度贯彻落实，从根本上防止先富能人治村行为的变异。

（一）完善法律体系，为村庄治理提供良好的制度规范

随着村民自治制度的逐渐成熟，乡村治理的制度供给日益完善。1988年试行、1998年修订通过、2010年再次修订通过的《村组法》是村民委员会制度运行的最主要制度规范。期间，国家或省级层面又相应的出台了很多法律法规，构成了国家层面的乡村治理制度。为了贯彻落实国家关于基层民主的方针、政策，各地又制定、颁发了大量的地方性政策法规，实施了一系列乡村治理制度，初步形成了比较配套、健全的当代乡村治理制度体系。具体表现为地方性法规形态、地方政府规章形态以及地方政策规范性文件形态的治理制度，形成了比较完善的村庄组织制度、村民委员会选举制度、村务公开和民主监督制度、民主决策和管理制度、村级经济事务自治制度以及村干部管理制度。①

但正如行政生态学所主张的那样，宏观政治生态环境要素的变迁特别

① 卢福营等：《当代浙江乡村治理研究》，科学出版社，2009年，第20—21页。

是网络信息技术革命对社会变革的影响达到了前所未有的程度，乡村治理中新情况、新现象、新问题层出不穷、此起彼伏，法律有穷尽，而世事变化却无穷无尽。特别像“五类人员”参选以及先富能人承诺竞选等问题却没有明确的操作性规范，因此一定程度上也留下了法律空白。而且，随着网络信息技术的发展、互联网普及率、移动终端上网和手机网民的大量出现，网络在农村社会的覆盖率也达到了空前的高度并且正在快速增长，这为创新基层治理技术、开辟村务公开和村级公共事务协商的新路径提供了良好的技术支撑。因此，首先，可以参考国外法律法规修订的频率，以每届村委会选举间隔为周期对《村组法》及时进行修订；其次，在具体内容上，对农村先富能人承诺竞选作出更加明确的制度规定；对村庄治理创新和治理技术变革作出明确规定，如规定村庄应借助网络信息技术拓展村务公开、村级民主决策、民主管理和民主监督途径，为应对乡村治理过程中出现的新情况、新现象和新问题提供必要的制度规范；在《村组法》中明确规定或通过专门立法明确对村干部违法乱纪的处罚办法，完善村干部责任追究的制度规范。众所周知的是，村民委员会作为基层自治组织，村委会干部严格意义上并非公务员，游离于国家行政机关人员之外。村民委员会既不具备行政诉讼的主体地位，行政监察对村官的违纪行为基本上也是无能为力，倘若党纪再难以发挥作用，那么要约束先富能人的治村行为并对村干部的违法乱纪行为作出制裁是比较困难的。特别是后者，虽然我国现行《刑法》对非国家工作人员受贿和职务侵占罪作了明确的规定，但介于犯罪与违纪之间的责任追究和处罚却仍然存在很大的空白。如《村组法》第18条规定，“村民委员会成员丧失行为能力或者被判处刑罚的，其职务自行终止”。[①] 但对于受到纪律处分或者被立案侦查的村委会成员该如何对待却没有涉及。因此，《村组法》或相关法律法规应对村官违纪行为的责任追究和处罚作出进一步的明确规定，弥补现行法律规范存在的空白之处，增加可操作性，从而建构起更加完善的村庄治理规范，强化村干部治村行为的规范性。

---

① 《中华人民共和国村组法》，新华网，http：//news. xinhuanet. com/politics/2010 - 10/28/c_ 12713735. htm，2010 - 10 - 28。

（二）加强《村组法》贯彻落实力度，为规范能人治村提供制度保障

《村组法》对村民委员会的民主选举、涉及村民切身利益的重大决策程序、村级事务的民主管理以及对村委会成员的民主监督等村民自治过程中的一系列程序和制度问题作了根本性规定，建构起了比较健全的乡村治理制度体系，是村民自治运行的最核心的制度规范。《村组法》不仅对民主选举、民主决策、民主管理、村务公开制度、离任审计等制度作了明确规定，而且对终止不称职村委会成员的情况也有明确规定，为村民维护村庄公共利益和自身权益提供了非暴力的救济途径。如《村组法》第 18 条规定，“村民委员会成员丧失行为能力或者被判处刑罚的，其职务自行终止”；第 33 条规定“村民委员会成员连续两次被评议不称职的，其职务终止”；第 16 条规定，“本村五分之一以上有选举权的村民或者三分之一以上的村民代表联名，可以提出罢免村民委员会成员的要求”。[①] 由此可见，《村组法》实际上既明确规定了村民的选举权、监督权和罢免权，也明确了村委会成员任职资格终止的条件，这些规定既体现了对能人村官治村行为规范性的要求，也设定了广大村民通过合法途径纠正可能出现的问题的重要途径，对规范村民自治行为意义非常重大。实践中经常出现的“小村官大贪腐”现象，归根结底还是因为制度没有发挥其应有的作用，村民自治包括对先富能人治村的规范和监督约束问题不在于缺乏制度规范，而在于制度贯彻落实不到位，乡村治理才产生了诸如村官权力变异、侵权、腐败以及持续的冲突问题。因此，应持续加强对《村组法》、《浙江省村民委员会选举规程》等政策法规和村民自治制度的宣传、教育与培训，一方面，让广大村民学法、知法、守法，有助于提升村民们依法选举、依法治村和依法监督的法治意识和公共理性，行使好自己的政治权力，提升村庄治理的民主程度；另一方面，让广大村民深入了解《村组法》中的有关制度规范，对于提升乡村治理的规范化程度和对能人村官监督的有效性皆具有非凡意义。而且更重要的是，对村官职务终止、罢免条款的把握，可以让他

① 《中华人民共和国村组法》，新华网，http：//news. xinhuanet. com/politics/2010 - 10/28/c_ 12713735. htm，2010 - 10 - 28。

们在面临实际问题之时，依法罢免不合格村官职务。其最终目的在于让村民在法治的轨道上以非暴力的方式捍卫自身权益和村庄公共利益，有效的监督约束能人村官的治村行为，建立村民与村干部之间矛盾纠纷化解的长效机制，并从根本上改变其动不动就集体上访、越级上访或采取诸如静坐请愿、集会、聚众堵塞交通、聚众围堵、冲击党政机关等比较偏激的方式表达利益诉求的不良习惯，实现政府、村级自治组织和村民之间良性互动、沟通和治理的优化。

（三）村民会议和村民代表会议制度化、规范化

唐鸣认为，“村民会议是村民实行民主自治的权利基础和基本形式，承载着直接民主的理想”，[①] 仝志辉也指出，“村民会议是落实村民参与决策权力的关键场所，是村级参与式民主的基本形式……一定要突出村民会议的权威和功能，并将村民会议制度确立和运行作为村民自治的核心内容”。反之，“村民会议制度的形式化和虚置，会最终危及村民自治的直接民主理想，背离这个制度的根本性质”。[②] 根据我国现行《村组法》的规定，村民会议在乡村自治过程中，主要拥有五种权力，即（1）对乡村规章制度、村规民约的创制权；（2）对村委会干部的选举罢免权；（3）对重要村务和涉及村民利益的重大事项的决策权；（4）对村干部、村公共事务等拥有审查监督权；（5）对村委会和有关组织不恰当的议案或决定拥有否决权。[③] 可见，从应然状态分析，村民会议在乡村治理中扮演着关键角色，“是实现民主决策的重要组织形式，对实现民主管理具有决定性作用，也是实现民主监督的重要组织形式”。[④]

然而，从实然状态分析，村民会议往往由于客观上难以召开和主观上不愿召集两方面的原因而使得难以召开、很少召开和从不召开成为较为普

① 唐鸣：《村民会议与直接民主》，《华中师范大学学报》（人文社会科学版）2009 年第 6 期。

② 解建军、杨瑾：《村民会议制度虚置将危及村民自治——对话农村政治学者仝志辉》，《人民代表报》2010－09－28。

③ 刘娅：《村民自治“制度—关系”解读——对当前乡村政治关系的思考》，《中国农村观察》2003 年第 5 期。

④ 刘永信：《村民会议：实现村民自治的有效途径》，《山东省农业管理干部学院学报》2004 年第 4 期。

遍的现象，[①] 甚至有些地方利用村民代表会议授权的方式架空村民会议。因此，应创新方式、采取有效途径强化村民会议和村民代表会议制度化、规范化，突出村民会议在村民自治中的核心位置和权威性。具体可采取以下措施：

1. 法律再修订，突出村民会议在村民自治中的核心位置和权威性。根据我国现行政治制度特色，人民代表大会制是根本政治制度，《宪法》规定全国人民代表大会是我国最高的权力机关，各级人民代表大会是地方各级权力机关。依此类推，村民会议应该就是村庄的最高权力机关，在村庄公共事务治理中拥有最终的决定权。尽管《村组法》没有明确村民会议的地位和性质，但从相关条款的规定如第 23 条“村民会议审议村民委员会的年度工作报告，评议村民委员会成员的工作；有权撤销或者变更村民委员会不适当的决定；有权撤销或者变更村民代表会议不适当的决定”，而且村民会议可以授权村民代表会议行使上述权力，实际上即表明了村民会议作为村庄最高权力机关的性质和地位；《村组法》第 24 条关于涉及村民重大利益必须经过村民会议的制度规定无疑也印证了这一点。问题是如何明确树立村民会议的权威性？最直接的方法就是《村组法》再修订，在村民会议章节中明确村民会议作为村庄最高权力机关的性质和地位，从而以法律的方式突出村民会议在村民自治中的核心位置和权威性。

2. 完善相应的制度规范，提升村民会议在村民自治中的权威性。从《村组法》来看，村民会议的核心作用在于实现村庄典章和规程的创制权、民主决策和管理权、村干部的选举罢免权以及对村委会及其成员不当决策的否决权。其权威性最直接的体现就在于村庄公共事务的最终决策权，应明确：（1）涉及村民切身利益的村庄重大事项（参见《村组法》第 24 条规定）凡未经村民会议公开协商讨论和表决即便村两委通过也无效；（2）即便村两委作出上述决策，因程序不到位，村民会议可予以否决；（3）村民代表会议在条件受限的情况下可由村民会议授权行使上述决策事宜，但必须规定一些事项的决定权是村民会议的保留性权力，由法

① 唐鸣：《村民会议与直接民主》，《华中师范大学学报》（人文社会科学版）2009 年第 6 期。

律明确列举，作为村民会议最基本的权力和责任，并禁止将这些事项授权给村民代表会议；而且保留村民会议通过村民自治章程进行回收和调整的权力，在制度设计上让村民会议拥有纠正村民代表会议不当决策的机会。①

3. 村民会议制度化、规范化运行，以长效机制提升村民会议的权威性。村民会议制度化、规范化运行是提升村庄公共决策科学化、民主化的必要前提，而且这本身即是公共协商的一种表现。因此，首先，赋予村民与村民代表联署召开村民会议的权利，即只要全村 1/5 有选举权的村民或 1/3 及以上村民代表联合发起就可召开村民会议，形成切实有效的召集或触发机制才能确保村民会议的制度化、规范化运行；其次，凡事关村民切身利益、村庄重大事项都由村民会议直接、公开协商、讨论并经投票表决形成决策，实现村民会议公开决策与协商民主实践的有机统一；最后，村民会议的召开不受时间的限制，每个村庄每年至少召开一次村民会议审核村委会年度工作与村干部的述职报告，这是硬性规定；其他则以涉及村民切身利益和村庄重大事项情况而定。虽然村民会议的召开在决策时效性上会增加一定的民主成本，然而毫无疑问，公共协商和程序正义增加了村庄公共决策的公开化、透明化、民主化，降低了权力变异、寻租腐败以及村庄陷入冲突的可能性，其社会效益仍然是可期望的。

4. 创新村民会议召开方式，确保村民会议的贯彻落实。制度背后有利益的刚性结构，因而创新非常不容易，我国很多制度创新往往是靠技术创新来率先突破的。② 针对当前村民会议召开难、召开少和不愿召开等问题，有必要创新方法或技术确保村民会议的顺利召开。如上述由一定数量村民或村民代表联署召集制度也是一种创新，而且这种制度创新是首要的。其次，可参照“两会”分界别、分区域的做法，在村域范围较广、不易一次性集中所有村民召开村民会议的村庄分片或组召开村民会议，以片或组为单位讨论、协商涉及村民切身利益的村庄重大事

① 解建军、杨瑾：《村民会议制度虚置将危及村民自治——对话农村政治学者仝志辉》，《人民代表报》，2010－09－28。

② 徐勇：《村务公开民主管理推进的逻辑和方向》，《学习时报》，2012－12－27。

项，每个村民签字形成片组意见，然后汇总片组意见；在此基础上召开片组或村民代表会议、村两委联席会议，继续开展公共协商与意见征询，最后形成或选择令各方比较满意的决策方案。最后，应利用现代传播和网络信息技术创新，村民会议可以通过网络信息技术、电子邮件、即时通信工具、视频软件等以非现场的方式召开，借助网络公共域和网络平台开展公共协商，创新公共协商的平台、技术和方式，有助于实现村民会议的制度化、规范化运行。只有通过一系列的制度规范和创新，才能真正突出村民会议在村民自治中的核心地位和权威性，在充分发挥先富能人“领头羊”作用的同时，实现乡村精英治理与民主治理的有效结合，优化村庄治理绩效。

（四）强化村务公开制度，提高村庄公共事务治理的公开化、透明化程度

村务公开是“指在村辖区内，村民自治组织把处理本村涉及国家、集体事务和村民利益的活动情况，通过一定形式和程序告知全体村民，并由村民参与管理、实施监督的一种民主行为。它不仅是村民自治的基本要求和重要内容，也是实现民主自治的前提条件”。①

根据《村组法》规定，村务公开主要包括五方面内容：（1）由村民会议、村民代表会议讨论决定的事项及其实施情况，主要指涉及村民切身利益的重大事项的决策；（2）国家计划生育政策的落实方案；（3）政府拨付和接受社会捐赠的救灾救助、补贴补助等资金、物资的管理使用情况；（4）村民委员会协助人民政府开展工作的情况；（5）涉及本村村民利益，村民普遍关心的其他事项。②《村组法》的明确规定为村务公开提供了极其重要的制度规范，然而实践中经常可以观察到的是，或由于经济实力不足，受制于经济发展水平及经费保障不足；或由于公开程序不规范，村干部选择性的执行；或由于监督机制不得力，村务公开要么过于笼统、避重就轻，要么公开不及时、内容不全、地点不对，因此尽管各地都

① 项继权：《“后税改时代”的村务公开与民主管理——对湖北及若干省市的调查与分析》，《中国农村观察》2006 年第 2 期。

② 《中华人民共和国村组法》，新华网，http：//news. xinhuanet. com/politics/2010 - 10/28/c_ 12713735. htm，2010 - 10 - 28。

开设了“村务公开栏”，但村务公开的实际情况却很难令广大村民满意。①

由此可见，《村组法》对村务公开虽然有明确的规定，提供了比较完善的制度规范，但是它仍然存在被选择性执行或者虚设的可能。因此，有必要采取以下五方面措施解决村务公开中存在的各种阻碍或深层次问题：（1）在程序上，应实现从村庄重大事项决策到执行，村庄财政支出年度预算到国家、集体在村庄内重大事项执行和资金使用情况结果公开，即实现全程公开，在程序上不留死角；（2）在公开形态上，必须实现从静态公开向动态公开转变。根据《村组法》的规定，村务至少确保一季一公开，有条件的地方应实现月度公开，有必要时甚至做好随时公开，及时、准确的公开涉及村庄重大事项的决策及执行情况，确保广大村民的知情权、参与权、表达权和监督权；（3）在公开内容上，应不断细化村庄重大事项特别是资金往来的情况，重点抓财务公开。按照《村组法》规定，应设立民主理财小组或村务监督委员会，充分发挥民主理财小组和村务监督委员会对村级财务收支审核监督的功能，集体评审财物单据，定期公布账目，协助村会计搞好村级财务管理；（4）建构多元化的村务公开体系。不断拓展村务公开渠道，借助村务公开栏、信息墙、村级行政服务中心电子公告栏等形式多渠道的深化村务公开，有条件的地方可以制作村庄网页、打造村庄政务微博微培平台，建立村庄电子政务中心，实现村务公开与沟通、互动的网络化、智能化；（5）强化制度建设，确保村务公开的真实性。《村组法》第 30 条和 31 条明确规定，“村民委员会应当保证所公布事项的真实性，并接受村民的查询……村民委员会不及时公布应当公布的事项或者公布的事项不真实的，经查证确有违法行为的，有关人员应当依法承担责任”。这为追究村务公开过程中弄虚作假的行为提供了明确的法律规范，关键还在于强化贯彻落实，形成有效的制度建设，才能确保村务公开的真实有效。

五　强化对能人治村行为监督的长效机制

自村民自治制度推行以来，村级民主选举日益规范，但对村干部的监

① 何平、宋静：《村务公开和民主管理的困境与出路探析》，《湖北行政学院学报》2008 年第 6 期。

督制约问题却长期无法有效解决。很多村庄里涉及村民切身利益的重大决策往往都是村委会主任或书记说了算，由于缺乏有效的监督，“民主决策与民主管理也只能是一句空话”，从而使“我国农村以村民自治为主要内容的农村基层民主建设一度成为‘半拉子民主’”。[①] 有些地方在乡村治理转型滞后的社会格局下村庄公共事务治理被乡村能人完全把持，形成事实上的“一言堂”，“位小权大缺少监督”致使“小村官大腐败现象触目惊心”，[②] 特别是在征地拆迁、安置房建设等重大工程中出现了不少金额超过千万元以上的村官腐败大案。小村官大腐败不仅严重侵害村庄集体经济利益、损害广大村民权益，而且容易使村庄陷入长期的社会冲突和争斗中去，甚至陷入恶性循环，影响社会主义新农村建设大局。因此，强化对村干部特别是在村庄里拥有较高威望当政后的先富能人的监督，并形成长效机制，无疑是确保村庄公共事务民主决策、民主管理的重要保障，也是规范农村先富能人治村行为，推进新农村更快更好建设的必然要求。在强化对村干部监督方面，可以采取以下几方面的措施：

（一）完善村务监督委员会，更好地监督先富能人的治村行为

村务监督委员会的成立有其客观的历史背景，从全国第一家村务监督委员会——武义县后陈村村监委成立的过程来看，它实际上是宏观微观政治生态环境系统作用下的诱致性制度变迁。城市化进程中，后陈村干群矛盾升级，村庄秩序严重失控，形成了明显的乡村治理危机：愤怒的村民曾掀翻了来村调解的街道政府干部的车子，对村干部抱有强烈的抵触情绪，先后 4 次集体上访，共有约 400 多名村民参与集体行动。正是在这样的背景下，武义县纪委联合县委办、县委组织部、农业局、民政局、街道政府共同梳理了后陈村各项管理制度，在此基础上拟出了《后陈村村务管理制度》、《后陈村村务监督制度》两项制度。为了确保监督制度真正落到实处，最后该村在全国第一次创造性的设置了村级监督机构——村务监督委员会，并于 2004 年 6 月 16—18 日选举成立。后陈村村务监督委员会甫

---

① 郑菊琴：《创新村级治理机制 破解“半拉子民主”难题——基于武义“村务监督委员会”六年探索的经验与启示》，《现代经济信息》2012 年第 5 期。

② 陈晓英：《村官腐败现象触目惊心 位小权大缺少监督》，《山西农业》（村委主任）2009 年第 2 期。

一成立就吸引了公众的关注，大量的媒体、专家学者介入评论，其中人民日报、光明日报等国内主要媒体都曾多次报道和评论，[①] 产生了非常深远的社会影响。其中最引人瞩目的就是村务监督委员会作为一项制度被写入2010年最新修订的《中华人民共和国村民委员会组织法》中，作为一项制度规范被要求在全国范围内贯彻实施。

从村务监督委员会制度的发生、演变过程来看，最根本的原因在于当时村级民主选举、民主决策、民主管理和民主监督制度中，由于民主监督制度不完善，直接造成了乡村社会各种治理性危机。恰如卢福营等所指出的，“农村的治理危机是村务监督委员会制度创新的源动力”，而“农民的自主行为是村务监督委员会制度创新的直接动力”。这样的判断可谓真正的恰如其分。从制度变迁的视角出发，村监委的发生、发展，归根结底是各种宏观微观生态环境因素系统影响和作用的结果，在累积各种有利因素的基础上，在地方政府强势介入、村民自治组织和广大村民共同推动下最终实现了乡村治理的制度创新，虽然有政府介入并推动的因素在内，但仍然可视之为诱致性制度变迁。恰是这种诱致性制度变迁方式，使得村监委适应了后陈村主客观条件，产生了非常好的社会效果。

1. 村务监督委员会的基本制度架构及其运行机理。“村务监督委员会”的基本制度框架主要由“一个机构、两项制度”构成：一个机构，即村务监督委员会，由村民会议或村民代表会议选举产生，设主任1人，委员2—4人，与村委会同届；两项制度，即《村务管理制度》和《村务监督制度》，《村务管理制度》是规范村务管理行为的实体性制度，《村务监督制度》根据权力制衡、公开透明原则，对村监委和村民代表会议的性质、地位、职责、权利、义务及纠错、罢免途径和程序都作了详细规定，是约束村干部权力的程序性制度。[②] 《村组法》现行规定为村监委的有序运行提供了法律支撑，该法第32条规定，“村应当建立村务监督委员会或者其他形式的村务监督机构，负责村民民主理财，监督村务公开等制度的落实，其成员由村民会议或者村民代表会议在村民中推选产生”。

---

① 参见陈穆商《浙江武义：“第三委”让村务监督更到位》，《人民日报》，2005-05-18；赵达《浙江破解村务监督难题》，《光明日报》，2011-03-30。

② 武义县委县政府：《培育监督主体　强化制度配套 从监督要素建设向监督体系建设推进——武义县深化完善村务监督委员会制度情况》，内部汇报资料，2011年4月。

而且，“村民委员会成员及其近亲属不得担任村务监督机构成员。村务监督机构成员向村民会议和村民代表会议负责，可以列席村民委员会会议”。[①] 可见，《村组法》对村监委的选举及成员的回避制度都作了明确规定，但对于村监委的实际运行程序规定却并不明显。从武义县村监委的制度设计和运行情况来看，其基本的运行机理是：在村务决策执行和管理活动中，村委会照章办事、规范运行，则村监委支持和保障其有序开展工作，两者相互支持促进村庄公共利益最大化。如果村委会及其成员存在违规行为，村监委在监督过程中发现线索或接到村民举报，则启动纠错程序。村监委首先向村委会提出纠错意见，村干部采纳并改正，则纠错程序完结；若村干部与村监委意见不一致，则提请村民代表会议审议，形成决议，按决议执行；如村干部既不采纳纠错建议，也不召开村民代表会议审议，则村监委可以通过救济途径解决，如发动罢免或向基层政府反映要求处置等。[②]

从村监委的运行机理来看，其民主监督模式具有鲜明的特征：[③] 一是实现了分权制衡，突出以权力制约权力，强调异质性权力之间的监督与制衡；二是确立了制度规制，强调以制度约束权力，使对村庄公共事务和村干部的监督有法可依、有制可循；三是实施过程监督，实现了全程性的村务监督，从村庄重大事项决策到决策执行、村务公开和琐碎的财务管理细节，事无巨细，无一遗漏；四是完善了精英监察，实行经常性的专门监督，由具有财务管理知识、相对专业并在村庄里拥有一定威望的村民进行专门监督，从而确保了监督的有效性和村庄公共权力规范、有序地运行。

2. 村务监督委员会运行的绩效及其创新意义。作为一项制度创新，村监委的运行使村民自治从监督要素建设向制度体系建设推进，其最直接的效果是拓宽了监督领域，强化了对村级公共权力的制约监督，促使村级权力规范有序运行。村监委的监督贯穿于村级事务的决策、管理、公开、

① 《中华人民共和国村组法》，新华网，http：//news. xinhuanet. com/politics/2010 - 10/28/c_ 12713735. htm，2010 - 10 - 28。

② 武义县委县政府：《培育监督主体 强化制度配套 从监督要素建设向监督体系建设推进——武义县深化完善村务监督委员会制度情况》，内部汇报资料，2011 年 4 月。

③ 卢福营、江玲雅：《村级民主监督制度创新的动力与成效——基于后陈村村务监督委员会制度的调查与分析》，《浙江社会科学》2010 年第 2 期。

评议等各个环节，如村监委成立之后，小到审核村里每个月所有的财务往来发票、确定村里拉一车细沙和石子的雇车成本，几乎是锱铢必较；大到工程项目招投标、基建工地的验收都全部到场监督。而且，根据《村务监督制度》的规定，村监委可以对“村两委不按村务制度作出的决定或决策提出废止建议”，从而确保了监督的有效性和村庄各项决策执行都有效进行。

其次，较好的促进了党群干群关系的好转，提升了村干部和基层自治组织在乡村治理过程中的合法性基础，构建了农村矛盾自我化解机制，为化解村干部与村民之间的矛盾纠纷提供了长效机制。村监委的运行使得村务管理活动有章可循，武义县通过“四定二评一创”活动①使村民对村两委成员有了评价制约权，村里大小管理事项逐一编制流程图上墙公布，每项制度流程化、公开化、透明化，村民自治从民主决策到民主监督的系列过程都实现了制度化、规范化，在有效提升村监委履行监督职能的同时，提升了村民对村两委的信任度，减少了农村社会的矛盾纠纷。

再次，村监委的运行促进了村庄民主决策、民主管理和民主生态环境的改善，促使村庄民主管理行为习惯和文化模式的养成。宏观政治生态环境、政治行为习惯和文化模式对民主政治影响很大，但社会基本结构、治理规则、政治行为习惯和文化模式的养成都不可能“毕其功于一役”，“民主政治也不是一纸法令可以建立起来的，其实际发育是一个缓慢的过程”。② 村监委的设立与运行以一种村庄内外力量系统整合作用的方式改变了村庄曾经的政治权力结构和公共事务的治理规则，改变了村干部曾经的行为习惯和村庄公共事务治理的运行轨迹，并使村庄治理逐渐形成一种新的民主运行方式，培育了一种新的民主监督文化，流程化、公开化、透明化已成为一种良好的民主治理习惯，也可视之为一种新的善的社会均衡，将潜移默化的对乡村治理产生深远的影响。

最后，非常重要的是，村监委的有序运行实现了村级财务管理的有序化，有效地促进了集体资产的增收节支，为集体和村民带来了许多看得见

① “四定”即定决策规则、管理程序、监督办法和公开内容；“二评”即乡镇评价村干部和村民评价村干部；“一创”即“创群众满意村务监督委员会”。

② 党国英：《打破“永不合作”的社会均衡》，《华中师范大学学报》（人文社科版）2007年第1期。

的经济利益，推动了农村社会的和谐发展。① 自成立以来，后陈村村监委通过有效监督，为全村增收节支480多万元，先对4000余张2405万余元财务发票进行了审核和公开，审核纠正不规范票据42笔、拒付不合理开支3.8万元，实现不合规支出“零入账”；先后对60余项累积金额达2000余万元的村级工程建设项目进行了全程监督；通过对村集体资产的监管，村集体资产增值效益明显，后陈村的年集体收入从2004年的20万元提高到2010年的260万元。而且自村监委运行以来，该村民心稳定，社会秩序和谐，一直保持“零上访”和“零违纪”状态。

可见，村务监督委员会的设立和运行使得在村党支部、村民委员会之外设置了一个并列的“第三架马车”，这样的制度设计实现了村庄公共事务治理决策权、执行权和监督权的相对分离，改变了村民自治权力的运行轨迹，完善了村庄“四个民主”的权力链条，以规范化、制度化的第三方监督规范村民自治和村干部的治村行为，具有根本性的变革意义，可谓真正的长效机制，产生了良好的社会效果。其创新对完善村民自治的制度体系和对规范先富能人治村行为一样具有重大的示范意义。因此，村民监督委员会制度的运行不应仅局限于武义或浙江，而应向全国范围内推广，焕发制度创新的生命力。

3. 村务监督委员会在推广中出现的问题。村监委的设立和运行，客观上把村务的决策权、执行权和监督权相对分离，实现了异质性权力之间的彼此制衡，这是村监委取得实效的前提。不过，令人遗憾的是，村监委在各地推行过程中出现了一些问题，致使其作用大打折扣。

一是村监委的“同体监督”问题。在村监委的人员组成上，基层政府为加强党支部的领导核心作用，村监委主任一般由村级党组织成员担任，成员则由党员或村民代表担任。在实际运行过程中，有些地方的村监委并不对全体村民负责，而是对村两委或仅仅是党支部负责，最终就成了村两委自己对自己的监督，甚至演化为党支部书记本人的自我监督。② 换言之，它逐渐地演变成了村党支部的另一个“分支机构”，其独立的分权

① 郑菊琴：《创新村级治理机制 破解“半拉子民主”难题——基于武义“村务监督委员会”六年探索的经验与启示》，《现代经济信息》2012年第5期。

② 张军强：《充分发挥农村村务监督委员会民主监督作用的思考与建议——以北京市昌平区东小口镇中滩村为例》，《辽宁行政学院学报》2012年第10期。

和制衡特征被淡化，难免出现监督不力或流于形式现象。

二是村务监督委员会的“单一监督”问题。尽管村监委已经在全国推广开来，但各地由于具体情况的不同，村监委在实际的运行过程中也存在很大的差异性。比如北京市昌平区东小口镇规定村里大额度资金的使用严格履行重大决策五步法，必须请示镇党委、政府方可入账，在重大资金使用方面监督管理比较严格。但村监委对村务公开的监督却限于村委会是否按镇里要求每季度公开村务，因此无法避免的情况是，对于村庄“非重大”资金的往来情况缺乏有效的监督，监督方式单一且过粗，重点“打老虎”却忽略了“苍蝇和蚊子”，而“苍蝇和蚊子”积少成多也是可能导致严重的村庄权力滥用和村官腐败问题的。

三是村务监督委员会惩戒性制度缺失问题。① 目前《村组法》包括很多地方实际运行过程对村监委制度的规定都是粗线条的，对于具体该如何操作往往需要地方根据实际情况再细化，而且更主要的是这项制度的建构对于无法发挥村监委制度作用的村庄或村庄“领头羊”却没有明确的惩戒性规定。而惩戒性制度的缺失必然导致村监委履职压力弱化，产生监督缺位、软弱或流于形式问题。

4. 完善村务监督委员会制度，强化对能人治村行为的监督约束。毋庸置疑，村监委制度作为一项新事物在推广中确实存在一些问题，但不能因此而因噎废食，而应该通过配套制度的完善，提升其实际的监督效果，从而确保乡村治理规范有序进行，防止先富能人在治村过程中出现权力滥用和寻租腐败现象的产生。课题组认为可以从以下几方面完善村监委的制度建设，为强化对农村先富能人治村的监督提供更好的制度规范：

一是制定地方性法规，为村务监督委员会的有序运行提供法制保障。《村组法》关于村监委的规定基本是纲领性的，缺乏细致的操作性规则。目前，浙江省已经率先出台了《浙江省村务监督委员会工作规程（试行)》（浙委办〔2010〕80 号)，明确规定了村监委的组织设置、成员的任职资格、工作职责、权利义务、监督内容和程序，明确指出村务监督的重点是村务决策的监督、村务公开的监督、村级集体“三资”管理的监

① 张军强：《充分发挥农村村务监督委员会民主监督作用的思考与建议——以北京市昌平区东小口镇中滩村为例》，《辽宁行政学院学报》2012 年第 10 期。

督和村工程建设项目的监督。[①] 村监委的工作程序主要包括四个核心步骤，即收集民意、调查分析、监督落实和通报反馈。在发现问题时，村监委除了要及时向村委会提出纠错建议，或建议召开村民代表会议审核，还应及时向村党组织、乡镇（街道）党（工）委、政府（办事处）和纪（工）委反映情况，并协助进行调查。为了确保村监委有效履行监督职能，《浙江省村务监督委员会工作规程》还明确规定了村监委的工作制度，主要包括工作例会制、学习培训制、工作报告制、考评制、工作台账制、申诉救助制和保障制度，从而通过系列配套制度确保村监委有序运行。这对当前全国各地村监委的运行来说都有很强的启发意义，首要的就是通过立法规制，完善村监委运行的制度规范，使之流程化、规范化、可操作化。

二是确保村务监督委员会的独立性，防止其监督地位和职能被矮化。对农村先富能人监督的困难之处在于，先富能人往往拥有较突出的能力和社会影响力，特别是经济精英与政治精英身份融合之后，很容易在村庄中形成“一言九鼎”现象。如果先富能人担任村书记或村主任，而村监委主任只能在村支部成员中产生，那么由于村监委独立性的丧失更容易使监督流于形式。所以，要实现对能人村官的监督与制约，不仅要成立第三方监督机构，更重要的是赋予或保持村监委的独立性，保证村监委成员敢于或勇于监督，才可能取得对威望较高的能人村官的监督效果。在村监委主任及成员的任职资格上，关键的条件应该是品德和技能标准，如体制外经济精英，只要品德和能力突出，获得广大村民的认同，也应该可以当选。只要体制外经济精英拥护党的领导、拥护党的路线方针政策，并不一定需要特别强调党员的身份。只有这样，才能确保村监委的独立性，实现以第三方权力制衡村两委权力的目的，而且体制外精英对体制内精英的监督还可以发挥超出现象的作用，是值得期待的。

三是培育监督主体，促进村务监督委员会自身建设。村监委监督的“实效性”主要还是取决于村监委这个监督主体自身的建设。在培育、促进村监委自身建设方面，从武义县总结的经验来看，首先，优化或抓好选

---

① 浙江省委办公厅、浙江省人民政府办公厅：《浙江省村务监督委员会工作规程（试行）》（浙委办〔2010〕80号），2010－07－20。

举，通过对村监委选举对象前置条件的设置、选举程序与选举办法的优化，实现村监委民主选举的规范化，确保监委会成员的素质，解决村监委运行的“合法性”问题。[①] 其次，应加强对村监委成员的教育培训，解决村监委的“操作性”问题。应建立一套教育培训制度，采取专题培训、实地考察、以会代训、监督工作研讨交流会等形式，提高村监委成员综合素质、专业水平和履职水平，为提高监督实效奠定专业和技术基础。最后，通过“群众满意的村务监督委员会”创建活动，开展村监委班子民主评议活动和考核活动，激发村监委成员工作的积极性，正确履职，切实发挥村务监督委员会在村庄民主决策、村务公开、村集体“三资”管理和村工程建设项目过程中的监督制约作用。

四是完善村务监督委员会的激励和惩戒制度，提升监督实效。与决策权、管理权需要规范和监督一样，对监督者的激励和约束也是完善村监委制度必须考虑的一个问题。《浙江省村务监督委员会工作规程（试行）》对这一问题其实已作出明确的规定，即“村务监督委员会应有固定的办公场所和办公设备，做到牌子、印章齐全，制度张贴公示。村务监督委员会成员应享有一定的误工补贴和报酬，具体标准由村民会议或村民代表会议讨论决定。有条件的乡镇（街道）可根据村务监督委员会的工作考核情况，对工作业绩突出的，给予一定的奖励或补助”。[②] 从浙江省颁发的政策文件来看，对村监委主要以激励为主，却没有相应的惩戒。确保村监委有序运行的惩戒制度应至少包含两方面内容，首先，无视或阻碍村监委监督权行使的村干部或村庄公共组织应受到严厉的惩处，特别在村监委提出纠错建议时拒不接受也不召开村民代表会议审议的村干部或村庄自治组织更应受到严厉的惩处；其次，村监委成员如果缺乏责任心或徇私舞弊而不能正当履行村监委的监督职能，也应受到相应的惩处，从而建构起比较完善的激励和惩戒制度，为村监委的有序运行提供制度的保障，从而进一步提升监督实效，发挥其真正作用。

---

① 赖宋平：《村务监督委员会的实践与运行——以浙江省开化县为例》，湖南师范大学，硕士学位论文，2012 年，第 39—43 页。

② 浙江省委办公厅、浙江省人民政府办公厅：《浙江省村务监督委员会工作规程（试行）》（浙委办〔2010〕80 号），2010 - 07 - 20。

（二）落实村民集体罢免权，依法罢免违规能人村官

人民当家做主不仅体现在选举民主上，还体现在人民能够以相同的政治规则和程序弹劾或罢免不合格的政治精英。无论是理论还是实践都表明，落实村民集体罢免权，对于完善乡村治理的监督体系，维护村民或村集体利益都有重要意义。

1. 罢免权之于民主制度和村民自治的重要意义。对民主制度而言，罢免权与选举权的现实意义主要体现在：首先，罢免权最能反映人民民主的本质，是最有力的监督方式。列宁曾说过，"罢免权是真正的监督权，是真正民主制的基本原则。人民群众只有在法律上、制度上确实拥有罢免权，才能真正有效的监督党政机关工作人员；人民掌握罢免权比起掌握选举权，更能反映人民民主的本质特征"。[①] 罢免权的重要意义不仅于此，更重要的是它是最有力的监督方式。这是"防止国家和国家机关由社会公仆变为社会主人"的一个正确办法，这个方法实际上也是"防止其工作人员违法乱纪的一种最有力的监督方式"。[②]

其次，罢免权是选举权和参与权的现实保障。"选举权与罢免权是不可分割的，没有罢免权，人民当家作主，管理国家就没有可靠保证"。[③]选举权与罢免权之间的不可分割性并非两者关系的全部，更重要的是"罢免权作为选举权的延伸，是选举权实现的重要保障"，[④] 实质上它也是参与权的重要保障。只有在人民群众或广大选民享有充分罢免权和参与权的情况下，人民通过选票或同等的程序将自己选上去的人再拉下来，其选举权才是完整有效的。基层民主作为我国民主实践的训练场，经过30多年的实践，村民的民主素养得到了有效提升，但无论如何村民在村庄选举中以及更广泛意义上的村民自治中都只拥有"有限理性"。特别是在先富能人捐资竞选的过程中，村民的投票容易受到经济利益、宗族势力、亲缘

① 列宁：《列宁全集》（第33卷），人民出版社，1985年，第107页。

② 刘义生：《罢免权是人民群众监督权力的重要内容》，《中国党政干部论坛》1998年第12期。

③ 吴光辉：《罢免权是人民当家作主的重要保证》，《现代法学》1980年第2期。

④ 李华：《村民自治中村民罢免权实现的困境及其制度完善——兼评〈村组法〉第16条村民罢免之规定》，《中南大学学报》（社会科学版）2012年第3期。

血缘关系等因素的影响，从而导致村民在选举时所作出的选择有可能违背公共理性的原则。而且，如前所述，在竞选过程中，先富能人竞选时很可能空口白话、漫天许诺，一旦当选却可能由于能力不足无法践诺或因品德原因违背承诺。因此，必然还需要一个保障机制，给村民提供一个纠错的机会，防止政客虚假的欺骗，而且这也是以权利制约权力的需要，这就决定了在村民自治中落实罢免权的必要性。这“不仅是对民主选举权相关机制良好运行的保护，而且也是实现村民真正民主自治的关键点”，自主罢免更是村民自治中“四个民主”实现的终极保障。①

最后，罢免权是村民以非暴力的方式实现权利救济的关键，是乡村和谐稳定的最后防线。从权力制衡的角度出发，如果没有罢免权，村民的选举权就是不彻底的、不完整的。只有村民拥有罢免权也即村干部职位的最终决定权，普通村民才可能对先富能人占有的职位和手中的权力形成真正的制衡。这种可以“随时撤换被选举者”的权力，既是村民对当选的先富能人监督、制约的体现，也是保证村民在权力滥用或利益被其侵害时以非暴力的方式实现权利救济的关键，有助于减少村民体制外的集体抗争和暴力行为，维护乡村社会的秩序与稳定。此外，罢免权作为一种强制性权力，可对当选的先富能人的价值取向与行为方式产生强有力的威慑，迫使其和村两委自我约束，维护和提升村庄治理的合法性，进而提高村民自治水平和质量。②

2. 村民自治中罢免权行使的困境。首先，村民的罢免权受到了法律的限制，操作难度较大。1998 年通过实施的《村组法》第 16 条规定，“本村五分之一以上有选举权的村民联名，可以要求罢免村民委员会成员。……罢免村民委员会成员须经有选举权的村民过半数通过”。这条规定由于当选与罢免两者之间的条件存在较大的差距，可操作性实际上并不强，实践中非常容易出现“当选容易罢免难”的情形。③ 为了解决这一

① 丁国民、林文静：《村民自治罢免权行使的路径选择——从选举罢免到自主罢免》，《华中农业大学学报》（社会科学版）2011 年第 5 期。

② 曹峰旗：《从罢免权的现状看村民自治中的政治冷漠的原因》，《理论与改革》2005 年第 6 期。

③ 尤琳：《村民自治中罢免制度的法律思考——以修改后的〈村组法〉为分析对象》，《求实》2012 年第 7 期。

弊端，2010 年新修订的《村组法》第十六条修订为，“本村五分之一以上有选举权的村民或者三分之一以上的村民代表联名，可以提出罢免村民委员会成员的要求，并说明要求罢免的理由……罢免村民委员会成员，须有登记参加选举的村民过半数投票，并须经投票的村民过半数通过”。[①] 修订后的条款扩大了提出罢免的主体范围，取消了村民委员会对罢免程序的主持与召集的规定，放宽了罢免通过的法定条件，消除了原先立法的缺陷，[②] 实现了选举权和罢免权的均衡配置，使村民的罢免权更容易实现，取得了明显的进步。然而，却仍然未规定罢免组织机构、罢免时效和完善的罢免程序，因此，在村民罢免权的实践上仍然存在一定的法律问题。其次，在罢免发动过程中，乡镇政府、村两委处于强势地位，如果乡镇政府与先富能人之间形成了比较稳固的政治联合结构，那么村民的罢免提议就可能被层层阻挠，导致罢免难。实践中，经常出现村民行使《村组法》所赋予的罢免权被乡镇政府“卡”、“压”的情况。

3. 积极引导村民践行罢免权，形成对能人治村行为的有效制衡。罢免权对于深化基层民主治理、维护和谐有序的农村社会秩序都有重要意义，课题组认为可以通过以下途径完善村民罢免权的行使：

一是通过立法的途径完善村民罢免权的制度规范，为村民行使罢免权提供完善的法律保障。首先，严格限定罢免动议的主体要件。现行《村组法》扩大了村民罢免权动议的主体要件，即主要由一定比例的村民或村民代表提出。因此应在全国范围内明确《村组法》的权威性和严肃性，禁止乡镇政府罢免的动议权，“防止乱罢免”，把村民自治的还给村民自治。其次，规范受理罢免的法定主体。原《村组法》规定村民发动罢免应“以书面形式向村委会或乡镇政府提出罢免要求”，现行《村组法》却直接删掉了这一规定，反而让村民罢免失去了受理主体，给村民如何操作留下了更大的主体缺憾。因此，要确保村民正当行使其罢免权，必须明确规定村民罢免动议的受理主体。如既可赋予村务监督委员会也可赋予乡镇政府受理并启动罢免程序的主体资格，充分发挥村务监督委员会在村民自

---

① 《中华人民共和国村组法》，新华网，http：//news. xinhuanet. com/politics/2010 - 10/28/c_ 12713735. htm，2010 - 10 - 28。

② 李华：《村民自治中村民罢免权实现的困境及其制度完善——兼评〈村组法〉第十六条村民罢免之规定》，《中南大学学报》（社会科学版）2012 年第 3 期。

治过程中的监督制衡和基层政府在村民自治矛盾纠纷调解过程中的裁判作用。

二是规范罢免程序，为村民的罢免实践提供操作性规程。现行《村组法》并没有明确村民罢免的程序，更勿论操作细则。丁国民和林文静提出，完善村民罢免程序应明确村民罢免会议的召集主持者、村民罢免会议的具体程序、罢免程序的时效期限，罢免会议可采取以下程序进行：(1) 罢免会议的召集人讲明罢免会议的目的、内容；(2) 罢免动议申请人宣读罢免理由；(3) 罢免对象提出申辩意见；(4) 罢免案调查工作组的调查取证报告；(5) 无记名投票表决，设立秘密写票处并公开唱票；(6) 会议的召集人在会议结束 3 日内公告投票结果。① 两位学者对村民罢免程序的建议非常细致，具有很强的操作性，就当前的《村组法》立法来说，很难做到如此细致，但至少在村民罢免程序上可以进一步细化，增强其操作性，为村民的罢免实践提供操作性规程，从而为强化广大村民对先富能人治村行为的监督提供更加完善的权利和制度保障。

在如何监督当政后先富能人才是最有效的问题上，课题组做了相应的问卷调查，在“您认为监督制约当政后的先富能人最佳的途径是什么”一项上，35.2% 的被调查者认为监督参政的先富能人最有效的途径是“通过公开竞选，当着全体村民的面承诺为全体村民办实事，否则就罢免”，排在各选择项的第一位；30.6% 的被调查者认为最有效的途径是“在公开竞选之际，作出承诺，并签订具有法律效力的协议”，排在第二位；26.1% 的被调查者认为应“成立村务监督委员会或监督小组进行监督”，排在第三位；最后是 8.2% 的被调查者选择了“由组织部门监督”(详见图 7.1)。

上述选择项中，每一项都代表着当前村民自治过程中对先富能人监督的一种途径，第一项其实是竞选承诺制（包括辞职承诺）的主要表现形式；第二项是协议村官和村干部过错行为责任制的制约路径；第三项就是村务监督委员会的专项监督途径；第四项是上级组织部门监督的方式。总体来看，大多数的被调查者认为竞选承诺制（包括不能正当履职的辞职

① 丁国民、林文静：《村民自治罢免权行使的路径选择——从选举罢免到自主罢免》，《华中农业大学学报》（社会科学版）2011 年第 5 期。

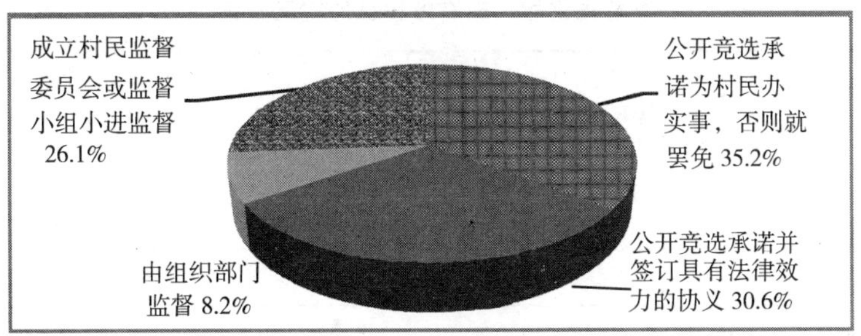

图 7.1　监督当政后的先富能人的最有效途径

承诺）以及由此延伸的罢免是监督参政先富能人的最有效途径；其次是协议村官和村干部过错行为责任制；最后才是村务监督委员会的专项监督，至于上级组织的监督认同度则是最低的。

为了进一步分析不同群体在监督先富能人路径选择上的差异，课题组在频率分析的基础上又做了交叉分析。分项目来看，在“通过公开竞选，当着全体村民的面承诺为全体村民办实事，否则就罢免”一项的选择上，人大代表选择的比例是最高的，达到了 43.5%，最低的是公务员，只有 27.5%，各个群体的排序从高到低依次为人大代表 43.5% > 普通村民 36.2% > 村干部 35.8% > 企业主 34.4% > 种养殖大户 33.3% > 公务员 27.5%；在“在公开竞选之际，作出承诺，并签订具有法律效力的协议”一项的选择上，种养殖大户的选择比例最高，达到了 40.0%，最低的是公务员 26.9%，各个群体选择的排序从高到低依次为种养殖大户 40.0% > 企业主 33.6% > 人大代表 30.4% > 村干部 29.7% > 普通村民 29.4% > 大于公务员 26.9%；在“成立村民监督委员会或监督小组进行监督”一项的选择上，公务员的选择比例最高，达到了 31.7%，最低的是种养殖大户的 18.2%，各个群体选择的排序从高到低依次为公务员 31.7% > 村干部 29.7% > 普通村民 26.1% > 企业主 23.2% > 人大代表 19.6% > 种养殖大户 18.2%；在“由组织部门监督”一项上选择比例最高的是公务员，达到了 13.8%，最低的是村干部，仅为 4.8%，各个群体之间的排序从高到低依次为公务员 13.8% > 企业主 8.8% > 种养殖大户 8.5% > 普通村民 8.3% > 人大代表 6.5% > 村干部 4.8%（详见表 7.1）。

表 7.1 **监督先富能人最有效途径的交叉分析**

监督途径 身份	通过公开竞选，当着全体村民的面承诺为全体村民办实事，否则就罢免	在公开竞选之际，作出承诺，并签订具有法律效力的协议	由组织部门监督	成立村民监督委员会或监督小组进行监督	总计
公务员	27.5%	26.9%	13.8%	31.7%	167
普通村民	36.2%	29.4%	8.3%	26.1%	1105
种养殖大户	33.3%	40.0%	8.5%	18.2%	165
企业主	34.4%	33.6%	8.8%	23.2%	125
村干部	35.8%	29.7%	4.8%	29.7%	330
人大代表	43.5%	30.4%	6.5%	19.6%	46
总计	640	559	153	483	1835

分群体来看，人大代表、企业主、村干部与普通村民都认为监督参政先富能人的最有效途径是“通过公开竞选，当着全体村民的面承诺为全体村民办实事，否则就罢免”，种养殖大户认为最有效的监督途径是“在公开竞选之际，作出承诺，并签订具有法律效力的协议”，企业主、人大代表、村干部、普通村民在这一项上的支持度也比较高。而公务员则认为最有效的途径是“成立村民监督委员会或监督小组进行监督”，即成立专门的第三方监督机构，实施独立的监督，而且从表中还可以看出来的是，公务员对由“组织部门监督”的认同度也是最高的，但其他群体对组织部门监督的认同度都明显偏低。因此，从各个群体来看，基本上倾向于通过公开、透明的民主竞选，当众作出明确的承诺为全体村民办实事（即创业承诺），然后如果不能有效实现承诺内容，则引咎辞职（即辞职承诺）或者由村民行使罢免权，免去其职务。当然，从问卷的统计结果来看，大量的被调查者认为监督先富能人村官最有效的途径是通过公开竞选的方式，作出明确的承诺，并签订具有法律效力的协议，然后按照协议照章办事。如果把这两项有机结合，那就是本文上面所论述的竞选承诺 + “协议村官”制和量化考核制 + 问责制。

课题组针对村民参与监督的积极性以“是否会发动和参与对不称职先富能人的罢免活动”为题做了调查，频率分析的结果显示，37.2% 的被调查者表示会积极发动和参与对不称职先富能人村官的罢免活动，而且会主动发动和鼓动其他村民一起参与；30.1%的被调查者表示会参与，但是不会主动的去发动；由此可见，高达67.3%的被调查者会参与对不称职先富能人村官的罢免活动，所不同的是，37.2%的被调查者会积极发动和参与，30.1%的被调查者是会参与，但不会主动发动；23.1%的被调查者表示要视情况而定，如果不损害大家利益，还是选择不参与；这部分被调查者属于比较典型的中间派，立场比较模糊；只有9.6%的被调查者表示不会参与对先富能人村官的罢免活动，“怎么说之前捐款为大家办了点实事，而且乡里乡亲的”（详见图7.2）。可见，仅有为数极少的一部分人由于先富能人捐资竞选过程中捐助的资金为村民办了点实事而且碍于乡土社会熟人的面子关系不会参与对先富能人的罢免活动。从而表明，不同群体对先富能人村官的监督具有较高的积极性。

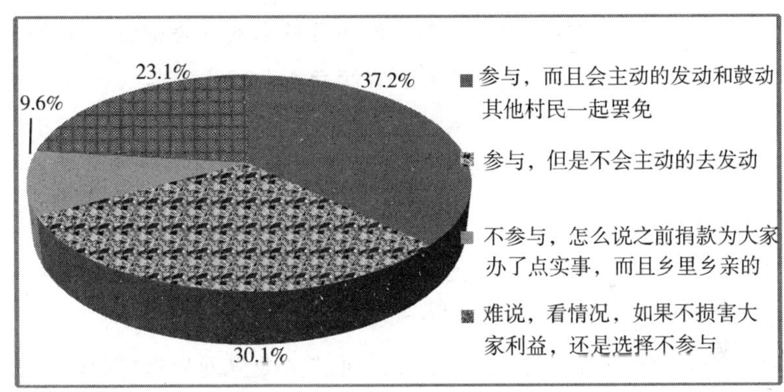

图7.2　会否发动和参与对不称职先富能人的罢免活动

为了进一步分析不同群体在监督先富能人积极性方面的差异，课题组在频率分析的基础上又做了交叉分析。首先，分项目来看，在“参与，而且会主动发动和鼓动其他村民一起罢免”一项的选择上，比例最高的是人大代表，达到了51.9%，最低的是普通村民，为34.4%，从高到低的排序依次为人大代表51.9% >企业主41.1% >村干部40.8% >种养殖大户38.6% >公务员38.4% >普通村民34.4%；在“参与，但不会主动去发动”一项的选择上，公务员选择的比例最高，达到了35.1%，最低的是人大代表，达到了26.9%，从高到低的排序依次为公务员35.1% >种养殖大户32.6% >企业主29.8% >村干部29.5% >普通村民28.7% >人大代表

26.9%；在“难说，看情况，如不损害大家利益，还是选择不参与”一项上，普通村民选择的比例最高，达到了26.3%，最低的人大代表只有11.5%，从高到低依次为普通村民26.3% > 村干部23.2% > 公务员19.5% > 种养殖大户16.8% > 企业主16.3% > 人大代表11.5%；在“不参与，怎么说之前捐款为大家办了点实事，而且乡里乡亲的”一项上，选择比例最高的是企业主，达到了12.8%，其次是种养殖大户12.0%，最低的是村干部6.6%，从高到低排序依次为企业主12.8% > 种养殖大户12.0% > 普通村民10.6% > 人大代表9.6% > 公务员7.0% > 村干部6.6%（详见表7.2）。

其次，分群体来看，人大代表、企业主、村干部、种养殖大户、公务员和普通村民在“参与，而且会主动发动和鼓动其他村民一起罢免”一项上的选择都是最高的，每个群体非常难得的出现了一致的选择，这在其他问题的选择上都没有出现过的。而且，从表格中还可以观察到的是，在“参与，但不会主动去发动”一项的选择上，各个群体在各自的选择中也都非常一致的排在第二位，从而再次印证了被调查者在罢免不称职先富能人的坚定性以及各个群体之间的一致性。普通村民在“难说，看情况而定，如不损害大家利益，还是选择不参与”一项的选择上是各个群体中最高的，这实际上表明，作为村庄罢免活动发起的最主要主体，广大村民的政治参与冷漠现象相对来说是比较高的，这就需要体制外的经济精英或村庄内的其他社会权威积极带领发动对不称职先富能人村官的罢免，即便是在罢免的过程中，也不能忽视乡村精英或社会权威的作用。而企业主和种养殖大户因为自身的阶层认同和社会身份地位关系在“不参与”一项的选择比例上是最高的，从而表明阶层或身份认同在村庄罢免活动中有一定的弱关联性。

表7.2　　会否发动和参与对不称职先富能人罢免活动的交叉分析

参与情况/身份	参与，而且会主动发动和鼓动其他村民一起罢免	参与，但不会主动去发动	不参与，怎么说之前捐款为大家办了点实事，而且乡里乡亲的	难说，看情况，如不损害大家利益，还是选择不参与	总计
公务员	38.4%	35.1%	7.0%	19.5%	185
普通村民	34.4%	28.7%	10.6%	26.3%	1177
种养殖大户	38.6%	32.6%	12.0%	16.8%	184
企业主	41.1%	29.8%	12.8%	16.3%	141

续表

身份＼参与情况	参与，而且会主动发动和鼓动其他村民一起罢免	参与，但不会主动去发动	不参与，怎么说之前捐款为大家办了点实事，而且乡里乡亲的	难说，看情况，如不损害大家利益，还是选择不参与	总计
村干部	40.8%	29.5%	6.6%	23.2%	380
人大代表	51.9%	26.9%	9.6%	11.5%	52
总计	725	599	199	469	1992

结论　农村能人队伍的培育及对乡村精英治理模式的超越

始于家庭联产承包责任制的农村改革推动了我国经济社会体制全面的改革开放，使我国经济社会建设取得了举世瞩目的成就，经济总量迅速跃居全球第二，人民群众生活包括农民生活都日益小康。但同时我们也必须看到，我国经济社会发展中的不协调、不平衡和不可持续问题依然突出，由于历史形成的城乡二元体制和非均衡的城乡公共产品供给体系，城乡发展差距和城乡居民之间的收入差距至今仍在呈扩大差距，农村农业发展和农民增收仍然面临很大的挑战。因此，“三农”问题关系到全面小康社会建设能否顺利实现、关系党执政地位的巩固和国家的长治久安。正是基于对当前我国经济社会发展中所存在问题的精准把握和出于重大战略实施的需要，中国共产党始终把“三农”问题列为经济社会发展的核心问题，也始终列为党的各项工作的重中之重。也正是因为如此，“三农”问题不仅是个重大的经济问题，而且也是个重大的政治问题。问题的关键则是如何统筹城乡经济社会协调发展，实行工业反哺农业、城市支持农村和“多予少取放活”的方针支持农村、农业发展，推动农村走上生产发展、生态良好、生活富裕的文明发展之路。

在资源有限特别是农村空心化的社会背景下，新农村建设必须形成可持续的动力机制，即必须从内外部寻求必要的动力源、动力因素，形成有效的动力机制并产生系统合力，共同驱动，为解决“三农”问题提供长效机制。就外部动力而言，经济要素驱动如市场机制优化资源配置，引导经济要素投向新农村建设，是新农村建设的基本动力。在威权体制下，中央政府的战略诉求与制度供给是新农村建设和城乡一体化发展的主导因素，其中财政和政策支持是新农村建设强大的外部动力，而地方政府的压力驱动与创新动力也是新农村建设重要的外部动力。毫无疑问，新农村建设要强调外部因素的驱动，特别是财政和政策体系的扶持、地方政府的创新驱动和经济要素的引导缺一不可，但更重要的还是挖掘其自身的增长潜能、寻求其经济社会发展的内生增量。也即要解决“三农”问题，必须坚持农民的主体地位，最终必然要依靠农民自身的力量实现农村、农业的发展，使广大农村居民共享经济社会发展成果。关键是提升农民能力，增加农村人力资本投资力度。从人力资本相关理论出发，农村能人队伍是新农村建设最宝贵的人力资源，也是农村最重要的人力资本，是农村经济增长最重要、最活跃的决定性力量，更是新农村建设关键的内生增量。因而，“提高农民整体素质，培育造就有文化、懂技术、会经营的新型农民”是新农村建设的迫切需要。此外，增强农业发展的自组织力量，使现代农业产业逐渐集群化，是提升农业产业化、标准化、规模化和核心竞争力的必要途径，也是实现农村现代化和农村经济可持续增长的重要内部动力。

不过，毫无疑问其中人的因素是第一位的，也是最终的决定力量。农村能人除了在农村经济增长方面发挥着关键作用，还在基层民主政治发展、乡风文明建设和农村社会的和谐稳定等方面也都发挥着重要作用。作为乡村社会精英，农村先富能人代表着农村先进生产力和先进文化的发展方向，是乡风文明的引导者，是农村公共物品和公共服务供给的重要替代力量。乡村外出精英回归乡村社会还具有制度导入和创新功能，有助于推动基层民主政治发展和提升村庄治理的规范性，有助于解决村干部的廉洁问题。而且，农村能人也是解决农村基层治理体系失灵，化解社会矛盾冲突和群体性冲突事件的中坚力量。“乌坎事件”的最终解决证明了乡村社会冲突对乡村社会权力结构重塑的重要影响，还从另一个侧面证明了体制外精英对体制内精英的监督、制衡和对基层民主政治发展的推动作用。

纵观历史发展历程，在“皇权不下乡”的封建统治体系中，皇权在乡村社会的渗透主要依靠乡绅及各种社会自治组织实现。其中，乡绅作为乡村社会的精英群体和封建皇权的代言人，历史上就在乡村公共事务治理中发挥着重要作用，“集教化、伦理、祭祀、宗族等一切社会职能与权力为一体”，还承担乡村社会自治和县域社会建设功能，起着承上启下的媒介和社会控制作用。然而，乡绅在乡村社会的作用并非像有些学者所主张的那么完美，作为封建皇权或统治权的代言人，乡绅阶层对地方利益资源的控制和垄断、对地方公权和公共利益直接排他性的控制，使得乡绅权力的无序扩张成为地方利益冲突的主要矛盾并逐渐将乡村社会矛盾和历史积怨汇聚于掌控地方权力和利益资源的乡绅阶层身上，历史的教训非常深刻。随着晚清新政的推行，特别是废除科举制度而开新式学堂，从制度上切断了传统乡绅与国家权力直接联系的渠道，改变了乡绅阶层在传统乡村治理过程中固有的角色和功能，从而导致乡村社会结构和权力结构的重构，并使传统乡村的社会权力结构发生了历史性的变迁，乡间土豪劣绅一跃而起填补了乡村权力真空，凭借武力，把持地方，鱼肉乡里，并迅速完成了“乡绅劣绅化”的过程。到 20 世纪 20 年代时，传统时代被整个社会所崇奉的“绅士”阶层，甚至摇身一变而成为社会公敌，这个历史教训是非常深刻的。晚清以来驱逐“劣绅”的运动本来只是对某些为富不仁的劣绅的打击，但最终却在历史偶然性的作用下演变成了对整个乡绅阶层的驱逐，中国共产党实施的“打土豪分田地”政策说到底也是这种驱逐“劣绅”行为的延续，只是显得更加彻底。再到建国初期的社会主义改造，但凡在农村拥有较多私有财产、知识、社会地位和经济能力突出的乡绅都全部被改造或被视为“土豪劣绅”和剥削者而被镇压。建国后在国家政权建设和文化大革命等大规模政治运动的影响下，相当长一段时间内对曾经的乡村社会精英来说，拥有过多的社会财富也是一种罪过，难以逃脱被清算、改造的命运。甚至直到改革开放初期，乡村公共治理权力都是由作为乡村社会的道德权威把持。只有那些承认党的纲领、拥护党的路线方针、政策并愿意为实现党的纲领奋斗甚至不惜牺牲生命的人才能成为党员，才能进入乡村权力结构并主导乡村治理。因此这一时期，作为乡村治理权威的乡村权力精英，起决定作用的主要是其对党的忠诚，拥护共产党、跟着共产党走，凭借的是其在道义上占据的制高点而非文化知识和经济社会建设能力。有鉴于此，本文把这时期的乡村治理精英称为“道德权威”，并认为他们更多的起“政令贯彻”和国家政权在乡村的代理人作用。在当时的社会背景下，衡量乡村社会权力精英的主要指标乃是其社会出身、阶级成分以及对共产党、社会主义的拥护度、忠诚度，其掌握权力的关键并非他们的文化水平、生产或经营管理能力，因而，总体而言他们的经济社会发展能力都相对缺乏，甚至行事完全违背经济社会发展的基本规律。而经济精英及其经济活动却被视为“资本主义黑风/毒草”受到重重打击、层层束缚，如履薄冰、举步维艰。

但是这种状况毕竟与社会历史发展规律相悖，而且与人民群众过上美好生活的期盼相距太远，其结果必然是人心思变。最终，在穷困潦倒到极致的情况下，安徽小岗生产队的农民自发签订包干到户的协议，从而以其罕见的首创精神推动了农村家庭联产承包责任制和以此为核心的农村改革，“星星之火迅速燎原”，进而引发了当代中国的改革开放和急剧的社会变革。随着市场化改革的纵深发展，农村先富能人作为新兴社会阶层迅速崛起，并随着村民自治制度的发展迅速表达出了强烈的政治参与欲望。农村先富能人参政行为的兴起是市场经济发展、先富能人群体崛起、执政党施政理念转变、社会转型过程中地方政府制度创新与利益共享以及村民自治制度发展的必然结果，分别奠定了先富能人参政与治村的物质基础、思想基础、制度基础和实践基础，而其参政行为的兴起归根结底是社会经济地位、执政党政策、个人成长背景、文化习俗等因素影响下，利益追求和自我实现等一系列因素整合的结果，也是社会多元主体共同期待的结果，承载着基层政府及官员的政绩期待、村民的致富期待和村庄的维权期待等。实践也证明，先富能人治村必须具备基本的条件，而且有其内在的演进逻辑，即必须率先走上富裕之路成为经济精英，尔后履行社会义务、承担公共责任、获得乡土认同，再通过民主选举即法治的方式进入村庄权力结构层正式成为政治精英，从而实现经济精英向政治精英过渡甚至合二为一。按照这一逻辑演进，履行社会义务、承担公共责任、获得乡土认同乃是先富能人主政乡里的必要条件，离开了这些必要条件，即便能够偶尔当选村干部其治村行为也难以为继。因此，在符合这三个必要条件时，先富能人治村就可以发挥其上述积极正面的作用。

不过，必须看到的是，先富能人捐资竞选或治村也导致很多理论层面的争议和实践问题，如先富能人捐资竞选与选举的公平性、规范性问题，由此导致的乡村政治排斥机制问题；先富群体竞选导致的新派系斗争问题困扰乡村自治，而且农村能人治村的规范性和治村能力、对能人治村行为的监督制约以及农村能人队伍的培育、建设上都存在一定的问题，这些深层次的问题如果不能有效解决，势必严重制约农村能人队伍在农村经济社会发展中作用的发挥，更谈不上又快又好地建设新农村。

要解决这些问题，大致可以从三个层面采取相应的对策：

一是建构并完善以品德、知识、能力、业绩为核心的农村能人队伍建设评价标准和指标体系，强化对农村先富能人的吸纳和培育，充分挖掘农村能人队伍的增长潜力，使其真正成为解决“三农”问题的内生增量。一方面，基层政府可根据农村能人队伍建设的评价标准和指标体系强化行政吸纳，吸引乡村外流经济精英回流，积极创新选人程序，公开选人、公正评人、公平定人，通过基层党组织以党支部书记＋龙头企业的先锋带头作用或党支部＋农业经济协会的整合作用带动广大农村居民致富，也可引导先富能人积极参与基层选举并主政村庄引领新农村建设，引导他们积极贡献自己的财力、物力，优化村庄公共产品和公共服务供给。另一方面，就是加强农村实用人才培养与农村人力资源开发力度，推进农村能人队伍建设。巩固农村九年义务教育发展成果，为农村能人队伍建设和新农村建设奠定必要的文化基础；理顺涉农培训的机制体制，提升政府涉农公共培训服务的绩效；提高对农村能人培训的针对性、实用性，提升农村能人的各项能力指标；建构多元化的社会培训服务体系，改善农村能人培训服务供给结构，形成多中心的服务供给和治理机制，也可采用“农民点菜、专家下厨、政府买单”的市场化方式提升农村能人培训和人力资源开发的实际效果，为农村发展奠定扎实的人力资源基础，挖掘农村、农业发展的内生增量。

二是完善农村能人队伍建设的政策支持体系，促使农村能人队伍量与质的同步提升。应实施农村人才投资优先保证的财政金融和税收政策，加大农村人力资本投资和人力资源开发力度，为农村能人创新创业搭建平台。同时推进基层政府治理变革创新，加速推进治理规则、结构和机制的创新，加快政府职能和角色转变进程，推进基层治理的民主化为农村能人的政治参与创造积极的条件。

三是强化村民自治制度的贯彻落实，实现乡村治理的现代化，超越乡村精英治理。首先，应建构公平的乡村治理结构与制度，夯实乡村治理现代化及和谐治理的基础。其次，应完善村级选举制度，扎紧制度的篱笆，严防违法乱纪与品行恶劣者当选；着重选配德才兼备的先富能人担任村庄领头羊，引领新农村建设大局。在村级换届选举的时候，大力推行竞选承诺、履职承诺和辞职承诺，公开演讲、辩论、承诺，选举德才兼备的能人担任村官推行；并以“协议村官”＋量化考核制和“村干部过错行为民事赔偿制”+问责制确保先富能人当选后履行其竞选承诺。再次，应提升村庄决策的民主化、科学化程度，防止能人在治村过程中的决策变异；强化《村组法》与相关制度的贯彻落实，提升能人治村行为的规范性。复次，强化对能人治村行为的监督，形成监督的长效机制。如完善村务监督委员会，更好地监督能人治村行为；落实村民集体罢免权，支持村民对侵害村集体或村民利益的先富能人坚决依法罢免；实施任期和离任经济责任审计，强化对先富能人的财务监督。最后，应以能人道德行为制度化的方式促使先富能人奉献精神与自我约束意识的养成，激发先富能人的责任意识，引导先富能人树立奉献精神，并使之成为先富能人持续的行为意识，积极发挥其村庄“领头羊”的作用，为新农村建设贡献自己的聪明才智和所拥有的社会关系网络。唯有如此，才能以民主化的方式促进村庄政治的有序发展，实现乡村精英治理和大众民主治理的有机统一，提升乡村治理的合法性基础和治理绩效，超越传统的乡村精英治理模式，防止权力垄断、暗箱操作以及由此导致的乡村社会的矛盾冲突，才能系统推进新农村建设，真正实现“生产发展、生活宽裕、管理民主、村容整洁、乡风文明”的战略目标。

参考文献

[1] Burton A. Weisbrod, "Investment in Human Capital", *The Journal of Human Resources*, Vol. 1, No. 1, 1966 (summer), p. 5.

[2] Caroline J. Tolbert, Karen Mossberger & Ramona McNeal, "Institutions, Policy Innovation, and E - Government in the American States", *Public Administration Review*, May/June, 2008, p. 549.

[3] Gerhart H. Saenger, "Social Status and Political Behavior", *American Journal of Sociolgy*, Vol. 51, Issue 2, Sep. 1945, pp. 103 - 113.

[4] Peter F. Drucker, *The Practice of Management*, New York: Harper & Brothers, 1954, p. 264.

[5] Freudenberger, "Staff Burnout", *Journal of social Issues*, 1974, 30 (1): pp. 59 - 165.

[6] Maslach C. Jackson, "The Measurement of Experienced Burnout", *Journal of Occupational Behavior*, 1981, (2): pp. 99 - 113.

[7] John R. Hanson Ⅱ, "Human Capital and Direct Investment in Poor Countries", *Explorations in Economic History*, Vol. 33, 1996: p. 86.

[8] Theodore W. Schultz, "Investment in Human Capital", *The American Economic Review*, Vol. 51, No. 1, March 1961, p. 1.

[9] Gary S. Becker, "Human Capital and The Economy", *Proceedings of the American Philosophical Society*, Vol. 136, No. 1, Mar., 1992, p. 85.

[10] John R. Hanson Ⅱ, "Human Capital and Direct Investment in Poor Countries", *Exploration in Economic History*, Vol. 33, 1996, pp. 86 - 106.

[11] Leslie Hannah, "Human Capital", *Oxford Review of Education*,

Vol. 13, No. 2, 1987, p. 177.

[12] George Kelley: "Seducing the Elites: The Politics of Decision Making and Innovation in Organizational Networks", *Academy of Management Review*, July 1976, p. 66.

[13] Paul Allen Beck andM · Kent Jennings, "Pathways to Participation", *The American Politcal Science Review*, Vol. 76, Issue 1, 1982, pp. 94 – 108.

[14] Joan M. Nelson, "Political Participation", In Myron Weiner and Samuel P. Huntingdon, ed., *Understanding Political Development*, Boston and Toronto: Little, Brown and Company, 1987, p. 107.

[15] David Kirkwood Hart, "Administration and the Ethics of Virtue: in All Things, Choose First for Good Character and Then for Technical Expertise", *Handbook of Administration Ethics*, edited by Terry Cooper, New York: Marcel Dekker, Inc., 1994, pp. 107 – 121.

[16] Jin – Wook Choi, "Institutional Structures and Effectiveness of Anticorruption Agencies: A Comparative Analysis of South Korea and Hong Kong", *Asian Journal of Political Science*, Vol. 17, No. 2, August 2009, p. 195.

[17] Kang Xiaoguang, Hanheng, "Administrative Absorption of Society: A Further Probe into the State – Society Relationship in Chinese Mainland", Social Science in China, 2007 summer, p. 116.

[18] Mike Geddes, "Poverty, Excluded Communities and Local Democracy", CLD Research Report, no. 9. London: Commission for Local Democracy, 1995, p. 8.

[19] Slater R., "A critical Evaluation of Partnerships in Municipal Waste Management in England", *Resources, Conservation and Recycling*, vol. 51, 2007, pp. 643 - 664.

[20] Janet Denhardt, Larry Terry, Edgar Ramirez Delacruz and Ljubinka Andonoska, "Barriers to Citizen Engagement in Developing Countries", *International Journal of Public Administration*, 32, 2009, pp. 1274 – 1275.

[21]《马克思恩格斯全集》(第1卷), 人民出版社, 1995年, 第

243 页。

［22］《马克思恩格斯文集》（第 5 卷），人民出版社，2009 年，第 871 页。

［23］《毛泽东选集》第 1 卷，人民出版社，1991 年。

［24］《毛泽东选集》第 2 卷，人民出版社，1991 年。

［25］《邓小平文选》第 2 卷，人民出版社，1994 年。

［26］《邓小平文选》第 3 卷，人民出版社，1993 年。

［27］《江泽民文选》第 3 卷，人民出版社，2006 年。

［28］江泽民：《论有中国特色社会主义》（专题摘编），中央文献出版社，2002 年，第 120 页。

［29］胡锦涛：《在全国人才工作会议上的讲话》，《人民日报》，2010－5－27。

［30］胡锦涛：《在中国科学院第十三次院士大会和中国工程院第八次院士大会上的讲话》，《新华月报》，2006 年第 7 期。

［31］胡锦涛：《坚持人才资源是第一资源的战略思想》，中国发展门户网，2006－06－06。

［32］胡锦涛：《在庆祝中国共产党成立 90 周年大会上的讲话》，中国政府网，2007－07－01。

［33］胡锦涛：《高举中国特色社会主义伟大旗帜　为夺取全面建设小康社会新胜利而奋斗——在中国共产党第十七次全国代表大会上的报告》，新华网，2007－10－15。

［34］胡锦涛：《坚定不移沿着中国特色社会主义道路前进　为全面建成小康社会而奋斗——在中国共产党第十八次全国代表大会上的报告》，新华网，2012－11－8。

［35］温家宝：《中国农业和农村的发展道路》，《求是》，2012 年第 2 期。

［36］中共中央文献研究室：《十六大以来重要文献选编》（上），中央文献出版社，2005 年。

［37］《邓小平年谱 1975—1997》（下），中央文献出版社，2004 年。

［38］中共中央宣传部理论局：《辩证看 务实办》，学习出版社、人民出版社，2012 年。

［39］中共中央国务院关于积极发展现代农业扎实推进社会主义新农村建设的若干意见［N/OL］，http：//news. xinhuanet. com/politics/2007－01/29/content_ 5670478. htm。

［40］中共中央办公厅、国务院办公厅：《关于加强农村实用人才队伍建设和农村人力资源开发的意见》，中办发［2007 年］24 号，2007－11－08。

［41］《国家中长期人才发展规划纲要（2010—2020 年）》，中华人民共和国政府网，2010－6－6。

［42］《中华人民共和国村民委员会组织法》，新华网，2010－10－28。

［43］《浙江省村民委员会选举办法》，《浙江日报》，2012－04－28。

［44］浙江省民政厅：《浙江省村民委员会选举规程（试行）》，新华网，2011－05－16。

［45］浙江省委办公厅、浙江省人民政府办公厅：《浙江省村务监督委员会工作规程（试行）》（浙委办［2010］80 号），2010－07－20。

［46］伍启元：《公共政策》，香港商务印书馆，1989 年。

［47］［美］罗尔斯：《作为公平的正义——正义新论》，三联书店，2002 年。

［48］［美］罗尔斯：《政治自由主义》，译林出版社，2000 年。

［49］［美］罗尔斯：《作为公平的正义——正义新论》，三联书店，2002 年。

［50］［美］西奥多·W. 舒尔茨：《改造传统农业》，梁小民译，商务印书馆，1987 年。

［51］［美］西奥多·W. 舒尔茨：《人力投资》，华夏出版社，1990 年。

［52］［美］西奥多·舒尔茨：《论人力资本投资》，北京经济学院出版社，1990 年。

［53］［美］罗伯特·阿格兰诺夫、迈克尔·麦圭尔：《协作性公共管理：地方政府新战略》，李玲玲、鄞益奋译，北京大学出版社，2007 年。

［54］［美］艾伦·沃尔夫：《合法性的限度》，商务印书馆，2005 年。

［55］［美］塞缪尔·P. 亨廷顿，琼·纳尔逊：《难以抉择——发展中国家的政治参与》，华夏出版社，1989 年。

[56] [美] 塞缪尔·亨廷顿：《第三波——20世纪后期的民主化浪潮》，上海三联书店，1998年。

[57] [美] 塞缪尔·亨廷顿：《变化社会中的政治秩序》，王冠华等译，上海人民出版社，2008年。

[58] [美] 安东尼·奥洛姆：《政治社会学》，上海人民出版社，1989年。

[59] [美] 杰克·A. 戈德斯通主编：《国家、政党与社会运动》，上海世纪出版集团，2009年。

[60] [美] 罗伯特·达尔：《论民主》，中国人民大学出版社，2012年。

[61] [美] 迈克尔·沃尔泽：《正义诸领域——为多元主义与平等一辩》，译林出版社，2002年。

[62] [美] 戴维·赫尔德：《民主的模式》（最新修订版），燕继荣译，中央编译出版社，2008年。

[63] [美] 安德森：《公共决策》，唐亮译，华夏出版社，1988年。

[64] [美] 约翰·克莱顿·托马斯：《公共决策中的公民参与：公共管理者的新技能与新策略》，孙柏瑛等译，中国人民大学出版社，2005年。

[65] [美] 詹姆斯·博曼：《公共协商：多元主义、复杂性与民主》，黄相怀译，中央编译出版社，2006年。

[66] [德] 哈贝马斯：《公共领域的结构转型》，曹卫东译，学林出版社，1999年。

[67] [美] 塞缪尔·弗里曼主编：《罗尔斯》（英文版），生活·读书·新知三联书店，2006年。

[68] [美] V. 奥斯特洛姆等编：《制度分析与发展的反思——问题与抉择》，王诚等译，商务印书馆，2001年。

[69] [美] 斯蒂芬·戈德史密斯，威廉·D. 埃格斯：《网络化治理：公共部门的新形态》，北京大学出版社，2008年。

[70] [美] 詹姆斯·C. 斯科特：《弱者的武器》，凤凰出版传媒集团、译林出版社，2007年。

[71] [美] 查尔斯·蒂利、西德尼·塔罗：《抗争政治》，译林出版社，2010年。

[72][美] 萨缪尔森、诺德豪斯:《经济学》，华夏出版社，1999 年。

[73] [英] 亚当·斯密:《国富论》，商务印书馆，1964 年。

[74] [意] 维尔弗雷多·帕雷托:《精英的兴衰》，上海人民出版社，2003 年。

[75] 邹谠:《二十世纪中国政治：从宏观历史与微观行动的角度看》，牛津大学出版社（香港），1994 年。

[76] 费孝通:《乡土中国 生育制度》，北京大学出版社，1998 年。

[77] 费孝通:《皇权与绅权》，天津人民出版社，1988 年。

[78] 李鹏:《政府管理创新与能力建设》，中共中央党校出版社，2011 年。

[79] 张国庆主编:《行政管理学概论》（第二版），北京大学出版社，2000 年。

[80] 管前程:《新社会阶层政治参与研究》，中共中央党校博士论文，2009 年。

[81] 孙旭阳:《村官 3000 万为村民建别墅 跪求人到被跪求》，《新京报》，2008－12－28。

[82] 薛振宇:《韩城企业家垫资 1300 万元竞选村主任始末》，《华商报》，2008－12－19。

[83] 胡序杭:《“先富能人治村”对农村基层党组织建设的影响》，《四川行政学院学报》，2007 年第 1 期。

[84] 冯耀明:《资源型地区“富人当政”：农村发展的双刃剑》，《理论探索》，2008 年第 1 期。

[85] 赵爱庆、孙建军、赵佳维:《超越乡村精英治理模式的政治抉择》，《中共浙江省委党校学报》，2008 年第 1 期。

[86] 中华人民共和国国家统计局:《中华人民共和国 2012 年国民经济和社会发展统计公报》，2013－02－22。

[87] 刘彦随、刘玉:《中国农村空心化问题研究的进展与展望》，《地理研究》，2010 年第 1 期。

[88] 李路路:《社会结构阶层化和利益关系市场化——中国社会管理面临的新挑战》，《社会学研究》，2012 年第 2 期。

[89] 马建斌:《当代中国利益分化的政治影响》，《前沿》，2007 年

第 11 期。

[90] 王小鲁：《灰色收入与国民收入分配》，《比较》，2007 年第 48 辑。

[91] 余逊达：《利益和谐是社会和谐的核心》，《浙江社会科学》，2005 年第 3 期。

[92] 孙立平：《最大的威胁，不是社会动荡而是社会溃败》，红网，2009 - 02 - 28。

[93] 徐勇：《农民改变中国：基层社会与创造性政治——对农民政治行为经典模式的超越》，《学术月刊》，2009 年第 5 期。

[94] 徐勇：《农民理性的扩张："中国奇迹"的创造主体分析——对既有理论的挑战及新的分析进路的提出》，《中国社会科学》，2010 年第 1 期。

[95] 徐勇：《由能人到法治：中国农村基层治理模式转换——以若干个案为例兼析能人政治现象》，《华中师范大学学报》（哲社版），1996 年第 4 期。

[96] 徐勇：《政党下乡：现代国家对乡土的整合》，《学术月刊》，2007 年第 8 期。

[97] 徐勇：《创新民主选举工作 提升民主选举质量》，《红旗文稿》，2008 年第 6 期。

[98] 徐勇：《乡村治理与中国政治》，中国社会科学出版社，2003 年。

[99] 徐勇：《村务公开民主管理推进的逻辑和方向》，《学习时报》，2012 - 12 - 27。

[100] 贺雪峰：《富人治村与"双带工程"——以浙江 F 市农村调查为例》，《天津市委党校学报》，2011 年第 3 期。

[101] 贺雪峰：《论富人治村——以浙江奉化调查为讨论基础》，《社会科学研究》，2011 年第 2 期。

[102] 贺雪峰：《新乡土中国》，广西师范大学出版社，2003 年。

[103] 吴忠民：《中国现阶段社会矛盾特征分析》，《教学与研究》，2010 年第 3 期。

[104] 张国庆：《公共行政典则规范更新替代与政府行政制度创新——兼论中国政府新公共行政典范的确立》，《复旦学报》（社会科学

版），2002 年第 2 期。

［105］冯跃民：《论马克思主义哲学研究范式的走向》，《武警学院学报》，2012 年第 1 期。

［106］于建嵘：《抗争性政治：中国政治社会学基本问题》，人民出版社，2010 年。

［107］于建嵘：《底层社会的权利逻辑》，《双周刊》，2008 年第 5 期。

［108］于建嵘：《精英主义束缚底层政治》，《人民论坛》，2010 年 7 月（下）。

［109］于建嵘：《我国农村群体性突发事件研究》，《山东科技大学学报》，2002 年第 4 期。

［110］董海军：《作为武器的弱者身份：农民维权抗争的底层政治》，《社会》，2008 年第 4 期。

［111］应星：《“气”与抗争政治：当代中国乡村社会稳定问题研究》，社会科学文献出版社，2011 年。

［112］王洪伟：《“以身抗争”与“以法抗争”：当代中国底层社会抗争的两种社会学逻辑》，《2010 年中国社会学年会——“社会稳定与危机预警预控管理系统研究”论坛论文集》，2010 年 7 月。

［113］王洪伟：《底层抗争的潜在危机》，《人民论坛》，2010 年 7 月（下）。

［114］董海军：《作为武器的弱者身份：农民维权抗争的底层政治》，《社会》，2008 年第 4 期。

［115］尹利民：《策略性均衡：维权抗争中的国家与民众关系——一个解释框架及政治基础》，《华中科技大学学报》（社会科学版），2010 年第 5 期。

［116］裴宜理：《底层社会与抗争性政治》，《东南学术》，2008 年第 3 期。

［117］谢岳：《抗议政治学》，上海教育出版社，2010 年。

［118］张小绿：《论乡村治理中先富群体的参与形式及其特点——以浙江省温州为例》，《兰州学刊》，2006 年第 2 期。

［119］方柏华、董明等：《政治社会学视野下的先富参政与民众恳谈现象研究》，人民出版社，2009 年。

[120] 仝志辉：《农民选举参与中的精英动员》，《社会学研究》，2002 年第 1 期。

[121] 张英魁、李兆祥、孙迪亮：《重视乡村精英在新农村建设中的作用》，《光明日报》，2008－1－26。

[122] 吕世辰、胡宇霞：《农村精英及其社会影响初探》，《山西师范大学学报》，2003 年第 1 期。

[123] 李强彬、向生丽：《转型社会中乡村精英的变迁与乡村社区治理》，《兰州学刊》，2006 年第 4 期。

[124] 王中标：《“乡村精英”发挥作用的制约因素及对策》，《特区经济》，2007 年第 10 期。

[125] 刘炳香、韩宏亮：《能人治村：新农村建设的战略选择》，《理论学刊》，2007 年第 8 期。

[126] 董明：《对先富参政价值及其限度的省思》，《中共浙江省委党校学报》，2008 年第 6 期。

[127] 卢福营：《乡村精英治理的传承与创新》，《浙江社会科学》，2009 年第 2 期。

[128] 卢福营：《经济能人治村：中国乡村政治的新模式》，《学术月刊》，2011 年第 10 期。

[129] 卢福营：《能人政治——私营企业主治村现象研究》，中国社会科学出版社，2010 年。

[130] 卢福营：《派系竞争 ：嵌入乡村治理的重要变量——基于浙江省四个村的调查与分析》，《社会科学》，2011 年第 8 期。

[131] 卢福营、江玲雅：《村级民主监督制度创新的动力与成效——基于后陈村村务监督委员会制度的调查与分析》，《浙江社会科学》，2010 年第 1 期。

[132] 卢福营等:《当代浙江乡村治理研究》，科学出版社，2009 年。

[133] 卢福营、孙琼欢：《村务监督的制度创新及其绩效——浙江省武义县后陈村村务监督委员会制度调查》，《社会科学》，2006 年第 2 期。

[134] 张庄庄：《村民自治导向下的乡村精英治理模式研究》，山东大学，硕士毕业论文，2009 年。

[135] 郎友兴：《精英与民主：西方精英主义民主理论述评》，《浙江

学刊》，2003 年第 6 期。

［136］郎友兴、郎友根：《从经济精英到村主任——中国村民选举与村级领导的继替》，《浙江社会科学》，2003 年第 1 期。

［137］郎友兴：《政治精英与中国的村民自治：经验与意义》，《浙江社会科学》，2006 年第 6 期。

［138］郎友兴：《政治吸纳与先富群体的政治参与——基于浙江省的调查与思考》，《浙江社会科学》，2009 年第 7 期。

［139］郎友兴：《民主的成长：对村民选举与自治制度的考察》，《浙江社会科学》，2002 年第 1 期。

［140］郎友兴：《精英与民主：西方精英主义民主理论述评》，《浙江学刊》，2003 年第 6 期。

［141］顾正喜：《我国农村先富群体参政的激励结构及规范之道——以先富捐资竞选为例分析》，《探索》，2004 年第 1 期。

［142］顾金喜、林奇凯：《发挥先富村支部书记作用的长效机制研究——以浙江台州的个案为例》，《西安电子科技大学学报》（社会科学版），2007 年第 4 期。

［143］顾金喜：《乡村和谐治理的内在逻辑——两种不同基层治理现象的思考》，《中共浙江省委党校学报》，2011 年第 1 期。

［144］杨林峰：《回流经济精英掌权的辩证思考》，《山西农业大学学报》，2008 年第 4 期。

［145］展丽丽：《乡村精英与农村社区发展》，《黑龙江史志》，2008 年第 17 期。

［146］覃国慈、田敏：《民族地区新农村建设的推动力量——乡村精英》，《中南民族大学学报》（人文社会科学版），2006 年第 6 期。

［147］旷宗仁、杨萍：《乡村精英与农村发展》，《中国农业大学学报》（社会科学版）》，2004 年第 1 期。

［148］崔山磊、李睿：《新农村建设背景下乡村外出精英的乡土回归——以河南省 C 县实施“回归工程”为例》，《齐齐哈尔大学学报》（哲学社会科学版），2007 年第 2 期。

［149］李婵：《农村社区精英研究综述》，《中共济南市委党校学报》，2004 年第 3 期。

［150］殷琼：《试析乡村精英在群体性冲突预防中的功能》，《安徽农业大学学报》（社会科学版），2010 年第 4 期。

［151］王茂美、黎仕勇：《乡村精英对欠发达地区农村民主政治发展的影响》，《学术探索》，2003 年第 3 期。

［152］陈潭、刘祖华：《精英博弈、亚瘫痪状态与村庄公共治理》，《管理世界》，2004 年第 10 期。

［153］凌馨、鄢建彪：《钱云会命案细节》，《财经》，2011 年第 2 期。

［154］贾云勇、张国栋：《深圳南国第一村遇偶像危机 村民抵制一言堂管理》，《南方都市报》，2006－04－06。

［155］杨善华：《家族政治与农村基层政治精英的选拔、角色定位和精英更替——一个分析框架》，《社会学研究》，2000 年第 3 期。

［156］温铁军：《新农村建设话语权归属之辨》，《第一财经日报》，2006－04－11。

［157］蔺雪春、季丽新：《改革开放以来农村精英对农村政治发展的影响——山东省 L 村个案评估》，《中国特色社会主义研究》，2010 年第 4 期。

［158］王汉生：《改革以来中国农村的工业化与农村精英构成的变化》，《中国社会科学季刊》，1994 年秋季卷。

［159］吴毅：《村治中的政治人——一个村庄村民公共参与和公共意识的分析》，《战略与管理》，1998 年第 1 期。

［160］项辉、周俊麟：《乡村精英格局的历史演变及现状——“土地制度——国家控制力”因素之分析》，《中共浙江省委党校学报》，2001 年第 5 期。

［161］吴思红：《村庄精英利益博弈与权力结构的稳定性》，《中共中央党校学报》，2003 年第 1 期。

［162］叶本乾：《村庄精英：村庄权力结构的中介地位》，《甘肃理论学刊》，2004 年第 6 期。

［163］丁立群：《理论与实践的关系：本真含义与变质形态——从亚里士多德实践哲学说起》，《哲学动态》，2012 年第 1 期。

［164］毛德智：《中国农村人力资源开发问题研究》，华中农业大学，

博士论文，2006 年。

［165］滕玉成等：《基于城乡一体化的农村人力资源发展研究》，山东大学出版社，2010 年。

［165］马忠东、吕智浩、叶孔嘉：《劳动参与率与劳动力增长：1982—2050 年》，《中国人口科学》，2010 年第 1 期。

［167］全国老龄工作委员会：《中国人口老龄化发展趋势预测研究报告》，中新网，2006－02－24。

［168］罗元文：《中国农村老年人口的养老问题研究》，《甘肃社会科学》，2008 年第 6 期。

［169］赖芳：《中国国民体质连降 10 年青少年运动能力输日本》，南方周末，2010－12－06。

［170］常红：《国家竞争力蓝皮书：我国高端人才指数是美国的 1/12》，人民网，2010－10－25。

［171］原春琳、张国：《教育投入支出占 GDP 比重："4%" 牵动中国 19 年》，中国青年报，2012－03－06。

［172］陈斯风：《汉文帝与历史上的"德治仁政"》，《河北学刊》，2002 年第 3 期。

［173］逯进、周惠民：《人力资本理论：回顾、争议与评述》，《西北人口》，2012 年第 5 期。

［174］霍丽：《城乡二元经济差异的人力资本研究》，西北大学，博士论文，2008 年。

［175］陈浩：《人力资本与农村劳动力非农就业问题研究》，南京农业大学，博士论文，2007 年。

［176］吴雨才：《中国农村人力资源开发政府行为研究》，南京农业大学，博士论文，2007 年。

［177］罗明忠：《农村劳动力转移：决策、约束与突破——"三重"约束的理论范式及其实证分析》，中国劳动社会保障出版社，2008 年。

［178］李亚彪：《浙江农民来自非农产业的收入达七成以上》，新华网：http：//news. xinhuanet. com/fortune/2009 － 11/17/content _ 12476883. htm，2009－11－17。

［179］蒋文龙：《浙江农民年人均收入过万元探秘》，《农民日报》，

2010-01-31。

［180］李颖：《我国流动人口总量近2.3亿》，《科技日报》，2012-08-14。

［181］房彬：《论十六大以来党中央在“三农”工作上的创新》，《探索》，2008年第5期。

［182］《中央农村工作会议》，《人民日报》，2003-01-09。

［183］刘雪瑞：《论新农村建设的动力体系——基于义乌经验的启示》，浙江师范大学，硕士论文，2009年。

［184］王伟光：《建设新农村是中国特色社会主义现代化的必然要求》，《学习时报》，2006-02-21。

［185］虞晓红：《经济增长理论演进与经济增长模型浅析》，《生产力研究》，2005年第2期。

［186］闫顺玺、王晓雷、郭力娜：《河北省新农村建设动力机制与有效模式研究》，《安徽农业科学》，2012年第1期。

［187］易纲、樊纲、李岩：《关于中国经济增长与全要素生产率的理论思考》，《经济学研究》，2003年第4期。

［189］吴丽娟、刘玉亭、程慧：《城乡统筹发展的动力机制和关键内容研究述评》，《经济地理》，2012年第4期。

［190］鲁月棉：《统筹城乡发展动力机制研究——基于政府、市场和农民的视角》，《四川行政学院学报》，2012年第1期。

［191］鲁可荣、张颖、朱启臻：《社会主义新农村建设的动力研究》，《高等农业教育》，2006年第7期。

［192］杨中万：《论新农村建设动力结构》，《湖湘论坛》，2007年第1期。

［193］裴泽庆：《增量式基层民主：新农村建设的恒久动力》，《中共长春市委党校学报》，2007年第5期。

［194］荣敬本：《从压力型体制到民主合作型体制》，中央编译出版社，1998年。

［195］冉冉：《“压力型体制”下的政治激励与地方环境治理》，《经济社会体制比较》，2013年第3期。

［196］曾凡军：《GDP崇拜、压力型体制与整体性治理研究》，《广

西社会科学》，2013 年第 6 期。

[197] 渠敬东、周飞舟、应星：《从总体支配到技术治理——基于中国 30 年改革经验的社会学分析》，《中国社会科学》，2009 年第 6 期。

[198] 唐海华：《“压力型体制”与中国的政治发展》，《宁波市委党校学报》，2006 年第 1 期。

[199] 董颖鑫：《当代中国乡村典型产生的动力机制溯源》，《天津社会科学》，2012 年第 2 期。

[200] 卢婷婷、翟坤周：《城乡二元结构下的农村文化建设：现实逻辑与动力机制》，《新疆社会科学》，2012 年第 5 期。

[201] 杨中万：《论新农村建设动力结构》，《湖湘论坛》，2007 年第 1 期。

[202] 薛红霞：《中国农村土地资产化机制研究》，武汉理工大学，博士论文，2011 年。

[203] 王永中、高凌云：《金融发展与内生经济增长理论评述：人力资本积累视角》，《首都经济贸易大学学报》，2007 年第 3 期。

[204] 刘阳、周东立：《马克思主体性理论与新农民主体性作用的发挥》，《甘肃理论学刊》，2007 年第 3 期。

[205] 孙宇伟、陶志刚：《统筹城乡视域中的农民主体性分析》，《西北农林科技大学学报》（社会科学版），2009 年第 3 期。

[206] 江小容、陆维研：《农民主体性缺失的实然困境及重构路径——基于邓小平的农民主体性思想》，《社科纵横》，2012 年第 5 期。

[207] 刘配权：《十一届三中全会以来农民主体性问题的历史考察与现状分析》，东北师范大学，硕士论文，2008 年。

[208] 刘阳、周东立：《马克思主体性理论与新农民主体性作用的发挥》，《甘肃理论学刊》，2007 年第 3 期。

[209]《慈溪丝瓜络制品出口需求旺盛》，中国宁波网，2013 - 09 - 22，参见 http：//www. cixi. gov. cn/art/2013/9/22/art _ 14726 _ 1031128. html。

[210] 赖燕萍：《对加强农村实用人才队伍建设的思考》，《农业科研经济管理》，2008 年第 3 期。

[211] 任士福等：《创新人才培养模式 为新农村建设培养实用人

才》，《河北农业大学学报》（农林教育版），2012 年第 5 期。

［212］曹大友：《农村实用人才的成长机理分析——以重庆彭水县羊头铺社区为个案》，《学海》，2009 年第 3 期。

［213］马平轩：《农村实用人才是社会主义新农村建设的关键》，《河南农业科学》2007 年第 1 期。

［214］孙继民：《农村人力资源开发亟待加强》，详见：www. zgny. com. cn/ifm/consultation/2006 - 10 - 08/106415. shtml，2006 - 10 - 08。

［215］鲍林源：《加快开发新农村建设的第一资源——秦皇岛市农村实用人才队伍建设的调查与思考》，《经营管理者》，2013 年第 8 期。

［216］温金海、毛黎明、方月华：《打造新农村建设的中坚力量——浙江省余姚市农村实用人才开发掠影》，《中国人才》，2009 年第 9 期。

［217］华西村编：《华西资料》，2011 年 4 月。

［218］梁辰：《“天下第一村”大家长》，《南方人物周刊》，2011 - 11 - 18。

［219］江苏省马克思主义中国化研究中心：《和谐的社会主义新农村——江苏省华西村调查》，《求是》，2007 年第 15 期。

［220］何莉莉：《后集体主义：华西村的分化与整合逻辑——读周怡〈中国第一村：华西村转型经济中的后集体主义〉》，《中国农业大学学报》（社会科学版），2007 年第 2 期。

［221］徐刚、徐明：《行走的旗帜——记华西村“老书记”吴仁宝》，《农村工作通讯》，2006 年第 2 期。

［222］金辰、唐奕：《江苏长江村给每个村民发 100 克黄金 100 克白银》，《现代快报》，2012 - 03 - 23。详见人民网：http：//society. people. com. cn/GB/17466948. html。

［223］王建伟：《先富群体参政对构建农村和谐社会的影响》，《南阳师范学院学报》（社会科学版），2007 年第 11 期。

［224］刘金川：《能人治村开启城乡统筹之门》，《公民导刊》，2008 年第 3 期。

［225］金太军：《村级治理中的精英分析》，《齐鲁学刊》，2002 年第 5 期。

［226］周挺：《对“村官”富人化现象的思考》，《行政论坛》，2005

年第 2 期。

［227］王建伟：《先富群体参政对构建农村和谐社会的影响》，《南阳师范学院学报》（社会科学版），2007 年第 11 期。

［228］陈鸿瑜：《政治发展理论》，吉林出版集团有限责任公司，2009 年。

［229］赵晓峰、林辉煌：《富人治村的社会吸纳机制及其政治排斥功能——对浙东先锋村青年农民精英治村实践的考察》，《中共宁波市委党校学报》，2010 年第 4 期。

［230］孙双义：《能人治村的绩效与限度探讨——以河南省南召县四棵树乡盆窑村为个案》，《山西农业大学学报 》（社会科学版），2010 年第 5 期。

［231］潘建民、王国余：《从先富群体中选拔“致富型”村支书的实践与思考》，《唯实》，2004 年第 4 期。

［232］檀江林、顾文婷：《社会主义新农村建设中乡风文明的有机生态系统构建》，《华中农业大学学报》（社会科学版），2011 年第 5 期。

［233］董欢：《乡风文明：建设社会主义新农村的灵魂》，《兰州学刊》，2007 年第 3 期。

［234］杨茂奎：《社会主义新农村建设中的乡风文明》，《东省农业管理干部学院学报》，2006 年第 2 期。

［235］王翔云、应卫忠、吴坚：《“崇孝文明村庄”：乡风文明建设的一个有效载体——以浙江省仙居县白岩村为实证研究样本》，《当代社科视野》，2012 年第 9 期。

［236］王金海、陈一点、王江红：《一个村书记的幸福梦：家家过上富裕的生活》，《国际商报》，2013－07－18。

［237］刘中起、风笑天：《走向多元治理化解：新形势下社会矛盾化解机制的新探索》，《福建论坛》（人文社会科学版），2010 年第 1 期。

［238］王晓丹、金喜在：《我国收入分配格局存在的问题及对策研究》，《当代经济研究》，2011 年第 3 期。

［239］翁晓婷：《我国劳动收入占比的影响因素及区域差异》，浙江大学，硕士毕业论文，2012 年。

［240］宋桂霞：《论我国收入分配制度的缺陷与改革》，《学术交

流》，2011 年第 1 期。

[241] 吴敬琏：《关键在于转变经济发展方式》，《文汇报》，2011 - 05 - 31。

[242] 赵大鹏：《当前我国农村群体性事件的成因及基层政府的预防策略》，《内蒙古大学学报》（哲学社会科学版），2010 年第 5 期。

[243] 刘建锋：《乌坎密码》，《经济观察报》，2012 - 06 - 09。

[244] 周鹏、曾璐：《乌坎村治变局》，《浙江人大》，2012 年第 4 期。

[245] 何光伟：《乌坎转机开启地方治理新思路》，《理论参考》，2012 年第 1 期。

[246] 第一财经日报评论员：《"乌坎事件"处理的样本意义》，《第一财经日报》，2011 - 12 - 22。

[247] 马立诚：《广东"乌坎事件"的范本意义不可低估》，《同舟共进》，2012 年第 2 期。

[248] 谢良兵：《乌坎转机："小岗村"式的改革样本》，《经济观察报》，2011 - 12 - 26。

[249] 闫鹏飞：《于建嵘：乌坎没有经验，只有教训》，《新民周刊》，2012 年第 11 期。

[250] 王卡拉：《北大发布 2011 公民社会十大事件 乌坎排第一》，《新京报》，2012 - 02 - 18。

[251] 朱水成：《政策执行的中国特征》，《学术界》，2013 年第 6 期。

[252] L. 科塞：《社会冲突的功能》，华夏出版社，1989 年。

[253] 王先明：《乡绅权势消退的历史轨迹——20 世纪前期的制度变迁、革命话语与乡绅权力》，《南开学报》（哲学社会科学版），2009 年第 1 期。

[254] 李巨澜：《近代乡绅劣化的成因——以苏北为个案的研究》，《学海》，2007 年第 5 期。

[255] 李巨澜：《论近代苏北地方社会的失范》，《江海学刊》，2007 年第 6 期。

[256] 李巨澜：《略论南京政府初期对土豪劣绅的打击——以江苏北部为例》，《学海》，2008 年第 5 期。

［257］重用德：《乡绅支配的成立与结构》，载《日本学者研究中国史论著选译：第 2 卷》，中华书局，1993 年。

［258］徐茂明：《明清以来乡绅、绅士与士绅诸概念辨析》，《苏州大学学报》，2003 年第 1 期。

［259］宁波：《清代社会结构变迁的历史特点之——乡绅势力对基层社会控制的加强》，《牡丹江师范学院学报》（哲学社会科学版），2002 年第 6 期。

［260］沈葵：《近代中国乡绅阶层及其社会地位》，《光明日报》，2001－11－13。

［261］施由明：《明清时期宗族、乡绅与基层社会——以万载县辛氏宗族以例》，《农业考古》，2008 年第 4 期。

［262］唐力行、张翔凤：《国家民众间的徽州乡绅与基层社会控制》，2002 年第 6 期。

［263］张健：《传统社会绅士的乡村治理》，《安徽农业科学》，2009 年第 5 期。

［264］吴理财：《民主化与中国乡村社会转型》，《天津社会科学》，1999 年第 4 期。

［265］秦晖：《传统中华帝国的乡村基层控制：汉唐间的乡村组织》，商务印书馆，2003 年。

［266］张健：《传统社会绅士的乡村治理》，《安徽农业科学》，2009 年第 5 期。

［267］马克斯·韦伯：《儒教与道教》，王容芬译，商务印书馆，2003 年。

［268］张翔凤：《近代苏州碑刻中的乡绅自治与宗族保障》，《史林》，2003 年第 4 期。

［269］张星久：《对传统社会宗族、乡绅历史地位的再认识》，《湖北行政学院学报》，2002 年第 4 期。

［270］衷海燕：《清代江西的家族、乡绅与义仓——新城县广仁庄研究》，《中国社会经济史研究》，2002 年第 4 期。

［271］陈吉元等：《中国农村社会经济变迁（1949—1989）》，山西经济出版社 1993 年。

[272] 杜香芹、王先明：《乡绅与乡村权力结构的演变——20世纪三四十年代闽中乡村权力的重构》，《中国农史》，2004年第3期。

[273] 黄宗智：《华北的小农经济与社会变迁》，中华书局，2000年。

[274] 傅衣凌：《中国传统社会：多元的结构》，《中国社会经济史研究》，1988年第3期。

[275] 何显明、吴兴智：《大转型：开放社会秩序的生成逻辑》，学林出版社，2012年。

[276] 林毅夫：《制性制度变迁与诱致性制度变迁》，《现代制度经济学》，北京大学出版社，2003年。

[277] 何俊志：《结构、历史与行为——历史制度主义对政治科学的重构》，复旦大学出版社，2004年。

[278] 史成虎：《戊戌变法与中国近代的政治制度变迁——以历史制度主义为研究视角》，《天府新论》，2012年第4期。

[279] 张坍、王忍之编：《辛亥革命前十年间时论选集》（第3卷），三联书店，1963年。

[280] 肖宗志：《清末民初的绅士劣质化》，《贵州师范大学学报》（社会科学版），2004年第6期。

[281] 张静：《基层政权》，浙江人民出版社，2000年。

[282] 杜赞奇：《文化、权力与国家——1900—1942年的华北农村》，王福明译，江苏人民出版社，1995年。

[283] 吴毅：《村治变迁中的权威与秩序》，华中科技大学，博士论文，2002年。

[284] 郝娜：《政治学语境中的国家政权建设——一个关于理论限度的检视》，《中共浙江省委党校学报》，2010年第3期。

[285] 龙太江：《乡村社会的国家政权建设：一个未完成的历史课题——兼论国家政权建设中的集权与分权》，《天津社会科学》，2001年第3期。

[286] 纪程：《"国家政权建设"与中国乡村政治变迁》，《深圳大学学报》（人文社会科学版），2006年第1期。

[287] 喻冰：《论1957年整风运动走向反面的根本原因》，《理论探

讨》，2003 年第 2 期。

[288] 吴帆、吴毅：《整风与人民公社化运动——衣湖北省大冶县矿山公社为例》，《开放时代》，2013 年第 2 期。

[289] 路遥：《平凡的世界》，云南人民出版社，2007 年。

[290] 陈吉元、胡必亮：《当代中国的村庄经济与村落文化》，山西经济出版社，1996 年。

[291] 郭正林：《当代农民政治参与的程度、动机及社会效应》，《社会学研究》，2003 年第 3 期。

[292] 唐明勇：《建国后中国共产党领导农村基层民主建设的经验》，《社会主义研究》，2003 年第 2 期。

[293] 白钢、赵寿星：《选举与治理：中国村民自治研究》，中国社会科学出版社，2001 年。

[294] 樊平：《"富人治村"两面观》，《人民论坛》，2009 年第 2 期。

[295] 杨小柳：《乡村权力结构中的经济能人型村治模式——基于 5 个村庄个案的分析》，《中南民族大学学报》（人文社会科学版），2005 年第 3 期。

[296] 黄俊尧：《论村民代表会议与"先富群体治村"—— 民主制度建设与精英治理的平衡》，《浙江学刊》，2009 年第 2 期。

[297] 郭剑鸣：《浙江"富人治村"现象剖析——基于浙江金台温三市 7 个村的调查研究》，《理论与改革》，2010 年第 5 期。

[298] 卢梭：《社会契约论》（第 3 版），商务印书馆，2003 年。

[299] 丁煌：《西方行政学说史》，武汉大学出版社，1999 年。

[300] 何勇：《"八大王"平反：温州模式劫后余生》，《中国经营报》，2010 - 01 - 28。

[301] 曹荣庆，王芳：《先富群体参政的效应分析》，《温州大学学报》（社会科学版），2007 年第 5 期。

[302] 王彩波：《利益分化：中国渐进性政治发展》，《江苏社会科学》，2004 年第 4 期。

[303] 欧阳静：《富人治村：机制与绩效研究》，《广东社会科学》，2011 年第 5 期。

[304] 浙江行政学院课题组：《实现经济社会发展与民主政治建设的

良性互动——改革开放30年来浙江民主政治建设的基本经验》，载沈立江、房宁主编：《民主建设的浙江实践与中国经验》，浙江人民出版社，2010年。

[305] 陈国权、麻晓莉：《地方政府制度创新与民营经济发展——温州制度变迁的轨迹与分析》，《中国行政管理》，2004年第6期。

[306] 佚名：《农村选举盲点思考 义乌小老板十万买官是双赢》，详见南方网，http：//www. southcn. com/news/hotpersue/200203201188. htm，2002-03-20。

[307] 李亦南：《194万元巨款从何而来 山西天价买村官的前前后后》，新华网，http：//news. xinhuanet. com/legal/2003-09/30/content_1107804. htm，2003-09-30。

[308]《194万元！穷山村选出天价村主任》，《青年时报》，2003-10-30。

[309] 珂影：《贿选？竞选？中国第一天价村官的幕后新闻》，《家庭导报》，2003-10-28。

[310] 冯耀明：《关于农村"富人当政"问题的若干思考》，《中共山西省委党校学报》，2009年第1期。

[311] 司马迁：《史记·货殖列传》（卷一二九），中华书局，1959年。

[312] 旷宗仁、杨萍：《乡村精英与农村发展》，《中国农业大学学报》（社会科学版）》，2004年第1期。

[313] 董江爱：《村委会选举与中国民主政治发展》，《中国行政管理》，2005年第2期。

[314] 刘颖、付子堂：《乡村基层民主选举的制度创新及其宪政维度》，《华东政法学院学报》，2004年第3期。

[315] 陈思：《农村基层民主选举中的政治冷漠现象探析》，《领导科学》，2009年7月（中）。

[316] 陈建国：《发达地区农村基层民主选举的新情况新问题——对绍兴市村两委换届选举的跟踪调研》，《浙江省委党校学报》，2010年第3期。

[317] 胡健：《村民自治中的"贿选"现象透视》，《成都大学学报》

（社科版），2005 年第 4 期。

［318］金华宝、靳乐山：《“富人治村”研究述评》，《理论与改革》，2011 年第 6 期。

［319］白洁：《中国乡村贿选现象研究——以呼市 A 村村委会选举为例》，内蒙古大学，硕士论文，2011 年。

［320］高杨、叶萌、王颖等：《富人治村”现象的成因考察及其隐忧探析——基于浙江义乌市 7 个村的实地调研》，《经济视角》，2011 年第 5 期。

［321］朱启发：《温州村民委员会选举中贿选问题研究》，中国政法大学，硕士论文，2009 年。

［322］陈建国：《发达地区农村基层民主选举的新情况新问题——对绍兴市村两委换届选举的跟踪调研》，《中共浙江省委党校学报》，2010 年第 3 期。

［323］熊光清：《政治排斥：一种新的分析范式》，《学术论坛》，2008 年第 1 期。

［324］李景治、熊光清：《政治排斥问题初探》，《社会科学研究》，2006 年第 4 期。

［325］刘典金：《中国农村宗族势力对村民自治的影响及法律对策以桂阳县村民自治建设为切入点》，广西师范大学，硕士论文，2010 年。

［326］肖唐镖：《宗族政治——村治权利网络的分析》，商务印书馆，2010 年。

［327］肖唐镖：《宗族与村治、村选举关系研究》，《江西社会科学》，2001 年第 9 期。

［328］肖唐镖、戴利朝：《村治过程中的宗族——对赣、皖 10 个村治理状况的一项综合分析》，《福建师范大学学报》（哲学社会科学版），2003 年第 5 期。

［329］肖唐镖：《农村基层治理与民主实践中的宗族问题》，《宁波党校学报》，2003 年第 5 期。

［330］肖唐镖：《村民选举“宗族势力干扰论”可以休矣》，《人民论坛》，2011 年 3 月（中）。

［331］赵晓峰：《农村宗族研究：亟待实现范式转换——基于赣州、

岳平两地农村社区发展理事会建设实践的分析》，《甘肃行政学院学报》，2012 年第 1 期。

[332] 孙秀林：《华南的村治与宗族——一个功能主义的分析路径》，《社会学研究》，2011 年第 1 期。

[333] 吴毅、吴克伟等：《转型中的治理——当代中国乡村社会变迁实证研究》，湖北人民出版社，2009 年。

[334] 孙秀林：《华南的村治与宗族——一个功能主义的分析路径》，《社会学研究》，2011 年第 1 期。

[335] 刘典金：《中国农村宗族势力对村民自治的影响及法律对策以桂阳县村民自治建设为切入点》，广西师范大学，硕士论文，2010 年。

[336] 汤世平：《宗族势力对乡村治理的影响研究——以江西省井冈山市龙市镇龙市村为个案》，南昌大学，硕士论文，2011 年。

[337] 邵丹萍、莫智力：《宗族派系势力对村级组织换届选举的影响——以台州市路桥区横街镇百洋村为例》，《青岛行政学院学报》，2011 年第 2 期。

[338] 张乾荣：《寻求“村庄合并”与“民主选举”的平衡——撤并村后民主选举的问题与对策研究》，浙江省委党校硕士毕业论文，2013 年。

[339] 孙琼欢：《派系竞争：村庄治理的隐秘机制》，华中师范大学博士论文，2008 年。

[340] 吴思红：《村庄派系的缘起、演变与功能——以浙江成化村为例》，《国家行政学院学报》，2009 年第 1 期。

[341] 吴思红：《村庄派系与村级权力结构的稳定性》，《华中科技大学学报》（社会科学版），2009 年第 2 期。

[342] 唐晓腾、蔡冯玲：《民主选举、政治精英流动与乡村社会稳定——东部 EL 村村委会换届选举的实证观察与思考》，《中共宁波市委党校学报》，2009 年第 5 期。

[343] 陈潭、刘祖华：《精英博弈、亚瘫痪状态与村庄公共治理》，《管理世界》，2004 年第 10 期。

[344] 袁小锋：《村主任因未兑现承诺被村民绑在大门上曝晒》，华商报，2013－05－03。

［345］金耀基：《行政吸纳政治：香港的政治模式》，载《中国政治与文化》，牛津大学出版社（香港），1997 年。

［346］强世功：《“行政吸纳政治”的反思——香江边上的思考之一》，《读书》，2007 年第 9 期。

［347］王名主编：《中国民间组织 30 年——走向公民社会》，中国社会科学出版社，2008 年。

［348］唐文玉：《行政吸纳服务——中国大陆国家与社会关系的一种新诠释》，《公共管理学报》，2010 年第 1 期。

［349］张静：《法团主义》，中国社会科学出版社，2008 年。

［350］弓联兵：《政治吸纳与组织嵌入——执政党统合私营企业的逻辑与路径分析》，复旦大学博士论文，2012 年。

［351］欧阳静：《富人治村与乡镇的治理逻辑》，《北京行政学院学报》，2011 年第 3 期。

［352］蒋永甫：《行政吸纳与村庄“政治”的塌陷——村民自治制度的运行困境与出路》，《湖北行政学院学报》，2011 年第 6 期。

［353］民政部：《2012 年社会服务发展统计公报》，详见民政部网站：http：//cws. mca. gov. cn/article/tjbg/201306/20130600474746. shtml，2013－06－19。

［354］陈丽平：《全国共有 3.5 万名大学生村官当选村两委成员》，《法制日报》，2011－04－29。

［355］张作伟：《一肩挑模式的问题与对策分析》，曲阜师范大学硕士论文，2009 年 4 月。

［356］贾云勇、张国栋：《深圳南国第一村遇偶像危机 村民抵制一言堂管理》，《南方都市报》，2006－04－06。

［357］卢丽涛：《争议“南国第一村”：集体经济的烦恼》，《第一财经日报》，2012－04－17。

［358］《中华人民共和国村民委员会组织法》，新华网，http：//news. xinhuanet. com/politics/2010－10/28/c_ 12713735. htm，2010－10－28。

［359］冯涛：《论政治冷漠的涵义、原因和作用》，《湖北第二师范学院学报》，2008 年第 9 期。

［360］胡洪彬：《当前我国公民有序政治参与面临的挑战与应对——

基于转型社会风险递增背景的探讨》，《重庆社会主义学院学报》，2010 年第 2 期。

[361] 刘洪玲：《高政治参与率下政治冷漠的原因探析》，《中国青年研究》，2008 年第 6 期。

[362] 武义县县委县政府：《培育监督主体 强化制度配套，从监督要素建设向监督体系建设推进——武义县深化完善村务监督委员会制度情况》，内部汇报资料，2011 年 4 月。

[363] 滕世华：《公共治理理论及其引发的变革》，《国家行政学院学报》，2003 年第 1 期。

[364] 顾金喜：《地方政府决策创新的实践和启示——杭州市开放式决策的调研分析》，《理论探索》，2011 年第 1 期。

[365] 佚名：《浙江省人才资源现状分析研究》，浙江三农网，http://www.zj3n.gov.cn/html/szts/llyjview/45571.html，2011－12－05。

[366] 金华市统计局课题组：《金华市农村实用人才队伍建设探索》，《统计科学与实践》，2010 年第 6 期。

[367] 黄本玉：《党的历代领导人的人才观述评》，《人民论坛》，2010 年 8 月（中）。

[368] 王亚群：《论邓小平人才评价标准思想》，《湖北行政学院学报》，2004 年第 6 期。

[369] 王煜、崔玉兰：《安国大力实施“能人治村”战略——今年新建企业 52 家实现利税 500 多万元》，《保定日报》，2008－09－09。

[370] 华桂宏、王小锡：《四论道德资本》，《江苏社会科学》，2004 年第 11 期。

[371] 杨晓薇：《山村好主任——追忆奉化石门村村委会主任毛文国》，内部资料，2009 年 9 月。

[372] 张丽、孔春梅：《关于我国人才评价指标构成要素的思考》，《内蒙古统计》，2005 年第 2 期。

[373] 李光红、杨晨：《高层次人才评价指标体系研究》，《科技进步与对策》，2007 年第 4 期。

[374] 王亚斌、罗瑾琏、李香梅：《创新型人才特质与评价维度研究》，《科技管理研究》，2011 年第 9 期。

［375］庞法松等：《余杭区农村实用八才调查与思考》，《调查研究》，2012 年第 3 期。

［376］浙江省农办：《浙江省人才队伍建设中长期规划纲要农村实用人才队伍建设课题研究》，浙江三农网 ，2011 －12 －06。

［377］汤秋：《加强农村实用人才队伍建设，为现代都市农业发展注入新活力——浙江省杭州市余杭区农村实用人才调查与思考》，《农民科技培训》，2013 年第 3 期。

［378］赵静杰、王慧娟、徐一畅：《企业创新型人才评价指标研究》，《企业天地》，2009 年第 3 期。

［379］范根材：《公选“领头雁”实现“能人”治村——留坝县公选村党支部书记工作开展情况侧记》，《汉中日报》，2007 －03 －08。

［380］谢英渡、刘泱：《能人治村 能人带村 能人兴村——会东县选派机关干部担任村支部书记的实践和启示》，《凉山日报》，2007 －05 －12。

［381］吴红缨、姚伟：《重庆亿万富翁的新农村试验》，《21 世纪经济报道》，2006 －05 －29。

［382］易红郡、谭建平：《新型农民与农民工的教育培训》，湖南人民出版社，2009 年。

［383］张洪霞：《基于需求视角的农村实用人才培训体系探究——以天津市为例》，《职教论坛》，2013 年第 10 期。

［384］吴业苗：《“一主多元”：农村公共服务的供给模式与治理机制》，《经济问题探索》，2011 年第 6 期。

［385］林万龙：《农村公共服务市场化供给中的效率与公平问题探讨》，《农业经济问题》，2007 年第 8 期。

［386］庞法松等：《余杭区农村实用八才调查与甩考》，《杭州农业与科技》，2012 年第 3 期。

［387］高岩、马谢民：《公务员绩效考核研究文献综述》，《人力资源管理》，2010 年第 11 期。

［388］陈文权：《我国农村实用人才资源开发服务机制探索》，《行政论坛》，2009 年第 6 期。

［389］高义海：《辽宁省农村实用人才素质提升的对策与建议》，《农

业经济》，2011 年第 4 期。

［390］张良：《从“汲取式整合”到“服务式整合”：乡镇治理体制的转型与建构——基于国家政权建设的视角》，《中共浙江省委党校学报》，2010 年第 2 期。

［391］吴理财：《从“管治”到“服务”——乡镇政府职能转变研究》，中国社会科学出版社，2009 年。

［392］农业部农业农村人才工作领导小组办公室：《〈村实用人才和农业科技人才队伍建设中长期规划（2010—2020 年）〉解读》，《农村工作通讯》，2011 年第 20 期。

［393］伍梅：《构建广西人才公共服务体系的探讨》，《广西社会科学》，2010 年第 9 期。

［394］翁坤海：《我国人才服务业发展研究》，福建师范大学硕士学位论文，2008 年。

［395］谢来位、陈文权：《论农村实用人才资源开发激励机制的建构》，《探索》，2009 年第 3 期。

［396］农业部：《现代农业人才支撑计划实施方案》（农人发〔2011〕6 号），《中华人民共和国农业部公报》，2011－11－20。

［397］黄河：《农村经济能人对村级治理的影响和作用——以临武县 K 村为例》，湖南师范大学硕士学位论文，2008 年。

［398］郑国志：《当前村民委员会在运行中的问题与对策思考——以仙居县田市镇第九届村民委员会运行情况为例》，浙江省委党校，硕士学位论文，2013 年。

［399］杨欣欣：《全市村级组织换届开始试点 坚持“四要五不能五不宜”打击九种贿选行为 选好“当家人”》，《温州日报》，2013－09－05。

［400］石英杰、李宏：《河北涉黑村支书获死刑 受贿 5270 万 20 斤黄金》，《北京青年报》，2013－09－02。

［401］《浙江一贪婪村官敛财 3500 多万　曾买豪宅嫁女花百万》，《检察日报》，2013－08－13。

［402］《温州 10 村官瓜分 316 套安置房 成村官贪污最大案》，《齐鲁晚报》，2013－08－17。

［403］乔治·M. 瓦拉德兹：《协商民主》，《马克思主义与现实》，2004 年第 3 期。

［404］秦燕：《协商民主：从价值到经验》，中央党校硕士毕业论文，2007 年。

［405］马长山：《法治的社会根基》，中国社会科学出版社 2003 年版，第 265 页。

［406］林尚立：《协商政治：对中国民主政治发展的一种思考》，《学术月刊》，2003 年第 4 期。

［407］唐鸣：《村民会议与直接民主》，《华中师范大学学报》（人文社会科学版），2009 年第 6 期。

［408］斛建军、杨瑾：《村民会议制度虚置将危及村民自治——对话农村政治学者仝志辉》，《人民代表报》，2010－09－28。

［409］刘娅：《村民自治“制度—关系”解读——对当前乡村政治关系的思考》，《中国农村观察》，2003 年第 5 期。

［410］刘永信：《村民会议：实现村民自治的有效途径》，《山东省农业管理干部学院学报》，2004 年第 4 期。

［411］项继权：《“后税改时代”的村务公开与民主管理——对湖北及若干省市的调查与分析》，《中国农村观察》，2006 年第 2 期。

［412］何平、宋静：《村务公开和民主管理的困境与出路探析》，《湖北行政学院学报》，2008 年第 6 期。

［413］陈晓英：《村官腐败现象触目惊心 位小权大缺少监督》，《山西农业》（村委主任），2009 年第 2 期。

［414］陈穆商：《浙江武义：“第三委”让村务监督更到位》，《人民日报》，2005－05－18。

［415］赵达：《浙江破解村务监督难题》，《光明日报》，2011－03－30。

［416］罗伯特·帕特南：《使民主运转起来》，江西人民出版社，2000 年。

［417］郑菊琴：《创新村级治理机制 破解“半拉子民主”难题——基于武义“村务监督委员会”六年探索的经验与启示》，《现代经济信息》，2012 年第 5 期。

［418］赖宋平：《村务监督委员会的实践与运行——以浙江省开化县

为例》，湖南师范大学硕士学位论文，2012 年。

[419] 张军强：《充分发挥农村村务监督委员会民主监督作用的思考与建议——以北京市昌平区东小口镇中滩村为例》，《辽宁行政学院学报》，2012 年第 10 期。

[420] 吴光辉：《罢免权是人民当家作主的重要保证》，《现代法学》，1980 年第 2 期。

[421] 李华：《村民自治中村民罢免权实现的困境及其制度完善——兼评〈村组法〉第十六条村民罢免之规定》，《中南大学学报》（社会科学版），2012 年第 3 期。

[422] 丁国民、林文静：《村民自治罢免权行使的路径选择——从选举罢免到自主罢免》，《华中农业大学学报》（社会科学版），2011 年第 5 期。

[423] 曹峰旗：《从罢免权的现状看村民自治中的政治冷漠的原因》，《理论与改革》，2005 年第 6 期。

[424] 尤琳：《村民自治中罢免制度的法律思考——以修改后的〈村组法〉为分析对象》，《求实》，2012 年第 7 期。

[425] 中纪委、中组部等十二部委：《关于进一步加强村级民主监督工作的意见》（民发〔2012〕162 号），详见中国政府网：http://www.gov.cn/gzdt/2012－11/05/content_2258051.htm，2012－11－05。

附录1 问卷编号__________

农村能人队伍建设问题研究问卷

<table><tr><td>尊敬的女士/先生：
您好！
本调查是国家社科基金项目“农村能人队伍建设问题研究”问卷部分，针对农村某些方面有较突出能力（如先富的经济能人和善于管理、协调的政治能人）的人才队伍建设问题展开。问卷为匿名调查，调查与研究成果作为学术研究和政府相关部门决策参考之用。您的见解和意见对完善当前我省农村人才培养政策和本课题的完成至关重要，我们衷心感谢您的支持和参与！
绝大多数问题是单项选择题，您只需在各选择项中选择一个答案，并在该答案前的小方框内画√即可。个别问题是多项选择，对此都有特别说明，请按照说明回答即可。
“农村能人队伍建设问题研究”课题组
2010年10月</td></tr></table>

基本信息：□A. 公务员 □B. 普通村民 □ C. 种养殖大户

□D. 企业主 □E. 村干部

□F. 人大代表或政协委员（可多选）

年龄：__________

年收入： □A. 5万元以下 □B. 5—10万元

□C. 10—18万元 □D. 18万元以上

1. 您认为怎样的人能称之为农村能人（多选）？

□A. 种养殖技术好，能传帮带 □B. 处事公正，善于调节纠纷，有

较大影响力

□C. 村务管理能力强，热心公益事业　□ D. 经营管理能力强，先富带动后富

2. 上述诸选项中，如果他缺乏公益心，只图个人利益，您是否认可他是能人？

□A. 认可，只要会赚钱就行　□ B. 认可，能人只要有某一方面突出的能力即可

□C. 不认可，富了也不该忘了穷乡亲　□D. 不认可，毕竟人不只是赚钱的工具

3. 您认为评判农村能人最主要的指标是？

□A. 促进公益事业发展的能力 □B. 促进地方经济发展的能力

□C. 经营管理能力　□D. 沟通、协调和调节纠纷的能力

4. 您认为促使我省农村能人队伍成长较快的最主要的历史原因是？

□A. 党和政府的改革开放政策　□B. 个人的素质、能力与努力

□C. 地方政府的“无为而治”

□D. 在市场经济大潮中先行一步，抓住了致富机遇

题号	题目	完全不认同	不认同	一般	认同	非常认同
5	在农村，能赚大钱的人就是农村能人					
6	农村能人在新农村建设中扮演着重要角色					
7	对基层事务管理来说，农村先富群体参与政治是利多于弊					
8	农村先富能人当政后以权谋私者更少					
9	农村先富群体捐资竞选，会造成事实上的贿选和选举不公					
10	农村先富群体捐资竞选，你会投他信任一票					
11	农村能人政治参与具有更多的比较优势					

续表

题号	题目	完全不认同	不认同	一般	认同	非常认同
12	农村能人参政更有利于农民利益诉求的实现					
13	农村能人担任村干部后，村级事务治理更公开、规范、透明					
14	我省促进农村能人队伍成长的政策支持力度已经很大					
15	推进我省新农村建设，解决新形势下的“三农”问题，必须加强农村能人队伍建设					
16	加强农村能人队伍建设，必须由政府提供公共培训服务					
17	我省实施的“千万农村劳动力素质培训工程”，对促进农村发展，解决“三农”问题的实际效果并不明显					
18	农村创新创业人才的培养才是新农村建设的关键					

19. 您认为当前影响我省农村能人队伍成长最关键的因素是？

□A. 党和政府政策的支持　　　□B. 地方政府对这支队伍的投入、培育

□C. 个人的素质、能力与努力　　　□D. 公平、公正的市场经济环境

20. 您认为农村哪些人对村级事务影响最大？

□A. 德高望重的老年人　　　□B. 经济条件好的人

□C. 知识水平高的人　　　□D. 退休老干部

□E. 家族人数多的人　　　□F. 家里有人做公务员的人

□G. 其他

21. 农村能人队伍在新农村建设中发挥的最主要作用是 ？

□A. 率先走上富裕道路，再凭借好的技术与项目带动大家共同致富，提高了农民的致富能力

□B. 捐修道路、助学、捐缴有线电视款等，发挥着重要促进作用

□C. 与政府及官员有着良好的关系，能够为村里的经济建设积极创

造条件

□D. 参与新农村建设中公共事务的治理，与普通村民没有太大区别

□E. 不少农村能人当代表或者干部后，以权谋私者多，负面影响更大

22. 农村先富群体政治参与对公共事务管理最有利的是？

□A. 捐资、捐款竞选有利于公共产品、公共服务的完善，形成有益的补充

□B. 以民主竞选的方式参与基层政治，有利于基层民主政治发展

□C. 先进的发展理念或技术，有利于农村先进文化的建设

□D. 谈不上什么好处

23. 您认为监督制约当政后的先富能人最佳的途径是？

□A. 通过公开竞选，当着全体村民的面承诺为全体村民办实事，否则就罢免

□B. 在公开竞选之际，作出承诺，并签订具有法律效力的协议

□C. 由组织部门监督

□D. 成立村民监督委员会或监督小组进行监督

24. 在公共事务管理方面，乡镇政府、农村专业合作组织、农村能人、农民之间的合作主要表现在（多选）：

□A. 共同致力于农村基础设施如道路、自来水、农田水利工程的建设、维护与管理

□B. 共同致力于农村公共服务的供给，如科技支农、提供致富信息和农民工培训等

□C. 共同致力于农村社区的精神文明建设，如文体活动的开展

□D. 共同致力于环境污染的防治

□E. 目前似乎看不到多少合作的情况

25. 您认为那条措施最能吸引先富能人参与新农村建设？

□A. 给予财税制度的优惠、照顾

□B. 在政治参与方面，政府可提供有力的支持

□C. 政府加大出资培育先富能人的力度

□D. 授予荣誉称号、颁发荣誉证书，并给予适当的物质奖励

26. 假如先富能人捐资竞选顺利当选之后并不为大家办实事，无法正

确履行其职能，您是否会发动或参与对其罢免的活动？

□A. 参与，而且会主动的发动和鼓动其他村民一起罢免

□B. 参与，但是不会主动的去发动

□C. 不参与，怎么说之前捐款为大家办了点实事，而且乡里乡亲的

□D. 难说，看情况，如果不损害大家利益，还是选择不参与

27. 当前农村能人参与基层政府决策最主要的方式为？

□A. 通过“两会”参政议政，影响政府决策

□B. 通过地方政府主持的公共论坛或者民主协商会议，促使基层政府公共政策的完善

□C. 通过与政府官员的私交，拉拢政府官员，借以影响或者改变政策

□D. 以非正式的途径集会、请愿或抗议，迫使政府改变不合理的既定政策

□E. 基本没什么参与途径

28. 您认为农村先富能人参政最主要是为了什么？

□A. 做番事业，为老百姓办点事实，实现自己的人生价值

□B. 获取好的政治声誉，光宗耀祖

□C. 求得保护伞，保护自己的既得利益

□D. 力求掌握政治资源，并追求更大的经济利益

□E. 人心隔肚皮，难说得很

29. 您认为当前农村能人队伍建设存在的最突出问题是？

□A. 税费太重，名目繁多，限制了他们的发展

□B. 政府各部门卡、拿、要较多，不堪重负

□C. 政府政策虽然支持，但多数口惠而实不至

□D. 本身能力、水平有限，眼界不够开阔

30. 您认为当前我省农村劳动力培训最主要的作用是？

□A. 提高农村剩余劳动力技能、素质，为农民创收奠定基础

□B. 有力的促进农民增收，为解决我省“三农”问题创造条件

□C. 有利于缩小日益扩大的城乡收入差距，实现全省的协调、均衡发展

□D. 为和谐浙江建设创造积极条件

31. 您认为当前我省对农村劳动力培训存在的最突出问题是？

□A. 培训资金投入有限，难以开展高质量、高素质和技能型人才的培训，农村创新型、领军型人才培训存在很大瓶颈

□B. 培训机构混乱，鱼目混珠，在选项、资金、师资、教材、场地、证书等方面缺少统筹安排、难以共享利用，降低了培训的实际效果

□C. 农民培训多头管理的现象比较突出，条块分割，缺少协调和整合

□D. 有些培训内容实用性不强，缺少针对性，培训的技术和技能过于粗浅

32. 您认为要解决我省当前农村劳动力培训中存在的问题，最关键的措施是？

□A. 加大资金投入力度 □B. 理顺不同管理部门之间的关系

□C. 选择好的培训机构 □ D. 提升培训内容的针对性、实用性

33. 您认为加强农村能人队伍建设最重要的是？

□A. 加大农村创新创业型人才的培养 □B. 加大对农村能人经营管理能力的培训

□C. 财政、税收政策扶持 □D. 加大对农村能人的技术培训

34. 您认为在财税政策方面促进农村能人队伍的成长，政府可以采取的最主要措施？

□ A. 对所有农村能人适当减免税费 □ B. 畅通投融资渠道，满足其融资需求

□ C. 对突出贡献者进行奖励、减免税费 □D. 没有必要出台特别的税费政策

35. 您对促进我省农村能人队伍建设还有那些意见或建议？

非常感谢您对我们调研工作的支持！为了方便我们的回访和更深入的访谈，烦请签名或留下电话号码。

签名____________**电话**____________

附录 2

访谈提纲

1. 您的个人基本信息：

年龄　　　　性别　　　　职业　　　　大约年收入

2. 您认为近些年中央政府在应对金融危机和房地产调控等方面出台的政策效果如何?

3. 您认为政府近些年出台的以工带农、统筹城乡发展的政策实效如何?

4. 您怎么看待当前我省或我市的基层民主发展?

5. 您目前担任什么职务? 公务员、村干部、人大代表或政协委员?

6. 您担任的职务是组织任命还是选举的?

7. 如果是任命的，你怎么看待当前的基层民主选举现象?

8. 您是否认为以钱财铺路，承诺兴办公益事业是合情合理的选举策略?

9. 如果先富能人为了当选而请客吃饭，您认为是否可以?

10. 您认为当前基层选举中存在的最大问题是什么?

(1) 政府干涉选举；(2) 宗族势力操作选举；(3) 黑恶势力干涉选举；(4) 贿选泛滥

11. 您认为完善当前基层选举最应该采取的措施是什么?

12. 如果是选举的，选举过程中，您有没有公开的竞选拉票?

13. 如果是竞选拉票的，在竞选过程中，您花费的钱财大概在多少左右?

14. 您参与村干部或代表或委员的选举，主要是出于什么考虑？

(1) 博得好名声？(2) 方便结识政府官员和办事？(3) 为村民办点实事？(4) 能够在自己的企业经营中争取更大的好处？(5) 在村集体经济或土地承包中获得好处？

15. 在村级公共事务治理中，民主化程度如何？具体措施主要有哪些？

16. 村务多久公开一次？是否已经制度化？

17. 村级财务管理是否由专门的会计负责？是否有村民监督小组或者村务监督委员会进行专门的监管？

18. 涉及村庄的重大公共事务是否由召开的村民大会或村民代表大会决定？

19. 先富能人治村，对基层民主发展利大于弊还是弊大于利？得出这样判断的理由是什么？

20. 您认为村庄治理中，最大的问题是什么？

21. 当前政府对农村能人队伍成长支持的政策主要有哪些？这些支持的政策对您是否有用？

22 您最希望政府给予您哪些方面的支持？

23. 政府是否有专门的政策开展对农村实用人才包括村干部的培训？对村干部的培训主要是政府买单还是个人买单？

24. 您认为政府开展的这些培训是否能够产生实际效果？效果主要体现在哪些方面？

25. 政府当前开展的对农村干部和农村实用人才的培训存在的问题主要有哪些？

26. 您认为怎样才能提高这些培训的实际效果，达到真正的“创业强省、创业富民”？

27. 您认为培养创新型农村人才的途径主要有哪些？对政府来说，最迫切的措施是什么？